湖北省学术著作出版专项资金资助项目

·中国现代农业治理研究丛书·

农业治理的逻辑
农业项目的运作机制分析

龚为纲 著

本书主要从社会学理论的角度分析了国家的粮食安全政策在地方被执行的逻辑。实际上是一项政策研究。分析以项目制为表现形式的正处于治理体系转型过程中的现代农业治理体系。

中国·武汉

图书在版编目(CIP)数据

农业治理的逻辑:农业项目的运作机制分析/龚为纲著. —武汉:华中科技大学出版社,2018.12(2019.9重印)
(中国现代农业治理研究丛书)
ISBN 978-7-5680-4615-2

Ⅰ.①农… Ⅱ.①龚… Ⅲ.①农业项目-项目管理-研究-中国 Ⅳ.①F323.9

中国版本图书馆 CIP 数据核字(2018)第 218122 号

农业治理的逻辑:农业项目的运作机制分析　　　　　　　　　　龚为纲　著
Nongye Zhili de Luoji:Nongye Xiangmu de Yunzuo Jizhi Fenxi

| 策划编辑:易彩萍 |
| 责任编辑:易彩萍 |
| 封面设计:刘　卉 |
| 责任校对:李　琴 |
| 责任监印:朱　玢 |

出版发行:华中科技大学出版社(中国·武汉)　　电话:(027)81321913
　　　　　武汉市东湖新技术开发区华工科技园　　　邮编:430223

录　　排:华中科技大学惠友文印中心
印　　刷:武汉市金港彩印有限公司
开　　本:710mm×1000mm　1/16
印　　张:23
字　　数:328 千字
版　　次:2019 年 9 月第 1 版第 2 次印刷
定　　价:158.00 元

本书若有印装质量问题,请向出版社营销中心调换
全国免费服务热线:400-6679-118　竭诚为您服务
版权所有　侵权必究

前　言

在华中村治研究的传统中,农业在很长时期内曾处于关注视野的边缘,研究者们更关注村庄治理的逻辑及其社会基础,农业似乎并不是一个被高度关注的治理对象,这种情况一直到2013年左右才开始发生变化,这与华中学派学者的几次田野调研有关。在此之后,"农业治理"作为一个研究领域,在华中学派同仁前赴后继的努力中,不断被推进。

在2010年大雪纷飞的时节,笔者与孙新华、陈义媛、刘锐、谭林丽等同仁赴湖南湘江边的某县开展常规性村治模式调研。作为一个典型的南方水稻种植区,当地水稻生产的历史、文化,旧时的生产关系,正在发生的农业生产变革,引起了笔者的关注,并对此产生了兴趣,于是到了次年本书选题时,笔者决定再次到该县进行"安营扎寨"式的调研。调研的主题是农业生产,由于长期受"治理"研究视角的熏陶,笔者发现从"治理"的视野研究农业现象也很有意思,于是初步试着提出"农业治理"这样一个很不成熟的概念,并试着将其内在机制提炼出来,作为本书写作努力的方向。

当然,笔者的这种选择也与本地乡民的热情好客有关,还与其优美的田园风光有关:在万顷良田之间,湘水如玉带,山丘如水墨,湖光山色、田园水乡的底色,给调研团队留下了美好的回忆,这是一段很愉悦的调研时光。后来陈义媛说:"本地历史上曾孕育'平湖秋月'之诗意,亦曾传颂'渔舟唱晚'之韵律,干脆就给它起个化名叫'平晚县'吧。"陈义媛的调研也以本地农业生产为关注点,与笔者专注于"治理的视角"不同,其调研侧重于"农业转型"的逻辑。

到了2013年初,又是一个大雪纷飞的时节,笔者再次来到该县调研,后历经春暖花开、夏日炎炎,在2013年中秋月圆之时,结束调研,本次调研历时7个多月。在调研期间,访谈主题是当地农业生产以及与其相关的政府行为,具体包括县、乡两级政府如何在国家产粮大县、超级产粮大县、产油大县等财政奖补的扶持下,以及大量的农业配套项目的支持下,动员乡村干部、散户、专业大户、工商企业种植双季稻,抑制季节性抛荒和农田的绝对抛荒,因而县、乡农口系统的官员、村干部、散户、种粮大户以及企业是笔者访谈的重点对象。

本书以产粮大县奖补政策(国家对粮食主产区的利益补偿机制)的地方实践为主要线索,以相关农业配套项目分析为次要线索,紧密结合农业政策实践过程中的代理人监控与过程调控两个维度,分析以项目制为表现形式的正处于"治理体系转型"过程中的现代"农业治理体系"。

研究发现,以项目制为核心机制的农业治理体系,不但没有强化调研地区政府对粮食生产的调控能力,反而引起农民对政府行为的抵触与反感;不但没有提高经济效益,反而导致了大量的政策资源和财政资源的无效使用与扭曲;不但没有让市场在农业生产资源的配置过程中发挥决定性作用,反而导致了生产要素的非理性利用;不但没有让政策的执行更有效率,反而带来了地方政府的很多不合理做法,偏离了国家的政策目标。

具体而言,在后农业税费时代,国家把保证粮食安全的责任和财政资源发包到商品粮基地县(代理人),国家既要对代理人的财政使用情况进行监控,又要对财政资金在保证粮食安全方面的使用绩效进行监控。于是国家既采取项目化的运作模式来规范地方使用项目资金的行为,又在粮食生产上进行目标管理和过程控制。正是因为国家越担心代理人的政策实践与国家保证粮食安全的责任目标不一致,国家就越要规范代理人的行为,从而制定严密的规范和严格的考核制度。国家与代理人之间的这种监控关系直接约束了代理人在治理农业、发展粮食生产上的调控能力,进而影响了县、乡、村之间的关系,也影响了代理人与农业经营主体的关系。

由于财政奖补资金实行项目化的运作,以保证专款专用,这使得代理人在使用财政资金的时候是以国家意志为指向,而不是以农民的实际需求为指向。由于中央要对县级代理人的粮食生产绩效进行检查考核,县级代理人就必须拿出可信的现场作为迎接考核的依据，进而导致项目在地方的运作最终变成了"马路工程"和不切合实际的形象工程。

由于考核必须在特定时间、按照特定的要求（比如要种双季稻）进行，这使得地方政府必须要找到与项目对接的农业经营主体。由于农业税费改革之后乡村组织的治理能力弱化，与分散的小农户打交道的能力弱化，县、乡两级政府与分散的小农户直接对接时的交易成本高，为了"找到抓手"，县、乡两级政府就需要重构农业经营主体，进而增强其在粮食生产领域的社会控制能力，于是通过流转耕地来"制造大户"，同时引进企业下乡、扶持合作社等就成为地方政府增强动员能力的主要方式。也就是说，代理人为了增强其调节粮食生产的能力，而重构农业生产的经营主体，引发了农业经营主体的变革。但是新型的经营主体，比如种粮大户和企业，因为缺乏一个系统化的支持环境，而频繁地暴露于风险之中，这并不利于建立一个保证粮食稳产的经营体系。

很显然，本书基于一个南方水稻生产大县的经验，在特殊的时空场景下对农业治理的机制进行概括，是有其局限性的，这种局限性只能在更多的深度个案中被克服，进一步丰富对农业治理逻辑的理解。华中村治学人这些年马不停蹄的调研脚步，正在实践着这种基于田野调研经验的农业治理研究，后来关于国有农场、北方农业治理、耕地制度、发达地区农业治理等层出不穷的研究不断涌现，原本的个案局限正在被更多的个案所完善。

目 录

第一章 导论 ··· 1
　第一节 问题意识 ··· 3
　第二节 农业治理能力：一个分析框架 ································· 8
　第三节 表述框架 ·· 17
　第四节 田野工作与田野素描 ··· 21

第二章 产粮大县奖补政策及其地方运作 ······························ 29
　第一节 产粮大县奖补政策的激励机制及其演变 ·················· 31
　第二节 本县的产粮大县奖补以及农业项目配套 ·················· 37
　第三节 整合项目资金，打造产粮大县综合工程 ·················· 39
　第四节 "以县为主"的项目化治理：政策实施主体与组织方式 ······ 42
　第五节 农业"以县为主的"项目化治理及其基本特征 ············ 51
　第六节 "以县为主"的农业项目化治理模式出现的制度性原因 ··· 55
　第七节 被项目运作吸纳的乡镇组织 ································ 57
　第八节 小结 ··· 69

第三章 代理人监控模式变化及其困境 ································· 75
　第一节 国家对地方的监控机制及其演变 ··························· 78
　第二节 地方争取产粮大县奖励的思路演变 ······················· 79
　第三节 项目工程量与项目组织模式的变化 ······················· 82
　第四节 两种项目运作模式的比较 ··································· 94
　第五节 项目运作过程中县乡之间的代理人监控问题 ··········· 105
　第六节 中央对地方的监控困境与监控的意外后果 ············· 126

第四章 政府目标与农民利益的冲突 ·································· 137
　第一节 政府与市场边界的动态变化 ······························· 139

1

第二节 农民当前的生计模式 ………………………………… 159
第三节 种植模式的比较:农户为什么不愿意帮政府种双季稻 … 163
第四节 被"市场围困的政府" …………………………………… 174

第五章 散户模式的失灵与经营主体的重构 …………………… 177
第一节 散户模式下的项目实践 …………………………………… 179
第二节 项目运作与农业经营主体的重构 ………………………… 207
第三节 政府推动耕地流转的高潮 ………………………………… 225
第四节 制造大户降低交易成本的机制归纳 ……………………… 229

第六章 项目运作与工商资本进入种植业 ……………………… 235
第一节 企业承包项目示范片及其运作逻辑 ……………………… 238
第二节 企业运作项目示范实践过程中的生产关系 ……………… 244
第三节 企业化种植模式的困境 …………………………………… 249
第四节 项目运作与资本积累 ……………………………………… 256
第五节 对国家无止境的政策需求和项目需求 …………………… 268
第六节 政府引进、扶持企业的意外后果 ………………………… 271

第七章 大户补贴的运作逻辑与租地农场的兴起 ……………… 273
第一节 项目任务全面向大户发包 ………………………………… 276
第二节 项目补贴的运作逻辑及其影响 …………………………… 277
第三节 项目补贴的地租效应与农民分化效应 …………………… 297
第四节 专业大户模式面临的硬约束 ……………………………… 311
第五节 大户损失惨重,地方有关政府部门脱不了干系 ………… 317
第六节 小结 ………………………………………………………… 321

第八章 总结与讨论 ……………………………………………… 323
第一节 主要结论 …………………………………………………… 325
第二节 农业治理转型的三层机制分析 …………………………… 329
第三节 粮食生产规划为什么没有实现预期目标 ………………… 339

附录 ·· 344

 附录 A 财政部关于印发 2005 年中央财政对产粮大县

     奖励办法的通知 ·· 344

 附录 B 2013 年平晚县粮食生产实施方案 ······················· 347

参考文献 ·· 351

第一章 导论

从制度实践的语境来看,国家对地方政府的监控问题真的解决了吗?通过这种制度实施,真的解决了"国家的自主性"问题吗?这种对地方进行严格约束的制度性后果是什么?产生了怎样的连锁反应?

第一节 问题意识

党的十九大以来,我国农业农村发展战略实现根本性转变,国家惠农政策体系基本形成,国家通过各类惠农政策在资源配置上向农村倾斜,农民得到了诸多实惠,国家与农民之间的关系发生了深刻变化。国家在取消农业税的同时,建立健全了农业补贴体系,农民种粮积极性大大提高;加大力度实现对粮食主产区的财政转移支付和财政倾斜,调动粮食主产区地方政府重农抓粮积极性;大力加强农业农村基础设施建设,通过通村公路、小型农田水利、农田综合整治等项目,提高了农业综合生产能力,农业生产发展取得了一定成绩。但是,我们大量的调查研究发现,国家巨额的财政资源投入在实践中并没有取得预期的效果,政策实践与政策目标严重错位,好政策并没有得到很好的落实。以本书所分析的产粮大县奖补以及财政倾斜政策的实践为例,即可见一斑。据统计,自2005年国家出台产粮(油)大县奖励政策至2013年,中央财政累计拨付奖励资金1589.2亿元[①]!那么其实践的具体成效如何呢?下面是一则有关某粮食生产先进县的新闻报道。

某粮食生产先进县:盆地早稻八成抛荒,山区中稻三成抛荒

春耕调查1。又是一年春耕时,从今天开始,我们经济信息联播将推出系列报道:春耕调查。春耕,相当程度上决定了一年的收成多少,这当中播种面积是最主要的指标。在素有"鱼米之乡"美誉的湖南,前不久有观众朋友向我们的记者反映说,近年来早、晚稻改中稻的倾向比较严重,甚至连中稻都不种的现象也时有发生,这样的种地方法就造成了耕地的大面积抛荒。那么情况是否属实呢?来看记者在连续7年获得全国粮食生产先进县的平晚县进行的调查。

记者来到全国商品粮基地湖南省的平晚县,见到主要公路的两侧都有农民在忙着培育秧苗,青青的秧苗已经差不多一厘米高。据当地农业

---

① 数据来源于中央人民政府网站,http://www.gov.cn/jrzg/2013-08-29/content_2477139.htm。

部门介绍,为了遏制早、晚稻改成中稻的趋势,平晚县已投入数百万元为农民集中育秧。湖南省平晚县台镇农技站高级农艺师王进益说:"必须把粮食生产面积补上来,所以平晚县抓双季稻生产在全国,尤其在湖南省还是比较有名的。"

可是当记者离开公路主干道3千米,深入到乡村公路,见到的情况却截然相反:农田里没有人干活,见不到一点春耕农忙的迹象。范先生有两个儿子,一个参军,一个在广东经商,家里缺乏劳动力的他早就把早、晚稻改成中稻了。

湖南省平晚县江镇联谊村村民范先生表示:"我一个人种一季稻有10年了,我现在年纪大了,就没有种了,以前我种过20多亩地都是双季稻。"

湖南省平晚县江镇联谊村村支部书记戈先生说:"我们这里种早稻的少,种中稻呢?种中稻的多。种早稻的占百分之多少?我们这里种早稻的没有,几乎没有。"

记者在台镇、洪镇等十几个盆地乡镇见到的情况与江镇如出一辙,公路主干道两边春耕忙,行进3～5千米深入村庄,大部分早稻都抛荒了。当地早稻集中育秧主要集中在国道、省道和高速公路两边。

王进益说:"我们县城公家育秧可供8万亩水稻地种植,分散到乡里,我们今年建了83个大的温室棚,每个大棚可供40亩地。"

照此推算,平晚县早稻耕种面积不足10万亩,然而平晚县有耕地90万亩,早稻抛荒面积超过80%。更加糟糕的是,在界牌、屿嵝等山区乡镇,很多耕地已经杂草丛生,不仅早、晚稻没有人种植,就连中稻也没有人耕作。

湖南省平晚县界牌镇高山村村委委员柳怡生说:"高山村总共7个小组,抛荒最严重的是天安组。天安组原来耕地面积有51亩多,抛荒80%。全村抛荒面积占耕地面积的30%左右,面积达到100亩。还有哪些村也存在类似的情况?有很多,有5～6个村吧。最严重的是莲花村,抛荒面积达到70%～80%,其他村抛荒面积达30%～40%是正常的。"

春耕调查 2。早稻种子销售低迷,部分销售商已经放弃。平晚县作为全国产粮大县,盆地早稻居然八成抛荒,山区中稻三成抛荒,而这绝不是危言耸听。我们知道,种植水稻必须要用种子,一亩水稻平均需要 0.8 千克的种子,种子销量是衡量水稻种植面积的重要指标。那么,平晚县的水稻种子销售情况又如何呢?我们的记者也进行了一番调查。销售人员介绍说,农民购买早稻种子的时间通常是在每年的 2—3 月份,因为 3 月底就应该浸种准备育秧。4 月上旬,记者走访了平晚县江镇的 8 个种子销售店,店主们都普遍反映早稻种子的销量很低。

紧接着,记者又走访了金兰、石市和集兵等十来个乡镇的种子销售店,无论是农技站种子销售店的销售员,还是个体经营户,他们都异口同声地反映:早稻种子的销量几乎可以忽略不计,现在主要靠销售一季稻种子维持利润。

据记者了解,目前当地仅有的一些早稻育秧也仅是做个样子。湖南省平晚县种子管理局工作人员彭先生说:"看到的那一点早稻育秧是有人搞的形象工程,是一级应付一级,搞示范点,都不是农民愿意种的,现在农民小规模种一季粮,种粮的目的是保证自己的口粮,自己吃。不是靠卖粮来获得经济收入。"

彭先生介绍,早稻抛荒不是平晚县独有的现象,从种子公司的销量就可见一斑。隆平高科是我国最大的水稻种子培育公司,最近 5 年,早稻种子的销量持续下滑:从 2008 年到 2013 年,每一年销量分别是 713 万千克、536 万千克、364 万千克、307 万千克、299 万千克、220 万千克。早稻种子 6 年下滑近 70%,这就意味着全国购买隆平高科水稻种子种植早稻的面积 6 年下滑了 70%。

春耕调查 3。种粮不如打工,"农民荒"导致地撂荒。记者在走访中了解到,为了减少耕地抛荒现象,湖南省 2012 年投入的资金超过了 1.2 亿元,可是为什么农民种粮的积极性依然不高呢?继续来看调查。湖南省平晚县界牌镇高山村村民汤舜华有四兄弟,其他三个都在城里打工,留下他一人种了 20 亩地。他所在的高山村青壮年劳动力大都外出打工,留在家里的是老人和小孩。粮田里不仅早、晚稻变成了中稻,现在就连中稻也没人种,一年抛荒100多亩。汤舜华说:"种了这么多地,我是上了年纪的老人,劳累过度承受不了。种一年算一年,以后这些耕地如何处理我估计不到,没有办法保证这些土地能继续耕种下去。"记者了解到,虽然平晚县有农业人口近100万,但是年轻农民绝大部分都进城打工了。种粮收益低和劳动力缺乏直接导致了耕地抛荒。早、晚稻抛荒改成中稻,一亩地减产稻谷500斤,平晚县90万亩耕地面积八成抛荒,意味着全县稻谷减产3.6亿斤。如果算上山区30%的耕地全部抛荒,稻谷减产的数量会更大。

春耕调查4。水库、山塘30年未修,灌溉功能非常薄弱。2012年,我国进口稻谷和大米创历史新高,达到234万吨,同比增长将近300%。农田水利是粮食种植的重要保障,此前2011年的中央一号文件就提出要每年从土地出让收益中提取10%用于农田水利建设。两年过去了,农村水利建设情况如何呢?来看报道。

黄章菊是某水库的承包户,她无奈地告诉记者:现在正是南方多雨季节,可是水库的蓄水量还不到正常水位的十分之一。因为这个水库从1966年修建后,最近30年都没有维修过,严重漏水已经超过7年。

据不完全统计,像这样年久失修的水库在平晚县不低于100个。数量更为惊人的是,年久失修的山塘在界牌镇高山村一个村就有100个。某山塘已经干涸10多年了,塘底长满了各种杂草,即便梅雨季节也装不满水。湖南省平晚县界牌镇高山村村民汤学明说:"经济条件有限,劳动力欠缺,所以没有办法维修就干涸了,造成底下这一垄10来亩的田都耕种不成,都抛荒了。"不仅是平晚县,整个平晚县大部分的山塘、水库、渠堰修建于20世纪六七十年代,设施老化、损毁严重、渗漏现象比比皆是,排灌能力基本丧失。水稻生产还面临着洪涝灾害的威胁,农民种粮风险大、成本高。

这则新闻与笔者在该县7个月的田野调研所观察到的现象基本一致。我们对该县在国家巨额财政支持的情况下依然存在的农业生产困局进行归纳,大致表现在两个方面。一是地方政府对农业的控制能力弱化。作为全国商品粮基地县,县级政府抑制抛荒、推广双季稻、增加复种指数的决心不可谓不强,但是依然无法抑制耕地季节性抛荒、绝对抛荒日益严重的现象。二是国家对地方政府的监控能力不足。作为商品粮基地县,国家对该县进行了大力的财政扶持,包括产粮大县、超级产粮大县、产油大县等奖补资金。2012 年,仅全国粮食生产先进县奖补一项就达 3000 多万,同时配套了大量的农业项目①,但是地方政府却将产粮大县奖励资金重点用于发展马路两边的"形象工程",应付上级考核验收,而大多数村庄因为不在交通干线上,在考核验收中派不上用场而成为"被地方政府遗忘的大多数",这正是上面新闻报道中所谈到的"马路两边春耕很热闹,马路之外悄无声息"的原因。马路两边用于增加播种面积和复种指数的双季稻示范片毕竟是少数,全县 900 多个村庄,政府将绝大部分财政资源投入在马路两边 60 多个村庄的双季稻发展,将这 60 多个村庄打造成为"迎检验收核心圈",而马路之外的村庄因为派不上用场不再被关注,农业生产继续处于"消极无治理"的靠天吃饭状态,粮食综合生产能力日渐退化。

国家指定的产粮大县是保证粮食增产的核心力量,也是国家粮食安全的战略重点,但是在当前却遭遇如此困境,这不得不令人深思!新闻记者能够客观实际地呈现当前农业生产领域所掩藏的危机,而作为社会学研究者,则希望能够深刻地理解这些现象背后更为根本性、结构性、必然性的逻辑。本书试图从农业税费改革以来农业治理转型过程中的国家能力这个理论视角,对以上述现象为代表的农业生产困境作出深度解读。

本书认为,如果把农业作为一个治理对象,国家制定和执行农业支持政策以实现国家粮食安全与农业发展的目标归结为农业治理的话,那么农业治理在本质上是一个国家与乡村社会之间的关系问题,即国家如何通过分配财政资源,扶持商品粮生产基地,进而调动粮食主产区农民种粮积极性的问题,这其中涉及国家(既包括中央,也包括作为中央代理人的地方政府)如何与农民对接,进而将农民的粮食生产决策纳入国家实现粮食增产与粮食安全的目标当中来;同时也涵盖国家对基层代理人的激励

---

① 2013 年 12 月,在曾经连续 7 年获得全国产粮先进县的平晚县,国家已经投入了数以亿计的财政资金专门用于扶持其粮食生产发展,2006—2010 年,国家给予的产粮大县、产油大县的奖励资金高达 12743 万元,2012 年的产粮大县奖励资金更是高达 3000 万元,还配备了大量的农业项目。2012 年,该县的地方财政收入为 3 亿元左右,而产粮先进县的奖补资金以及配套项目,同样高达 3 亿元左右,故而发展粮食生产,争取国家财政支持成为该县财政增收的核心动力。

与监控,调动地方政府重农抓粮的积极性,进而保证国家粮食安全的问题。从分析国家与乡村社会关系的理论脉络来看,这个问题涉及国家在农业治理领域的治理能力问题,既包括国家对粮食生产领域的社会控制能力问题①,也包括国家对基层代理人的激励与监控问题,国家的社会控制能力和对代理人的监控能力构成国家能力的二维②。本书试图通过国家能力这个分析性概念来对上述农业治理的困境进行解读。

第二节 农业治理能力:一个分析框架

在农业领域,政府治理能力以及治理体系的重要性不言而喻。研究者们指出,在很多发展中国家,政府农业发展政策的失灵常常源自农业政策之外的政府体制及其治理能力,许多第三世界国家的政府具有"柔性国家"特征,它们"软弱、不安全,勉强执行政策",发展中国家的政府总是组织得不好,支持农业发展的能力有限,以致出现来自赞助者的关于管理失败的许多抱怨。缓慢的决策,以及不完善的经济政策常常根源于政府体系③。人们发现,低收入国家在农业农村的发展中,地方政府缺乏良好的财政制度和管理能力,是导致大量农业支持计划失败的主要原因。弱政府、无能政府或失败国家是许多发展中国家农业治理失败的主要原因。由于缺乏一个有效的公共管理体制,发达国家以市场化促进农业农村发展的成功经验无法在许多发展中国家取得良好效果。对于发展中国家的农业农村发展来说,不仅要关注如何选择更适合本土的政策工具,更要关注如何构建一个能理性选择政策工具并对其有效贯彻执行的政府治理体

---

① 本书所讲的社会控制能力,具体而言就是指国家对粮食生产的调控能力。王绍光将国家能力操作化为四种能力,即汲取能力、强制能力、调控能力、合法化能力。

② 对国家基础性权力的这种研究,在国内最早来源于黄冬娅,在《转变中的工商所》《比较政治学视野中的国家基础性权力发展及其逻辑》《财政供给与国家政权建设》等论文中有系统归纳,本书在这里直接援引,特此说明。

③ 贾斯特·法兰德,杰克·帕金森.国家的性质和政府在农业发展中的角色[M]//何增科,周凡.农业的政治经济分析.重庆:重庆出版社,2008.

系①。本书认为，在推进农业现代化的过程中，一方面需要重点关注政策工具、农业政策的组织和实施方式；另一方面需要关注实施农业政策的治理体系，尤其需要警惕政府治理能力的弱化。下面我们结合国家基础性权力的概念，对税费改革以来农业政策体系的变化、政策的组织和实施形式，以及地方政府治理体系的变化等方面进行文献梳理。

本书认为，从王绍光的国家能力概念来看，如果说农业税费时代的农业治理问题主要是汲取能力的话，那么后农业税费时代的农业治理问题则主要是调控能力问题，即国家通过对农业进行反哺，以实现国家对农业的改造和粮食生产的调控。

一、农业治理现代化过程中的国家能力

国家对农业生产体系的调控与驾驭能力实际上是国家能力在农业治理领域的一种体现。本书试图借助于王绍光等人有关国家能力的分析框架，展开对问题的讨论。

在政治学界很早就有学者在研究国家能力。政治学家迈克尔·曼在《社会权力的来源》一书中将国家能力分为专断性国家能力和基础性国家能力。迈克尔·曼后来在《国家的自主权力》一文中又进一步阐释这两个重要概念：前者是指国家精英可以不经过与市民社会常规的、制度化的协商妥协而单独采取一系列行动的权力，它是一种国家精英凌驾于市民社会之上的权力；后者则是指国家实际渗透到市民社会、在其统治疆域内执行决定的能力，它是一种国家通过其基础设施②渗透和集中地协调市民社会活动的权力。

在迈克尔·曼看来，国家实现社会控制的目标必然要依靠国家代理人。在欧洲国家形成历史中，从封建国家向绝对主义国家转变意味着崭新的行政体系的构建，统治者通过行政体系将其社会控制的触角延伸。随之而来的问题就是统治者如何有效地监控其代理人不偏离社会控制的

---

① 郁建兴，高翔.农业农村发展中的政府与市场、社会：一个分析框架[J].中国社会科学，2009(6).
② 在其语境中主要指的是行政机构及其相关设施，比如警察、税务等行政执行机构。

目标,将其意志贯彻下去。国家社会控制过程中,这种对于国家代理人监控的重要性使得国家基础权力不仅仅是与社会的关系问题,代理人监控成为国家基础权力研究中不可分割的组成部分。因而国家基础性权力不仅包括对社会的控制能力、渗透能力、调控能力、协调能力、国家配置资源以实现特定目的的能力和管理民众日常行为的能力,而且还包括在国家机构和人员下沉的过程中对这些代理人进行有效监控的能力①。

尽管王绍光在迈克尔·曼的基础上将基础性国家能力进一步概括为强制能力、汲取能力、濡化能力、国家认证能力、规管能力、统领能力、再分配能力、吸纳和整合能力这8种能力,但就本研究的逻辑而言,农业治理领域的国家能力集中表现为社会控制能力和代理人监控能力两个组成部分。

二、国家对地方代理人的监控

自古以来,农业就与国家治理密切相关。财政税收是国家治理的基础,在农业社会,"皇粮国税"构成国家机器运作的基础;而自近代以来,关税和工商税收增长迅速,成为中央政府的主要财政收入,农业税收逐渐变成地方性税收②。新中国成立以后,既需要农业税费来维系国家机器运转,同时也需要通过提取农业剩余来支持国家工业发展,即所谓的"以农养政""以农养工"。一直到税费改革之前,国家治理与农业的关系都可以概括为"汲取型"的"农业治理"模式③。在20世纪80年代分田到户之后

---

① 另外,在比较政治学中,许多研究者也都在使用"国家基础权力"的概念或者在讨论与这个概念涵括的内容相似的问题。比如,蒂利认为讨论国家的税收、警察等国家基础设施的发展和产生差异的核心问题是国家的"渗透能力"问题,即建立资源动员(税收、人力)的理性行政,维护公共秩序,协调集体努力(基础设施发展、紧急行动和防御)。米格代尔则认为迈克尔·曼提出的"基础性国家权力"的概念指的就是国家"社会控制能力",他认为这种"社会控制"不仅包括了国家机构和人员的下沉,而且还包括国家配置资源以实现特定目的的能力和管理民众日常行为的能力,是国家成功使用国家规定的规则取代人们自己社会行为的倾向或者别的社会组织规定的社会行为的能力。国家能力的增加正是有赖于这种国家社会控制的增强。

② 瞿同祖.清代地方政府[M].北京:法律出版社,2003.

③ 另一方面,无论是传统时代实行简约治理的传统型政权,还是具有高度汲取能力的现代国家政权,对于维系农业生产,或多或少地存在一些保护政策,比如古代的大江大河治理,当代的大规模农田水利建设等。

所形成的农业税费时代,从国家与地方政府之间的关系来看,农业税费表现为"财政供给";而从地方政府与农民的关系来看,农业税费则表现为"财政汲取",通过财政汲取,维系县、乡、村三级行政组织的运转,提供农业公共服务。但是由于农业税税率低、总量少、增长弹性小,远不能满足地方政府的开支需求,而且其中存在严重的国家对基层代理人的监控问题,因为农业税费时期是国家通过地方政府进行"间接治理",国家无法为地方政府直接提供"财政供给",正是因为代理人监控问题突出,所以农民负担增长成为难以避免的现象。随着税费负担的增加,到20世纪90年代末,大量的农民弃耕抛荒,逃离农村,国家政权合法性迅速流失。正是在这种背景之下,中央政府才大刀阔斧地开展税费改革,最终取消了农民的一切税费负担。

但税费改革在改变"以农养政"的同时也导致了一系列问题,农业不再创造地方财政收入,一方面使得地方政府不再有发展农业生产的积极性,另一方面也使得中西部粮食主产区以农业税收为主要财政来源的地方政府以及乡村组织的运转面临巨大的财政收支缺口。为了保证国家粮食安全和农业发展,国家加大了对粮食主产区的财政转移支付,具体表现为从2005年开始实施产粮大县财政奖补政策,并在农业项目方面进行财政倾斜,用于调动地方政府重农抓粮的积极性,在增强粮食主产区财力水平的同时,也为其输入发展农业生产的治理资源。

保证国家粮食安全是一个体现国家意志的政治问题。在农业税费时代,地方政府要向农民收取农业税费,因而满足农民对政府发展农业、提供农业公共服务的诉求是这种农业治理模式中地方政府发展农业的动力来源,正是通过这种"取之于民,用之于民"的措施,地方农业财政体系才能维持税费改革以前农业发展的局面,对粮食安全的维持也蕴含于其中。在后农业税费时代,粮食安全成为国家财政调控的目标,通过对粮食主产区的产粮大县进行财政奖补,同时将国家粮食安全的责任目标进行发包,这样产粮大县原来依赖于农业税收的财政结构转变成为主要依赖国家财政转移支付来维持基本运转,同时承担保证粮食安全的责任。

但是在这种通过国家财政来维系地方政府,尤其是中西部粮食主产区地方政府运转的模式,也同样存在代理人监控问题,即国家向基层政府转移了大量财政资金,如何保证它的绩效?如何保证地方政府能够按照国家的意志进行合理使用?于是"国家与地方政府"之间的代理人监控问题再次出现。为了加强国家财政转移支付过程中对地方政府的监控,国家进一步采取制度完善与技术治理的办法。国家越是对地方不放心,代理人监控问题越是突出,国家制定更加规范的财政制度,财政资金专项化和"项目制"便是在这样的背景下推出的。

渠敬东认为,项目制已经成为一种能够将国家从中央到地方的各层级关系以及社会经济各领域统合起来的治理模式。大量专项资金以项目形式下拨到各级地方政府,使得地方政府在财政收入减少的情况下能够维持公共服务供给,以财政为核心,项目制使得中央权威得到彰显,部门"条线控制渠道得到强化,中央与地方关系被重构"[1]。周飞舟也指出:分税制改革之后,随着"两个比重"的提高,各种财政资金开始以"专项"和"项目"的方式向下分配,而且逐渐成为主要的财政支出手段。财政资金以项目的形式进行运作在农业领域也体现得极为明显[2]。

渠敬东、折晓叶等人对项目制的制度逻辑和治理逻辑进行了归纳,认为这代表了一种全新的国家治理转型:从总体性支配到技术性治理。国家改变了原来总体性支配的体制,在财政集权的基础上,通过项目治国这种技术化的手段来进行治理。

这种技术治理的理念极为强调理性化的目标管理和过程控制。因为"项目制"有立项、申报、审核、监管、考核、验收、评估和奖罚等一系列理性程序,进而可以实现理性化的目标管理和过程控制[3]。从国家治理的角度来看,项目制是行政体制与市场体制有效结合的一种制度安排。因为

---

[1] 渠敬东.项目制:一种新的国家治理体制[J].中国社会科学,2012(5).
[2] 周飞舟.分税制十年:制度及其影响[J].中国社会科学,2006(6).
[3] 比如,本书即将分析的产粮大县奖补政策,尤其是其中的超级产粮大县、产油大县奖励政策,以及配套的财政资金越来越多地以财政专项或项目制的形式运作。产粮大县奖励资金具有财力性质,但是随着地方财力的好转,也要逐渐用于粮食生产;而超级产粮大县奖励资金和产油大县奖励资金则必须全部用于粮食生产,具有财政专项的性质,需要接受考核验收。

它在维持国家自主性的同时,能够实现行政体制与市场体制的有效结合①。

综上,从农业税费时代到后农业税费时代,农业治理的财政基础发生了巨变。这种巨变的背后都存在一个代理人监控的问题,农业税费时代的问题就是国家无法对基层代理人的农业税费收取行为进行有效监控与规制,最终导致了以农民负担为主要表现形式的"治理性危机"。而在后农业税费时代,取消了农业税费,也就斩断了地方政府伸向农民的"掠夺之手",原来自下而上的财政供给终结之后,就只能通过国家自上而下的财政转移支付来维系地方财政。主要表现为中西部粮食主产区的地方政府的基本运转,并通过"农业反哺"的财政转移支付来调动其重农抓粮的积极性,为了保证地方政府"不乱用"财政资源,国家对财政转移支付实行"专项化管理"以及"项目制"管理,以规范地方政府的财政行为。也就是说,"项目制"等技术治理的制度性手段的推出,背后的实质是一个围绕"国家与地方政府"之间在财政供给问题上的代理人监控问题。

现在的问题是,从制度实施的层面来看,通过"项目制"的严密程序和制度规范,似乎是解决了国家对地方代理人的监控问题。但问题是,从制度实践的语境来看,国家对地方政府的监控问题真的解决了吗?通过这种制度实施,真的解决了"国家的自主性"问题吗?这种对地方进行严格约束的制度性后果是什么?产生了怎样的连锁反应?本书试图以国家对商品粮基地县的产粮大县奖补资金以及农业配套项目政策的实践为例,对这些问题进行分析。

三、政府对地方社会的调控

农业税费改革之后,国家试图建立一套针对农民的"直接治理模式",但问题是,自古以来,国家在与分散的小农户打交道时都存在交易费用高昂的问题②,因而如何通过建立一套有效的行政体系来与分散的小农户

---

① 渠敬东.项目制:一种新的国家治理体制[J].中国社会科学,2012(5).
② 温铁军在《三农问题与制度变迁》《中国农村基本经济制度研究》等著作中对这些问题都做了精辟的论述;贺雪峰在《论乡村治理内卷化——以河南省 K 镇调查为例》等文章当中对这些问题也做了大量的论述。

打交道并强化国家控制与渗透、汲取的问题,在中国历史上从来都是一个难题。农业税费改革很显然没有解决这个与分散小农户打交道时因为交易成本无限高而带来的社会控制问题。现在国家通过对商品粮基地县的财政扶持,通过地方政府的政策行为影响农民的生产决策,调动其种粮的积极性。问题是,在小农户的汪洋大海中,地方政府如何实施其社会控制?面临什么挑战?最终又采取了什么策略?产生了怎样的后果?从国家基础性权力的角度出发,其实践有何经验教训?下面对与这些问题有关的文献进行梳理。

在税费改革以前,国家是通过乡村组织与农民打交道的,国家与农民连接的节点是乡村组织。正是通过乡村组织,国家降低了与农民打交道的交易费用,在人民公社时代以及大集体时代,国家基本上是按照这样的思路来与分散的农民打交道的,一直到20世纪90年代以前,国家通过乡村组织对基层社会的控制能力一直都相当强[1]。但是因为代理人监控问题,即存在对乡村干部的监控难题,国家最终取消了乡村组织赖以运转的农业税费和"三提五统",进而弱化乡村组织,进行合乡并镇、拆村并组、取消村民小组长等精简乡镇机构的行为。学界已有相关研究都是在证明:税费改革以后乡村组织的治理能力逐渐弱化了。

周飞舟的研究指出,总结税费改革以后政府间关系的变化,主要有两个方面:一方面是通过对事权和支出责任的再划分,乡镇财政基本上变成了空壳财政,大部分财政资金都用于发放乡镇人员的工资,处于"有财无政"的状态;另一方面,乡镇人员的工资比改革前变得更有保障,旨在"养廉"以防聚敛。一句话,基层政权成了悬浮型政权,不但没有转变为政府服务农村的行动主体,而且正在和农民脱离其旧有的联系,变成了表面上看上去无关紧要、可有可无的一级政府组织[2]。这进而对乡镇政府的行为模式产生了巨大影响:一方面,在资金来源上,基层组织的行为由向农民收取税费一变而为跑钱和借债;另一方面,在责任承担上,基层组织的

---

[1] 董磊明.从覆盖到嵌入:国家与乡村1949—2011[J].战略与管理,2014(3/4).
[2] 周飞舟.从汲取型政权到"悬浮型"政权——税费改革对国家与农民关系之影响[J].社会学研究,2006(3).

行为由收益最大化的逻辑转化为风险最小化的逻辑,即不管实际情况的官僚主义逻辑①。乡村基层组织的悬浮客观上导致乡村社会缺乏一个能够积极有效执行国家政策和维持地方秩序的常规性力量②,使得乡村社会在某种程度上陷入无治理状态。乡村社会的无治理状态是由税费改革导致的基层组织治理能力弱化所决定的,这集中体现在治理资源的急剧丧失上。

已有的研究主要从三个层面进行分析,首先是经济资源的丧失。税费改革使得基层组织的财政变得越来越"空壳化",许多部门的"专项资金"也开始"绕开"乡镇政府,由县职能部门直接实施。工资的统发制度则实际上将乡镇财政完全"挖空"。全额财政供养人员的工资统发以后,乡镇的财力便只剩下了公用经费和税费改革转移支付,而这两部分的资金分配也逐年减少③。

其次是人事资源的丧失。一方面是乡镇的事权上收,比如教育、水利等,这些相应事业单位的乡镇人员被清退或者进行"垂直管理",即由县级的职能局来直接管理其人、财、物④;另一方面,乡镇人员缩编,各地方在乡镇机构改革过程中,大肆裁人减员,其中,农机站、农技站、畜牧站、水利站等涉农服务站所受到的冲击尤其严重⑤。

最后是权威资源的丧失,自农业税费改革以来,基层政府被取消了强制性能力,被定位为一个为农民服务的"服务性组织"。

基层政府是国家和农民直接发生关系的节点,是提供公共服务、维持

---

① 贺雪峰.乡村的前途:新农村建设与中国道路[J].济南:山东人民出版社,2007.
② 董磊明.强大的常规性权力何以必要——论村庄政治中的基层组织体系[J].人民论坛·学术前沿,2012(10).
③ 周飞舟.从汲取型政权到"悬浮型"政权——税费改革对国家与农民关系之影响[J].社会学研究,2006(3).
④ 周飞舟.从汲取型政权到"悬浮型"政权——税费改革对国家与农民关系之影响[J].社会学研究,2006(3).
⑤ 田先红,乡村农技服务:在改革中沉沦——从肉价上涨谈起[J].中国农业大学学报(人文社会科学版),2008(1).

社会稳定、影响农村社会结构的基层治理的关键①。在农村对公共品需求极其多样的情况下，国家根本无力理解农村对公共品需求的多样化状况，因此，国家必须要有一个让农民表达出对公共品需求偏好的机制②。然而，作为这个机制承担者的基层组织却在改革中被架空了。

在这样的背景下，农业政策在乡村社会如何运行？作为国家代理人的县镇政府如何对粮食生产进行控制？其行动逻辑是怎样的？实践成效如何？产生了怎样的社会经济影响？比如说产粮大县政策的一个重要政策目标是粮食产量的控制，需要调节农民的耕作模式，需要抑制抛荒，需要和农民协调才能使农业项目落地，在基层组织治理能力高度弱化的背景下，这些政策是如何被执行的？

基层组织的这种状态决定了在税费改革之后，他们实际上已经无法解决散户模式下的农业生产问题，包括提供农业公共服务，实行农业补贴政策，他们无法与散户打交道。这样在面临实现国家粮食生产规划、保证国家粮食安全的政治任务时，基层组织就必须重构农业经营主体，降低治理农业的治理成本。于是他们引入大户和企业来完成地方政府的粮食生产规划就纯属必然，但是这会引发农业经营主体重构之后数量众多的农户的生计问题。

现有研究为本书理解农业治理转型提供了很多启迪，有助于我们提炼"农业治理转型"这个分析性概念，但是专门针对农业治理方面的经验研究还很少，缺乏敏感的问题意识，对于某些正在发生的重大社会变迁仍然没有研究，比如说本书即将展开分析的，在税费改革以后，国家的农业治理体系已经发生了巨变，国家治理农业的政策工具以及政策实施方式都与税费改革之前完全不同，这种新的农业治理体系的实践逻辑是什么，还很少有研究涉及并归纳。

---

① 周飞舟.从汲取型政权到"悬浮型"政权——税费改革对国家与农民关系之影响[J].社会学研究,2006(3).
② 贺雪峰,罗兴佐.论农村公共物品供给中的均衡[J].经济学家,2006(1).

第三节 表述框架

本书以理解县、乡、村干部的行动逻辑为分析的切入点,根据上面的思路,主要着眼于税费改革之后的政府内部财政关系,来理解以下几个问题。

一是国家与代理人之间的关系(财政关系以及监控关系)如何影响了代理人与农民之间的关系?如何影响了代理人在治理农业时的行动逻辑?本书有很多分析的片段就是从这个问题出发的。

比如说,支农性的财政转移支付主要以"项目制"的形式输入,上文的分析谈到,项目制的推出本身就是国家为了监控地方代理人,强化对地方代理人的目标管理与过程控制,那么,国家与代理人之间的这种监控关系是如何影响农业治理过程中代理人与农民之间的关系?包括地方政府如何规划项目示范片,项目示范片的空间分布、项目资金如何分配,地方政府(县、乡)为何要流转散户的耕地去制造大户、扶持大户、引进企业下乡,如何抗旱,对待项目示范区和非项目示范区的态度为何判若两人,为何项目示范区的财政资金重复投入,而非项目示范区则长期得不到救济,以至于农田水利系统瘫痪,非项目示范区成为政府"遗忘的大多数"等。

再比如说,在农业治理转型的过程中,国家农业治理体系内部的各种关系变化,主要体现在财政关系的变化上,即县、乡、村三级治理组织的财政从原来自下而上地来源于农业税费和"三提五统",变革为后农业税费时代的国家财政转移支付,如果将县、乡、村三级组织的运转费用理解为组织费用[①]的话,这意味着组织费用的逻辑发生了变化,即原来县、乡、村三级组织原来是由农民支付组织费用的组织,从财政的角度来理解,意味着在"国家-代理人-农民"这三层关系中,"代理人-农民"这层关系是首要

---

① 这个概念原本来源于制度经济学,温铁军在研究县、乡、村治理的时候,用组织费用这个概念比较多,他认为在农业税费时代,县、乡、村三级组织因为是农民支付组织费用的组织,因而是农民的自组织,主要为农民服务;当组织费用不再来源于农民的时候,也就意味着县、乡、村原来作为农民的自组织会发生变异。温铁军的高徒董筱丹在其博士论文《组织租与治理成本:现代化进程中的农村冲突与地方治理问题》中对国家与分散的小农户打交道时的交易成本做了充分的论述。

的,代理人与农民之间通过农业税费形成一种制度性关联[①],农民在交付组织费用的过程中可以对国家代理人的农业治理行为以及农业公共服务形成一种诉求和牵制。而当组织费用的机制发生变化,县、乡、村的财政基础来源于国家的时候,县、乡、村三级组织的行为受到国家意志的规制性成分明显增多,这意味着县、乡、村三级组织的行为开始主要受国家意志影响,以迎合国家意志与偏好为指向,而不再是主要指向农民,也就是说,农业税费改革改变了国家与代理人之间的关系,必定会改变代理人与农民之间的关系,进而对代理人的农业治理行为产生影响。关于这个层面,主要体现在本书对非项目示范区的分析,即代理人对那些非项目示范区的态度,这基本上也是全国普通型农业区的一般状态,即农业陷入"无治理"的状态。

又比如说,在农业税费改革的过程中,国家不但弱化了代理人(主要是乡镇)的财政能力,而且要规范基层代理人的行政行为,建立服务型政府,基层代理人的治理能力弱化,那么这又会如何影响代理人与农民之间的互动模式?

二是代理人与农民之间的关系又如何影响了代理人与国家之间的关系?自从税费改革以来,农业进一步市场化,在"政府-市场"的关系中,政府的治理边界在变小,而市场的边界在扩张,政府成为"市场包围中的政府"。这意味着基层代理人直接支配农业生产要素的能力弱化,农民成为深度卷入市场当中的经营主体,这个时候代理人与农民之间存在目标的错位是不可避免的,而代理人在接受国家财政转移支付资金的同时,也承担了国家粮食生产的责任。那么当代理人与农业经营主体受到市场、自然等因素的约束与干扰时,最终会如何影响代理人在应对国家考核验收时的行动逻辑?在这个过程中如何影响国家政策实践的绩效?如何影响国家的自主性?

如果要对上面两个问题中的各个片段进行整合的话,笔者认为大致可以形成以下的逻辑框架,这个逻辑框架也构成了本书的写作框架,如图1-1所示。

---

① 吕德文.拿钱的办事员和集体化的消解[J].华中科技大学学报,2010(6).

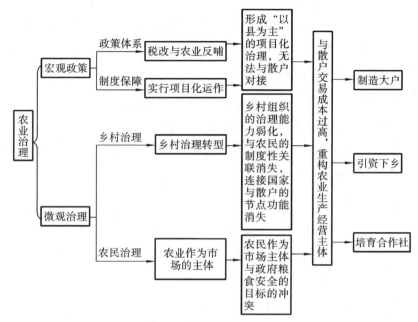

图 1-1 本书的叙述框架①

根据这个框架,本书第二章将分析产粮大县政策的内容、演变及其激励机制,以及国家监控机制。该县的农业配套项目以及产粮大县资金和项目资金的组织实施方式中所体现的国家监控逻辑,以及在这种财政激励政策下所形成的"以县为主"的农业治理模式,县里所制定的控制粮食生产行为(即推广双季稻和抑制抛荒)的粮食生产规划、政治动员、政策激励、意识形态宣传等,都是为增强县政府对全县范围内粮食生产的控制行为做铺垫的,主要是通过分配国家支农财政资金来对散户、大户以及企业进行奖补,通过服务措施与补贴措施来增强对农民粮食生产决策的影响力度,将农民的粮食生产行为纳入县里实现粮食生产目标的轨道上来。国家对代理人的逻辑以及县实施粮食生产的控制逻辑在这一章都有所交代。

---

① 农业治理转型的三个维度诱导种植业领域的农业转型,即农业生产微观主体的重构。地方政府,尤其是产粮大县的地方政府对于扶持大户、引进企业进入生产环节具有极高的积极性。限于篇幅,本书对合作社暂且不做讨论。

第三章主要分析中央对地方代理人的监控问题,以及县与乡之间的监控问题,县对乡镇的财政激励与目标管理、过程监控、政绩考核、检查验收,以及乡镇在财政空壳化的背景下,针对县里的控制与激励措施进行的"反控制"行为及其逻辑。

第四章是一个背景性的分析,为接下来的第五章做铺垫,引出政府控制农民的粮食生产决策所面临的难题,试图通过这一章说明为什么政府的目标与农民的收益之间存在冲突,这为国家通过资源配置实现其对粮食生产的调控能力带来挑战。

如果说第三章是在分析国家对地方代理人的监控问题,以及县、乡之间的代理人监控问题的话,那么第五章至第七章则是在分析县、乡代理人对粮食生产的调控过程及其逻辑,即分析县、乡代理人在农业生产领域的社会控制能力及其逻辑。

第五章至第七章是代理人与农民的互动和博弈过程的真实展现。第五章的中心思想是在乡村组织的"集体化"治理体制瓦解以后,乡村组织与散户打交道时因为面临着交易费用无限高的困境,使得粮食产量调控的政策实施"缺抓手",治理成本高昂,农民的抵触情绪高涨,官、民之间对立严重,乡村组织通过散户模式的动员机制难以维系。在对散户的控制能力日益弱化的背景下,县、乡、村三级都有极大的积极性,通过流转农民的耕地,将这些耕地给企业、种粮大户耕种,这样就相当于大大减少了交易的对象。通过对企业和大户进行全方位的项目补贴,将企业(第六章)与大户(第七章)的粮食生产行为纳入县、乡政府实现粮食生产目标的轨道中来,这样大大提高了县、乡政府对粮食生产经营主体的控制能力,因为大户和企业在政府项目补贴的引导下,愿意配合政府来完成粮食生产规划,迎接上级检查,而且大户和企业能够按照县里实施项目的统一规划而行动,进而使得其行动能够按时、按照规定、符合项目考核验收的要求来进行,进而迎合了县里制造政绩、制造迎检现场、制造亮点的政绩需求与迎合考核的需求,从代理人的角度来讲,其社会控制能力大大增强。

简而言之,通过这个叙述框架的勾勒,我们在其中理解"国家-代理人-农民"三者在农业治理转型中的复杂关系样态,并最终指向其中国家的基础性权力问题,即国家对农业的调控能力(通过配置财政资源实现国家目标的能力)以及国家对地方代理人①在实施政策过程中的监控能力。

第四节　田野工作与田野素描

一、田野工作

在万顷良田之间,湘水如玉带,山丘如水墨,这就是调研地点平晚县。之所以命名为"平晚",鉴于本地曾有平湖秋月之佳境,亦有渔舟唱晚之诗意。

在 2010 年一个大雪纷飞的时节,笔者来到该县做田野民族志,作为一个典型的南方水稻种植区,当地水稻生产的历史、文化、旧时的生产关系,当前正在发生的农业生产变局,都深深地吸引了笔者,于是到 2013 年时,决定再次到平晚县进行"安营扎寨"式的调研。还是在一个大雪纷飞的腊月,笔者再次来到该县调研,后历经春暖花开、夏日炎炎,2013 年仲秋月圆之时,结束调研,本次专题调研历时 7 个月。

根据平晚县粮食生产规划②,笔者重点调研了以下乡镇。2012 年 12 月—2013 年 1 月,主要在该县岘镇高兴村调研,调研对象主要是散户。岘镇不是平晚县粮食生产示范区的重点,因而了解县里政策实践的空间

---

① 在本书中,国家代理人主要是指的是县、乡两级政府,为了叙述的简便,统称国家代理人。另外,在分析的过程中会发现,县乡之间也存在委托-代理关系,这其中也存在代理人监控问题。

② 本书下文的分析会谈到该县将国家的产粮大县奖补、超级产粮大县奖补以及各种各样的农业项目资金打包成为"产粮大县"项目示范片工程,以迎接农业农村部以及省政府的考核验收。产粮大县项目示范工程主要是种高产的双季稻,之所以要花如此大的力气种双季稻,是因为现在农户普遍不愿意种双季稻,进而就出现了严重的季节性抛荒现象,而粮食增产的核心就是"压单扩双",因为双季稻单位面积的产量比一季稻要高 400~500 斤,但是从农户的角度来看,种双季稻麻烦,增产不增收。

产粮大县项目示范工程分布在全县的几个重点乡镇,这些乡镇都在交通干线上,包括湖镇、台镇、演镇、渡镇、大安乡、江镇等乡镇,但是从 2012 年开始,全县 26 个乡镇都有项目示范片,各个乡镇的示范片又分布在几个重点村,笔者在岘镇调研的村庄不是示范区,而在栏垅乡调研的村庄则是示范区,湖镇是全县的粮仓,那里有全县的双季稻生产"万亩示范片"。

不是很大，故笔者将调研重点集中于普通农业种植区的散户分析，以及粮食生产的"成本－收益"分析上。另外，该乡也是工商企业——安农农业科技有限公司的粮食生产基地，因而在这期间，安农农业科技有限公司也是笔者的调研重点。2013 年 1 月—3 月，笔者开始调研该县的粮食生产项目示范区，调研地点转移到栏垅乡竹山村，这个阶段主要是调研散户模式下项目示范区的运作，即官、民之间的互动与博弈是调研的重点。2 月—3 月期间，笔者住在竹山村的书记家，亲自参与整个政府动员农民的过程，这段时间县、乡、村、农户之间围绕项目示范片的运作所展示的互动、博弈图景是十分丰富的。同时笔者也不失时机地展开对县农业农村局、水利局、农经局以及主管农业的县级干部的访谈，了解全县粮食生产的政策安排与思路。

在上述两个阶段，笔者都驻扎在村庄，以所在村庄为重点分析对象，自下而上地从农民的角度理解县、乡干部的行为，理解村庄层面的粮食生产行为、政府与农民的关系、农民对种粮食的态度（主要是散户对县粮食生产规划与政策的态度等）。正是因为这两个阶段驻扎在村庄，分析的对象相对来讲在空间上比较集中，两个村庄的调研时间都在 1 个月以上，其中岘镇高兴村的调研时间为 1 个月，而栏垅乡竹山村的调研时间则为 2 个月。因为在村庄驻扎的时间比较长，对当地与粮食生产有关的民情有比较切实的感受。

第三个阶段的调研重心上移到乡镇和县，这个阶段调研时间为 4 个月。笔者住在湖镇政府，湖镇是该县的粮仓，也是全县粮食生产项目示范片的"重中之重"，和岘镇、栏垅乡主要是丘陵地形不同，湖镇原来是湘江上的一个重要平原，与湖镇相邻的是江镇、演镇、洪镇、大安乡、台镇等乡镇，这几个乡镇都在重要交通干线上，是全县粮食生产的核心区，因而笔者调研时以湖镇为中心，调研范围辐射江镇、演镇、洪镇、大安乡、台镇等乡镇。在这期间，为解决调研物理空间过大的问题，笔者专门在当地买了一辆摩托车作为交通工具，增加调研的活动范围。这个阶段一直到 2013 年中秋节结束，这期间以项目示范区的种粮大户、乡镇干部为访谈重点，以理解该县粮食生产项目示范区的运作过程为调研重点。

从时间上来看,笔者在 2012 年 12 月—2013 年 9 月①期间,一直在该县调研,从早稻育秧、落泥、春耕、双抢,到晚稻插秧、抗旱、植保等生产环节都有机会考察,中秋节之后,调研结束,只剩下收割这最后一个生产环节了,因而调研时间跨度在当地基本上接近一个生产周期。

简而言之,本书将采用社会学的个案研究方法进行田野调研,以县为分析单位,以产粮大县奖补政策的实施过程以及农业项目的实践过程为分析对象,在此基础上对调查案例和数据进行科学分析,提炼并建构分析模型,展示当前国家对产粮大县的奖补政策及其在地方的实践过程、实践机制以及后果。

二、田野素描

(一) 县政主要是农政

平晚县是一个农业大县、产粮大县。现辖 26 个乡镇、891 个村,总人口为 122.3 万,其中农业人口为 96 万,总面积为 2558 平方千米,耕地面积为 104.5 万亩(其中水田为 90.1 万亩,旱田为 14.4 万亩)。为了争取国家的产粮大县、超级产粮大县、产油大县奖励以及国家对粮食主产区的项目配套,粮食生产一直是县政府年度工作的重中之重。该县先后九次被评为"全国粮食生产先进县""全省粮食生产标兵县"。2006—2010 年,该县获得国家产粮大县、产油大县的奖励资金高达 12743 万元,2011 年被国务院授予"全国粮食生产先进县"殊荣,县长和农业农村局局长光荣出席全国粮食生产表彰奖励大会,得到温家宝总理的亲切接见,该县还获奖金 1000 万元,获中央财政转移支付 6000 万元。2012 年的产粮大县奖励资金更是高达 3000 万元,还配备了大量的农业项目。用该县县委书记的话来讲:"发展粮食生产已经成为本县财政增收的核心动力"。

粮食生产在平晚县既是财政增收的核心动力,也是作为一项政治任务来抓的。县委县政府从 2009 年开始就把粮食生产当成一项全县的中心工作来抓。所谓抓粮食生产,主要是抓双季稻生产,下文的分析会谈

---

① 笔者在 2 月份回家过年,5 月份回学校开题答辩,调研各中断一个月左右时间。

到，双季稻生产的单位面积产量高于一季稻，有利于国家粮食产量的增加，农业农村部现在也把"提高单产""恢复双季稻""压单扩双"作为增加粮食产量的主要措施。但是农户出于经济效益考虑，认为双季稻不划算，不愿意种植双季稻。所以恢复双季稻是国家抓粮食生产的重点，对于南方水稻种植区而言，也是考核粮食生产绩效的重点。农业农村部和省农业农村厅的领导到地方考核验收产粮大县的粮食生产绩效，认定能否入围全国粮食生产先进县、全省粮食生产先进县的奖励时，主要是看该县的双季稻生产发展得怎样。正是因为如此，发展双季稻关系到地方政府能否获得国家的产粮大县、超级产粮大县的奖补资金，能否获得财政倾斜，所以在农户不愿意种植双季稻的情况下，地方政府通过推广双季稻来增加粮食单位面积产量是其治理农业的核心目标。

以主管农业的副县长、县农办、县农业农村局等部门为核心，成立全县粮食生产领导小组，农业农村局局长担任领导小组办公室主任，每年3月份左右要成立粮食生产督导小组到各个乡镇的农村落实春耕情况，督促县里划定的示范片内的早稻谷种落泥、育秧，落实早稻面积。插完早稻及五一之后，就开始要准备农业农村部以及省农业农村厅的早稻考核验收，既要准备粮食生产的台账向上级汇报，也要准备双季稻生产的现场，能否拿出双季稻（早稻）播种现场给领导看，这是能够被评为全国产粮大县，尤其是全国产粮先进县奖励资金的关键。到了六七月份就要开始调度水利资源，尤其是在旱灾年份，抗旱是一项极为紧迫的政治任务，县、乡相关干部一般不会休假。双抢完之后，开始落实晚稻插秧面积，从2012年开始，省里也会下来检查晚稻面积的落实情况。晚稻收割之后，就要开始准备"四冬生产"，即"冬种油菜、冬修水利、冬防病虫害、冬造林木"，其中冬种油菜是重点，因为从2008年国家出台油菜生产大县奖励资金以来，争取"全国产油大县奖励"的项目资金也成为该县治理农业的"重头戏"。而且冬种油菜和来年的春耕紧密相关，借助冬种油菜与群众接触的机会宣传县里的政策，也敦促农户在双季稻生产示范片的农田里不要种油菜，以免和来年的双季稻种植产生时间上的冲突，要种油菜的话要到旱地上去种，或者种植早熟的双低油菜。到了年底和次年1月份，就要召开全县农业生产奖励大会，对全县对粮食生产作出突出贡献的县、乡村干部和种粮大户进行奖励和表彰。同时借这个农业生产奖励大会安排下一年度的农业生产规划,落实粮食生产面积(主要是双季稻生产面积),将粮食生产(主要是双季稻生产)作为政治任务分配到各个乡镇,各个乡镇的党委书记向县长递交粮食生产"目标管理责任状",到了2月份左右,新年度的春耕就开始了。

(二) 产粮大县,财政穷县

产粮大县大多是财政穷县,平晚县也是一样。县级财政难以满足发展粮食生产的投入需求。国家将粮食安全的责任落实到这些地方政府,必须加大对产粮大县的财政转移支付力度。为什么说产粮大县是财政穷县?下面是该县有关财政基本情况的介绍。

1. 财政运行现状及财力缺口情况

财政收入情况以2010年为例,该年度地方生产总值为154.93亿元,较2005年翻了一番。财政总收入为5.32亿元,是2005年的2.93倍,比上年增加了11167万元,增长26.58%。其中地方一般预算收入为34134万元,比上年增加7065万元,增长26.10%。上划中央和省收入19048万元,比上年增加4102万元,增长27.45%。从结构上看,全县税收收入完成38534万元,增长26.58%,占财政总收入的72.45%。纳入一般预算管理的非税收入为14648万元,增长25.43%,占财政总收入的27.55%。2010年政府性资金收入为4249万元,其中土地出让收入为2912万元。2010年中央和省共补助平晚县145134万元,比上年增加20607万元,增长16.55%,其中返还性收入为6370万元,一般性转移支付收入为80379万元,专项转移支付收入为58385万元。

财政支出方面,2010年全县一般预算支出为183328万元,比上年增加34069万元,增长22.82%。从结构分析看,全县教育、农林水、科技、社保、医疗卫生、环境保护等民生重点支出达125776万元,占一般预算支出的68.61%,增长44.96%。各项法定支出的增长比例均远远高于地方财力增幅。

2. 县级基本财力保障状况

根据基本财力缺口计算办法,2009年平晚县一般预算支出为149287

万元,剔除项合计33012万元,一般预算支出剔除后数额为116275万元。而2010年基本财力保障需求为150350万元,其中保工资、保运转最低支出需求为86796万元,基本财力缺口为34075万元。2010年,平晚县一般预算支出为183328万元,剔除项合计32875万元,一般预算支出剔除后数额为150453万元。2011年平晚县基本财力保障需求为171916万元,2011年基本财力缺口为21463万元。

形成基本支出缺口的原因除平晚县是农业大县,自身财政收入少,财力严重不足之外,更重要的原因是地方财政的事权和财力极不匹配,财源培植、基础设施、民生工程和社会事业等方面都需要大量的投入,县级财政难以承担。

3. 县级财政运行现状

当前,平晚县正处于农业大县向工业大县转型发展期,工业经济刚刚起步,县域经济实力弱小,县级财政运行"摇摇晃晃"。

一是工业经济基础差。平晚县工业基础薄弱,高新技术产业少,产业转型和结构调整任重而道远。2010年,全县登记规模以上工业企业118家,其中高新技术企业仅5家,骨干企业主要在陶瓷、建材和矿业等传统行业。全县工业税收仅1.55亿元,金额偏少,人均只有129元,年纳税500万元以上的工业企业有7家,年纳税1000万元以上的有3家,工业税收占财政总收入的比重为33.79%。

二是财政收入盘子小。2010年,平晚县地方财政总收入为53182万元,人均财力为440元,其中税收收入为38534万元,人均税收收入为319元。税收占财政总收入的比重为72.45%,低于全省平均水平。一般预算收入合计(一般预算收入+上级补助收入+政府债券转贷收入)为183068万元,人均1514元。

三是"三农"所需缺口多。平晚县农业人口有105.95万人,占全县总人口的87.65%。农村税费改革后,农业特产税和农业税相继取消,农村所能提供的财税收入微不足道。与此同时,作为农业大县,农田水利等基础设施和农村公益事业设施等投入刚性需求很大。2010年,尽管上级给平晚县农业各项补贴资金达11993.4万元,但因县财政财力严重不足和农业投入体制等原因,资金缺口仍达1.2亿元。

四是"三保"支出压力大。按照省财政厅关于县财政实际可用财力计算口径,2010年平晚县实际可用财力为105756万元,按财政人员34997人计算,人均收入只有3.02万元。由于财力有限,平晚县"保工资、保运转、保民生"的压力巨大。

五是财政依赖程度高。2006年至2010年,平晚县一般预算支出由67685万元增加到183328万元,年均增长28.3%。而一般预算收入仅由16817万元增加到34134万元,年均增长19.4%,低于支出增长8.9个百分点。上级补助收入占当年收入的比重分别为76.87%、79.74%、81.41%、81.67%和80.96%,是一个典型的依赖性财政。

在中央和省对本县财力性转移支付情况方面,2006—2010年,平晚县均衡性转移支付127808万元,县级基本财力保障机制奖补资金为27508万元,其中产粮产油大县补助为12743万元。2010年,全县均衡性转移支付和县级基本财力保障奖补资金合计39725万元。2011年,全国产粮先进县奖励资金为6000多万元,2012年为3067万元。

六是政府债务包袱重。经审计,口径统计内平晚县地方政府性债务共149019.15万元,另有口径外债务91965.56万元未列入,两者合计240984.71万元,是2010年地方财政总收入的4.53倍。

(三)粮食生产作为一项政治任务

从中央到地方政府,尤其是对于粮食主产区的地方政府而言,粮食生产是一项政治任务。在粮食生产、流通领域已经全面启动了市场化的情况下,在政府不能直接通过行政指令干预粮食生产领域各种生产要素的今天,政府引导市场主体的粮食生产行为,稳定国家粮食产量,保证国家粮食安全,主要依靠的是中央财政集权基础上的农业项目运作以及财政转移支付,各级政府通过农业项目以及财政转移支付的运作,来传递国家意志、引导市场主体的粮食生产行为。如果把政府干预粮食生产、保证国家的粮食安全归结为一项治理活动的话,那么当前粮食生产的政府治理可以概括为项目化治理。

有人可能会讲,既然是政治任务,那肯定是通过目标管理责任制来推动,将地方的粮食生产目标通过目标管理责任制层层分解,通过县、乡压力型体制和政绩考核体系来推动政治任务的完成。从表面上来看,这种说法没有问题。但是这种判断没有进一步考虑:这种政治化任务在县、乡之间究竟是如何可能的?这样说可能还比较抽象,我们可以这样想,以本书所分析的粮食生产为例,粮食生产首先是农民的一种经济行为,其背后的推动力量首先是农业经济主体的经济决策。如果说市场机制的运作与国家意欲达到的粮食安全这个经济目标相一致的话,那么肯定就不需要国家去操心,就不需要地方政府将其当成政治任务去完成。现在的问题恰恰是,市场机制的运作和国家所希望的粮食生产的目标是不一致的,市场机制的运作不符合国家对粮食安全的期待。比如说在南方水稻种植区,农户现在都愿意种植一季稻,而不愿意种植双季稻,这将会从总体上降低国家的粮食产量。种一季稻是符合市场运作机制的,农民也认为划算,而种双季稻则与市场的激励机制不相符合,但是却有助于增加国家的粮食产量,保证粮食安全,种双季稻符合国家粮食产量增加的战略目标。现在的问题是,国家说要推行双季稻,任务落实到粮食主产区,那么县乡政府能够纯粹通过目标管理责任制这样一套行政控制方式去完成推行双季稻的目标吗?很显然不能,因为政府无法直接干预农户的生产行为,这个时候,行政系统内的运作与市场经济主体之间的关系是脱钩的,政府的意志与农业经济主体的意志之间是冲突的。在目标管理责任制下,压力性体制无法直接发挥作用,要保证政府的"政治任务"的完成,必须要有一个临时性的沟通政府"政治任务"与市场主体经济行为的中间机制,这个中间机制能弥合地方政府完成政治任务的意志与市场机制之间的冲突,这个中间机制就是农业领域的项目制。地方政府通过实施国家的项目补贴政策,可以将农业生产经济主体的经济行为纳入政府完成政治任务的过程中。

第二章 产粮大县奖补政策及其地方运作

"以县为主"的治理模式是县的职能部门直接与市场主体相对接的治理模式。这种治理模式试图从多方面绕开乡村组织，绕开乡村组织进行项目发包，而让农业职能部门专门来与市场主体相对接，体现农业职能部门干预、治理农业的意志。

粮食安全是国家公共安全的重要组成部分,是一种公共产品。按照公共产品理论,粮食应该由国家提供,如果需要其他地方提供,国家就要向其进行转移支付。如果需要农民提供,国家就必须花钱向农民购买,或者进行补贴。否则就会违背公共产品供给的规律,破坏市场经济的公平性。当前国家粮食安全责任分配给全国不同的地方,地方承担国家粮食安全责任存在不平衡的问题,而且由于国家与地方之间的目标与利益存在差异,因而各地方落实国家粮食安全责任的态度、方式各不相同,如何平衡各方利益,整合国家资源,确保国家粮食安全,是党和国家治国理政的重要战略问题[1]。从2005年农业税费取消以来,国家主要是通过产粮大县奖补政策以及项目配套等方式加大对产粮大县的财政倾斜,进而调动粮食主产区的地方政府重农抓粮的积极性,这种政策及其实施是本书研究分析的重点对象。

下面从宏观政策层面对其进行归纳和梳理。宏观政策包括两部分内容:一是产粮大县奖补政策的政策体系,主要是指该政策的制定、内容及实施主体;二是制度保障,主要是指政策的实施形式、组织形式等。下面从这两个方面对从2006年以来的产粮大县奖励政策的制定,政策内容变化,政策制定目的,实施主体,实施形式以及组织形式等,同时兼顾相关农业项目分析,为理解宏观政策的地方实践做铺垫。

第一节 产粮大县奖补政策的激励机制及其演变

农业税费改革取消了农业税费,这直接弱化了粮食主产区地方政府发展粮食生产的积极性[2]以及治理能力。为改善和增强产粮大县财力状况,调动地方政府"重农抓粮"的积极性,从2005年开始,中央财政出台了产粮大县奖励政策。政策实施以来,中央财政一方面逐年加大奖励力度,

---

[1] 杜志雄,陈文胜.粮食安全国家责任与地方目标的博弈[M].北京:中国社会科学出版社,2013.

[2] 因为取消农业税费之后,农业不能为地方政府提供财政收入,使得地方政府失去了发展农业的兴趣。

一方面不断完善奖励机制①。据统计,自 2005 年国家出台产粮(油)大县奖励政策至 2013 年,中央财政累计拨付奖励资金 1589.2 亿元②,那么这样一项耗资巨大的制度安排,是怎样运作的呢?

2005 年产粮大县的奖励办法的主要内容见附录 A,主要有以下基本要点。奖励入围条件:按照"测算到县、拨付到县"的原则,确定粮食商品量、粮食产量、粮食播种面积作为奖励因素,三个因素所占权重分别为 50%、25%、25%。测算数据主要以分县、分年的统计年鉴为准。分县的粮食产量、粮食播种面积按 5 年(1998—2002 年)的数据进行算术平均计算。以县为单位,1998—2002 年 5 年平均粮食产量大于 4 亿斤,粮食商品量大于 1000 万斤。对达不到上述条件但对区域内的粮食安全起着重要作用,对粮食供求产生重大影响的县,由省级财政部门牵头,会同省级农业等部门提出意见,经省级人民政府批准,并报财政部认可后,也可纳入奖励范围。全国有 800 个左右的县入围。

奖励资金作为财力性转移支付,由县财政统筹安排,合理使用,奖励资金的使用要坚持有利于缓解县乡财政困难、有利于提高使用效率、有利于促进粮食安全的原则。不得违规购买、更新小汽车,不得新建办公楼、培训中心,不得搞劳民伤财、不切实际的"政绩工程""形象工程"等。奖励入围的县原则上 3 年不变,但实行动态监测,有下列情况之一的,中止奖励资格:一是监测结果显示不符合产粮大县条件的;二是弄虚作假,冒领补助的。对产粮大县奖励资金的使用情况,各省、自治区、直辖市要健全监督机制,加强监督力度。由省级财政部门牵头,会同省级农业等部门建立对产粮大县的动态监测制度,对分县的粮食生产等基础数据实行动态管理,跟踪基础数据的变化。中央财政对地方上报的基础数据资料和奖

---

① 2005 年的中央一号文件《中共中央、国务院关于进一步加强农村工作、提高农业综合生产能力若干政策的意见》规定,为调动地方政府发展粮食生产的积极性,缓解中西部地区特别是粮食主产区县乡的财政困难,中央财政要采取有效措施,根据粮食播种面积、产量和商品量等因素,对粮食主产县通过转移支付给予奖励和补助。建立粮食主产区与主销区之间的利益协调机制,调整中央财政对粮食风险基金的补助比例,并通过其他经济手段筹集一定资金,支持粮食主产区县加强生产能力建设,有关部门要抓紧研究提出具体实施方案。2005 年 4 月份,财政部出台文件《中央财政对产粮大县奖励办法》。

② 数据来源于财政部网站。

励资金拨付情况进行监督检查。一经查实有违规行为,中央财政将扣减奖励资金;情节严重的,取消其享受奖励政策的资格。

2007年之前,产粮大县奖励模式没有太大变化,入围的县也没有太大变化。从2008年开始,在原来的常规产粮大县的制度基础上,做了一些制度调整,调整的方向是产粮大县奖励资金的专项化、竞争性的特征出现。2008年奖励方案有以下几个要点。

一是增加对超级产粮大县的奖励。2008年,产粮大县奖励资金分配坚持存量与增量结合、激励与约束并重的原则。存量部分继续作为财力性转移支付,由县财政统筹安排,地方财力困难缓解后,也要用于保障粮食安全等方面的支出。2007年奖励资金保持存量不变。增量部分的奖励资金不再作为财力性补助,要全部用于支持粮食,重点用于贷款贴息、地方农业保险保费补助、流通设施改造、粮油精深加工与生产、支持粮油安全等方面的支出。

由农业农村部网站公布的政策及数据可知,2008年继续将2007年中央财政给予奖励的县列入奖励范围,原则上没有扩大奖励范围。在2007年产粮大县奖励县范围内,对粮食产量或商品量特大的超级产粮县,用新增资金追加奖励。入围条件为2002—2006年5年平均粮食产量或商品量分别位于全国产粮大县前100名的县。增量资金主要用于对超级大县奖励。资金分配继续以粮食商品量、粮食产量、粮食播种面积作为奖励因素,三个因素所占权重分别为50%、25%、25%。新增超级大县奖励资金不与财力困难县挂钩,不与省级财力状况挂钩,中央财政实行统一的奖励系数。

二是由省级财政部门牵头,会同省级农业等部门建立对产粮大县以及辖区内分县粮食生产的动态监测制度,及时跟踪基础数据的变化。对分县粮油生产情况,各省级财政部门要对县(市)级单位上报的基础数据严格把关。各省级财政部门对产粮(油)大县奖励资金使用的监管要健全监督机制,加强监督力度,切实做好追踪问效工作。对违规使用奖励资金的,中央财政将严肃处理,情节严重的,取消其享受奖励政策的资格。

三是增加了对油料生产大县的奖励,产油大县奖励资金不作为财力性补助资金,而是作为鼓励油料产业发展的专项补助资金。由省级人民政府按照"突出重点品种、奖励重点县(市)"的原则确定具体的奖励条件,入围后各县享受的奖励资金不得低于100万元。各省级财政部门按省级人民政府确定的奖励入围标准,确定奖励入围的县级单位,全国共有900多个县入围。

2009年,产粮大县奖励资金规模达175亿元,对粮食产量或商品量分别位于全国前100位的超级大县,中央财政予以重点奖励;超级产粮大县实行粮食生产"谁滑坡、谁退出,谁增产、谁进入"的动态调整制度。

2010年,产粮大县奖励资金规模约210亿元,奖励县数达到1000多个。

2011年,产粮(油)大县奖励资金规模达236亿元,其中安排用于奖励受国务院表彰的粮食生产突出贡献的粮食主产省和粮食大县资金达36亿元。

2012年中央财政继续增加奖励资金规模,中央财政安排产粮(油)大县奖励资金280亿元,并按照建立完善动态奖励机制的要求,财政部对奖励办法进行了适当的调整和完善,依据近年全国各县级行政单位粮食生产情况,重新测算了入围奖励县。对常规产粮大县,主要依据2006—2010年5年平均粮食产量大于4亿斤,且商品量(扣除口粮、饲料粮、种子用粮测算)大于1000万斤来确定;对虽未达到上述标准,但在主产区产量或商品量列前15位,非主产区列前5位的县也可纳入奖励。除上述两项标准外,每个省份还可以确定1个生产潜力大、对地区粮食安全贡献突出的县纳入奖励范围。在常规产粮大县奖励的基础上,中央财政对2006—2010年5年平均粮食产量或商品量分别列全国100名的产粮大县,作为超级产粮大县给予重点奖励。超级产粮大县奖励资金用于扶持粮食生产和产业发展。

2013年,产粮(油)大县奖励资金达319.2亿元,对纳入奖励范围的产粮大县、产油大县、商品粮大省进行奖励。与2012年相比,2013年中央财政在奖励政策制定上有以下几个特点。一是继续加大奖励政策力度,新增奖励资金39.2亿元,增幅14%,重点用于提高产粮大县奖励水平。二是引入绩效评价机制,将2012年各地奖励资金使用绩效评价结果作为2013年奖励资金分配因素,强化财政资金绩效管理,提高资金使用效益。三是将原产粮大省奖励调整为商品粮大省奖励,充分体现国家对粮食主产区贡献商品粮、保障国家粮食安全的奖励意图。

通过对2005年以来产粮大县奖励政策的运作及演变过程的分析,我们可以得出以下几个方面的结论。

一是就中央与地方的关系而言,产粮大县的奖励类似于中央与地方之间的一种契约关系,即由中央发包,将粮食安全的责任通过产粮大县奖励进行发包,并配合雄厚的财力保证。这种奖励政策体现了中央通过财政专项安排加强对地方的一种控制,这是分税制改革之后财政制度安排的一般形态,是中央财政用于调动地方发展农业积极性的一种策略,是中央加强对地方控制的一种策略。这是分税制改革之后,国家治理过程中中央与地方关系的一般特征。

二是产粮大县奖励资金越来越表现出专项化、项目化特征。从2008年之后开始明显,即新增的奖励资金,尤其是超级产粮大县奖励资金、油料生产奖励资金不再作为财力性的财政转移支付,而是专项支付,必须专门用于发展粮食生产。

三是产粮大县奖励资金显示出竞争性、选择性的特征。实行动态考核化,尤其是超级产粮大县奖励政策全国只有100个指标,根据动态考核的结果来加以确认,根据"谁滑坡、谁退出,谁增产、谁进入"的动态调整制度来确定奖励对象,这样就必定加剧了产粮大县之间的竞争。比如在我们调查的H市,下属的7个区县之间围绕入选产粮大县,入围超级产粮大县就展开了激烈的竞争。

四是体现出鲜明的分级治理特征。中央制定奖励规则和竞争性方案,地方政府要拿出可以看得见的粮食增产成效出来应对考核,进而入围甚至连续保持领先地位。那么地方政府在县域内进行粮食生产与农业发展方面的运作就极为重要。也就是说,地方政府要想获得超级产粮大县、产油大县的奖励,就必须在入围的三个标准,粮食商品量、粮食产量、粮食播种面积上进行竞争,因而增加复种指数、引进高产技术以增加粮食产量就成为地方政府展开竞争的主要手段。而这些都是地方政府进行运作的内容。从这点看,要理解产粮大县奖励政策的真实逻辑,重心应该是产粮大县的地方运作。产粮大县的地方运作,也体现出明显的分级治理的特征:中央财政发包－地方财政争取;地方政府根据产粮大县的奖励进行运作－地方农业经济主体的参与。地方政府为入围产粮大县奖补,尤其是超级产粮大县奖补的考核而进行的地方运作构成本研究的重点。

五是入围对象标准的可计量性,到了2013年还进一步追求过程的可控制性,并对绩效进行动态评价,强化财政资金的绩效管理。如果说产粮大县政策是国家在粮食生产领域试图提高国家能力[1]的一项战略举措的话,那么在如何将这种国家战略意志实现方面,中央政府对地方政府进行了一种技术化的控制,这种控制模式建立于中央财政集权的基础之上,巨大的奖励资金对于地方政府而言具有极大的诱惑性和激励性,而且获得奖励的县、市具有巨大的不确定性和竞争性。这种奖励资金的安排方式不是通过行政逐级发包的形式,即不是对所有的粮食生产县都有的奖励,也没有对所有的粮食生产县提出要怎样进行粮食生产的行政性要求,而只是通过选择性、竞争性的方式确立一部分先进县来进行奖补,也就是说这种奖励模式不是普惠制的,而是特惠制的。

六是追求目的的理性和过程的可控制性。获得奖励的县、市需要拿出真实的可以被考核的农业生产业绩作为考核标的,同时在年度之间进行动态考核,并实行过程管理,既有对资金使用方式的管理,也有对资金使用绩效的管理,即奖励资金所转化的粮食增产绩效。这种制度运行模式和原来农业税费时代的财政包干的治理模式完全不同,是一种全新的国家治理模式。从其治理的特征来看,产粮大县的奖励政策已经日益变成中央政府与地方政府之间的一种"契约式"的治理模式,这种治理模式充满着技术性的治理。与渠敬东等人归纳的"项目制"的治理特征具有内在一致性,进而本书也将这种治理模式概括为技术治理。

---

[1] 关于国家能力的具体论述,参见:王绍光,胡鞍钢.中国国家能力分析报告[M].沈阳:辽宁人民出版社,1993.

第二节　本县的产粮大县奖补以及农业项目配套

本书所调查的平晚县先后九次被评为"全国粮食生产先进县""全省粮食生产标兵县"。2006—2010年,国家的产粮大县、产油大县的奖励资金高达12743万元,2011年被国务院授予"全国粮食生产先进县"殊荣,县长和农业农村局局长光荣出席全国粮食生产表彰奖励大会,得到温家宝总理等人的亲切接见,该县获奖金1000万元,获中央财政转移支付6000万元。2012年的产粮大县奖励资金更是高达3000多万元,还配备了大量的农业项目。用该县县委书记的话来讲,"发展粮食生产已经成为本县财政增收的核心动力"。在所有的财政支农资金当中,全国产粮先进县的奖励资金以及配套项目构成重中之重。

从2012年开始,产粮大县奖补资金开始实行资金绩效管理考核。以2012年为例,2012年省财政奖励平晚县产粮大县资金3072万元。平晚县出台了《平晚县产粮大县奖励资金管理使用暂行办法》和《平晚县2012年产粮大县奖励资金使用方案》。根据方案,该县将奖励资金主要用于四个方面:一是弥补行政事业单位人员工资及津贴补贴支出2419万元,二是粮食生产方面支出509.8万元,三是建设粮食仓储设施支出92.2万元,四是扶持种粮农民专业合作社51万元。这两份方案说明了产粮大县专项资金的使用办法,一方面具有财力性转移支付的性质,另一方面具有专项转移支付的性质。但是3072万元的产粮大县奖励资金主要还是作为财力性转移支付(2419万元用于财力性方面)。所以地方政府在向上级汇报的时候,专门强调了该县在税费改革之后财政困难的事实,目前还不能将产粮大县的奖励资金全部用于发展粮食的专项资金,而只能将650万元左右的资金用于发展粮食生产。

作为全国产粮先进县,中央部门以及省政府对该县在农业项目方面也是大力扶持,通过农业项目来推动农业的产业化、农田基本建设等。以2010年为例,光农业农村局的农业项目就多达20多项,2012年项目也较多,具体如表2-1所示。

表 2-1　县农业农村局 2012 年的农业项目一览表

项目名称		金额/万元
（一）农业新技术示范与推广专项		175
粮油新技术示范推广	万亩高档优质晚稻标准化生产基地建设	20
	双低杂交油菜新品种高产示范	20
	水稻轻简栽培高产示范	5
经作新技术示范推广	棉花高产示范片建设	30
农技体系建设及农业综合技术推广	基层农技推广体系改革与建设示范县	100
（二）超级稻研究与示范专项		10
平晚县超级稻示范推广		10
（三）农业科技教育专项		—
（四）农村劳动力转移培训阳光工程		155
平晚县农村劳动力转移培训阳光工程		155
（五）农作物病虫害防治专项		5
棉花、油菜病虫害监测		5
（六）农产品质量安全管理专项		6
优质稻绿色食品示范基地建设		6
（八）农业信息体系建设专项		—
（九）测土配方施肥专项		9.5
油菜测土配方施肥技术研究与应用		9.5
（十）耕地地力提升专项		30
绿肥生产示范和绿肥种子生产基地建设		30
（十一）农作物种子安全管理专项		10.1
种子市场执法检查		5.1
无公害稻米示范基地建设		5
（十五）农业招商引资专项		156

续表

项目名称		金额/万元
山苍子产业化开发示范工程		150
稻-稻-油(肥)三熟制万亩连片生产企业引进与扶持		6
(十六)外来物种管理专项		5
外来入侵物种(福寿螺)应急扑灭		5
(十七)重大项目前期工作及农业基点调查专项		10
(十八)农业"一化四体系"建设		1759
农业产业化	蔬菜育苗基地建设	260
加工产业体系建设	稻谷烘干与加工产业化建设	18
农技推广体系建设	平晚县农技推广体系建设	1418
农产品质量安全体系	平晚县农业行政执法大队执法装备建设	18
农作物疫病防控体系建设	农作物病虫专业化统防统治	45
(十九)粮食生产大县奖励专项		100
粮食生产标兵县		100
合计		2430.6

当前该县的农业项目主要有以下几种类型：一是粮食产量控制类型的项目，比如超级产粮大县奖励、超级产粮大县专项资金、产油大县专项资金等，其实施的目的主要是保证国家粮食产量，维系粮食安全；二是农业公共服务方面的项目，这种类型的项目涵盖农业公共服务的方方面面。从项目实施的类型来看，包括补贴类项目和建设类项目；分产业来看，则包括种植类项目、加工类项目以及养殖类项目。

第三节　整合项目资金，打造产粮大县综合工程

根据笔者的观察，在平晚县，产粮大县奖励资金和各种项目资金是被县级政府进行打包，通过将各种农业生产的专项资金和项目资金集成到

一个综合性的项目工程之中,这个工程既服务于县级政府入围"全国粮食生产先进县奖励"的战略计划,也有利于各个项目的实施,并为其提供项目资金,所以各种项目的实施地点高度重合在全县重要交通干线两边70个左右的村庄,这些村庄构成一个服务于"产粮大县考核验收"的"核心圈"。

据笔者调查所知,2009—2013年的粮食生产实施方案是一个整合了各种项目资金的综合性工程,首先是从产粮大县奖补资金中拿出600多万元专门用于粮食生产,作为项目工程经费补贴种粮大户和奖励乡村干部,同时解决综合工程实施过程中的很多难题,因为是要求农户种植双季稻,有些农户比较强硬的话,"只能人民内部矛盾用人民币解决",政府与农民之间在示范片内的利益冲突最终只能由政府埋单。比如某个农户就是不愿意配合政府种植双季稻,政府就只好请人帮他把早稻田犁好,请人集中育秧,这些费用都来自综合工程的运转经费;再比如对项目示范片统一供应种子,并进行集中育秧补贴,这个项目资金是来自于从2012年开始实施的"集中育秧项目"的补贴资金,下文会进一步说明。表2-2是对2013年粮食生产实施方案中主要大型综合项目的概括。

表2-2 战略性项目与一般项目的相互嵌套①

项目名称	项目经费/万元	支持单位	项目地点	主管局
产粮大县项目	3000多	农业农村部,由省评定	重点在渡、台、江、湖镇、演库宗、金兰、石市、板市等示范片②	县(市)农业局

---

① 战略项目是笔者所归纳的,地方政府在对农业项目进行打包的过程中,实施服务于战略性目的项目,比如平晚县是全国产粮大县,产粮大县以及超级产粮大县是该县财政增收的核心力量,而且专项资金远远超过一般性的项目,因而是该县打造农业强项的一个战略性抓手,其他项目的实施都是服务于这个争取全国产粮大县的目的的,因而成为一般性的项目。

② 2009—2011年的重点示范片是5个万亩示范片,下面是产粮大县实施的重点村,即渡片、台片、江片、湖镇片、金兰演库宗片5个万亩双季稻高产示范片,其中渡片涉及九联、英陂、青里、群星、英南、天星6个村;台片涉及演、横兴、台、东湖、群英、向阳6个村;江片涉及东风、洲上、赤石、湖西、大光、松市6个村;湖镇片涉及中湖、中渡、龟石、茶元、福民、檀山、印塘、三合8个村和龟石渡居委会;金兰演库宗片涉及金兰镇联江、金沙、金兰、毛家、金花、何龙、十里、贺市8个村,演镇红荷、德胜、乐观、大川、将军5个村,库宗乡古井、玩市、栾木、金华、梅开、库宗、华山7个村。

续表

项目名称	项目经费/万元	支持单位	项目地点	主管局
产油大县项目	700多	农业农村部,由省评定	4个示范片,即岘演渡万亩油菜高产示范片、渡台万亩稻—稻—油耕作模式示范片、金兰演库宗台江湖镇5000亩绿肥示范片和渡镇农科保安2000亩示范片	—
集中育秧项目	—	省项目	渡片、台片、江片、湖镇片、演库宗片、金兰片、石市片、板市片等8个万亩双季稻高产示范片	农业农村局
农技推广项目	100	省农业农村厅项目	渡镇梅花村优质稻高产示范基地、渡交岭优质棉花示范基地、演德胜高标准农业科技试验示范基地	农业农村局
农业科技园项目	—	中央项目	在渡镇陡岭、梅花、通古、双桥、咸水5个村,台镇九市、台九、横兴、爱民、长青、龙福、东湖、演8个村,共计13个村	县农办
小农水项目	—	—	洪镇、大安乡	—
农田整治项目	—	—	台镇、渡镇、金兰镇、湖镇①	—

---

① 将农田整治项目安排在这些地方主要是为方便项目示范片内种植双季稻,打造综合项目示范工程。

第四节 "以县为主"的项目化治理：
政策实施主体与组织方式

农业税费改革之后，国家向地方输入大量财政转移支付资金，一方面调动地方政府发展农业的积极性，另一方面则是用于保证粮食安全，提供农业公共品与公共服务。在所有的财政转移支付当中，有关农业的财政转移支付资金是最多的。这些财政专项资金主要以农业项目或专项资金的形式发放。

笔者调查发现，这些财政资金输入地方之后，主要是"以县为主"来进行运作，国家的农业财政专项资金的输入以县为末端，用于提供农业公共服务和公共品的农业项目也主要在县里被打包和分配，这样县政府及其职能部门（农业农村局）在农业公共品的供给主要依赖于国家财政扶持的背景下，成为治理农业的主要角色。在笔者调研的平晚县，这一情况主要体现在产粮大县的粮食生产规划、产油大县的项目规划、集中育秧项目等方面。在"以县为主"的模式下，地方政府将各种各样的农业项目打造成为一个"综合性的项目示范工程"，将各种农业项目资金整合起来，一方面既增加了地方政府在完成"战略项目"方面的资源；另一方面，也可以通过A项目来为B项目提供配套资金，缓解了迎接项目过程中的财政压力。

笔者通过分析最近几年该县的粮食生产实施方案，结合调研经验对其进行解读。我们试图说明：每个年度平晚县的粮食生产实施方案是一个高度整合产粮大县奖励资金、产油大县奖励资金、集中育秧项目以及各种其他类型农业项目的综合性示范工程，这个工程可以被概括为"产粮大县迎接核心示范圈"。下面我们通过分析这个综合示范工程的打造过程，来说明当前产粮大县奖补政策以及其他配套项目的运作过程。

一、产粮大县项目的运作

自2009年以来，在平晚县所有的中央财政转移专项资金或项目资金当中，产粮大县专项资金的数量一直是最高的，因而成为平晚县治理农业的重点,也是争资跑项的重点。以 2009 年为例,共引进项目资金 4600 多万元。其中测土配方施肥项目争取项目资金 50 万元,阳光工程项目争取项目资金 100 万元,农产品质量安全检验检测站建设项目争取项目资金 330 万元,标准良田建设项目争取项目资金 400 万元,乡村清洁工程争取项目资金 45 万元,粮食生产先进县争取奖励资金 3000 多万元,油菜生产大县争取奖励资金 700 多万元。正因为如此,争取全国粮食生产先进县的奖励历年来都是平晚县治理农业的重头戏,因而也可以成为我们分析政府治理农业的重点。

要争取产粮大县的奖励资金,就必须在粮食播种面积上下功夫,因为只有播种面积上去了,商品粮的总量和粮食生产的总量才会上去,这成为县级政府大力发展和推广双季稻工作的根本动力。推广双季稻是提高地方政府入围下一年的全国粮食生产先进县的核心竞争力。现在的问题是,如何把县级政府发展双季稻,争取产粮大县奖励资金的动员和治理过程刻画出来,以及这个过程所呈现出来的农业项目的运作模式和逻辑是什么,就成为我们理解问题的基础①。

为完成粮食生产任务,将财政支农资金以及相关农业项目打造成"综合性项目工程",一方面各个项目之间相互嵌套配套资金,并完成各个项目的任务;另一方面,通过综合项目工程,实现当年的粮食生产政治任务。粮食生产实施方案的决策由县制定,县控制粮食生产的财权与事权。为了争取全国产粮大县指标,入围超级产粮大县,平晚县政府每年都要委托农业农村局制定粮食生产方案。下面笔者从平晚县农业农村局在 2013 年制定的粮食生产方案入手,来理解该县治理农业的逻辑。

产粮大县项目的具体政治动员模式在本书第三章有非常详细的说明,在此不展开。

---

① 国家通过制定粮食生产规划,首先确定全国有 200 多个粮食生产先进县的项目指标,各市再根据本市的情况进行申报,市下各县之间来进行争取,县里制定粮食生产规划,通过动员和策划,来争取通过评审专家的考核验收。这里最关键的问题并不是农业农村部-地方政府这个层次,最关键的是县级政府如何利用其治理资源来进行动员,以及这种动员的结果和后果是什么,这是本书关注的重点。

调研区域实行以县为主的农业治理模式。本书附录 B 显示,县农业农村局作为负责全县粮食生产的县级职能部门,负责制定粮食生产的实施方案。该方案显示,关于粮食生产的目标任务、规划实施、组织领导、考核监督、财力投入、配套措施等都做了明确说明。材料中所反映的核心问题有三个:一是任务目标,这份粮食生产实施方案规定,任务目标主要是要恢复"稻—稻—油"的耕作制度,推广双季稻,进而增加复种指数,提高播种面积;二是关于财力投入的方向,财力投入在哪些村庄,要在哪些乡镇的哪个村庄打造双季稻生产示范片,哪些交通干线周边是双季稻生产的核心示范区等都做了明确的规定;三是提出组织领导方式,这个粮食生产方案主要依托于乡镇按照县农业农村局所指定的这份规划来实施,乡镇要在县粮食生产领导小组的领导下和监督考核的压力下来完成任务,县里将工作经费拨付到乡镇,提出乡镇是抓粮食生产的主体,但是实际上,乡镇在粮食生产及农业生产的问题上没有主动性和自主权。粮食生产究竟要解决什么问题,需要干什么事情,财力资源如何等都不是乡镇说了算,乡镇只是在县里划定的示范区内完成任务,是一个县农业农村局意志的执行者,具体到要抓哪些村庄,县农业农村局都规定得清清楚楚,乡镇只是在县粮食生产领导小组的领导下来开展工作。也就是说,县里已经对粮食生产工作的方方面面,事无巨细都已经规定好了。县里是当前农业发展的决策主体,有关粮食生产的财权和事权都控制在县里,考核监督的权力也在县里。

这个以农业农村局的规划为主导并控制财权、事权、监督权、考核权,以县委县政府的权威为后盾,以乡镇为协调的农业治理模式,简要地呈现了产粮大县工程实施过程中的"条块关系"。其中具体的细节,本书第三章会进一步论述。

尽管农业农村局是产粮大县项目的规划者和设计者,相关的农业项目也是通过农业部门的"条条"下来,但是项目实施的组织领导、行政动员却是通过县级领导这个"块块"来统筹的。这是因为农业农村局没有能力对各个乡镇以及县里各个相关部门进行调动,比如说农经局、水利局等。产粮大县项目在县域的行政动员主要是通过成立粮食生产领导小组这个结合条块的组织领导方式来进行,这打破了原有各部门条条分割的情况,而进行了行政资源的整合。

对县级行政力量的全面动员,建立从上到下的双季稻生产领导体制。产粮大县考核验收工程,由县委县政府成立粮食生产领导小组来进行行政动员。粮食生产领导小组负责项目的总揽,而粮食生产领导小组办公室设在农业农村局,由农业农村局局长担任办公室主任,负责项目的指导、规划、协调、督察、督办。同时粮食生产领导小组几乎涵盖了县里"四大头"(县委、县政府、县人大、县政协)当中的所有领导,而且由这些县级领导对所联系的各个乡镇负总责,即县级领导包乡镇。

二、集中育秧项目的实施

前面的分析谈到,要落实产粮大县的实施规划,最关键的是要提高复种指数,增加播种面积,必须尽可能地种双季稻。平晚县为了迎接上级检查,从2009年以来,以在交通要道两边"办双季稻生产示范片"的方式来打造"产粮大县迎检验收的核心圈"工程,因而如何在所规划的示范片内落实双季稻是问题的关键。要落实双季稻,早稻育秧又是问题的关键,因为现在农户都希望种一季稻。只要早稻育秧落实了,早稻插下去了,农户一般就会插晚稻,晚稻的面积落实难度就要小一些。现在的问题是,由于早稻育秧一般在3月份左右,那个时候气温还比较低,水冷,育秧还要用薄膜等,极为麻烦,农户一般不愿意育秧。最终这个麻烦事就只能是要落实早稻面积的政府去执行。从2012年开始,湖南省开始有集中育秧的项目,这个项目就正好被平晚县整合进产粮大县这个"重中之重"的工程当中,增加了产粮大县项目运作的动员资源。

而且,从2012年开始,集中育秧的实施情况也成为省政府考核各个县市能否入围超级产粮大县、全国粮食生产先进县的重要指标,将集中育秧项目实施状况的考核与超级产粮大县的考核进行捆绑,这也增加了地方实施该项目的压力。

在集中育秧项目的落实过程中,有以下几个要点。

一是项目实施的地点和产粮大县项目的实施地点完全一致。集中育秧项目基本上是一个为产粮大县项目服务的项目。对种植双季稻的农户进行集中育秧的种子补贴，并且由县农机局向种粮大户发放集中育秧的大棚。集中育秧项目推动了示范片内的双季稻种植，降低了产粮大县项目实施的阻力。

材料2-1　集中育秧示范点、示范片及乡镇各级干部的责任标准

2012年，全县集中育秧办示范点突出107国道、省道315线、210线、1814线、西界线、渣洪线、衡邵高速、潭衡西高速8条主线，延长至全县26个乡镇通乡连线公路，办好渡片、台片、江片、湖镇片、演库宗片、金兰片、石市片、板市片8个万亩双季稻高产示范片。各个乡镇都要有高标准的干部办点示范片，其中乡镇党委书记、乡镇长、人大主席、政协联络工委主任要办好500亩以上的示范片，副科以上干部要办好300亩以上的示范片，其他乡镇干部和村支部书记要办好100亩以上的示范片，示范片要全面普及早稻集中育秧。

二是以农业农村局的规划为主导，农业农村局作为项目的发包方，各个乡镇、村组、种粮大户作为项目的承包方和实施方，乡镇依托于农技站或者种粮大户来完成任务，项目经费主要控制在县农业农村局，农业农村局下派到各个乡镇的办点人员是项目实施的监督方。

材料2-2　集中育秧的成本预算、商品价格和经费来源

县财政安排配套经费800万元用于水稻集中育秧。每亩补贴地膜、软盘、竹弓等费用80元。同时，对渡等8个万亩示范片核心示范区和新增的潭衡西、衡邵高速双季稻示范区，免费供应双季稻种子、壮秧剂及早育保姆等配套物资，由政府采购，统一发放。

三是集中育秧项目，通过目标管理责任制的方式来调动乡镇的积极性和乡镇的行政资源。在项目落实的过程中，充分调动了县级行政组织的权威，成立了由县长任组长的集中育秧领导小组，并且将集中育秧项目纳入政绩考核当中。这个主意是农业农村局提出来的，农业农村局为了降低项目实施的难度，向县里提议"将集中育秧项目纳入目标管理责任制"当中来。

材料2-3　县农业农村局向粮食生产领导小组所提交的集中育秧实施方案

把集中育秧项目纳入各乡镇政府向县政府递交的年度工作目标责任状。粮食生产暨水稻集中育秧工作作为各乡镇年度目标管理考核重要内容，在县里对乡镇的年度目标管理200分制考核中，考核分值统一提高到30分，并按照"末位淘汰制""一票否决制"予以问责。对于不计划或不落实、大幅少计划或少落实补充集中育秧面积的乡镇，在粮食生产考核时，根据其缺秧而导致落实不了移栽面积的多少，将考核结果分扣2～6分后作为最终考核分，同时扣减0.5万～5万元粮食生产有关经费。

四是该项目开始实施的时候很多乡镇对集中育秧项目不是很重视，结果出现重点示范片集中育秧秧苗远远不够的现象，"不少乡镇的思想准备和自行落实的育秧与实现今年双季早稻生产的目标仍然有较大差距"。后来只有启动补充集中育秧计划，县粮食生产领导小组决定迅速启动实施早稻补充集中育秧，下最大决心落实当年双季早稻高产示范和通乡连线目标，实施以县为主的"全县补充集中育秧计划"，由县农业农村局负责具体实施。

材料2-4　补充育秧计划

根据各乡镇早稻备种和秧田整地播种等多方面的情况分析，各地的早稻育秧数量难以落实县委2号文件精神。在县委县政府及粮食生产领导小组督察、调度、通报和短信提醒后，不少乡镇的思想准备和自行落实的育秧与实现今年双季早稻生产的目标仍然有较大差距。鉴于上述情况，县粮食生产领导小组决定迅速启动实施早稻补充集中育秧，下最大决心落实当年双季早稻高产示范和通乡连线目标。

关于补充集中育秧的主体与实施单位，全县补充集中育秧的主体是县粮食生产领导小组，由县农业农村局负责具体实施；各乡镇补充集中育秧的主体是各乡镇人民政府，由乡镇确定农技站或能力强的农户负责具体落实。

补充集中育秧的成本预算与商品价格和经费来源按照秧田面积计算，每亩秧苗的种子、肥料、农药、竹弓、地膜、整地、分厢平秧板、催芽播种、泥浆踏谷、盖膜、播种后秧苗管理、水费等的全部费用需1800元,其中每亩250元的种子由县农业农村局采购供应,其余各项物资与劳动力所需投入实行包干政策,所需补充集中育秧的经费由县粮食生产领导小组统一安排。培育的补充秧苗作为商品秧销售给对口乡镇,单价与成本预算价一致,其收入用于抵扣育秧成本。

对于补充集中育秧工作的责任界定,补充秧苗育成后,各乡镇在有秧苗的情况下也不能落实规划区内早稻移栽而造成秧苗报废的,按照规划区内未落实移栽的大田面积,由乡镇负责每亩200元的秧苗损失,负责的补充集中育秧损失总金额不超过其区域内报废补充秧苗的总育秧成本。在规划区双季早稻移栽面积均已落实而未出现一季稻的情况下,对于报废的补充集中育秧划定损失允许范围,即报废的补充集中育秧秧田面积少于乡镇双季早稻台账面积0.2%的不追究责任。达到0.21%~0.5%的,负责补偿报废秧苗成本的50%。达到0.5%以上的补偿报废秧苗的全部成本。

在补充集中育秧的方式与特殊要求方面,补充集中育秧主要作为油菜田后备秧,统一采取地膜覆盖、湿润育秧方式。要求当年4月6日前必须播种,每亩播种量标准为杂交种子18千克以下,常规种子40千克以下。每亩秧田用40%复合肥70斤作基肥,二叶一心期每亩用多效唑50克兑水30千克喷施秧板泥面。

在经费支付方式上,各乡镇补充集中育秧款和应负责的补充秧苗报废损失在划拨粮食生产经费时扣减。2012年3月31日前,根据各乡镇确定的育秧面积预付部分款项。根据4月中旬验收结果,于4月底付清全部费用。由各乡镇的补充集中育秧实施单位或实施人凭领条领取补充集中育秧款。

本方案从2012年3月29日开始实施,各乡镇原已计划和落实的育秧面积不得冒充为补充集中育秧,农业农村局办点人员要认真监督和严肃认定补充集中育秧地点、面积和具体实施育秧人。

五是项目的主要承包方是乡镇或者种粮大户。如果项目的发包方是县粮生产领导小组(主要是农业农村局),那么承接项目的主要是种粮大户,尽管乡镇也要承担督促和落实的责任,而且要将政绩考核的责任落实到乡镇政府。在项目的实施方案当中,明确指出,"要培育集中育秧主体。主要培育种粮大户、专业合作社、育秧(机插)专业户和粮食加工企业等。其次是培育村、组干部和种田能手。充分调动各种集中育秧主体及广大农民的积极性,形成各级政府负责组织推动、各种育秧主体带动、财政补贴促动、农民参与联动的水稻集中育秧运行机制。积极推进土地流转,扶持种粮大户,扩大土地流转面积,确保全面完成水稻集中育秧任务"。

三、农技站"以县为主"的再改造与农技推广项目

农技服务是地方政府提供农业公共服务、推动农业发展的主要措施,因而农技推广服务也是政府向农民提供的主要农业公共品之一。在税费改革以前,主要是依托于"三提五统"作为财力支撑,以乡镇农技站为机构支撑的农技服务体系,每个村在改革之初还有植保站。在平晚县,原来机构改革之前,农技站由农业农村局垂直领导,人、财、物、事都在农业农村局。但是税费改革之后,乡镇农技站也被迫改革,在精简机构的过程中,平晚县也对农技站进行了以钱养事的改革,人、财、物、事都到乡镇。全县的 26 个乡镇农技站与 26 个乡镇农产品质量安全监管站实行"两块牌子,一套人马,合署办公"。2013 年有工作人员 270 人,定编 222 人。乡镇农技站实行以乡镇政府管理为主的管理体制,即人、财、物、事四权由乡镇政府管理,县农业农村局主要负责业务指导。在改革前后,农技站已经名存实亡,网破线断,农技站工作人员的待遇长期得不到保证,所以几乎所有的乡镇农技站工作人员都开始经营起农资生意。农技站工作人员经营农资,是当前农资市场混乱的始作俑者①。自税费改革以来,农技推广系统不被重视。

正是在基层农技推广服务面临这种困境的前提下,平晚县农技推广体系从 2010 年开始经历了一次"以县为主"的再改革,实行基层农技站由县农业农村局直线领导。湖南省人民政府办公厅转发省农业农村厅等单位《关于改革完善乡镇农技推广服务机构的实施方案》的通知(湘政办发

---

① 本书第四章会有详细的说明。

〔2010〕71号),文件明确"要进一步理顺县级各职能部门和乡镇党委政府在乡镇农技推广服务机构管理中的职责分工,形成科学的管理机制","现有乡镇农技推广服务人员必须经县级农业行政主管部门会同人力资源和社会保障部门考试考核、竞争上岗";实行"三个体系、两个机构、县管为主"的改革模式,尽快改革到位;即改变乡镇农技推广体系管理体制,改乡镇农技站以乡镇政府管理为主的体制为以县农业农村局管理为主的体制;即人、财、物、事四权归口县农业农村局管理,党群团关系由乡镇管理;改革后的乡镇农技站实行财政全额供养,农技推广服务人员的工资及津贴补贴纳入财政统发,事业经费全额纳入财政预算。

材料 2-5　关于乡镇农技推广服务体系改革相关问题的县长会议纪要

(1)管理体制问题。改革后的乡镇农技站实行县农业农村局和所在乡镇人民政府双重领导,以县农业农村局管理为主的体制。乡镇农技站的人事、资产、经费、业务等工作由县农业农村局对口管理,乡镇农技站人员的党群团关系由所在乡镇管理。乡镇农技站的考核工作由乡镇人民政府牵头组织。乡镇农技站负责人任免由县农业农村局提名推荐,征求所在乡镇党委的意见后,由县农办发文任免。乡镇农技站必须完成县农业农村局交办的工作任务,也要完成乡镇交办的工作任务。

(2)机构编制和经费保障问题。乡镇农技推广站为公益性事业机构,编制为全额财政拨款事业编制。按原农业部农技科函〔2007〕1号文件编制测算标准,测算我县乡镇农技站公益性农技推广人员的编制总数应为251人,而我县财政"以钱养事"人员只有222人,需增编29人,增编问题由县编办按规定向上级主管部门申报。乡镇农技站的人员经费和履行公共服务职能的公用经费纳入财政预算。编制未增加之前,仍按原"以钱养事"的标准将经费拨至县农业农村局。

在"以县为主"的农业治理模式下,负责农技推广服务的乡镇农技站又重新被整合进入农业农村局的"条条"的领导体系下。自20世纪90年代以来,乡镇农技站的命运经历了"一下一上"的波折,在农业税费改革之后,县里甩包袱,将农技站的人、财、物、事甩到乡镇,推行以钱养事改革,乡镇农技站主要是业务上受县农业农村局指导,而财务人事等事情都由乡镇主管。在这样的背景下,农技站对于县农业农村局所交代的任务与工作积极性不高,甚至是指挥不动。而现在强调"以县为主"(农业农村局)的农业治理体系下,必须壮大"农业农村局—农技站"这个"条条"体系的指挥与动员能力,这样才能使这个农业治理体系真正运转起来。所以最近的农技站改革又将乡镇农技站的财权、人事任免、业务等权力上收,这意味着乡镇在财权空壳化之后,事权也将会被县政府慢慢掏空。

这项关于基层农技站的改革强化了县农业农村局的"条条专政",乡村这样的"块块"组织,在农业发展的过程中,其功能被进一步弱化了。在"以县为主"的农业治理模式下,强化县农业农村局对乡镇农技站的领导和控制能力,所以最近正在实施的农技推广改革又重新将农技站纳入农业农村局的领导体系之内。

第五节 农业"以县为主的"项目化治理及其基本特征

上面我们通过分析产粮大县、集中育秧、农技推广等相关项目运作情况,试图说明,在国家的财政扶持下,当前地方正在形成一种"以县为主"的农业治理模式。实际上,这种治理逻辑体现在农业治理的方方面面,如农技推广、农业产业结构调整、耕地流转、科技示范、水利项目等。限于篇幅,不做完全展开。这样,该县通过各方面的农业项目运作,从多方面建立了一个"以县为主"的,依托于农业项目来完成地方发展粮食生产政治任务的农业治理体系。我们通过调查,首先从惠农政策实施的制度规定、实施主体、实施形式、组织形式等方面对这种农业治理模式从宏观政策的层面进行概括。

一是财政资金的使用要体现县级政府及其职能部门的逻辑与偏好,主要表现为"制造政绩""打造亮点"的逻辑,地方政府需要通过"政绩工程"向中央争取更多的财政扶持资金,需要迎接国家的项目检查、考核验收。因而,财政资金如何分配,要体现出县政府的这种意图。进而,在财政资金的分配上,如何使用主要"以县为主",而如何治理农业,如何提供公共品，如何对农民进行补贴，甚至是对哪些村庄进行补贴，种什么，这些问题都在县（由农业农村局制定）的粮食生产规划当中规划得清清楚楚，而乡村组织只要按照县职能部门的意志去执行就行。这在2009—2013年间的粮食生产实施方案当中体现得很明显，参见附录B。

二是呈现出高度的官僚主义逻辑，不能解决实际问题。这一方面是因为在"以县为主"的治理模式当中，县农业农村局是主要的职能部门，县农业农村局远离农业生产的现场，对农业生产所需要解决的问题并不了解。面对100多万人口、20多万个小农户、900多个村庄、90多万亩耕地，农业农村局根本就没有能力进行全面、有效的服务。另一方面则与项目制的"专款专用"有关系，所谓专项，是说在中央和省市政府设定的各种项目中，资金使用额度、用途、期限等各方面都有规定，若工程开支超出了项目资金，或是因工程进度慢超过了验收的期限，或者是改变了项目资金的用途，都会影响以后项目指标的申请。

三是项目化的治理使"条条"更加紧密。项目运作过程，上下"条条"来执行，左右"块块"没积极性。上面谈到，原本在税费改革的过程中，人、财、物、事都被县农业农村局甩包袱给了农技站，进而出现农技站对于农业农村局的工作配合不主动、不积极的现象，不利于诸多农业项目的运作，为强化农业农村局这个"条条"的职能，需对农技站进行改革，由农业农村局对农技站进行重新收编。

四是乡村组织的农业治理职能被虚化。贺雪峰在《论农村基层组织的结构与功能》一文中做过系统的论证，乡村组织作为"块块"，最了解基层农业生产的需求，也最具有回应能力。现在一方面，乡村被"以县为主"的农业治理模式所吸纳；另一方面，乡村两级组织因为财力的空虚而难以回应农民的需求。

这样，乡村组织的治理能力全面弱化，正因为如此，很多问题在县里的粮食生产实施方案当中涉及了，甚至做出了严厉的规定，但是就是无法执行。比如要抑制抛荒的问题，从2009年到2013年，县里的粮食生产实施方案几乎都会对抛荒问题采取严厉的处罚措施，但是抛荒依然如旧，依然无法控制。"以县为主"的农业治理模式没有办法控制抛荒，一是因为对乡镇无法进行有效监督,每个乡镇究竟有多少良田抛荒,县农业农村局不可能到实地去调查,这里存在一个信息的收集成本问题;二是乡镇没有积极性,乡镇不再作为治理农业的主体,尽管县农业农村局出台了强制性的规定,赋予乡镇以治理责任,但是乡镇没有相应的财力支持去抑制,比如发现有农户抛荒了,是因为水利设施老化、瘫痪的问题,田实在是种不下去了,乡镇干部有什么办法呢?他们可以给农户做思想工作,"不能抛荒,要保护国家粮食安全",但是农户只要一个"那政府先把水利设施搞好","我种不下去了,有本事政府来种"的反问,这些乡镇干部就一定会没辙。正是因为乡镇在税费改革以后被全面取消了农业治理的财权,所以面对水利设施的老化和瘫痪也就无能为力,因而也就抑制不了抛荒问题。

县里有大量的农田水利建设方面的项目资金,但是这些农田水利项目都因为被县农业农村局打包进入"示范片",和示范片之外的农田水利设施无缘,因而即便是有财政资金,也不能解决问题。这样就出现了一个十分有趣的悖论:一方面,大量的国家财政资金被重复投入到示范片,低效率使用;另一方面,大量的示范片之外的农田水利设施得不到有效投资,而只能眼睁睁地看着农田抛荒。

我们说,农业治理的核心是一个治理的节点问题。现在"以县为主"的农业治理模式中,治理的主要节点在"县","县政府"或者说"县农业农村局"掌握了农业公共服务的"财权"和"事权",但是远离农业生产现场、高高在上的农业农村局根本就不可能回应农业生产的实际需求,这个治理的节点只能直接面对市场,只能面向资本,只能面向大户,而不可能面向小农的需求。而就在农业生产现场,原本具有灵活应对和问题处理能力的乡村组织,被取消了财权,只能听命于县,丧失了问题的应急处理能力,因而当看到问题、农民反映问题时,也只能被动应付,或者说根本就是无动于衷,只要能完成县里所规定的任务就行,他们既无处理农业公共服务需求的责任,也无能力。农业公共服务"现在都已经市场化了",农业公共服务"谁种田谁投资",是现在乡村干部治理农业的理念。

五是"以县为主"的农业治理模式因为"有抓手",能在短时间内制造出政绩工程,在国家考核验收的时候拿出东西给领导看,故极受地方政府青睐。但是这种项目化的农业治理模式并没有解决农业发展真正所面临的实际问题,资金都用在制造形象工程和调动乡村干部的积极性上去了。通过产粮大县中专门用于农业发展方面的资金的投入明细就可以得出,如表 2-3 及表 2-4 所示。

表 2-3 2009 年产粮大县农业专项资金投入明细表

投入内容	金额/万元	备注
种子补贴	85	19 个乡镇 186 个重点村早稻种子补贴
乡镇奖励资金和工作经费	104.5	对完成双季稻生产任务的乡镇给予奖励,其中 2 个部级万亩示范片所在的乡镇每个奖励 7 万元,2 个省级万亩示范片所在的乡镇,各奖励 5 万元,小计 24 万元;15 个重点线所在乡镇每个奖励 3 万元,小计 45 万元;面上达标的乡镇每个奖励 1.5 万元,若全部达标需 10.5 万元。全县双季稻生产的 50 个先进村共奖励 25 万元
重点村生产补贴	55	重点线、片所在村早稻生产完成计划种植面积 90% 以上(含 90%)的,奖励 10 元/亩
种粮大户补贴资金	3	对种植双季稻面积 100 亩以上大户进行奖励
考核及办点经费	30	9 个工作小组办点经费为 15 万元,迎接部、省、市考核验收的经费为 15 万元
3 个万亩示范片经费	95	详见表 2-4
合计	372.5	—

表 2-4 2012 年产粮大县专项农业专项资金投入明细表

投入内容	金额/万元	备注
乡镇补贴	580	对示范区按双季稻实种面积,县财政每亩补助工作经费 10 元,40 万亩则为 400 万元;对完成计划面积 90% 以上(含 90%)且完成集中育秧任务的乡镇奖励 15 万元,对完成计划面积 85% 以上(含 85%)且完成集中育秧任务的乡镇奖励 12 万元,对完成计划面积 80% 以上(含 80%)且完成集中育秧任务的乡镇奖励 10 万元

续表

投入内容	金额/万元	备注
村补贴	120	对示范区完成双季稻目标任务面积85%以上且排名靠前的村，奖励1.5万元，对完成双季稻计划面积90%以上的村奖励2万元，对新增潭衡西、衡邵高速示范线完成目标任务的县财政优先安排"一事一议"奖补资金
种粮大户奖励	150	对示范区种植双季稻面积50亩以上的大户，每亩补助200~250元
贡献人员奖励	10	奖励县、乡、村发展粮食生产突出贡献人员
生产性补贴	340	对8个万亩示范片核心区早、晚稻良种及增产用配套物资由县财政统一购买并核定免费发放，按4.2万亩计算，早稻常规为30元/亩、超级稻为60元/亩，双半平均为45元/亩；晚稻为36元/亩，合计81元/亩，小计340万元
考核及办点经费	30	双季稻办点示范、农机示范推广、农经土地流转和督察考核验收经费30万元
合计	1230	—

资金主要用于对乡镇和村干部的动员，真正用于粮食生产发展的其实很少。原来乡镇是治理农业的主体，现在它是一个需要县农业农村局通过工作经费的补偿来推动的行动主体。乡镇已经失去了治理农业的责任，同时也失去了治理农业的能力。

第六节 "以县为主"的农业项目化治理模式出现的制度性原因

农业治理转型在宏观层面上表现为形成了一种"以县为主"的项目化的农业治理模式。这种治理模式的形成首先与税费改革后国家农业治理体制当中的财政关系有关。在中国中西部地区,县政主要是农政,县政的主要内容就是治理农业,保证国家粮食安全。国家农业"反哺"财政资金,主要以财政专项资金和财力型转移支付为主,"测算到县、拨付到县、由县统筹使用"。这和原来地方农业治理的财政收入主要来源于乡村组织、从农民那里汲取农业税费完全不同。进而农业治理逻辑全面转变,农业治理从原来以乡镇为主导变成以县为主导。

这首先是由财政支农资金的专项化、项目化的运作特征决定的。在本书第一章导论部分已经谈到项目制的运作特征,即专款专用、事本主义、封闭运行、部门主导等。这种制度运作模式必然会凸显出县职能部门在农业治理中的作用与角色。通过前文的分析,我们可以看出农业项目在地方运作过程中的财政关系,即农业项目运作过程中的条块关系。

首先,县政府依托农业农村局来搞示范片,依托农业农村局来运作项目,争取项目,进而增加地方财政收入。

其次,县农业农村局依靠县委县政府的权威和组织领导能力来调动乡镇的行政资源,调动乡镇服从于其治理农业的计划,进而将乡镇的行政资源进行全面吸纳,服从于其项目和示范片的运作,这主要是通过成立粮食生产领导小组来完成的。有些项目则主要由农业农村局运作,但还是需要县里统筹。

再次,乡镇被动地卷入到"以县为主"的农业治理模式当中,对于农业农村局和县委的粮食生产计划,要么是言听计从,要么是消极抵抗。乡镇的消极抵抗,一是因为县里指定的粮食生产规划不符合地方现实情况,比如不该种双季稻的地方要种植双季稻,严重违背市场规律,农民意见很大,情绪很大。二是因为县里所指定的任务和分配的解决问题的资源严重不匹配,要乡镇进行投入,乡镇意见很大,因而往往做一些消极抵抗的事情,这从2010—2013年早稻育秧的督查报告当中就可以看出。这些乡镇的消极抵抗也算是"弱者的武器"了。

最后是农业专项资金的分配模式。以县农业农村局为主导,做出粮食生产规划,对年度内的各种农业项目资金进行统筹,重点用于解决规划区内双季稻生产所存在的问题,以其他农业项目比如集中育秧项目、新技术推广项目、合作社的扶持项目等作为支撑,做出年度内的粮食生产经费预算,由县粮食生产领导小组批准之后生效。由此,各种农业专项资金被打包、合并进入"双季稻生产示范片",由此形成农业专项资金的大盘子,即"粮食生产专项资金的分配—农业农村局做出分配方案—县领导批复—财政局拨付"。农业农村局派出粮食生产指导小组到各个乡镇进行跟踪与监督、指导,并回应乡镇办示范片过程中所出现的问题,即"办点所在的乡镇提出要求解决的问题—农业农村局批复—经费拨付"。

形成这种治理模式的另外一个根本性的原因是税费改革以后,微观层面的乡村治理逻辑的转型,我们将在下文重点论述这个问题。大致的要点是,农业税费改革之后,全面取消农业税费,乡镇作为一个行政组织的治理能力全面弱化,表现在财政能力、人事能力、权威资源等方面,乡镇成为维控型政权[1],"有钱养兵,无钱打仗",乡镇政府对农民农业生产的需求无法进行有效回应,而是被动应付。财政空壳化,没有自主能力,成为县里的一个派出机构,这使得乡镇在治理农业方面的主体性、积极性被全面取消。

第七节 被项目运作吸纳的乡镇组织

任何国家政策要在农村落实都要经过基层政权具体执行,国家政治体制塑造了基层治理模式,而基层政权的运作方式又直接影响了国家政策的执行效果[2]。

现有关于对粮食主产区产粮大县奖补政策的分析主要是从经济逻辑

---

[1] 欧阳静.运作于压力型科层制与乡土社会之间的乡镇政权:以桔镇为研究对象[J].社会,2009(5).

[2] 吕德文.中心工作与国家政策执行——基于F县农村税费改革过程的分析[J].中国行政管理,2012(6).

出发,即从利益平衡、利益补偿的角度进行分析①。这些研究的局限性在于,国家对产粮大县进行重奖,县级政府发展粮食生产的热情和积极性也很高,但问题是,地方政府这种积极性能够有效地被转化为现实的粮食生产能力吗?很显然不是这样。这个转化,既涉及前文分析的产粮大县奖补政策以及农业项目的实施方式与组织形式,也取决于微观层面乡村治理机制。在本书第一章导论的文献梳理部分,笔者归纳了税费改革之后乡村治理转型的逻辑,指出税费改革使乡村组织的治理能力弱化,农业治理去"集体化",进而影响财政支农政策的实践成效。

在本章,我们以乡村组织执行项目任务的过程为对象,分析乡村组织被"以县为主"、项目化的农业治理模式所吸纳的内在机制。

在分析之前,先了解一下最近几年产粮大县综合工程的规划情况。

一、产粮大县综合工程项目的规划

产粮大县项目在空间上的分布表现为分布在重点交通干线上的"双季稻生产示范片"②,也就是说,项目工程是由一系列的"示范片"构成的,这些示范片成为地方政府向项目发包方——农业农村部和省政府汇报、应对考核验收的现场。

材料2-6 2009年全县双季稻生项目示范片

"突出六条线,办好3个万亩示范片",即突出107国道,省道315线、210线,西界线、渣洪线、渣金线六条主线,办好渡片、湖镇片和台江片3个万亩示范片。今年着重抓好樟木、集兵、樟树、渡、演、库宗、金兰、台、

---

① 顾莉丽.中国粮食主产区的演变与发展研究[D].长春:吉林大学,2012.
许跃辉,郝敬胜,张青.产粮大县面临的问题与地方政府决策的困局——基于安徽经验[J].学术界,2010.
王巨禄.关于重点支持产粮大县率先实现城乡一体化发展的思考与建议[J].农业经济与管理,2010(1):5-8.
汪希成,徐芳.我国粮食生产的区域变化特征与政策建议[J].财经科学,2012(4):80-88.
杨孝海.化解产粮大县财政困境问题的思考[J].陕西农业科学,2009,55(4):170-173.
亢霞.我国产粮大县奖励资金存在的主要问题及有关政策建议——来自黑龙江省巴彦县、虎林市和海伦市的调研[J].当代农村财经,2012(9):23-25.

② 这种办点的模式不是抓包那样抓两头。

江、湖镇、石市、洪、大安、曲兰、关市、井头、岘、金溪、溪江等19个乡镇沿六条主线旁可视范围内的186个村,种植双季稻12万亩,其中马路沿线可视范围内相关村、组可视面积为83800亩,3个万亩高产示范片面积3万亩。其他乡镇由主要负责人牵头,乡镇干部包村,层层办点示范,提高水稻复种指数,增加农民收入。县委县政府集中力量办好三个万亩示范片,即渡镇、湖镇万亩部级示范片及台江万亩省级示范片,其中渡镇万亩部级示范片涉及九联、江山、英陂、青里、群星、英南、天星、交岭8个村,湖镇万亩部级示范片涉及中湖、中渡、龟石、茶元、福民、檀山、印塘7个村,台江万亩省级示范片涉及台镇爱民、庆明、演、横声、台、东湖、群英、光兴、长塘、古塘10个村及江镇大光、松市、湖西、赤石、东风5个村。同时,县委县政府突出抓好19个乡镇186个村双季稻生产示范基地。每个乡镇必须办好1个千亩示范片,乡镇示范片不得与县级示范片重叠。

材料2-7　2011年的项目示范片

2011年,全县双季稻生产总的思路是"突出七条线、办好五个示范片",即在全县全面开展水稻高产创建活动,同时重点突出省道315线和210线、衡邵高速、潭衡西高速、107国道、西界线、渣洪线7条主线旁可视面积范围内相关村组双季稻生产,办好渡片、台片、湖镇片、江片、金兰库宗演片5个高标准的万亩双季稻高产示范片,竭尽全力提高农作物复种指数。

一是办好5个万亩高产示范片。县委县政府集中力量办好5个万亩示范片,即渡片、台片、湖镇片、江片、金兰演库宗片5个万亩双季稻高产示范片,其中渡片涉及九联、英陂、青里、群星、英南、天星6个村;台片涉及演、横兴、台、东湖、群英、向阳6个村;江片涉及东风、洲上、赤石、湖西、大光、松市6个村;湖镇片涉及中湖、中渡、龟石、茶元、福民、檀山、印塘、三合8个村和龟石渡居委会;金兰演库宗片涉及金兰镇联江、金沙、金兰、毛家、金花、何龙、十里、贺市8个村,演镇的红荷、德胜、乐观、大川、将军5个村,库宗乡的古井、玩市、栾木、金华、梅开、库宗、华山7个村。

二是抓好重点线段双季稻生产。全县在办好5个示范片的同时,要突出抓好省道315线和210线、西界线、渣洪线、衡邵高速、潭衡西高速等重点线段的双季稻生产。其中省道315线涉及4个乡镇、39个村,210线涉及3

个乡镇、9个村,西界线涉及4个乡镇、25个村,渣洪线涉及2个乡镇、22个村,衡邵高速涉及6个乡镇、49个村,潭衡西高速涉及5个乡镇、35个村。

三是着力办好乡镇示范片、点。要求每个乡镇必须办好一个千亩示范片,有高速公路和位于重点交通要道的乡镇,粮食生产示范片、点必须办在高速公路旁和主干道旁①,乡镇办点不得与县级办点重叠,乡镇书记、乡镇长、分管粮食生产的领导必须要办好一个300亩以上的示范点,全力打造双季稻生产亮点。

材料2-8 2012年的项目示范片

全县要营造示范办点、以点带片、片线结合的双季稻生产格局,全力打造双季稻生产亮点,首要就是突出办点示范。2012年,全县办点示范突出107国道,省道315线、210线、1814线,西界线、渣洪线、衡邵高速、潭衡西高速等8条主线,延长至全县26个乡镇连线通乡公路,办好渡片、台片、江片、湖镇片、演库宗片、金兰片、石市片、板市片等8个万亩双季稻高产示范片。各个乡镇都要有高标准的干部办点示范片,其中乡镇书记、乡镇长、人大主席、政协联络工委主任要办好500亩以上示范片,副科以上干部要办好300亩以上示范片,其他乡镇干部要办好100亩以上示范片,示范片要全面普及早稻集中育秧。

材料2-9 2013年的项目示范片

全县要按照"攻主线、打亮点、抓面上"的工作思路,全力打造双季稻生产亮点。

一是办好示范线(示范片)。2013年,全县办点示范突出107国道,

---

① 要求乡镇办点也必须符合这种马路政策的要求。要求乡镇办点的事情,似乎从来都没有落实好,尤其是在2011年及以前。只是有项目的示范片,以及县里所规定的重点线路沿线的重点示范村,在项目的全方位的支持下,才得到发展。笔者想,县里希望乡镇办点仅仅是一个形式,因为这既不检查,也不考核,乡镇怎么可能会有积极性去完成呢?所以这么多年来,希望乡镇办点,从来都是没有办法实现的。因为双季稻生产从来就是不划算的,希望用给乡镇施加压力的方式,要乡镇去完成额外的项目任务,几乎是不可能的,因为乡镇根本就没有那样的动员资源。所以县里对乡镇所规定的两种任务:一种是有项目扶持的任务,能够勉强完成;另一种是没有项目扶持的任务,乡镇基本上不会理会。因为现在不是计划经济或有农业税费的20世纪八九十年代,在没有项目补贴的情况下,要乡镇去发动农民种双季稻,这几乎是不可能的。

省道315线、210线、1814线、西界线、渣洪线、衡邵高速、潭衡西高速等8条主线,延长至通乡连线公路,办好渡片、台片、江片、湖镇片、演库宗片、金兰片、石市片、板市杉桥片、井头关市片、洪大安片、樟木集兵片等11个万亩双季稻高产示范片,每个示范片都要有1个不少于500亩的超高产方,单产比所在示范片高15%以上。综合各乡镇重点示范线(示范片)线路长短、村数多少、面积大小等因素,乡镇副科实职以上干部要分类办点:其中一类乡镇(湖镇、渡、台、江、金兰、石市、集兵、洪、演、板市)的乡镇党委书记、乡镇长、人大主席、政协联络工委主任所在示范区,连片办点面积不少于500亩,其他副科实职以上干部连片办点面积不少于300亩,每个点不超过2个村;二类乡镇(库宗桥、曲兰、大安、井头、关市、樟木、溪江、岣嵝)的乡镇党委书记、乡镇长、人大主席、政协联络工委主任所在示范区,连片办点面积不少于300亩,其他副科实职以上干部连片办点面积不少于100亩,每个点不超过1个村;三类乡镇(岘、界牌、金溪、栏垅、杉桥、潮江、樟树、长安)的乡镇党委书记、乡镇长、人大主席、政协联络工委主任所在示范区,连片办点面积不少于200亩,其他副科实职以上干部连片办点面积不少于100亩,每个点不超过1个村。

二是建设绿色农产品示范基地。着力打造渡镇青木、梅花、陡岭和台镇九市、台九、横兴、台、庆民、爱民、长青、龙福核心绿色农产品示范基地,实行机插秧集中育秧、配方施肥、绿色防控、诱蛾灯杀虫全覆盖,将良种、良制、良法、良机进行"无缝"融合,组装成区域性、标准化的增产技术模式,为全省创造经验和典型。

二、压力型体制与项目示范片在乡镇之间的分配

县政府为了调动乡镇发展双季稻、落实项目任务,应对国家和省政府的项目考核验收,增强入围全国产粮大县的竞争力,而出台了政绩考核和经济奖励的双重措施。县政府基于县乡压力型体制[①]和项目运作机制,对乡镇的行政资源进行动员,将发展双季稻纳入目标管理责任制的考核

---

① 荣敬本.从压力型体制到民主合作体制的转变:县乡两级政治体制改革[M].北京:中央编译局,1998.

当中,不但在早稻插秧季节进行督察、调度,而且进行双季稻面积的测量,建立台账管理机制,实行逐步严密的目标管理与过程控制。材料 2-10 是 2011 年乡镇与县政府签订的粮食生产责任状。

材料 2-10　2011 年度平晚县粮食生产工作责任状

为了贯彻落实全国、全省粮食生产工作会议精神,抓好粮食生产,巩固产粮大县地位,确保国家粮食安全,现就粮食生产工作,各乡镇人民政府与县人民政府签订本责任状。

一、深入宣传贯彻党和国家促进粮食生产发展的政策措施,落实上级对粮食生产的有关要求,把粮食生产工作纳入重要议事日程。成立党政一把手负总责的领导机构,切实加强对粮食生产工作的领导。

二、制定粮食生产工作方案,成立专门工作班子,落实县政府下达的粮食生产目标任务和示范片创办任务(任务见 2011 年平晚县粮食生产工作方案)。安排专项经费用于办点示范等工作。

三、严格执行种粮补贴政策。加强对种粮面积统计上报和补贴资金发放的监管,按照"谁种粮、谁受惠"的原则将各项补贴资金及时落实到农户,杜绝不种粮享受种粮补贴的现象,确保政策执行不走样。

四、加强对土地经营权流转的引导和服务,加大耕地抛荒整治力度,杜绝耕地抛荒现象的发生。

五、接受上级对本项工作的检查考核,服从奖惩。

本责任状一式两份,县政府办和责任乡镇各执一份。

平晚县人民政府责任乡(镇):

签字:　　　　签字:

二〇一一年×月×日

从 2009 年到 2013 年,乡镇政府每年都要与县政府签订粮食生产目标管理责任状。如果对 2011 年的这份责任状进行解读的话,大致包含以下三层意思。

第二章　产粮大县奖补政策及其地方运作

第一层意思是讲落实项目工程的领导和组织方式，要求各乡镇把粮食生产纳入中心工作当中来，成立乡镇党政一把手负责的领导机制。

第二层意思是目标管理责任状考核的内容，包括粮食生产的任务目标、粮食直补的发放要求、抑制耕地抛荒三个目标。调查中发现，这三个任务目标之间是高度相关的，共同指向一个统一目标，那就是扩大全县双季稻生产的面积。

材料 2-10 的第二条规定是县政府向各个乡镇明确分配双季稻生产的面积，并要求乡镇分配专门的工作经费来发展双季稻。本来搞产粮大县综合项目工程是县里的事情，县里动员各个乡镇来完成任务，给乡镇分配一定的项目经费，用于发展各个乡镇的双季稻示范片，但是县里的这些工作经费往往不够，仅仅靠这些工作经费难以完成县里给各个乡镇所分配的任务目标，于是县里要乡镇"配套"工作经费，并将其纳入工作考核当中。在乡镇财政已经出现"空壳化"的情况下，乡镇给双季稻生产项目工程"配套"工作经费的情况怎样呢？下文我们会展开分析。因为县里会对各个乡镇在双季稻生产中安排的"配套经费"进行检查和验收。

材料 2-10 的第三条规定表面上看上去与双季稻项目示范片无关，但是实际上关系很大。众所周知，粮食直补发放在当前面临的最大问题就是"指向性和精准性"问题，即粮食直补不能按照"谁种粮谁受益"的原则发放，而是根据耕地面积发放，无论是一季稻还是双季稻都是这样，即不管种了还是没有种，都有补贴；不管种没有种双季稻，都有双季稻补贴。在平晚县，县政府为调动农民种双季稻的积极性，要求双季稻补贴只能发放给那些种了双季稻的农户，没有种双季稻的农户不能得到补贴，县政府做出这样的规定是为了增强农户种植双季稻的积极性，把国家的粮食直补政策纳入地方双季稻生产的动员体系中来，进而要求乡镇严格执行粮食直补政策。但是后来无法执行，原因是收集信息成本太大，村干部和财政系统的干部意见都很大。

材料 2-10 的第四条规定抑制抛荒当然是有助于提高播种面积，保证粮食产量。下文的分析还会谈到，关于这条，县里的政策措施可谓非常严厉，"对于连续抛荒在 5 亩以上的乡镇，对乡镇主要领导要诫勉谈话"。那么实际执行情况怎样呢？在上文中谈乡村组织的职能虚化时已经分析过了。

第三层意思是检查考核与奖惩的规定。考核奖惩的游戏规则在2009—2013年发生了重要的变化，县政府对乡镇考核奖惩规则与监控模式的变化与原农业部和省政府对县里的考核奖惩规则的变化有关系，下文我们将会做详细分析。

三、项目实施过程中的乡镇以及乡村关系

1. 财政能力弱化的乡镇

在导论部分我们已经结合已有的研究，对乡镇的治权弱化进行了归纳，这里结合经验材料，从财政上对乡镇的治权弱化进行分析。同时试图证明，"项目经费"对于乡镇而言是一种"变相的财政收入"，乡镇在争取项目经费上与县农业农村局之间表现出明显的"条块矛盾"。

表2-5分析了平晚县湖镇自税费改革以来的财政支出情况，可以看出有两个特点。一是呈现出明显的"吃饭财政"的色彩，仅仅是维持乡镇机构运转的"维持会"，基本上没有自主性回应农民公共服务需求的能力①。二是从原来的"大锅饭"变成现在各个部门"分灶吃饭"，比如农技站的经费，原来是从县财政拨付到乡镇的大盘子里统筹使用的，但是现在乡镇已经没有这种统筹功能了。乡镇财政空壳化及形成原因周飞舟等人已经做过充分的论证，这里不展开。

表 2-5　税费改革以来湖镇的财政支出情况　　　　（元）

项　　目	2011 年	2010 年	2009 年	2008 年	2007 年
支出类	4463997	4446894	3997819	3597468	3097973
1.政府机关	1641720	1474040	1303340	1292025	956396

---

① 对于那些双季稻生产示范片内农民所反映的问题，还需要向农业农村局请示，获得农业农村局同意之后再拨付费用。尽管2012年之后，产粮大县项目的实施增强了乡镇的自主性，但也只是局限于办示范片的部分权限下放到乡镇。

续表

项　目	2011 年	2010 年	2009 年	2008 年	2007 年
基本工资	463800	522000	492540	490805	441756
津补贴	444000	360000	280800	221900	—
运转经费	733920	530000	530000	530000	470000
其中:办公费	94000	80000	80000	80000	70000
水电费	25000	20000	20000	20000	20000
公务用车费	110000	80000	80000	80000	80000
差旅费	100000	60000	60000	60000	50000
会议费	40000	40000	40000	40000	30000
接待费	300000	250000	250000	250000	220000
2.乡财政机关	196840	196000	179780	163124	152408
3.社会保障与就业	592895	514212	469817	416817	377740
4.其他城镇社区管理事务	15000	15000	15000	10000	10000
5.农林水事务	1414842	1826642	1600882	1291502	1241429
动物防检站经费	85000	70000	60000	60000	50000
农机站经费	68000	56000	48000	48000	40000
农经站经费	85000	70000	60000	60000	50000
农技站经费	153000	126000	108000	84000	70000
林业站经费	85000	59000	48000	48000	40000
水管站经费	102000	84000	72000	72000	60000
村级转移支付	811642	1241642	1155642	811642	931429
6.人口与计划生育	228700	208000	220000	210000	170000
7.文化体育与传媒	34000	28000	24000	24000	20000

续表

项　　目	2011年	2010年	2009年	2008年	2007年
基本工资	34000	28000	24000	24000	20000
8.综治维稳支出	80000	80000	80000	80000	80000
9.其他支出	260000	120000	120000	120000	100000

2. 威信消失殆尽的乡镇

调查发现，项目实践过程中，乡镇干部在面对困难时的行为既表现出无能的特色，又充满了机会主义色彩。乡镇干部的无能为力，导致所有的压力都转移到村干部身上。

一是乡镇政府在项目的实施过程中极为无能而被动。本书第五章的分析将会指出，2013年严重干旱，为解决项目示范片内打井抗旱的问题，连4万元经费都拿不出来，最终乡镇干部只能发动村干部垫付资金来救火。这是因为归乡镇政府自主统筹使用的项目资金控制在县里，县农业农村局规定，这些项目资金要"分阶段支付"，要等到测产验收之后，才能按照示范片的面积向乡镇政府支付项目费用。面临干旱，农户要求打井抗旱的巨大压力，乡镇政府领导只有动员农技站长、村干部私人贷款垫付，乡镇政府没有财政能力，想不出办法。

二是农业税费改革之后，乡镇政府强制管制乡村社会的能力被彻底取消，干群关系极为微妙，乡镇干部毫无威信。在这里略微列举几个笔者亲眼见到的场景。

材料2-11　访谈竹山村书记

和村书记访谈时，他向笔者反映：农村现在干群关系很微妙。以前乡镇干部有威信，现在乡镇干部下到村里来，一点威信都没有。现在的农户胆子很大，面对乡镇干部，群众想说什么就说什么，一点顾虑都没有。他说乡镇政府的一些领导干部如果和他们争论，他可以不讲理，跟你吵架。现在乡镇干部和农户说话，都要和和气气的，说话都不可能很硬，蛮干更不行。项目实施过程中如果有什么困难、有什么问题，都不会轻易下来人,见到有问题,都好怕,村里经常有问题给他们打电话,他们就派两个人下来看看又走了。而且,一旦乡镇的任务完成了,他们就不再关心项目的运作情况。在插早稻的时候,乡镇干部天天要下来,等事情做好了,早稻插下去了,你找他们,他们就不愿意再管了。插晚稻,就根本不怎么下来。

三是一切项目实施的压力转移到村干部身上。乡镇政府要求办项目示范片,但是没有做什么实际工作,主要工作由村干部承担,最终为难的也是村干部。反正乡镇里说要种,村干部不种不行,说什么"作为村里的干部不挑点担子不行,这么点事情都办不好,就不要当村干部"。只有不当村干部,才能摆脱这个压力。我们所访谈的唐书记说:"乡镇里现在分配任务都是压,否则就没有办法,你当村干部不帮乡镇承担责任,村干部就别当。"

材料 2-12　湖镇 2009 年粮食生产工作方案

各村支部(居委会):

为了认真贯彻 2009 年中央关于农业生产 1 号文件精神,确保我镇粮食生产产量稳步上升,切实增加农民收入。经镇党政联席会议研究,特制订我镇 2009 年早稻粮食生产工作方案,具体要求如下。

一、整体规划及重点布局

全镇共计划种植早稻面积为 2.5 万亩,重点突出渣九沿线和渣洪沿线马路两边 300 米可视范围内的区域。其中渣九沿线的大波、永安、高桥、六一、碧峰、杨林、洋溪;渣洪沿线的鼓峰、荫棠、先锋、福民、中湖、茶元、檀山、龟石渡、中渡、龟石、三合、西村、心田 20 个村纳入平晚县早稻生产"万亩示范片"工作范畴。同时荫棠、福民、中湖、茶元、檀山、龟石渡、中渡、龟石、三合 9 村为核心高产示范区。

二、主要措施

(1)注重强化考核,奖惩分明。凡列入"万亩示范片"的 20 个村的相关组,要求各村支部按上报平晚县农业农村局早稻生产汇总台账面积进行落实。同时也纳入县委直接考核本村农业生产工作指令性面积。其余面上的 35 个村(含除"高产示范区"外的 11 个村)按所分配的指导性任务落实面积。

（2）凡考核面积在 300 亩以上且完成 95％的村，奖励该村 3000 元；考核面积在 150～300 亩且完成 95％以上的村，奖励 2000 元；考核面积在 150 亩以下且完成 95％以上的村，奖励 500 元。凡指导性任务面积完成 70％以上的村，奖励 1000 元。

（3）凡考核面积和指导性面积未按要求完成的，不降级奖励，同时对"万亩示范片"的村在年底工作考核中处罚 1000 元，对指导性任务未完成的村在年底考核中处罚 300 元。

（4）对连片抛荒面积达到 5 亩以上的村，责成村支两委组织复耕。拒不复耕的村，镇党委、政府将视其情节采取组织措施和经济措施。

三、具体工作步骤

1. 宣传发动阶段（2 月 8 日—2 月 16 日）

要求各支部迅速按县委早稻生产会议精神召开村民代表大会、各组群众会议，并发放、张贴平晚县"致全县农民朋友的一封公开信"到各小组屋场。同时告知在外务工经商的农友家乡的大好政策，引导部分农户回乡耕作。

2. 落实面积、种子计划阶段（2 月 16 日—2 月 20 日）

要求各村按考核面积和指导性面积迅速分解到各组并入户落实实际种植计划，形成早稻生产分户台账表。同时把各农户需要种植早稻品种、名称和数量以村为单位上报镇农技站，方便镇农技站统一调拨供应和销售种子。

3. 早稻备耕阶段（2 月 20 日—3 月 25 日）

各村委会负责各项田土调整、水利纠纷的调解、秧田选址规划，同时为缺劳户组织"农村早稻生产合作社"，进行统一劳务支持；农资部门提供优质种子、化肥、地膜；银信部门提供信贷支持；农机部门要为农机购买提供一站式服务；农技部门要提供及时的信息和技术服务并跟踪服务浸种、催芽技术；水利部门要积极做好蓄水保水工作。农技站曾云清、王延衡负责湖镇片农技跟踪服务;王木元、莫仲文负责鼓峰和甘泉片农技跟踪服务。

4. 播种育秧阶段(3月25日—4月25日)

各村委会指导农户对计划面积迅速落实播种,并进行育秧管理,防止冰冻、寒潮灾害发生。对恢复"稻-稻-油"种植模式的农户播种,要求农技部门提供生育期较短的优质种子,保证在5月10日左右要将油菜田耕作早稻。

5. 插秧和油菜田收割耕作阶段(4月25日—5月10日)

各村组织农户、种植大户及时将平整好的大田插种好秧苗,油菜田收割和备耕也要求在本时段进行。

6. 实地检查验收阶段(5月10日—5月20日)

镇政府组织脱产干部、农技干部、村干部对已插的禾田进行逐组逐丘块现场核实面积、种植户主(含转包户主及田亩面积),并张榜公示,该农户无异议后逐级汇总上报。

湖镇人民政府
二〇〇九年二月十日

第八节 小　　结

一、关于农业"以县为主"的项目化治理

在项目资源下乡和国家专项资金下乡的背景下,国家向地方和农业输入了大量的财政资金。其中产粮大县的专项资金是"测算到县,拨付到县",由县统筹使用。从资金的来源、分配、控制上看,治理农业开始"以县为主",以县农业农村局为主来制定粮食生产规划。

从惠农政策宏观层面上讲,其实施主体主要是县政府,农业农村部、省政府等相关职能部门,主要起监督作用。惠农政策的实施形式和组织

形式表现为"以县为主""条条专政"、项目化治理等,将乡村组织吸纳到县里的农业生产规划当中来。

在财政、事权、监控权①的安排方面,财权在中央,发包到地方之后,以县为主的财政管理体制;事权主要是县级政府,以县为主;产粮大县政策实施的监控权在农业农村部以及省农业农村厅,他们对产粮大县奖励资金的使用情况进行监督,同时每个年度要对地方的粮食生产进行考核验收。

在笔者看来,这样以项目运作为主要形式的地方农业治理模式,蕴含了一种全新的农业治理理念②。这种治理理念贯彻到农业治理的方方面面,既包括粮食产量控制,也包括农业公共服务的供给,还包括农业产业化、结构转型甚至是农业科研、农技推广等。这是一种"以县为主"的治理模式,是县的职能部门直接与市场主体相对接的治理模式,这种治理模式试图从多方面绕开乡村组织或者对乡村组织进行项目发包,而让农业职能部门专门来与市场主体相对接,体现农业职能部门干预、治理农业的意志,很显然,这是一种不同于原来"主要依托于乡村组织,财政主要来自于三提五统,与分散的小农户细碎化的、多样化的农业公共服务需求相对接"的农业治理模式,这是农业治理转型在宏观层面的表现。在这个农业治理转型的过程中,中国的农业治理体系正在变成"以县为主"(农业农村局)的农业治理模式,而一改税费改革前以乡村组织为主的农业治理模式。

在"以县为主"的农业治理模式中,财政资金主要来源于中央财政专项资金,财政输入的末端就是县政府(农业农村局),而不能直达乡村组织,所以县成为治理农业的重心。县农业农村局(或其涉农部门)通过农业项目运作来治理农业,但是他们无法面对众多分散的小农户。比如说

---

① 周雪光,练宏.中国政府的治理模式:一个"控制权"理论[J].社会学研究,2012(5).
② 由于农业税费改革,不但使得乡村组织失去了自主性的财政能力,而且随着服务型的乡村组织的建设,乡村组织运转的财政费用主要依赖于中央拨款,乡村组织失去了自主解决问题的能力,有学者将其归纳为乡村治权的弱化。当乡村组织失去了自主解决问题能力的时候,乡村公共品的供给就不再依赖于乡村组织,而是主要依赖于国家的财政专项资金,财政专项实行"以县为主"的运作模式。

在我调查的平晚县,有 90 万亩耕地、20 万农户,农业农村局所有的工作人员才 120 人,以农业农村局的规划为主导来治理农业,来提供农业公共服务,包括农技推广,因而只能是选择性的治理,即选择一部分大户和企业。这不但导致了农业公共服务在供给上的困境,而且对农业经营主体的重构产生巨大作用,下文我们会进一步论证这个问题。

二、被项目运作吸纳的乡村组织

笔者调查发现,产粮大县综合项目工程的运作实行目标管理责任制,将项目的经济奖励与政绩考核结合起来,实现县对乡镇的"目标管理与过程控制",县政府和农业农村局控制项目的规划,对乡镇的行政资源进行全面吸纳与整合。县里将项目任务向乡镇分派,乡镇则将项目任务全面向村干部分配。原本治理能力已经弱化的乡镇在这个过程中消极被动地参与,乡镇在这其中不发挥主导性作用,而是根据县农业农村局的粮食生产项目规划来行动,不再有灵活性、机动性、应急性的问题处理能力。县农业农村局根据其偏好和逻辑制定粮食生产计划,乡镇如法炮制(通过分析乡镇的粮食生产方案,笔者发现,这完全是县农业农村局所制定的粮食发展方案在乡镇的翻版),乡镇作为一个派出机构,丧失治理农业的主动性与积极性,县农业农村局的粮食生产规划把农业生产的事情安排得很死,粮食生产的项目资金主要用于解决规划区内粮食生产问题[①],在项目示范区内有哪些问题需要处理,乡镇要向县农业农村局打报告,由县农业农村局负责提供经费,解决问题,面对示范区之外的农业生产过程中所出现的问题则无能为力。

在由县职能部门主导的农业治理模式中,财政资源如何分配由县职能部门指导,乡镇只负责执行,不需要发挥主动性去机动性地回应农民的需要,而且对于农民的真正需要,因为财政空虚,反而解决不了,只能不闻不问——这就是粮食生产专项资金输入时代的农业治理图景:一方面,在县农业农村局规划的示范区内,县农业农村局进行"条条专政",乡镇亦步

---

① 2013 年的抗旱资金主要分配在示范区,旱灾补贴也主要分配给了示范区内的大户,以兴修水利。

亦趋;另一方面,规划区之外,县农业农村局管不了,也不愿意管,乡镇更没有管理的积极性,因而不闻不问、不理不睬①。

在这种农业治理模式中,乡镇全面失去治理农业的灵活性和自主权,以及财权和事权的"双缺失",乡镇在发展农业的问题上已经没有什么能耐了,既然乡镇没有什么能耐,财权控制在县农业农村局,那么就只能由县农业农村局来制定粮食生产方案,农业农村局对农业发展的人、财、物、事做出全面的规划(比如乡镇到农业农村局领取早稻种子、催芽器、腐蚀剂、育秧大棚等,以及请示所需要解决的重点地段的问题,领取奖金,领取工作经费;乡镇所要完成的任务,在哪些村种植双季稻,搞集中育秧,县农业农村局还派遣指导小组和领导小组进行监督,对乡镇的工作业绩进行考核,面积测量,建立台账,大户的面积测量)。县农业农村局俨然已经成为该县发展农业的"中枢机构",负责解决农业发展问题上的所有决策与考核,负责全县农业生产方面的人、财、物、事。

乡镇政府成为"无能政府"②,而县农业农村局则成为"无限政府",集中了原来应该由乡镇统筹解决的粮食生产规划和农业公共品供给方面的事权与财权。

原本乡镇政府是国家和农民直接发生关系的节点,其行为一方面受到上级政府监督,另一方面则扎根于乡村社会,因而在治理农业的问题上具有时效性和灵活性。而农业税费改革之后,则全面取消了乡镇政府的这种功能,而将这些公共事务的治理责任上划到县农业农村局。然而依靠县农业农村局去治理规模上百万的人口、90多万亩耕地,提供不断增长的农业公共服务需求不但不现实,还导致国家与农民关系的全面脱嵌。

下文的分析会指出,乡镇在这种束手束脚的格局下,要完成县里所规

---

① 2013年平晚县大旱,非示范区大片的一季稻干死,老百姓反映从来没有乡镇干部下乡。
② 尽管从2012年开始将工作经费拨付到乡镇,责任落实到乡镇,考核到乡镇,但是县农业农村局依然做出了详细的农业发展规划,只不过在一定的程度上增加了乡镇在发展示范片上的积极性,每亩有十几元的工作经费拨付下来,但是即便如此,乡镇也只能解决示范区内的问题,而对于示范区之外的农业生产问题,依然无能为力。而且即便是国家注入大量的农业公共服务方面的项目,但是这些项目都被农业农村局整合进入了规划区内,所以县农业农村局规划区之外的农业公共服务依然得不到有效补充与缓解,造成农业治理出现了极大的片面性。

定的任务,只能去流转农民的土地,制造大户来完成任务。而这不但对农民不公平,而且不利于增加粮食产量,反而会危及国家的粮食安全,因为大户产粮不但风险高,而且有经营粗放①等问题。

"以县为主"的农业治理模式也吸纳了自治性的村庄组织,即所谓的"项目吸纳自治",这使得村干部成为"拿钱的办事员",集体化的公共品供给方式以及集体化的抑制抛荒的方式瓦解,村干部通过半正式的治理来降低农业治理过程中的治理成本的这一机制被瓦解。这应该是农业治理转型所带来的意外后果。

---

① 在本书后面的章节中,"制造大户"过程中的陈亚平、六三合作社、安农农业科技有限公司的事例可以充分论证这个问题。

第三章 代理人监控模式变化及其困境

中央对地方的监控真正实现了增加粮食产量、保证粮食安全的国家意志吗？这种监控机制产生的意外后果是什么？中央对地方的监控，如何影响了地方在与农民打交道时的策略？如何影响了地方治理农业的实践过程？

第三章 代理人监控模式变化及其困境

由本书第二章的分析可知,国家通过对产粮大县进行财政奖补,希望通过商品粮基地县所在的地方政府(代理人)"重农抓粮"来保证播种面积、保证国家粮食安全,这样国家将粮食安全的责任在向商品粮基地县发包的同时,也向商品粮基地县转移了大量的财政资金。因而在这个财政转移支付的过程中,衡量国家基础性权力的标尺,即国家自主性(即国家意志)是否有效地变成现实,取决于国家对代理人的监控,一方面,需要对财政资金的使用情况进行监控,另一方面,也需要对商品粮基地县在发展粮食生产、保证粮食安全方面的绩效进行监控。

产粮大县奖补首先是从农业农村部到省政府,再向县级政府①发包,到了县之后,在县乡行政体制内运作,这样从体制内来讲,就存在国家及省政府对县级政府的监控,以及县级政府(及其职能部门)对基层政府(乡镇)的监控。现在的问题是,中央对地方的监控真正实现了增加粮食产量、保证粮食安全的国家意志吗?这种监控机制产生的意外后果是什么?中央对地方的监控,如何影响了地方在与农民打交道时的策略?如何影响了地方治理农业的实践过程?

县乡之间的监控逻辑是怎样的?中央对县的监控与县对乡的监控之间存在怎样的关系?研究发现,在2012年前后,产粮大县(主要是超级产粮大县)的监控机制发生了重大变化,不但对产粮大县奖补资金的使用绩效要进行监控,而且国家及省政府下来考核、验收、看现场的时候,中央对地方的监控模式也发生了重大变化。这种中央和地方之间的监控模式发生变化之后,直接导致县乡之间的监控模式发生变化,以及"产粮大县综合项目工程"的组织方式发生变化,这为我们比较不同的监控模式在县乡之间所产生的效果及其逻辑提供了思考空间。

---

① 市级政府在这其中有一个上传下达的作用,在决定县能否入围全国粮食生产先进县方面,也起一定的作用,但不是主要的主体,为了分析的简化,我们在分析的过程中暂且不分析市级政府在这其中的角色。这是因为根据我们的观察,产粮先进县的考核验收主要是农业农村部抽查、省政府督察并决定哪些县可以入围。

第一节 国家对地方的监控机制及其演变

国家对产粮大县奖补资金使用情况的监控模式发生了变化。2012年按照中央建立完善动态奖励机制的要求,财政部对奖励办法进行了调整和完善,依据近年全国各县级行政单位粮食生产情况重新测算了入围奖励县,加大了入围超级产粮大县的竞争力度。在2013年引入绩效评价机制,将2012年各地奖励资金使用绩效评价结果作为2013年奖励资金分配因素,强化财政资金绩效管理,提高资金使用效益。

对产粮大县粮食生产绩效的监控模式发生变化,增加了现场考核时的随机性。2012年之前由县向国省考核领导指定考核现场,从2012年开始由考核领导在全县26个乡镇随机抽签。考核模式的这种变化,实际上在2011年的时候已经有过一次预演,但那次并不是非常严格,结果闹出了一个"指鹿为马"的笑话。

原来,在2009—2011年,县里主要着眼于在关键性交通位置上办项目示范片,但是2011年原农业部下来考核验收的时候,明确提出不能仅仅局限于在有限的几个乡镇办示范片,考核领导要求现场抽签,对全县26个乡镇进行抽签,抽到哪个乡镇就去考核哪个乡镇。当时抽签的结果很有戏剧性,恰恰是那些县里进行财政重点扶持的乡镇(比如湖镇、台镇)没有抽到,反而是长安乡等这样被长期忽略的乡镇被抽到了。若是带考核领导到这些乡镇验收,"没有双季稻拿给领导看,肯定是交不了差",于是县里不惜"指鹿为马",在带领考核领导下乡考核验收的时候将他们带到湖镇,说"这就是长安乡"。为了不出纰漏,事先都没有通知湖镇的相关人员下来陪同,这次考核验收总算是"瞒天过海"般地过关,但是考核领导对于这个事情也不是不知道,这个事件给县里带来了巨大压力。这次考核总结时,农业部和省里考核领导小组对县里做出了承诺:如果2012年能够让示范片在全县全面开花,会进一步提高产粮大县和产粮先进县的奖补资金,进一步在农业配套项目方面进行倾斜,这对于县里也是一个很大的激励。在这样的背景下,县政府在2012年决定改变产粮大县项目工程的运作思路,大幅度增加项目示范区的投入,这意味着项目资金的大幅度增加,项目运作过程中的利益流量大幅度增加,并改变了项目运作模式,改变了县乡之间的监控、激励关系。

第二节 地方争取产粮大县奖励的思路演变

笔者发现,从 2009 年到 2013 年这 5 年间,产粮大县项目的动员经历了一个巨大的变化,这个变化是与国家产粮大县奖励资金的绩效管理日益成熟相关的。国家及省政府的治理技术越来越完善,在考核验收时灵活性更大、机动性更大、随机性更大,同时奖励的资金力度更大,对地方政府的诱惑性更大,而入围产粮大县、超级产粮大县的竞争性也更大。这些因素都使得县政府必须逐年加大行政动员的力度,逐年提高双季稻的面积,进而项目的工程量也越来越大,需要调动的行政资源也越来越多,同时对乡镇的考核监督也日益完善,县乡的治理技术也越来越完善。从 2011 年开始,农业农村部以抽签的方式来考核,县里像 2008—2009 年那样只在几个重点乡镇搞几条线、支持几个项目示范片的方式就不行了,如果抽到那些没有双季稻的乡镇,没有双季稻给农业农村部看,那么平晚县就被否决了。因而在整体的思路上,演变的历程就是:县里因想拿项目资金和粮食生产先进县的奖补政策而产生压力。来自国家层面的激励机制和监控机制的改变,使得县里项目动员也发生了改变。

笔者还发现,在这 5 年间,动员力度逐年增大。从表 3-1 所整理的情况来看,粮食生产领导小组组长的级别从 2009 年到 2013 年是在逐年增加,从最初的县委副书记担任组长,一直到 2013 年县委书记任政委,县长任组长,县四家分管领导任副组长,其中县政府分管副县长任常务副组长,县委办、县政府办、县农办、县财政局、县农业农村局、县统计局、县水利局、县农机局、县农经局等单位主要负责人为成员。一方面,粮食生产小组组长的行政级别不断提高,到了 2012 年之后已经是县行政首长担任组长;另一方面,粮食生产小组所包含的行政单位也越来越多,到了 2012 年之后,几乎所有的与项目有关的部门都被动员起来,2009—2013 年,项目实施所需要动员的行政资源在不断增加,县级层面动员就可以体现出来。

表 3-1　县级行政动员的年度变化

年份	2009 年	2010 年	2011 年	2012 年	2013 年
领导小组组长级别	由县委副书记任组长	县长任组长	由县委书记任政委，县长任组长	由县委书记任政委，县长任组长	由县委书记任政委，县长任组长
县级领导[①]	县人大副主任、县政府副县长、县政协副主席、县政府副调研员、县长助理任副组长，县农办、财政局、农业农村局等单位主要负责人为成员	县委副书记、县人大副主任、县政府副县长、县政协副主席、县政府副调研员任副组长，县农办、财政局、农业农村局、农机局、农经局、水利局等单位主要负责人为成员	县委副书记、县人大副主任、县政府副县长、县政协副主席、县政府副调研员任副组长，县委办、县政府办、县农办、县财政局、县农业农村局、县统计局、县水利局、县农机局、县农经局等单位主要负责人为成员	县四家分管领导任副组长（其中县政府分管副县长任常务副组长），县委办、县政府办、县农办、县财政局、县农业农村局、县统计局、县水利局、县农机局、县农经局等单位主要负责人为成员	县四家分管领导任副组长（其中县政府分管副县长任常务副组长），县委办、县政府办、县农办、县财政局、县农业农村局、县统计局、县水利局、县农机局、县农经局等单位主要负责人为成员

---

① 粮食生产实行县级领导包乡镇，乡镇干部包村，村干部包组，组长包户的层层包干负责制，层层办点示范。

续表

年份	2009年	2010年	2011年	2012年	2013年
向乡镇派指导小组①	县委县政府对全县粮食生产重点片、线分派粮食生产指导小组，由联系乡镇的县级领导带队，从农办、农业农村局等抽调人员任成员，进驻重点示范和生产乡镇	县委县政府对全县粮食生产重点片、线分派粮食生产指导小组，由联系乡镇县级领导带队，从农办、农业农村局等相关部门抽调人员任成员，进驻重点示范村和生产乡镇帮助工作	县委县政府对全县粮食生产重点片、线、村分派粮食生产指导小组，由联系乡镇的县级领导带队，从农办、农业农村局等相关部门抽调人员任成员，进驻重点示范片、线、村帮助工作	对新打造的潭衡西、衡邵高速示范线部分关键村，县里派出粮食生产指导小组	对潭衡西、衡邵高速示范线和渡台绿色农产品基地部分关键村派出粮食生产指导小组，由分管农业的副县长负总责、带队，从县直机关单位抽调农村工作经验丰富的人员任成员，进驻示范线指导帮扶粮食生产工作
农业农村局派技术服务组	无	农业农村局成立6个技术服务指导小组	县农业农村局抽调专业技术人员，成立9个技术服务小组	全县成立26个技术服务小组，由农业农村局牵头	全县成立26个技术服务小组，由农业农村局牵头，进驻办点乡镇

---

① 县委县政府派出指导服务组，指导服务组主要负责监督任务落实情况。全县成立了26个技术服务小组，帮助解决农民生产中的技术难点问题，确保粮食高产。同时，在县定双季稻生产示范区粮食生产关键村派出工作队。

第三节 项目工程量与项目组织模式的变化

2009—2013 年,县对乡镇层面的动员规模在不断增加,这种动员力度以 2012 年为分水岭。在 2012 年之前,项目运作以农业农村局在重点乡镇的项目组为主导,项目资金由他们分配,重点乡镇协助农业农村局来办点。当然县里规定,重点乡镇有责任把示范片办好,而且对乡镇进行奖励。也就是说,2012 年之前,乡镇的项目办点主要是农业农村局的事情,主要是农业农村局与乡镇联合办示范片和关键点。而从 2012 年开始,项目办点主要是乡镇的事情,项目资金落实到乡镇,由乡镇统筹使用,但是对乡镇的考核压力也加大了。从 2012 年开始,"乡镇是项目的工作主体,工作任务明确到乡镇、工作责任落实到乡镇、工作经费拨付到乡镇、工作目标考核到乡镇"。而农业农村局的主要工作集中于项目的规划、考核、面积的测量、督察等等。可以从资源投放、项目的工程量、责任主体、行政资源的分配、政绩考核力度、经济奖励力度等方面对这个转变的过程进行分析。

一、项目的工程量与投资力度大幅度增加

2012 年前后,项目的工程量发生了重大变化,如表 3-2 所示。同时,2009—2011 年的项目资金在 95 万~450 万元,而从 2012 年开始,项目的动员资金高达 1230 万元左右。直接用于项目的资金多了,项目的工程量大了。项目的投资力度之所以在 2012 年有大幅度提高,是因为在 2012 年之前,主要是农业农村局在各个乡镇办点和示范片。也就是说,发展双季稻生产的仅仅是万亩示范片以及重点交通线附近的乡镇,大概有 12 个乡镇;而到了 2012 年之后,在往年重点乡镇的示范片和重点线的基础上,所有的 26 个乡镇都要办点,因而项目的工程量大大增加。2012 年之后,没有万亩示范片和重点线的乡镇要在通乡沿线公路办点。也就是说,如果 2012 年之前是几条重点线路的话,那么 2012 年及以后就是重点线路的扩展。2012 年,全县办点示范突出 107 国道,省道 315 线、210 线、1814 线,西界线、渣洪线、衡邵高速、潭衡西高速 8 条主线,延长至全县 26 个乡

镇通乡连线公路。正是因为延长至 26 个乡镇的通乡连线公路,所以所有的乡镇都有了办点的任务,因而项目的工程量大幅度增加。

表 3-2　2009—2013 年间项目工程量的变化

年份	2009 年	2010 年	2011 年	2012 年	2013 年
项目的区域布局	突出 6 条线,办好 3 个万亩示范片	突出 6 条线,办好 5 个万亩示范片	突出 7 条线,办好 5 个万亩示范片	八条主线并延长至 26 个乡镇通乡连线公路,8 个万亩示范片;同时全县要营造示范办点,全力打造双季稻生产亮点	8 条主线,延长至通乡连线公路;11 个万亩双季稻高产示范片
项目投资/万元	372.5	455	497.4	1230	1600
对示范片的补贴	早稻种子由县实行以奖代补,按实际种植面积每亩补助种子款 10 元	无	对重点示范片高产创建区台账核定面积,统一提供晚稻良种,对省定验收面积内的高产创建省要求提供相关配套物资	8 个万亩示范片核心示范区采取集中育秧的,免费供应双季稻种子及配套物资,由政府采购,统一发放。对县核定的 8 条主线、8 个万亩示范片及全县 26 个乡镇通乡连线公路示范区,经考核验收,完成计划面积的给予生产性补贴,由乡镇统筹使用,并按照时段任务完成情况分段拨付	一是对部级高产创建示范片核心区实行生产性补贴;二是对 8 个部级万亩示范片核心示范区采取集中育秧的,免费供应双季稻种子及配套物资,由政府采购,统一发放;三是对示范区双季稻生产实行以奖代补。县定 8 条主干道路沿线示范区、11 个万亩示范片及全县 26 个乡镇通乡连线公路沿线示范区,经县粮食生产领导小组考核验收,完成计划面积的给予生产性补贴,由乡镇统筹使用

续表

年份	2009年	2010年	2011年	2012年	2013年
沿线乡镇个数/个	12	14	14	26	26

二、项目对乡镇的行政资源动员模式发生了重点变化

在2012年之前,农业农村局①在各个乡镇办示范片需要乡镇帮忙,需要调动重点乡镇的行政资源,这个时候调动乡镇行政资源的方式是两手抓。一方面是农业农村局通过县委县政府,对重点乡镇进行政绩考核和行政施压,但是这个时候实际上是"只打雷不下雨",对乡镇干部的政绩考核措施没有实施,那些花了功夫的乡镇干部似乎也没有得到优先提拔。像演镇主管农业的副镇长在2010—2011年流转了1000亩左右的耕地,专门种双季稻,当时本着"种作风,种政绩"的态度协助农业农村局办点,而且当年在省市领导下乡来进行项目的考核验收时还受到表扬,但是当年他并没有得到提拔和重用,加上2011年亏本惨重,2012年对种双季稻就有点心灰意冷。不过,重点乡镇要是出了问题,县委县政府进行通报批评和诫勉谈话那倒是真的,这一点在本书后文县乡之间的"控制—反控制"过程中可以体现出来。这时,因为有农业农村局的项目办点人员参与,乡镇主要是协助,另外就是进行经济奖励。经济奖励应该说能在相当大的程度上调动乡镇的积极性,对于财政资源严重匮乏的乡镇而言,能奖励7万~10万元(见表3-3),应该说这一做法有一定的动员力度。

---

① 产粮大县的项目工程按照资源通过"条线"的运作逻辑来看,主要是县农业农村局的事情,但产粮大县项目工程量太大,仅仅通过农业农村局来进行资源动员根本实施不了,需要通过县委县政府的权威性资源来调动县域内的行政资源。因而在产粮大县项目工程的实施过程中,农业农村局是业务部门、职能部门,工作强有力的后盾是县委县政府,农业农村局与县委县政府的连接机制是通过成立"县粮食生产领导小组"来进行的,在业务工作开展的过程中,农业农村局代表县粮食生产领导小组。

表 3-3 对乡镇行政资源的动员与考核

年份	2009 年	2010 年	2011 年	2012 年	2013 年
乡镇的任务	有重点线、万亩示范片的乡镇要协助农业农村局办好点	协助办好示范片，同时有千亩示范片	协助办好示范片，乡镇必须在高速公路边办千亩示范片	示范片要求全面开花，所有的乡镇都要办示范片；乡镇是项目落实的主体①	乡镇副科实职以上干部要分类办点
项目在乡镇的运作模式	项目长负责制，农业农村局联合乡镇办点	项目长负责制，农业农村局联合乡镇办点	项目长负责制，农业农村局联合乡镇办点	由乡镇办点，乡镇是项目落实的责任主体，农业农村局变成考核和监督机构	由乡镇办点，乡镇是项目落实的责任主体
对乡镇的要求	乡镇主要负责人为第一责任人	无	乡镇主要负责人与县委县政府签订目标管理责任状	对乡镇四大家的项目办点任务进行量化考核②	对不同类型的乡镇分别考核③

---

① 从 2012 年开始，乡镇是发展粮食生产的工作主体，工作任务明确到乡镇，工作责任落实到乡镇，工作经费拨付到乡镇，工作目标考核到乡镇。

② 各个乡镇都要有干部办点示范片，其中乡镇党委书记、乡镇长、人大主席、政协联络工委主任要办好 500 亩以上示范片，副科以上干部要办好 300 亩以上示范片。

③ 其中一类乡镇正科级干部连片办点面积不少于 500 亩，副科实职以上干部连片办点面积不少于 300 亩；二类乡镇正科级办点面积不少于 300 亩，其他副科实职以上干部不少于 100 亩；三类乡镇正科级干部不少于 200 亩，其他副科实职以上干部连片办点面积不少于 100 亩。

续表

年份	2009年	2010年	2011年	2012年	2013年
督察督办[①]过程控制	2009年还没有督察，从2010年5月15号开始有督察	对工作落实好的乡镇给予表彰，对工作不力的乡镇进行通报批评，直至诫勉谈话；由县纪委监督局进行效能告诫，追究纪委责任	对粮食生产过程实行督察通报制。对双季稻生产的面积落实、播种、插秧及测产验收四个阶段进行集中督察，年底进行综合评比	对各个生产环节进行集中督察，对工作不力的乡镇进行通报批评，对欠账较多的乡镇，县委县政府主要领导要约谈其乡镇党政主要负责人	对工作不力的乡镇进行通报批评，对生产关键环节欠账较多的乡镇，县委县政府主要领导要约谈乡镇党政主要负责人，追查原因
目标管理	无	建立台账，作为干部政绩考核、乡镇和村组粮补资金发放、评奖评先的重要依据	建立台账，作为干部政绩考核、评奖评先的重要依据。对早晚稻的面积进行核查	全县对县、乡、村三级办点示范区域，建立工作台账，量化责任考核，层层落实责任	全县对县、乡、村三级办点示范区域，建立工作台账，量化责任考核，层层落实责任

① 督察主要是在3月—5月的育秧、翻地、插早稻这个面积落实的阶段进行。

续表

年份	2009年	2010年	2011年	2012年	2013年
政治奖惩	对列入重点片、线包村干部单独进行考核,对未完成任务的包村乡干部当年不提拔、不调动、不评奖、不评先、不换村	对重点片的乡镇包村干部实行奖励,并在干部任用上优先予以提拔①。对未完成县核定区域内双季稻计划面积的乡镇包村干部,当年不提拔、不调动、不评先	对工作落实好的乡镇给予表彰,对工作不力的乡镇进行通报批评	乡镇书记、镇长没有完成办点示范的调整岗位,其他未完成任务的乡镇干部年度考核一律定为不称职,当年度不评先、不提拔、不重用	对完不成目标任务乡镇"一票否决,末位淘汰"②

而从 2012 年开始,产粮大县项目一方面大幅度增加了对乡镇行政资源的动员力度,另一方面也提高了他们在乡镇运作项目的自主性。对乡镇资源的动员力度主要有两个方面:一方面是通过政绩考核的方式进行动员,另一方面是通过经济奖励和项目扶持的方式进行动员。

---

① 这个时候讲乡镇包村干部,并没有明确指出是乡镇一把手,但从 2012 年开始,就明确提出对一把手的处置方案。

② 对未完成办点任务、考核排名后 3 名的乡镇党政党委书记、乡镇长、人大主席、政协联络工委主任,提交常委会研究,调整工作岗位;对其他未完成任务、考核排名后 10 名的乡镇副科实职干部在年度考核中一律评为不称职。

从政绩考核的方面来看,如表 3-4 所示,2009 年没有政绩考核①。2010—2011 年,突出了对重点乡镇进行政绩考核,考核分值在 8 分左右,而那些非重点乡镇则只有 3 分,很显然,这个时候通过政绩考核的方式来进行动员,力度是比较弱的,同时各个乡镇之间是不平衡的,这对于调动那些非重点乡镇依然很困难。从 2010 年开始,政绩考核的力度大幅度增加,全县 26 个乡镇的政绩考核力度同时提高到 30 分。在乡镇的日常工作当中,办双季稻项目示范片成为乡镇最重要的工作,意味着要将大部分行政资源投入到项目办点当中。从 2012 年开始,双季稻项目办点的重要性已经超过了计划生育,成为乡镇分配行政资源最主要的工作。

表 3-4　双季稻生产占年度目标管理考核分值

乡　　镇	2009 年	2010 年	2011 年	2012 年	2013 年
樟木	—	5	5	30	30
集兵	—	5	5	30	30
岣嵝	—	3	3	30	30
潮江	—	3	5	30	30
板市	—	3	5	30	30
杉桥	—	3	5	30	30
樟树	—	5	5	30	30
渡	—	8	8	30	30
岘	—	5	5	30	30

---

① 由此可以看出,在 2011 年之前,整个农业生产在县政府的工作中是多么不重要。而且即便是在 2011 年,农业的考核分值也只是 8 分,与 2012、2013 年的 30 分相比,简直是天壤之别,可见 2012、2013 年的农业生产在全县农业生产工作中的重要性。而这种重要性,是在国家产粮大县的项目入围竞争当中所激励出来的。正是产粮大县项目的竞争力度加大,才极大地动员了全县的行政资源。也就是说,从 2012 年之后,产粮大县项目对地方政府行政资源的动员力度是极大的。正是因为如此,有些乡镇在 2012 年还无法适应。这也说明,2012 年之后,国家产粮大县的绩效管理确实发挥了实质性的作用,对于调动地方政府重农抓粮的积极性具有很大的激励和调动作用。这也说明,从 2012 年之后,产粮大县、全国产粮先进县的奖励资金开始成为平晚县政府财政增收的核心力量。

续表

乡 镇	2009 年	2010 年	2011 年	2012 年	2013 年
井头	—	5	5	30	30
关市	—	5	5	30	30
演	—	8	8	30	30
栏垅	—	3	3	30	30
库宗	—	8	8	30	30
金兰	—	8	8	30	30
曲兰	—	5	5	30	30
洪	—	5	5	30	30
大安	—	5	5	30	30
金溪	—	5	5	30	30
溪江	—	5	5	30	30
界牌	—	3	3	30	30
石市	—	5	5	30	30
湖镇	—	8	8	30	30
江	—	8	8	30	30
台	—	8	8	30	30
长安	—	3	3	30	30

从经济奖励和项目扶持方面来看,如表3-5所示,在2012年之前,主要是农业农村局与乡镇联合办示范片和关键点。从2012年开始,乡镇是发展粮食生产的工作主体,工作任务明确到乡镇、工作责任落实到乡镇、工作经费拨付到乡镇、工作目标考核到乡镇。而农业农村局的主要工作集中于项目的规划、考核、面积的测量、督察等,项目资金分配到乡镇,由乡镇统筹使用。项目资金的这种分配模式,应该说大大提高了乡镇的自主性和动员能力。

表 3-5 对乡镇的经济奖励

年份	2009 年	2010 年	2011 年	2012 年	2013 年
对部级示范片	对 2 个部级万亩示范片所在的乡镇，完成计划面积 90% 以上（含 90%），各奖励 7 万元	对 4 个部级万亩示范片所在乡镇，完成计划面积 90% 以上，奖励 8 万元	对 5 个高标准的万亩双季稻生产示范片所在的乡镇，完成计划面积 90% 以上，奖励 10 万元	对示范区双季稻实际种植面积每亩奖励 10 元，其中乡镇包村干部每亩奖励 6 元，村干部每亩奖励 4 元。表彰奖励粮食生产突出贡献人员 100 名，共奖励资金 10 万元	对粮食生产任务完成最好的乡镇奖励 2 万元，对 3 个不同类型乡镇考核排名前 2 名的乡镇各奖励 1 万元；奖励粮食生产突出贡献人员 100 名，共奖励资金 10 万元
对示范片的项目扶持	对示范片实行项目扶持	对示范片实行项目扶持	对重点线片进行生产性补贴	对县核定的 8 条主线、8 个万亩示范片及全县 26 个乡镇通乡连线公路示范区，经考核验收，完成计划面积的给予生产性补贴，由乡镇统筹使用，主要用于补贴种植农户、奖励种粮大户及改善农田基础设施等，并按照集中育秧、板田翻耕、大田移栽等时段任务完成情况分段拨付	一是对部级高产示范片核心区实行生产性补贴，对 8 个部级万亩示范片核心示范区采取集中育秧、免费供应双季稻种子及配套物资，由政府采购，统一发放；二是对示范区双季稻生产实行以奖代补，补贴乡镇、补贴大户、补贴集中育秧、补贴机械插秧

续表

年份	2009年	2010年	2011年	2012年	2013年
对省级示范片所在乡镇	对完成计划面积90%以上（含90%）的，各奖励5万元	对完成计划面积90%以上的，各奖励6万元	无	2012年之后，所有乡镇一视同仁，没有重点乡镇和非重点乡镇了，按照同样的标准进行示范区的项目补贴。按照实际的双季稻面积进行每亩10元的奖励。奖励的额度和双季稻的面积直接挂钩。因而，真正的面积测量是从2012年之后开始的，因为双季稻的实际面积已经是政绩考核、项目补贴的唯一依据。县定8条主干道路沿线示范区、11个万亩示范片及全县26个乡镇通乡连线公路沿线示范区，经县粮食生产领导小组考核验收，完成计划面积的给予生产性补贴，由乡镇统筹使用，主要用于补贴种植农户、奖励种粮大户及改善农田基础设施等	
对重点线所在乡镇	对完成计划面积85%以上（含85%）的，奖励3万元	对完成计划面积的乡镇奖励4万元	对完成计划面积85%以上的，奖励5万元		
面上乡镇	对完成计划面积75%以上的乡镇奖励1.5万元	对完成计划面积的乡镇奖励2万元	对完成计划75%以上的乡镇，各奖励2万元		
经济惩罚	对未完成任务的乡镇在年终决算中追回虚领种子款及前期拨付工作经费	由乡镇对未完成任务的副科干部进行经济惩罚	无	乡镇干部3—5月份的津贴补助要与其办点示范挂钩，如未完成办点任务的只发50%津贴补助	乡镇干部3—5月份和农技干部3—8月份津贴补助有50%与双季稻生产办点工作挂钩，按完成工作任务的比例计发津贴补助

对2009—2013年项目在乡镇层面的动员模式的变化进行简要概括的话，就是2012年之前以农业农村局在重点乡镇的"项目指导小组"为主

导,项目资金由他们分配,重点乡镇协助农业农村局来办点。当然县里规定,重点乡镇有责任把示范片办好,而且对乡镇进行奖励,也就是说在2012年之前,项目办点主要是农业农村局的事情。而从2012年开始,乡镇的项目办点主要是乡镇的事情,项目资金落实到乡镇,由乡镇统筹使用,增加乡镇在项目运作过程中的自主性。2012年之前政绩考核的力度小,考核的重点是那些有万亩示范片的乡镇。从2012年开始,26个乡镇的政绩考核力度同时大幅度增加,政绩考核成为动员乡镇行政资源的关键,产粮大县项目任务超过计划生育,成为乡镇分配行政资源最多的中心工作。

项目运作在乡镇层面的动员模式发生变化,与项目的投资力度在2012年有大幅度提高有关。2012年之所以要大幅度提高项目的工程量,与2011年国家和省政府考核验收过程中出现的问题有关。2012年之前,农业农村局在进行项目规划的时候,是按照在重点马路边办示范片的思路,将项目资源重点投放在12个重点乡镇,这使得那些非重点乡镇在2011年没有考核动力去发展双季稻,而且项目资金也没有对他们进行扶持,仅仅是2万元的奖励资金,在政绩考核压力不足的情况下,他们必然没有动力去发展双季稻,去办示范片。在2011年国家和省政府进行项目考核验收的时候,省领导要求随机抽查乡镇,那些被抽到的非重点乡镇没有双季稻拿出来看,结果县级领导只有"指鹿为马",谎称重点乡镇就是所抽到的非重点乡镇,最后瞒天过海而过关。但是这不过是侥幸。从2012年开始,县委县政府意识到,这种做法已经没有办法过关了,必须调整策略。调整的思路是从原来突出12个重点乡镇,到2012年开始,要在所有的26个乡镇全面开花,县里要求各个乡镇都要办示范片,而且将考核的责任目标量化到乡镇副科以上的干部,因而从2012年开始,项目的工程量大幅度提高。

在2012年之前,主要是农业农村局在各个乡镇办点,办示范片。也就是说,发展双季稻生产的仅仅是万亩示范片以及重点交通线附近的乡镇,大概有12个乡镇。所以这12个乡镇的双季稻发展在政绩考核中所占的分值也比较高,而其他乡镇则相对较低。同时项目资金也主要投资在这12个乡镇,其他乡镇的投资力度和奖励力度也比较少。考核的重点也是在这 12 个乡镇,其他乡镇的考核基本上就是形式上的。但是从 2012 年开始,项目的运作模式发生了变化:一方面需要突出重点,继续办万亩示范片,重点抓关键交通线附近的乡镇;另一方面,示范片需要在 26 个乡镇全面开花,所有乡镇都有发展双季稻、办点的任务。乡镇是发展粮食生产的工作主体,工作任务明确到乡镇、工作责任落实到乡镇、工作经费拨付到乡镇、工作目标考核到乡镇。各个乡镇都要有高标准的干部办点、示范片,其中乡镇党委书记、乡镇长、人大主席、政协联络工委主任要办好 500 亩以上示范片,副科以上干部要办好 300 亩以上示范片,其他乡镇干部和村支部书记要办好 100 亩以上示范片,示范片要全面普及早稻、集中育秧。全县对县、乡、村三级办点示范区,建立工作台账,量化责任考核,层层落实责任。县里建立县级领导包乡镇包示范片,乡镇党政一把手、人大主席、政协联络工委主任包村办点的粮食生产工作台账,县里派工作队员进驻关键村工作台账和县双季稻示范区双季稻种植大户管理台账,乡镇要建立乡镇干部和村支部书记示范办点责任台账,县、乡、村办点不得重叠。

产粮大县项目工程量太大,需要通过县委县政府的权威性资源来调动县域内的行政资源。笔者发现,在 2009—2013 年这 5 年间,产粮大县项目的动员经历了一个巨大的变化。这个变化是与国家产粮大县奖励资金的绩效管理日益成熟相关的,国家和省政府的治理技术越来越完善,在考核验收时灵活性更大、机动性更大、随机性更大,同时奖励的资金力度更大,对地方政府的诱惑更大,而入围产粮大县、超级产粮大县的竞争也更大。这些因素都使得县政府必须逐年加大行政动员的力度,逐年提高双季稻的面积,进而项目的工程量也越来越大,需要调动的行政资源也越来越多,同时对乡镇的考核监督也日益完善,县乡的治理技术也越来越完善。这些表现在目标管理和过程控制两个方面。

1. 目标管理越来越清晰

目标管理越来越清晰,表现在各个乡镇所制定的目标,开始的时候比较模糊,而到了后来,将目标直接定位到乡镇副科职以上的所有脱产干部必须要完成多少办点面积,通过建立双季稻台账,进行量化考核,而且将这种量化考核与对乡镇一把手的考核结合起来,将双季稻生产纳入县乡的目标管理责任制的政绩考核计分当中来,乡镇一把手要与县政府签订目标管理责任状。

2. 过程控制越来越严格

过程控制突出表现在双季稻生产的两个环节。一是落实早稻育秧、插秧这个关键环节,在每年的3—5月份,县农业农村局在2009—2011年对关键乡镇的双季稻育秧、面积落实的情况进行督察,而到了2012年之后,对全县26个乡镇的早稻插秧环节进行督察,明察暗访,发现问题,对工作先进的乡镇进行通报表扬,对工作落后、想钻空子、工作不积极的乡镇及时进行通报批评,粮食生产领导小组随时进行调度。二是进行早稻、晚稻的面积测量。在目标管理的时候,为各个乡镇制定了目标,规划了必须完成的双季稻面积,那么目标能否严格实现,就需要对各个乡镇实际种植的双季稻面积进行测量,用实际面积/规划面积的比率对各个乡镇完成任务的情况进行排名、评比、考核。

第四节 两种项目运作模式的比较

一、项目实施的主体从农业农村局到乡镇

从2012年开始,项目运作形式发生转变。以文件的形式明确了乡镇是发展粮食生产的主体,并将工作任务划分到乡镇,工作责任明确到乡镇,工作经费拨付到乡镇,工作目标考核到乡镇,实行捆绑式考核。

项目资金由乡镇集中使用,一改原来由农业农村局主导的局面,这是形势的压力所造成的。也只有这样,才能对乡镇进行真正有效的动员。这个过程说明,当项目的工程量大到一定程度时,依托于农业农村局的"条条"和部门,到乡镇去运作项目的形式已经行不通了,而必须充分调动乡镇这个"块块"的力量。所以说,这个项目运作的变迁过程也是项目运作机制的一种改进,是对原来"条条专政"的一种改进,即充分地将资源分布到乡镇,用于动员"块块"的力量。想起前几年,乡镇消极怠慢,明显没有办法来提高全县的竞争力。在严酷的竞争压力下,县政府开始着眼于

调动乡镇的力量。原来各个乡镇的项目考核分值是不一样的,突出了重点,而现在的项目考核分值则全县统一为 30 分,发展双季稻已经占据了极为重要的地位。

在这个项目运作模式的转化过程中,农业农村局的权力当然一直比较大。原来是农业农村局支配项目的专项资金,并通过这些专项资金到各个乡镇办点,联合乡镇进行办点。那个时候是农业农村局有求于乡镇,办点是农业农村局的责任,当然农业农村局通过设计游戏规则调动县里的力量来动员乡镇。这种模式应该说就是周飞舟[1]和陈家建[2]所描述的项目运行模式。但是到 2012 年之后,随着县里入围全国粮食生产先进县、超级产粮大县的竞争加剧,竞争和绩效考核的压力加大,县政府调整了项目的运作模式。项目运作模式从 2009 年以来经历了大变革:从以农业农村局为主到以乡镇为主。如果说 2012 年之前还是以农业农村局为主导的项目制运作模式的话,那么从 2012 年开始,就偏向于县、乡之间的"行政发包制"了。随着运作模式的转化,项目的运作机制也随之发生了变迁,包括项目资金的分配模式、领导考核模式、激励机制、乡镇的主动权与压力。在新的运作模式下,农业农村局的权力也进一步加大,他们的权力不再仅限于对资金的分配权,不再仅限于指导乡镇办点,他们摇身一变成为考核和项目实施情况的监控者。乡镇在这种项目运作模式转化之后的压力也在增大。很显然,这对于乡镇的行政资源的动员力度加大,随之双季稻生产在政绩考核当中的比例也在增加。

在原来以农业农村局为主导到各个乡镇进行办点的时候,农业农村局一方面需要仰仗县委县政府的权威来动员乡镇、领导乡镇。另一方面,在与基层政府的联合方面,农业农村局在乡镇主要是动员主管农业的副镇长以及农技站长来推动双季稻种植工作。在这个过程中,农技站长的权力也在增加,这种增加表现在对种粮大户的支配力度上。

因而,理清楚最近几年的项目运作模式和相应的组织领导体制,可以

---

[1] 周飞舟. 财政资金的专项化及其问题:兼论"项目治国"[J]. 社会,2012,32(2).
[2] 陈家建. 项目制与基层政府动员——对社会管理项目化运作的社会学考察[J]. 中国社会科学,2013(1).

得出一个结论:项目的运作模式之所以最终会发生这种转化,一方面与项目的工程量有关系,另一方面与项目入围竞争力度的增加有关系。要真正大规模地进行资源的动员,仅仅依靠"条条",或者"条条"+部分的"块块"+不平衡的各个乡镇的"块块",可能很难大规模、大范围地来推动工作。最终要真正大幅度推动工作,只能调动乡镇"块块"的力量,因为"条条(农业农村局)"的人手毕竟有限。应该说这是项目运作机制出现这种转换的主要原因。

2009—2011年项目运作的主导权在县农业农村局,包括大户补贴的发放,乡镇工作经费的安排,以及其他补贴(比如油菜搬迁补贴等)的发放。在这种运作模式中,没有太多乡镇的利益,农业农村局作为业务部门起主导作用,对大户的补贴更具有针对性、实际性,所以那个时候的大户少,乡镇对于推广双季稻种植也没有太大的积极性,因为项目办点的经费主要掌握在农业农村局的手上,主要还是县农业农村局在推动此项工作。这样的一种项目组织模式可以说是典型的陈家建、周飞舟等人所刻画的项目运作模式,农业农村局作为职能部门在项目运作过程中起主导作用。

但是从2012年开始,这种项目运作模式发生了变化。项目运作模式变化的过程可以说是乡镇和县农业农村局博弈的过程,最终博弈的结果是乡镇争取到了一定的业务主导权,而农业农村局则只掌握项目运作的监控权。

种粮大户颜玉龙向笔者反映,2012年的项目补贴政策一直到年底的时候才真正落实,真正拍板定下来[①]。因为农业农村局还是希望坚持原来的政策,一方面掌握项目运作业务上的主导权(比如说项目资金的分配、大户补贴和项目的工作经费都掌握在农业农村局手上),另一方面他们在办点过程中也掌握了乡镇的真实情况,比如整个乡镇总共种植了多少面积的双季稻,是否完成了县委县政府计划的任务,是否达到了考核的要求,等等。

---

① 2012年年初的时候,乡镇干部、种粮大户都不知道政策到底怎样补贴。这种迷局是方云祥等这样的老实人在2012年也能赚到补贴的原因。但是2013年的项目补贴明晰之后,乡镇的各种力量就参与到项目补贴的分配上来,以至于2013年的项目补贴扑朔迷离。

但是从2012年开始,因为项目运作过程中的利益流量增加,乡镇开始不支持原来的项目运作模式。因为在这样的政策模式下,乡镇没有什么利益,因此不喜欢这种项目运作模式,工作也就变得不好开展。乡镇认为权小责任大,工作很被动,因而希望改变原来的项目运作模式,即被赋予更多项目主导权(在大户的项目补贴上,在示范片的经费支配上)。所以很多乡镇书记向县委县政府反映意见①,很多乡镇干部集中到县里去谈(实际上就是以完成项目任务为理由向县委县政府施压),要求把项目经费的支配权放到乡镇,包括项目办点经费的安排、大户的项目补贴等。但是县农业农村局不放心乡镇的这种安排,他们担心乡镇到时候不会把项目资金花到粮食生产上(即项目办点上),尤其是大户补贴到不了大户的手里,不利于调动大户的生产积极性。在乡镇与县农业农村局的这种博弈过程中,县委县政府提议,大户补贴和项目办点经费与双季稻的种植面积挂钩,由乡镇汇报乡镇的双季稻种植面积和大户面积,由农业农村局进行核查和监控,财政拨款。对大户按照面积进行直接补贴,改变原来由农业农村局掌握大户补贴的局面,由乡镇汇报大户的双季稻种植面积,农业农村局对于乡镇所汇报的大户面积,通过GPS进行核查②,核实之后农业农村局向县财政提交数据,县财政拨付大户补贴,大户补贴直接到大户的直补账户上,不经过乡镇。而项目示范点的工作经费根据各个乡镇的示范面积,由乡镇汇报面积,农业农村局核查面积,农业农村局向财政提交数据,县财政拨款。这个决议2012年在县委县政府通过。乡镇与农业农村局的这场围绕项目经费主导权的博弈,以乡镇的全面胜利为结局,但是农业农村局依然控制着示范片与大户面积的核查与监控权力,对乡镇在项目运作的情况进行严厉监控。实际上,这是把项目的承包权全面发包给了各个乡镇,而且项目的经费使用权也到了乡镇。

---

① 2012年之所以产生这个大的变局,与全县的项目政策有关系,2009—2011年间的项目资金少,2011年县财政从产粮大县奖励资金当中拿出来的项目运作经费就400多万元,而2012年则达到1400多万元,利益流量产生了巨大变化,这是乡镇希望改变格局的一个重要原因。

② 因为这种按照面积进行补贴的模式是农业农村局和乡镇激励博弈的结果,所以县农业农村局在大户面积的核查上,在对于乡镇拼凑大户的问题上,进行了严厉的监督,比如说涉及乡镇造假、拼凑大户的行为,进行全乡镇一票否决,这实际上对于乡镇是一种高压,但即便如此,也未能杜绝乡镇的机会主义行为。

材料3-1　2012年县农业农村局出台的早稻种植面积复核验收实施方案

为了认真落实县办〔2012〕2号文件精神,为今年粮食生产考核和资金拨付提供依据,经县粮食生产领导小组研究决定,对全县26个乡镇早稻种植面积进行复核验收,具体方案如下。

1. 验收对象及内容

26个乡镇县规划区域内早稻实际种植面积;乡镇书记、乡镇长、人大主席和政协联络工委主任办点面积。

2. 验收方式及标准

以农业农村局驻乡镇技术指导组初核面积为基数,乡镇书记、乡镇长、人大主席和政协联络工委主任办点面积和潭衡西、衡邵高速旁32个关键村早稻种植面积逐村逐板块据实核定。其他示范区按测算表和平面图抽取30%板块,用GPS面积测量仪核定乡镇早稻实际种植面积。

验收面积误差在5%以内,以初核面积为准;误差超过5%,以复核面积为准。乡镇其他班子成员,包村干部及村支部书记办点面积由乡镇自核,并将核查结果于5月25日前报送到县粮食生产领导小组办公室(县农业农村局办公室)①。

所以自2012年以来的项目运作模式对于乡镇是更有好处的,乡镇干部至少掌握了项目经费的部分支配权,即项目办点的统筹经费发放到乡镇。正是因为如此,在2012—2013年间,县里的粮食生产工作方案上才会说"经费拨付到乡镇,责任落实到乡镇,考核确认到乡镇"。而农业农村局在项目资金的分配上权力减小,从原来的"项目业务主导部门+项目监督部门"变成一个监控部门,当然还是农业生产规划的制定部门。一方面,大户的补贴直接拨付到大户的手上;另一方面,项目办点的经费拨付到乡镇(包括其他的项目应急经费)。从2009—2013年间项目经费的分配格局当中就可以看出来,乡镇的办点经费按照面积进行计量,听说一亩双季稻的各种工作经费有100元左右。所以从2013年开始,每个乡镇都

---

① 对于这个测量面积,2013年的应该说更加严格,2013年的方案也更加完善。

拼命发展双季稻,扩大双季稻的种植面积,因为和大户补贴一样,与双季稻的种植面积挂钩,对乡镇的项目经费补贴也与面积挂钩,而且从2013年开始,县农业农村局下来测量双季稻面积的时候,乡镇党委书记、镇长都会到现场,要与农业农村局的面积测量人员讨价还价,争取能够在数字上有更多的双季稻种植面积。之所以有讨价还价的空间,是因为农业农村局的项目指导人员到各个乡镇的项目示范片区内进行面积测量的时候,也存在"测不准"的问题:面积测量的时候,是按照"示范区的双季稻大致面积＋屋场等建设用地面积＋田埂等面积",而屋场这样的面积只能大致估计,不可能完全搞清楚,乡镇总是希望在计算的时候缩小这些屋场的面积,让上报的示范区面积能够更大一些。比如说演镇2012年原本只有1100多亩双季稻种植面积,但是镇党委书记通过和农业农村局项目指导人员讨价还价,最终把面积增加到了1400亩,这样不但能争取到更多的项目办点经费补贴,而且在26个乡镇的考核排名中,能够提高本乡镇在全县的位置。

材料3-2　2012年双季稻生产示范区早稻面积测量方案

为了认真落实县办〔2012〕2号文件精神,为今年粮食生产考核和资金拨付提供依据,特制定本考核方案。

一、测算内容

26个乡镇县规划区域内,早稻实际种植面积、50亩以上双季稻种植大户(早稻种植面积50亩以上)和乡镇四大家负责人办点面积。

二、测算方式

县农业农村局26个乡镇技术指导组和乡镇农技站长对所属乡镇示范区早稻种植面积进行全面测算和初核。具体测算方法是,按村根据地形将相对紧凑的地块划分若干板块,进行编号、绘制平面图,标明所处位置,用GPS卫星测量仪按板块测算总面积,除去其中路、渠和房屋等1分地以上的非早稻面积,以此计算出板块早稻种植面积。并按板块填写早稻测算面积表和大户申报表,以村为单位进行汇总。

三、测算要求

(1)各测算组要高度统一思想,要严格按照各乡镇双季稻生产台账和干部办点台账基数,据实测算面积和据实汇总,杜绝虚报现象发生。

(2)对32个关键村早稻测算面积要单列绘图、统表;对乡镇四大家负责人办点面积也要进行单独绘图和统表。

(3)测算结果与测算作业经费挂钩。县复核验收结果与初核测算面积误差小于5%(含5%),工作经费增加10%;县复核验收结果与初核测算面积误差小于10%(含10%),不扣减工作经费;县复核验收结果与初核测算面积误差大于10%、小于20%,扣减工作经费10%;县复核验收结果与初核测算面积误差在20%以上,扣减工作经费50%。示范区测算平面图每缺一个测量板块扣减100元工作经费。

(4)对双季稻种植大户进行逐户复查:①对种植大户所涉及的土地流转户的真实性进行复核,按照大户申报表,查出土地流转面积误差超过5%的,将对相关大户予以彻底否决;②对种植大户所种植的早稻面积进行复查,查出某一处(测算板块)的早稻实际种植面积少于申报面积10%的,则对相关大户予以彻底否决;③把若干个自主种植户揽到一个人的名下的假报大户,将予以彻底否决。

四、测算时间

5月10—16日,请各组于16日下午5时前报到农业农村局办公室。

县农业农村局

2012年5月10日

二、农业农村局与乡镇的关系发生了变化

农业农村局与乡镇的关系从原来的并肩作战到乡镇单兵作战,变成农业农村局对乡镇进行考核监督。农业农村局从原来的项目业务部门,摇身一变,成了考核部门。原来是农业农村局办点人员有求于乡镇,乡镇是农业农村局的参谋,乡镇在农业农村局办点人员的指导下工作,因为办

点人员对于乡村的很多事情不是很了解,有些事情摆不平的话需要乡镇出马,乡镇在项目运作过程中遇到问题和困难可以向农业农村局的办点人员寻求帮助。在项目运作过程中,二者是相互依赖的关系,乡镇需要农业农村局的帮忙来完成项目考核的任务,农业农村局需要乡镇来完成项目的任务,以应对国家和省里的考核验收。同时农业农村局的项目办点人员的工资和奖金都与项目示范片的完成情况挂钩,项目完成不好,各种津贴都会受影响,而且当年不能提拔、评优、评先等,这个时候,农业农村局项目办点人员要担负整个项目运作的压力和责任。但是 2012 年之后,所有的项目任务和压力都到了乡镇,"农业农村局的指导人员到乡镇来发几句指示就走了","农业农村局从原来的项目业务部门摇身一变成为项目的考核监督部门"。现在是乡镇有求于农业农村局,农业农村局指导人员下来检查和考核验收,乡镇领导要向他们"点头哈腰""说好话""讨价还价"。按理说,乡镇与农业农村局在县里的行政级别是平行的,但是这种项目运作模式的转化,实际上是减轻了农业农村局的项目负担,增加了农业农村局的监控权力,但是农业农村局是代表县委县政府来对乡镇进行监督的,代表县粮食生产领导小组行使项目权力。表 3-6 为 2012 年前后项目各项控制权的变化情况。

表 3-6　2012 年前后项目各项控制权的变化情况

阶　段	项目办点的规划权	项目示范点的主导权	项目经费主导权	办点经费的分配权	大户补贴的主导权	项目实施的监控权①
2009—2011 年	农业农村局	农业农村局主导,农业农村局与乡镇并肩作战	农业农村局②	农业农村局	农业农村局	农业农村局
2012—2013 年	农业农村局	乡镇	乡镇	乡镇	乡镇	农业农村局

① 对项目示范片的完成进度、项目示范片的面积、种粮大户面积,县农业农村局都要进行核查、监督。

② 正是因为这样,我们才发现,在 2011 年的时候,需要修建一些什么样的田间设施,需要解决一些什么样的应急工程,乡镇都需要向县农业农村局项目领导小组汇报。

三、项目的运作经费支配权的变化

2012年之前,对大户和乡镇的奖补都由农业农村局统筹安排。那个时候的奖补分两部分,一部分是乡镇的工作经费,通过农业农村局拨付给乡镇,工作经费拨付的主导权在农业农村局,农业农村局给数字,由县财政拨款,因为那个时候办点是农业农村局在主导,要办多少面积的示范片主要是农业农村局的意思,而不是乡镇的意思。所以乡镇协调县农业农村局办了多少面积的示范片,县农业农村局就给乡镇拨付多少项目办点经费,办点经费是控制在县农业农村局手上的。另一部分是大户补贴那一块,县农业农村局根据大户的实际情况安排,没有统一的标准,基本上只要上了大户规模的都有奖补,而且因为是农业农村局在现场掌握情况,基本上奖补对象都是为粮食生产作出了贡献的,尽管其中有很多是村干部,但是这些村干部在一些方面也是为项目示范点作出了贡献的。在这种模式下,生产上所面临的特殊问题主要由农业农村局来统筹解决,因而补贴的形式也是多种多样的:一是育秧补贴;二是油菜搬迁补贴,现在双季稻区基本上不种油菜了,以前还有农户种油菜,就必须给他们油菜搬迁补贴,比如2010年颜云龙因为示范区内的油菜还没有成熟,5月4号才插早稻①,产量上有损失,这个时候农业农村局对颜云龙就有一定的补贴,而且直接补贴到户;三是奖励,也就是以奖代补,100~200亩奖励2000元,200~300亩奖励4000元等。补贴哪些人,由农业农村局下来检查,因为农业农村局有项目蹲点人员在各个乡镇蹲点,对实际情况都很了解,因而大户补贴都是针对性比较强的。

表3-7清晰地显示出乡镇的奖励经费和工作经费在2012年前后发生了显著的变化:2009、2010年,乡镇工作经费分别占项目投入的28.05%和26.59%;而2012年这一比例增加到47.15%。相应地,由农业农村局所主导的项目办点经费从2009年的48.32%、2010年的54.73%下降到27.64%(实际上只剩下种子补贴了),农业农村局基本上不再支配项目示范片的经费。同时,种粮大户的补贴资金在这一过程中

---

① 在本地,一般要在5月1号之前插完早稻,所谓"插完早稻过五一"。

也出现了大幅度的增加:2009年对种粮大户的补贴还不到项目经费的1%;2010年也只有2.2%,在整个项目经费当中仍然是微不足道的;而到了2012年对大户的补贴已经增加到12.2%,有了大幅度的增加。

表3-7 项目资金的分配变化表

投入内容	2009年投入		2010年投入		2012年投入	
	金额/万元	占比/(%)	金额/万元	占比/(%)	金额/万元	占比/(%)
乡镇奖励资金和工作经费	104.5	28.05	121	26.59	580	47.15
重点村生产补贴	55	14.77	40	8.79	120	9.76
种粮大户补贴资金	3	0.81	10	2.20	150	12.20
考核及办点经费	30	8.05	30	6.59	30	2.44
3个万亩示范片经费	180	48.32	249	54.73	340	27.64
先进个人奖励	—	—	5	1.10	10	0.81
合计	372.5	100%	455	100%	1230	100%

四、项目运作模式变化后产生的问题

项目资源从原来由农业农村局集中到分散到各个乡镇,资源分散之后不利于有针对性地解决问题;乡镇的财力毕竟有限,缺乏农业农村局的随时监督,乡镇在项目运作上的主动性降低。原来农业农村局可以根据自己掌握的各个方面的项目资源,对示范片进行补贴,来源的渠道可以多种多样,而且是根据实际情况对大户进行有针对性的补贴。但是现在项目示范片主要是乡镇的任务,办点的经费在乡镇,但是乡镇掌握的资源毕竟有限,难以像农业农村局那样调动全方位的资源来进行项目示范片建设,这导致了一个后果就是,现在乡镇把项目示范片的建设"推给大户"而有些"高枕无忧",对大户种田不是很关心,只要督促他们把早稻秧苗插下去了,就不管了,有什么问题,大户自己去解决。颜云龙去年有30多吨稻谷因为晒在马路上,被大雨冲刷走了,他向镇里反映,镇里也无能为力,只是说向上级反映,但是后来事情就这样没有了下文,而难以像以前那样能够得到农业农村局的支持。原来农业农村局有蹲点人员在各个乡镇蹲点,大户遇到了问题,可以向这些蹲点人员寻求支持,而现在找乡镇,乡镇对于这些问题无能为力,也不愿意管,不愿意去跟踪管理和服务。原来农业农村局在下面办点,对大户是具有高度依赖性的,因而对于大户的困难,他们可以根据手上所掌握的各种资源进行补贴。正如上文所讲的那样,当时颜云龙因为晚稻晚一点插秧遭受损失,就得到了县农业农村局的补贴。乡镇现在把完成项目示范片作为重点,而不是像原来农业农村局那样,注重业务指导和业务扶持,注重大户的培育和职业农民的成长。所以颜玉龙向笔者反映说,现在乡镇把示范片的事情都交给了大户,平时根本就不会下来,只是遇到上级领导检查考核,他们才会下来看看。

材料 3-3　项目运作模式变化后大户面临的问题

　　2012 年双抢时,演镇连续下了一个多星期的雨,颜云龙的 30 多吨稻谷晒在马路上,全部发芽,最后全部倒在田里,另外 180 多亩早稻全部倒伏,收割时,有的已经发芽了,有的散落在田里,双抢的粮食损失在 150 吨左右。颜云龙找镇里,希望多少帮忙弥补一些损失,哪怕是补偿几千块,心里也舒服一些,但是最后没有补偿一分钱。颜云龙说,镇里这些领导根本就不知道大户心里有多苦、有多累。

　　颜云龙说,现在乡镇都把示范片的事情交给了大户,除非上级领导下来考核验收,否则平时根本就不会下来。2013 年大旱,乡镇领导从来没有主动下来找过大户,后来颜云龙去找镇里,说没有水,示范区内有 30 亩稻谷种不下去,要求镇里解决水的问题,镇里说给你 1 万块,你自己想办法种下去,颜云龙说:"我要的不是钱,我要水。"镇里如果帮忙想办法,问题肯定可以解决,但是镇里不愿意操这个心,后来这 30 亩地就没有种。办法是有,但是个人去搞的话划不来,今年搞一年,只发挥一年的效益,这样的事情只能是由政府公共投资去解决问题。

　　正是因为这样,颜云龙认为还是原来农业农村局主导的项目运作模式要好一些。以前是农业农村局主导项目运作,对于大户,可以这里补一点,那里补一点,帮助大户挽回损失。而镇里直接管理时,他们不是很重视大户,只要大户能够帮他们完成任务就行,演镇的 2 条示范线、5 个村,镇里现在全部交给大户了,对于大户的事情操心比较少。在 2009—2011 年的时候,尽管没有 150 元/亩的补贴,但是有各种针对性的补助和奖励,资源分配掌握在农业农村局手里,那样好一些,农业农村局在每个示范片有蹲点的负责人,他们不会跟你说一亩补贴多少,而是根据大户的效益进行补贴,要是实在不好,会特别进行补助,因为农业生产会牵涉很多问题,对于特殊困难,需要政府进行扶持和平衡。而且农业农村局对大户的补贴具有针对性,农业农村局的局长曾经说,农业农村局的扶持是希望把大户从困难中扶持出来,等到大户的效益好了,以后就可以不用扶持了,如果是"今年需要农业农村局扶持,明年还是需要农业农村局扶持,到了第三年还需要农业农村局扶持的话,那你就不要当大户了,证明你种田种不好,没有效益,要把资源用于去扶持那些能出效益的农户",很显然这种项目补贴模式具有很强的针对性,可以解决切实的问题。

而且,项目资金集中在农业农村局一个部门,好管理一些,分散到各个乡镇,乡镇的运作空间就很大,很多原本应该到大户头上的项目补贴,往往到达不了。

当然,这一结论仅仅是从大户的立场上做出的判断。

第五节　项目运作过程中县乡之间的代理人监控问题

本书前文的分析指出,2012 年之前,项目示范片的建设主要是在农业农村局的主导下,那些有项目示范片的乡镇协助农业农村局项目指导小组来完成项目任务,这个时候不存在县乡之间的代理人监控问题。而从 2012 年开始,项目实施的主体变为乡镇,"经费拨付到乡镇,责任落实到乡镇,考核到乡镇",这个时候开始出现项目组织中县乡之间的代理人监控问题,即县如何有效对乡镇进行激励,并对其进行监控,进而完成县里所规划的项目任务。

一、因为信息不对称而产生的委托代理问题

从 2012 年开始,项目运作过程中的代理人监控问题出现,农业农村局在控制项目运作过程中信息不对称问题凸显。这主要表现在假大户和假双季稻的问题上。

关于假大户的问题，从 2012 年之后，乡镇变成了示范片建设的主导，这种项目运作的改变带来了很多负面影响。一是大户补贴上开始出现很多拼凑的假大户，"假大户层出不穷"，农业农村局因为脱离了项目办点的现场，而只是一年一度的核查，难以全面了解真实的情况，所以对于一些假大户也无能为力。项目补贴资金集中在农业农村局一个部门，好管理一些，能够集中项目资金解决实际问题；分散到各个乡镇后，乡村组织的运作空间就很大，尽管有农业农村局的核查，但是面对全县 26 个乡镇，显然农业农村局的核查力量也是十分微薄的。2009—2011 年的时候没有假大户，因为没有形成大户补贴的预期，现在都知道示范区内有 50 亩以上的双季稻，就有 150 元/亩的项目补贴，所以从 2012 年开始，假大户多起来，2012 年全县享受大户补贴的种粮大户中，有 50% 是村干部，2012 年之后假大户的数量比 2012 年之前的多得多。

材料 3-4　假大户的问题

表 3-8 是 2012 年演镇享受大户补贴的大户情况。9 个享受补贴的大户当中，就有 5 个是村书记式的假大户。2012 年仇纯志享受大户待遇还情有可原，因为他们村里没有人愿意种双季稻，所以后来他想了一个变通的办法，由他种早稻，农户种晚稻，这样农户只种一季，农户愿意种晚稻，因为晚稻米好吃，这样他还可以不用支付流转费用，而大户补贴照拿。

表 3-8　2012 年演镇领取项目补贴的大户情况

乡镇	村	姓名	水田面积/亩	双季早稻/亩	大户补贴金额/元	身份
演镇	罗关村	颜云龙	759.9	444.96	66744	大户
	德胜村	欧香娥	176.2	158.22	23733	村书记,假大户
	车站村	刘泽生	215	97.18	14577	大户
	寺冲村	陈位兵	358	138.71	20806	大户
	大川村	仇纯志	220.4	122.83	18425	村书记,假大户
	西岭村	胡耀林	90	51.66	7749	村书记,假大户
	栗山村	陈和平	121	94	14100	村书记,假大户
	油溪村	戴发国	130	86.9	13035	村书记,假大户
	红荷村	欧阳同友	270.9	133.42	20013	大户
小计	—	9 户	2341.4	1327.88	199182	—

戴发国是油溪村的书记,他根本就没有种多少田,根本达不到50亩的双季稻种植面积,但是他向上给自己报了80亩,把散户种植的双季稻纳入他的名下。

陈和平是栗山村的书记,他把村里马路两边示范片内的双季稻集中到他的名下,拼成大户。给自己报94亩的双季稻,获得14100元的大户补贴。这样一来,光大户补贴这一项,就比他当村干部的工资还高。我们到他们村去向群众问陈书记是不是种粮大户,群众讽刺性地说:"什么种粮大户,怕是天天种在麻将桌上吧。"

胡耀林是西岭村的书记,他把自己报成大户,实际上没有种什么田。

这些村干部把散户在示范片内的双季稻集中起来,自己拿补贴,而且拿了补贴之后还不发到散户头上去,而是变成了自己的收入。对于这些情况,散户往往不知道实际情况。因为大户补贴的资金是封闭运行的,县农业农村局也是知道实际情况的,如果不封闭运行,信息公开了的话,让农户知情了,恐怕会引发严重的上访问题。

实际上,农户不是什么也不知道,他们大致能猜测到村干部拿了补贴,但是拿多少他们心中没有数,而且再说了,既然人家是在当村干部,这村里的事情肯定是可以摆平的,"在村里说话不算数,那还当什么村干部?"

关于假双季稻的问题,很多乡镇为了既节省项目办点经费,又能完成项目任务,也开始对农业农村局玩起了"弄假成真"的游戏。因为在2013年以前,县农业农村局在考核验收计算双季稻面积的时候一般只检查早稻,因为就一般的情况而言,种了早稻一般就会种晚稻,只种一季肯定是不划算的,所以2013年之前在计算各个乡镇的项目示范片内的双季稻面积的时候以早稻为准,测量的时间在5月1号左右,这样也可以节省项目考核监督的时间和精力。很多乡镇就利用这点钻空子。他们把一季稻的播种和插秧时间提前到早稻育秧和插秧的时间,也就是说在5月1号左右把一季稻也插下去,这样农业农村局下来检查的时候,就根本分不清楚哪些是一季稻,哪些是双季稻,只有把一季稻也当成早稻来计算。这样很多乡镇就出现了"用一季稻代替双季稻"的运作模式。显然,由于农业农村局从2012年之后不在乡镇蹲点,难以监督和制止乡镇的这种机会主义行为。这实际上就是一个农业农村局和乡镇之间的代理人监控问题。乡镇的这种做法没有提高粮食播种面积,没有增加粮食产量,倒是能够应付省里和农业农村部的项目验收[①]。

二、县乡之间的控制与反控制

因为农业农村局对县委有建议权,有游戏规则的制定权。很显然,推广双季稻主要是农业农村局的职责,但是农业农村局没有能力调动各个乡镇去推广双季稻,所以必须撬动县委县政府这个"块块",对乡镇进行行政考核。只有调动了县委县政府的时候,工作才有可能真正推动起来。农业农村局作为一个专门的业务部门,一方面要贯彻县委县政府的意志,另一方面又需要借助县委县政府的权威性资源来真正保证其规划在各个乡镇的执行。

争取全国产粮大县名额是县委县政府的一个目标,但是真正落实这项工作的是农业农村局,所以农业农村局负责制定具体的规划;落实规划,需要涉及行政资源分配、考核、督察,等等,这就需要通过领导小组的形式来向县委县政府传达农业农村局的要求和部署,进而真正动员下面各个乡镇。作为业务部门,规划是由农业农村局制定,农业农村局也需要借助县委县政府的权威来进行督察、考核,保证规划的执行,这就是项目的具体运作机制。

通过本书前文的分析我们已经得出,县政府为了调动乡镇发展双季稻、落实项目任务,应对国家和省政府的项目考核验收,增强入围全国产粮大县的竞争力,而出台了政绩考核和经济奖励的双重措施。县政府基于县乡压力型体制和项目运作机制,对乡镇的行政资源进行动员,将发展双季稻纳入目标管理责任制的考核当中,不但在早稻插秧季节进行督察、

---

① 这个问题在2013年的时候被农业农村局发现,于是在2013年开始改变测量的办法,把检查的时间从原来的5月1号推迟到7月份早稻抽穗的时候,因为那个时候去检查双季稻的面积,如果田里的秧苗还没有抽穗就证明不是早稻,而是一季稻,因为一季稻的生长期比早稻的生长期要长。

调度,而且进行双季稻面积的测量,建立台账管理机制,实行逐步严密的目标管理与严格的过程控制。但是,后文(第四章)的分析会谈到,发展双季稻在当前的农业经济背景下,从农业经济主体的角度来看,毕竟是一件"增产不增收""不划算"的事情,尽管这对于提高国家的粮食产量有重要意义。县政府试图调动乡镇去发展双季稻、建立双季稻的示范片区,这就需要乡镇调动行政资源和经济资源对农民进行补偿,需要说服那些不愿意种植双季稻的农户,在乡镇治理能力日渐式微的背景下去解决示范片区内不愿意服从安排的"钉子户"等,这都需要乡镇投入大量的行政资源和经济资源。乡镇作为一个利益主体,很显然在发展双季稻的问题上,与县政府肯定是存在利益上的不一致的。因而一方面,县政府在不断加强对乡镇的控制和动员;另一方面,乡镇也在应对县级的检查和督察时,实行了一系列反控制措施,比如钻空子、打擦边球、虚报面积、以一季稻冒充双季稻等。下面我们对发展双季稻过程中两个极为关键的环节进行深入了解,进而对县乡在产粮大县项目运作的博弈过程进行展示。其中一个环节是插秧季节早稻面积的落实,另一个环节是插秧之后早稻面积的测量。

下面笔者先以 2009—2013 年这 5 年间早稻面积落实过程中,县农业农村局对乡镇的暗访、督察过程为分析对象,分析县乡在项目运作过程中的"控制与反控制"的逻辑。

材料 3-5　12 个重点乡镇双季稻生产有关情况汇报

各乡镇已经意识到双季稻生产是一项非常难抓但又必须要抓好的工作,把扩面增产作为粮食生产的中心工作来抓,但还是有大部分乡镇流于形式,就会议落实会议,就文件落实文件,双季稻生产面积较去年规划大,出台的措施看起来得力,但实际操作难度大,付诸行动少。制约双季稻生产发展的因素颇多,一方面,部分乡镇干部作风不实,还没真正进入角色,还没有深入村组开展具体工作,还没有对不愿种植双季稻的农户采取针对性措施;另一方面,农民对种植双季稻有抵触情绪,主要是劳力缺乏、水利设施滞后和种粮效益低等原因造成。

渡镇:示范片落实难度不大,但干部进村入户、到位率不高;土地流转工作有想法,但目前还未找到合适的人来实施。示范线咸中村种植难度大,可视面积有 300 余亩,但能够落实的仅 80 亩,去年村里拿出 1.5 万元组织集体育秧,今年村财力紧张,拿不出资金,落实计划有困难;咸育村实打实可视面积有 150 余亩,但计划落实 60 亩,远达不到示范要求;双桥村高岸田较多,晚稻田有效浇灌难度大。

湖镇:示范片、示范线已经初步形成。新田村、西冲村 2 个村分配可视范围面积各 100 亩,但有部分面积落实到可视面积之外,部分田计划改种经济作物湘莲,影响全县双季稻生产考核核心圈线路;鼓峰村、洋西村的群众基础较差,不愿配合政府。

洪镇:目前落实重点线规划面积达 1500 亩,较去年有较大突破。但高炉村、清江村等与安农农业科技有限公司签订的只是土地流转服务合同,土地流转未完全落实,还停留在应付上,要到种子落泥才视为有效。同时,村民上报数据不一定落实。演塘村是打通粮食生产核心圈的关键,线路长、视野窄、落实计划难度大。

大安乡:因未确定主要负责人的特殊原因,前段工作稍有滞后,但龙镇长迎难而上,组织开展了有关工作,形势依然非常严峻。坪子村、水寺村 2 个村的油菜等作物田面积较大,影响双季稻面积落实。

演镇:形势较好,喜忧参半。喜的是镇党委政府全力以赴推行土地流转,百花村、红荷村和乐观村 3 个村党委政府撑腰,副镇长牵头,组织 3 个村支部书记和农技站长参与土地流转,安农农业科技有限公司协助服务,核心片问题不大。忧的是包村干部真正深入村组到位率不高;种子准备有依赖思想,想财政支持;作物田较多,新塘片油菜面积较多,种植早稻难度大。

樟木乡、集兵镇、樟树乡:思想重视,特别是乡镇主要负责人看得重,抓得紧,但离要求差距很大,大搞问题小,小搞问题大。樟木乡购回 6880 斤早稻常规种子,面积较去年有所减少,今年比去年少 400 亩,理由是油菜田不种。乡镇拿出的投入方案太大,不切实际,计划对 100% 完成任务的奖 30 元/亩,奖励措施落实到农户才是硬措施。集兵镇重点线李坳村比去年落实计划多 70 余亩,但台账尚未建立,种子也未备足。樟树乡旷书记没在家,廖乡长作不了主,包村干部觉得很难为情,至今种子都还未落实。

库宗乡：乡镇重视，研究部署了双季稻生产，但形势不是很好。一是劳动力缺乏，每个组劳力不超过 10 个人；二是油菜等作物面积较多，库宗村、白确村、晓溪村和玩市村等村推广稻—稻—油实施难度大；三是农户思想认识不够，只愿种一季稻；四是从干部进村入组来看，情况不乐观；五是种植双季稻难度加大。

江镇：重点线包村干部在去年基础上未作大的调整，特别是松市村、湖西村等难度较大的村未挑选工作务实、做事实在的包村干部，为打造核心圈，松市村和湖西村应该由党政主要负责人亲自挂帅，坐镇指挥，确保任务完成；和睦村可视面积不大，未采取可行性措施保证计划落实；重点线种子准备不充分，具体落实还是一句空话。

台镇：意识不强，认识不到位，没把双季稻生产摆在目前工作的重点，现全力以赴在搞计划生育。相对其他乡镇行动略显缓慢，人大会后才研究方案部署双季稻工作，目前具体工作还未细致落实。

金兰镇：前段工作有所成效，但也存在诸多问题。一是部分干部未在岗在位，未把双季稻生产与计划生育工作同等对待，没有把主要精力放在双季稻生产上；二是重点线金花村要求参照去年的做法，准备组织集体育秧，要求镇财政给予一定的扶持，但乡镇目前没有将该项目纳入财政投入计划；三是贺市有些农户不愿种植双季稻。

从上文的材料归纳可知，乡镇对于县政府发展双季稻、落实项目的任务有不满情绪，县、乡之间在发展双季稻问题上产生冲突大致有以下四个方面的原因。

一是行政资源的分配。与计划生育工作相比，计划生育在政绩考核中仍然占据重要的权重，"计划生育工作一票否决"，所以发展双季稻必然与计划生育之间争夺行政资源的分配，当乡镇领导更加注重计划生育考核，更加注重政绩考核与升迁时，乡镇就认为发展双季稻挤占了计划生育的行政资源和乡镇干部的精力与时间，在主观上对于发展双季稻有情绪。这突出地反映在材料 3-5 上，比如"台镇：意识不强，认识不到位，没把双季稻生产摆在目前工作的重点，现全力以赴在搞计划生育。金兰镇：前段工作有所成效，但也存在诸多问题。一是部分干部未在岗在位，未把双季稻生产与计划生育工作同等对待,没有把主要精力放在双季稻生产上……"。也正是因为这样,才有所谓的"计划生育干部提拔得快"的说法。在2012年以前,因为发展双季稻要么没有政绩考核,要么政绩考核的分值很低,所以乡镇干部不愿意将主要的精力放在发展双季稻上。这也是产粮大县项目在乡镇层面执行的程度和政绩考核之间的内在关系。在乡镇干部看来,计划生育是更为重要的考核工作,所以他们将计划生育放在重中之重的位置上,不愿意投入过多的精力在发展双季稻上,所以才出现很多乡镇在认识上的"不到位"。这就是项目的执行与政绩考核之间的密切关系。产粮大县项目能否在乡镇的层面上得到全方位的执行,就在于它在政绩考核中究竟占据怎样的位置。因为大量项目的执行是通过政绩考核的链条来驱动的,不仅仅涉及农业农村局,还有很多其他的"条条"部门,这些部门之间的项目与乡镇的常规工作之间都存在对行政资源的竞争性利用。所以在开始几年推广双季稻的时候,不同的考核目标之间是存在冲突的。有些乡镇已经把发展双季稻作为重中之重了,而有些乡镇则还是"涛声依旧","计划生育警钟长鸣"。

从2012年开始,县委县政府和农业农村局鉴于发展双季稻、入围产粮大县已经成为县财政增收的核心力量,这个时候,对于涉及双季稻生产规划的农业农村局领导和县领导而言,发展双季稻和抓计划生育应该是放到同样重要的位置。正是因为都是通过行政考核来驱动的,所以究竟哪项工作在考核中占据更加重要的位置,这是影响乡镇执行规划认真程度、真实程度和重视程度的关键。前期发展双季稻的工作推动不力,很显然是与乡镇干部在认识上的这种理性直接相关的,这是一种官僚理性。对于乡镇而言,抓计划生育,如果既能升迁,同时其难度比推广双季稻要低的话,他们显然更加愿意去抓计划生育。

二是县乡之间在发展双季稻、进行项目的投入上存在激烈博弈。项目的落实,尽管是县里(农业农村局)在办点,但是县里要求乡镇也要进行相应的投入。发展双季稻,县里给乡镇所分配的项目资源远远不能完成县里所规定的任务①,所以需要乡镇进行财力投入,但是乡镇的财力投入

---

① 县里的规划面积和真正能够落实的面积之间存在巨大差距。

能力有限，这和县里的预期存在很大差距。由于种粮效益不好，农民不愿种早稻，乡镇要完成县委县政府交给的早稻生产任务必须给农民以补助，部分乡镇财力不足，运转困难，舍不得多投入，也无力多投入。这表现在2010年，比如演镇希望县里在早稻种子上能有所投入，演镇"种子准备有依赖思想，想财政支持"，江镇也存在类似情况。按照县里的规划，演镇是没有被纳入示范片区的，没有种子方面的项目扶持。但是镇里认为发展双季稻资金投入大，希望像万亩部级示范区那样能够得到县里的财政支持。这正是乡镇与县里（主要是农业农村局）在规划执行过程中的县乡博弈，因为这涉及投入的问题。在具体执行的过程中，很多方面是需要乡镇投入成本的。这些成本从哪里来？这是个问题。乡镇在财政极度紧张的情况下，肯定是希望能够得到上级的财政支持的。所以在财力投入上，县乡之间存在冲突也是在所难免的。乡镇在这些需要财力投入的环节中表现得比较消极，县里为了推进项目，只能通过通报批评和督察的方式来对乡镇施压。

　　三是乡镇动员农民发展双季稻的难题太多。少数乡村干部认为现在是市场经济，应该用市场的手段解决粮食生产尤其是早稻生产的问题，对县委县政府严格要求乡镇种双季稻有不满情绪。很多乡镇的农民因为缺乏劳动力而只愿意种一季稻，或者因为群众基础差而不愿意种双季稻，而县里又要求示范片和重点公路旁边都必须种双季稻，不能有插花田。要解决大量分散农户的这种不配合现象，就需要乡镇去处理大量的"钉子户"①，而现在乡镇干部手上没有什么太多的强制性权力能够制约农民。有时候向村民说尽了好话，村民还都不一定买账，往往需要乡镇给适当的经济补助或者利用当地的权威性人物、头面人物的面子去动员，而这都是需要乡镇付出经济上的代价的。所以从这个角度来看，乡镇和县里的要求之间也存在冲突。

---

① 在全县广大的范围内要动员群众种植并不划算的双季稻，要试图落实产粮大县的项目，是极为困难的。不但需要县政府利用其行政性权威，还需要乡政府利用村庄的内生性权威，而且乡政府需要通过吸纳村庄内部的内生性权威，并给予利益上的平衡来摆平村组内的"钉子户"，而这都意味着高昂的成本——交易成本。比如湖镇洋溪村，群众基础差，乡镇只能通过王金柱这样的内生性权威角色来加以摆平，利用王金柱在村组的威望来镇住村民，这些成本最终是由乡镇买单。如湖镇最近几年新建的3所中学以及若干所小学工程都由王金柱包揽。

四是双季稻生产规划是县委县政府所做出的,乡村两级顶着极大的压力去执行,但是依然难以达到县里的目标,因为县政府所提出的规划目标都是"高标准、严要求",通过县政府分配给乡镇的项目资金根本就不可能完成任务,因为县里分配的资源是远远不够的。乡镇财政严重亏缺,村级更是空壳,怎么可能有动员能力呢?所以说,在这个项目的执行过程中,乡村两级实现不了县里所提出的规划目标,是很正常的,因为县里在资源的投放方面确实是力度严重不够。

县乡之间存在项目实施过程中的这种严重的利益矛盾,这个矛盾的实质是项目的规划、考核方(以农业农村局为主,县委县政府做后盾)与各个乡镇作为项目实施方之间的博弈。在这个利益博弈的过程中,乡镇在项目运作过程中会采取一系列的变通措施,这体现了乡镇在项目运作过程中的策略性行为。

一是避重就轻。将难度大的村组不纳入规划,进而降低成本。因为将其纳入规划就意味着乡镇的成本增加。乡镇在执行项目的时候,和县里并不是利益一致,而是有着其自身的利益考虑。与普通村相比,那些重点村的任务落实难度就更大。比如说,材料3-5中所谈到的湖镇的两个村,是项目实现的难点。这几年湖镇不断地换农户来耕作,先是杨佑元种了2年,因为镇里食言,双季稻补贴没有落实,最终杨佑元在2011年不干了。2012年镇里只好找到王金柱,让王金柱用其在地方的强大能量来解决问题,王金柱干了1年,主管农业的人大主席跟他不知道说了多少好话,并将其评为县里的种粮大户。2013年的时候,笔者访谈王金柱,王金柱感觉自己满肚子的苦水,说2014年"蒋辉亮就是给我做儿子我也不会再种了"。这几年,王金柱给镇里在发展双季稻的问题上作了不少贡献,作为利益平衡的手段,镇里把范围内的3个中学以及好几个小学的建筑工程都承包给了王金柱,这些工程也算是镇里的动员资源了[①]。

二是以季节矛盾太大为理由,将油菜田不纳入规划,这也是用于降低

---

① 这两个村的问题是土地先后是杨佑元、王金柱在种,他们为镇政府作了贡献,镇里就把他们申报为种粮大户,获得了当年的补贴。王金柱和镇里关系较好,镇里的几个中学都是包给他的,可以说这些工程的承包是乡镇给王金柱的利益平衡措施了。

项目在乡镇实施成本的策略。所以县里检查发现,大部分乡镇没有将油菜田纳入早稻种植计划,也没有出台相应措施,任其自然种植一季稻。2013年,据初步统计,14个乡镇马路沿线油菜田接近10000亩,占规划耕地的26%。"油—稻—稻"季节紧,农民思想有顾虑。由于油菜成熟期推迟,加之农村劳动力短缺,油菜搬迁难度大,农民担心季节赶不上,影响产量。乡镇没有在油菜田种植早稻的打算,没有采取具体措施去落实。

三是钻政策空子。压缩可视范围内的面积,减少项目的工程量。特别是从2012年开始,项目实施向全县铺开,各个乡镇都要有双季稻,将双季稻的重点线延伸至各个乡镇的通乡连线公路。但是原来那些非发展双季稻的重点乡镇,规划面积严重缩水,有的乡镇只局限在公路旁种两丘田,通乡连线部分地段出现"肠梗阻",过关工程难以过关。个别乡镇没有打造核心区,没有看点,没有停靠点。对于乡镇四大头每人500亩的示范点、乡镇班子成员每人300亩的示范点,大部分乡镇表示不能保证完成。

材料3-6　2012年各个乡镇的规划面积与落实面积

比如2011年4月30日—5月2日,县政府督察室会同县农办、县农业农村局相关人员组成一个督察组,对全县14个早稻生产重点乡镇及24个早稻生产关键村的春插进度、粮食生产办点人员及包村干部在岗在位情况开展了一次专项督察,发现乡镇对马路两边的可视农田面积进行了严重压缩,具体情况如下。

樟木乡马路沿线可视范围内有农田895.28亩,已插274.85亩,占任务数30.7%。

潮江乡马路沿线可视范围内有农田1361.8亩,已插100亩,占任务数7.3%。

板市乡马路沿线可视范围内有农田1466.37亩,已插586.5亩,占任务数40%。

杉桥镇马路沿线可视范围内有农田2364.1亩,已插1182亩,占任务数50%。

渡镇马路沿线可视范围内有农田6504.62亩,已插4878.5亩,占任务数75%。

台镇马路沿线可视范围内有农田3200.93亩,已插2240.65亩,占任务数70%。

江镇马路沿线可视范围内有农田3559.38亩,已插2616.14亩,占任务数73.5%。

石市乡马路沿线可视范围内有农田816.63亩,已插450亩,占任务数55%。

湖镇马路沿线可视范围内有农田7551.3亩,已插6796.17亩,占任务数90%。

洪镇马路沿线可视范围内有农田1544.94亩,已插695.2亩,占任务数45%。

大安乡马路沿线可视范围内有农田748.3亩,已插112.25亩,占任务数15%。

演镇马路沿线可视范围内有农田2728.03亩,已插1964.18亩,占任务数72%。

库宗乡马路沿线可视范围内有农田2340亩,已插1740.96亩,占任务数74.4%。

金兰镇马路沿线可视范围内有农田3861.4亩,已插3089亩,占任务数80%。

四是打擦边球。2012年县里要求乡镇办千亩示范片,有些乡镇将自己所办的示范片纳入县里的万亩示范片当中,打擦边球,利用县里的资源来干乡镇的事情。这种情况被县领导发现之后,第二年只能取消县里的资源支持,而调动乡镇的力量去动员。

五是讨价还价,阳奉阴违。就会议落实会议,就文件落实文件。农户种双季稻不划算,乡镇要他们种双季稻的话,就必须给大户补贴。乡镇财力有限,不愿意投入。

简而言之,市场环境对于发展双季稻不利,这与乡村干部的抵触有关系。乡村干部对于县里这样一套项目规划的执行普遍感觉压力很大,情绪很大。正因为县、乡之间存在项目实施过程中这种严重的利益矛盾,该矛盾的实质是项目的规划、考核方(以农业农村局为主,县委县政府做后盾)与各个乡镇作为项目实施方之间的博弈。由于距离乡镇很近,因而针对乡镇的策略性行为,县农业农村局在不断改进其监控措施。县政府通过压力性体制来实行项目的规划与动员,不断地提高对乡镇行政资源的动员力度,通过采取不断完善的策略对乡镇的不满情绪和偷工减料情况进行规训。这种规训表现在以下几个方面,也充分地体现了县政府以及农业农村局的策略运用。

一是进行暗访,了解实际情况,规避乡镇对上级视察过程中的行政干预,对于有问题的乡镇进行通报批评。比如,2013年3月29—30日,县粮食生产督察组对各地的早稻生产情况进行了暗访,4个督察小组具体暗访了26个乡镇的121个村,共计1080户农户,发现少部分乡镇思想认识不到位,没有采取得力措施去落实早稻面积。根据督察组暗访情况,县委县政府于4月2日对18个乡镇19名副科以上干部进行了通报批评,并提出了整改措施。面对2013年严峻的早稻生产形势,4月7日,县委县政府召开粮食生产紧急调度会,乡镇党委书记及未完成早稻育秧计划的包村乡镇干部全部参加会议,责成未完成早稻育秧计划的包村乡镇干部向县粮食生产领导小组提交书面整改方案,要求各乡镇自查自纠,针对秧田面积不足、农民种粮积极性不高等问题,迅速查漏补缺,要求各乡镇抢抓季节,按计划落实早稻秧田面积,所有早稻种子4月9日前全部落泥(含油菜田),4月20日前完成板田翻耕,油菜田要在5月初完成收割,并搬出大田,5月10日前完成翻耕、早稻栽插任务,千方百计完成今年的粮食生产任务。

对于那些没有完成任务的乡镇干部,让乡镇一把手带着他们去见县级领导,其中所使用的策略也是值得玩味的。比如,在4月20日召开紧急调度会议,要求各乡镇的党委书记带着那些没有完成任务的乡镇副科以上干部去见县领导,并提交书面整改方案。因为乡镇一把手在年初向县级领导提交了目标管理责任状,明确地提出了没有完成任务将会对乡镇一把手以及副科实职干部采取行政处罚措施，让这些没有完成任务的乡镇干部去见掌握政绩考核和干部提拔权力的县级领导，这无疑具有很大的威慑作用。

针对乡镇的这种反控制策略，一方面，明确向各个乡镇宣布，全县各乡镇不得讲价钱，不得找客观原因，不管采取什么措施，必须按分配的早稻生产任务落实到位。另一方面，项目督察组进行暗访，了解实际情况，通过通报批评、诫勉谈话的策略运用来对乡镇进行规训。在压力型的体制下，县政府要做到这点还是有把握的。以通报的形式对各个乡镇进行比较，对工作积极的乡镇进行表扬，对消极怠慢的乡镇进行通报批评。

材料3-7　关于2013年全县早稻生产情况督察的通报

各乡镇人民政府，县直有关单位：

3月29—30日，县粮食生产督察组对早稻生产工作进行了暗访督察，4个督察组对全县26个乡镇县规划区域内早稻计划落实、副科实职以上干部办点任务落实、20个统计抽样监测点和早稻秧田落实等春耕备耕情况进行了一次暗访，具体暗访了121个村、130个示范点、1080户农户。现通报如下。

干部责任不到位，工作未落到实处。有少部分乡镇思想认识不到位，没有认识到抓好今年的早稻生产，责任极为重大、任务极为繁重，没有深刻认识到粮食生产是我县财政增收的核心力量，没有采取得力措施去落实早稻面积。屿嵝乡组织委员、宣统委员、副乡长在杉云村办点，规划早稻312.9亩，落实180亩，落实比例57.5%；集兵镇副镇长在白果村办点，规划早稻320亩，落实80亩，落实比例25%；渡镇人大副主席在咸育村办点，规划早稻168.8亩，落实30亩，落实比例17.8%；井头镇政协联络工委主任、副镇长在麻岭村办点，调查10户农户规划早稻33亩，落实16.2亩，落实比例49.1%；金兰镇宣传委员在十里村办点，十里组规划早稻35亩，落实5亩，落实比例14.3%；库宗乡党政办主任在白鹤村办点，规划早稻147.5亩，种烟90亩，其余没有种植计划；金溪镇党政办主任在金溪村办点，规划早稻48.9亩，未落实育秧计划；江镇人大主席、宣传委员分别在松市村、湖西村办点,县定规划区域内秧田面积严重不足;界牌镇副书记、人大副主席在白象村办点,规划早稻307.6亩,落实20亩,落实比例6.5%,人大主席、副镇长在共升村办点,规划早稻214.5亩,没有落实早稻种植计划;石市镇镇长、武装部长在南阳村办点,其中柏树组规划55亩,落实20亩(秧田2亩),落实比例36.4%;大安乡政协联络工委主任、组统委员分别在贵华村、大河村办点,均没有看到早稻秧田。

对于县里的这种通报批评,受到批评的乡镇领导往往"灰头土脸",这个权力机器一旦运作起来之后,接下来就是乡镇的一系列强制性行动了。比如洪镇主管农业的副镇长受到了县里的批评,回来之后,就将洪镇的两个村全部耕地强制性地流转过来,种植双季稻,由农技站长和洪村的支部书记负责。因为是业余的大户,这两个行政干部牵头种双季稻,苦不堪言,因为全部请机械耕作,成本很高,几乎是要倒贴钱。而且请工的成本极高,两位以前都没有种过田,对农业生产并不了解。所以当年的整体生产情况并不乐观。乡镇政府为了调动某大户去完成这件苦差事,在公路工程的承包上给出了一些许诺。该大户为了能够完成任务,发动了所有的小组长来种双季稻,很显然,这种局面让他2014年是难以维系了。

二是监测关键部位和难点环节,发现问题后,明确要求乡镇提出整改措施。那么县里在检查的时候会侧重检查哪些方面呢?为什么侧重检查这些方面呢?这体现了项目运作的什么逻辑?乡镇又是如何落实的?请看下面三则材料。

材料3-8 2012年早稻育秧进度监测

(1)示范线、重点片还存在死角、死面,早稻迎检通线停车还存在瑕疵。一是过关路段白板田未插。14个乡镇共有3000余亩板田未插,其中7个早稻核心示范区所在的乡镇有1800余亩未插,若不突破,种植一季稻将会严重影响考核效果。江镇湖西村栽插进度不到30%,松市栽插进度不到40%,和睦村不到15%。台镇爱民村江桥组路段存在"肠梗阻";演村有畔泥田30余亩,翻耕难度大;演镇百花村有25亩水田机械不能作业;库宗玩市村有30余亩地未翻耕;金兰金沙铁炉组有20余亩,与衡邵高速连接线处毛家村地段有10余亩未落实。二是少数集中育秧栽插有困难。如大安乡秧苗虽然准备充足,但农民对种植双季稻接受程度低,会出现部分秧苗难以保证栽插。三是部分已翻耕的耕田会种一季稻,如江镇和睦村张祠组和花园组前段秧田管理粗放,马路沿线大部分板田未翻耕,按常理推断,种植早稻的可能性不大。

(2)油菜田早稻形势不明朗。一是油菜田面积大,据初步统计,14个乡镇马路沿线油菜田接近10000亩,占规划耕地26%。二是"油—稻—稻"季节紧,农民思想有顾虑。今年油菜成熟期推迟,加之农村劳动力短缺,油菜搬迁难度大,农民担心季节赶不上,影响产量。三是少数乡镇工作力度不到位,有极个别乡镇油菜田没有种植早稻的打算,没有采取具体措施去落实,会出现种植一季稻现象。

(3)部分乡镇规避县办〔2013〕1号文件考核,把种植难度大、油菜面积过大的村未纳入规划,也没有安排副科实职以上干部办点。演镇省道210线镇政府至岘镇段尤弗、余盛两个村纳入规划,未安排副科实职以上干部办点示范、攻坚克难,存在"肠梗阻"现象;江镇组统委员在大光村办点,张家组没有纳入规划;樟树乡乡长、副乡长在罗洪村办点,秧田播种汕优448,假早稻真一季稻。大安乡省道210线枫坪村、三阳村、水寺村3个村水田转包给平晚市六三种养合作社,基本上看不到早稻秧田。

材料中提到,要打通全县双季稻生产考核核心圈线路,这是项目实施最为关键的问题,因为项目实施的目的就是迎接国家及省政府的考核验收,而且关系到县政府在下一年能否入围全国产粮大县,获得全国产粮先进县的奖励,打通粮食生产核心圈就是项目实施的根本指向。因而在这个核心线路上,在可视范围内都必须有双季稻,不能有一季稻的插花田,不能有抛荒田。但是这个核心线路上往往有很多天水田,山间严重光照不足的田,根本就无法种双季稻。笔者调研时骑着摩托车几乎每天都是在这个核心线路上跑,也发现不少核心线路上的村庄在两座高山之间,常年光照不足,原本就不适合种双季稻。而且水资源严重缺乏,是典型的天水田。但是即便如此,还是种上了双季稻。不管它的产量怎么样,县里之所以如此重视这些村的双季稻,是因为这些村处于打通上级领导考核时两条关键线路的要冲。不种上双季稻,到时候领导来检查的时候肯定会影响示范效果。所以显然，县里在进行项目规划的时候，纯粹是从应付上级检查，增加上级检查时的印象分，增加产粮大县的竞争砝码的角度出发的。上级领导在检查了一大圈之后，发现满眼都是双季稻，进而就相信全县 80 多万亩耕地都是种植的双季稻。否则就难以在全国产粮先进县的考核中入围，尤其是入围超级产粮大县就更难了。所以在耕地面积既定的情况下，如何在上级领导考核的时候制造本县双季稻种植面积 90% 以上的印象就尤为重要。这是县里做项目规划的基本逻辑，因而做项目规划的出发点就是迎接上级的考核。进而项目的规划不是本着因地制宜的原则，而是本着精心打造考核的过关过程的原则进行设计和财政资源投放。所以全县核心示范圈范围内的耕地无论是否适合种植双季稻，都要不计成本地种上双季稻，所以地方政府大致动用了上千万元的项目财政资金来打造示范工程、迎检工程，最终动员了全县 1/3 的耕地种上了双季稻。地方政府为了展现项目执行的成绩，可谓是煞费苦心。

有些乡镇处在高速公路旁边，是打通迎检核心圈的关键，但又是干旱的死角，严重缺水，经常要实现 3 级提水，难度极大。比如大安乡是干旱的死角，又在高速公路旁边，任务落实起来难度大。乡镇干部都知道，落实这项工作的难度大，没有谁愿意去做。2010 年，大安乡就已经是由村干部来落实，村干部干了 2 年业余种粮大户，实在是吃力不讨好，干不下去了，后来就由大户陈亚平去干，陈亚平干了 1 年也干不下去了，就转手给六三公司干，结果被六三公司这样的资本公司给套了一个正着，后来土地虽然流转回来了，但田也被种坏了。而县里每年还有发展双季稻的压力，作为乡村的两级，面临上级巨大的考核压力，这个事情怎么办？没有办法，能够通过村干部维持一年是一年，村干部实在干不了了，村庄内部又发展不起来大户，实在不行就流转给安农农业科技有限公司，耕地就是在这样的被动环境下被流转给资本公司的。可以说，县级政府争取全国产粮先进县而带来的发展双季稻规划和行政考核压力，是推动本地耕地流转的根本性动力，安农农业科技有限公司以及双季稻的种植大户都是在这个逻辑的支配下发展起来的。这是"一条杀出来的血路"，这是一条突破层层阻碍而拼出来的血路。所谓的马路政策，在全面市场化的背景下，在政府治理能力弱化的背景下，真正执行起来是何其难也！

材料中还提到核心圈线路上油菜田的问题。本书前文也谈到,油菜田的种植需要乡镇向农民做出更多的补偿,而且还要花费人工去搬运油菜,这都需要乡镇耗费诸多成本。针对乡镇不打算在关键线路上种油菜田的倾向,县农业农村局发现问题后,也明确提出指示。

材料3-9 县农业农村局关于重点线路油菜田的指示

油菜田要在5月上旬抢时收割,并搬出田内,5月15日前抢插早稻。对确实缺劳力、缺水的油菜田,乡镇要做好农户工作,引导农户选择生育期长、能在9月15日前安全齐穗的稻种作一季晚稻,确保晚稻顺利通过省市验收。

今年油菜季节推迟,各乡镇要采取相应措施:一是施用催熟剂;二是油菜七成熟时连根带泥收割,就油菜田按1:10比例预留晚稻秧田,将收割的油菜竖堆在田角旁,经堆沤成熟;三是采取两段育秧,实行寄秧,通过适当加大用种量,留足秧田、喷施多效唑等方法,确保4月4日前油菜田里的谷种全部落泥,培育健壮秧苗。

农户的油菜田和种植双季稻存在矛盾,往往季节比较赶,县里要求乡镇要保证油菜田秧苗有效优质供应,对示范区一季稻秧苗要调到视线外的区域,确保马路沿线早稻连片。要集中乡镇干部力量和农机具帮助农民收割、搬运油菜,要做到县规划区内油菜田全部种上早稻。

针对部分非重点示范片乡镇干部抱着侥幸心理,没有想办法去解决一些过关工程问题,甚至还有极少部分乡镇停留在原有的工作思路上,想钻政策空子,压缩可视面积,没有把县里双季稻生产计划逐村、逐组、逐户进行逐级分解,一季稻依然有抬头趋势,县里在项目实施过程中对关键环节做出明确要求,需要专门突破,确保迎检通线。难度较大的地段,要种双季稻比较困难,县里要求针对个别难度较大的地段,乡镇必须派专人守线、守点,解决具体问题,确保迎检通线。

三是对乡镇的行政资源分配做出明确的指示,对乡镇的行政资源调度做出安排。比如要求各乡镇党委、政府要死死盯住台账目标不动摇,对于关键村,乡镇一把手要亲自挂帅,坐镇指挥,要做到不留一丘空白田,确保大连片、不间断,要把早稻生产当作重点任务完成。

农业农村局还建议县委县政府加大督察力度,把乡镇干部深入村组解决双季稻具体问题作为抓干部作风建设的重要内容,对未在岗在位的乡镇包村干部动真格,从严处分。要求各乡镇干部要深入村组农户了解农民思想动态、备种情况,及时掌握信息,解决具体问题。在2013年的双季稻生产调度会上,县农业农村局的领导做了材料3-10的讲话。

材料3-10　2013年的双季稻生产调度会议

要抢抓时机,白板田要在4月30日前完成栽插任务。联系乡镇的县级领导要坐镇指挥、调度早稻生产。各乡镇及相关部门干部职工仍要集中时间、集中精力突击早稻生产。县派驻各关键村后盾单位的负责人、工作队员要深入乡镇、关键村,尽最大努力落实春插面积。5月15日前各乡镇及相关部门干部职工不得休假,待早稻生产面积落实后,单位再调整补休假日。我们倡议,结合全县"大走访、大帮扶"活动,"大帮扶"后盾单位、新农村建设后盾单位、粮食生产关键村后盾单位要组织机关干部、职工,到所驻点的乡镇、村帮助农户进行春插生产活动,时间一天以上,切实解决驻点村缺劳力的实际问题。

乡镇干部要抢抓季节,一要按规划落实早稻秧田面积,所有早稻种子在4月5日前全部落泥(含油菜田),迅速翻耕板田。二要抢插油菜田,油菜田要在5月初完成收割,并搬出田内。5月10日前完成翻耕、栽插任务。对示范线、核心片内的油菜田,无条件地栽插早稻,努力恢复我县"稻一稻一油"生产模式。三要确保示范区早稻连片。县规划区域内,特别是核心示范区要保证早稻生产丘挨丘、田挨田、不间断。四要育好备用秧。各乡镇都要育好备用秧,确保秧苗余缺调剂。

三、县、乡关系的两重性

调查发现,县、乡之间在项目运作过程中既要合谋应对上级的检查,同时县、乡之间围绕着项目经费的分配又存在矛盾和博弈。这集中地体现在项目示范片的面积汇报上:在向上级制造报表时,县里是希望多多益善①,要乡镇把面积做大,把乡镇双季稻生产示范片的规模报大;但是在发放项目工作经费的时候,在进行考核的时候,又要对测量面积严格考核,斤斤计较。

这是2012年以来项目组织运作过程中县、乡关系的一个重要层面,既合作起来对上级进行合谋应对,同时县、乡之间涉及考核和项目经费的方面又斤斤计较,那么如何去理解县、乡之间的这种现象呢?这不仅仅是周雪光所讲的那样,仅仅是一个"共谋"的逻辑②,而是更为复杂的关系。我们认为,这只能放到项目的监控逻辑当中才能得到解释。

第一层逻辑是委托代理关系。产粮大县项目中的委托代理链条如下:农业农村部、省农业农村厅(项目委托方)—县级政府(代理方/委托方)—乡镇(代理方)。也就是说,县政府(农业农村局)在这个过程中有双重身份,对于农业农村部和省农业农村厅,它是代理方,而对于乡镇,它又是委托方。作为农业部的代理方,它需要向委托方汇报反映良好的项目绩效,即项目资金在保证国家粮食安全、增加粮食产量、扩大播种面积、增加复种指数方面发挥了关键的作用,取得了良好的效果;但是在与乡镇打交道的时候,它又作为委托方,项目的任务分配到各个乡镇,对乡镇的项目补贴按照完成的项目任务来发放,这个时候它又要斤斤计较,乡镇完成了多少项目任务,就发放多少项目补贴经费,项目经费要县财政拨款。

第二层逻辑是,在县、乡之间,在项目任务的测量上,存在"测不准"的问题,这为县、乡的博弈提供了空间。如果说向农业农村部和省里汇报的面积往往有水分,有虚假成本,上级也搞不清楚,因而是中央—地方之间的代理人监控问题的话,那么项目示范片的实际种植面积就是整个项目运作过程中,项目组织中利益关系的核心,是项目利益分配的核心。这不但包括县里对乡镇进行项目利益分配,也包括对大户的项目利益分配,因

---

① 在向上级制造报表时,县里是希望多多益善,比如2010年报到省里的双季稻面积为145万亩,但是实际上全县只有30万亩左右的双季稻面积。

② 周雪光.基层政府间的"共谋现象":一个政府行为的制度逻辑[J].社会学研究,2008(1).

而测量面积是极为关键的问题,由于面积的测量过程存在"测不准"和"精确的信息成本太高"的难题,因而在测量面积上,在大户的认定上,就存在县、乡、村之间各种利益博弈的问题。下面笔者通过对这个过程进行深描,试图刻画补贴类的项目在运行过程中,项目组织内部的运作逻辑及存在的问题,并试图回应"如何提高农业项目补贴的精准性的问题",以及如何提高项目资金的使用效率问题[①]。

材料 3-11　湖镇测量面积调研

湖镇主管农业的副镇长向笔者反映,面积的测量只能是大致的估计。比如说湖镇的万亩示范片面积这么大,在 7 月份测量面积的时候,太阳很大,天气热,项目指导小组的人测量面积的时间只有 1 天,哪个人能搞得清楚具体的情况?面积的检查,项目指导小组的精力、行政成本、工作效率都是有限的,不可能搞清楚所有的情况。比如说湖镇这么宽,面积这么大,示范片中间有很多屋场,还有好多田是种的蔬菜,还有一些插花田在种一季稻,一些田做了宅基地,还有水渠、道路、抛荒田等,项目办点人员不可能用 GPS 把这些都测量清楚,因而只能是用 GPS 进行统计及进行大致的估计。对于小村就可以用计算器,而对于大面积的示范片,就只能是用 GPS 走大圈子,除去水塘、屋场、菜地的面积,进行大致的估计。精确度只有 70%~80%,中间的模糊空间很大,这就是乡镇和农业农村局之间的博弈空间了。要把这些都搞清楚的话,一个湖镇量 10 天也搞不清楚。

再加上哪块田是哪个田主的,每个大户的田分布在哪里,在示范区内种了多少面积,这些信息基本上搞不清楚,信息成本太高。简而言之,交易成本太高。面积测量的工作人员嫌事情太麻烦,规定的这 3 天或者这 5 天要把全县的面积量完,所以只能大致地估计,要真正测量清楚,10 天

---

① 这里讲的面积测量的问题主要是 2012 年之后的事情,因而 2012 年之前不存在面积测量的问题,因为是农业农村局项目指导人员在下面办点,项目示范点的工作经费主要控制在农业农村局,乡镇在农业农村局的指导下开展工作,支配权在农业农村局,因而就不存在县与乡镇之间的委托代理关系问题。对大户的补贴同样如此,对大户的补贴情况是凭着农业农村局平时在下面办点时的印象,主要由农业农村局办点人员来定,因而也不存在委托代理关系问题。县、乡之间的委托代理关系是从 2012 年之后,项目的运作向乡镇发包之后产生的问题。

也搞不完。

　　在这个乡镇和县(农业农村局)的博弈过程中,乡镇要尽可能地提高项目示范片内的双季稻种植面积,而农业农村局则要尽可能压低测量的双季稻种植面积。这是一般的情况,同时县、乡之间的特殊关系也会介入其中,这就另当别论了。但是也不能太离谱,因为农业农村局明文规定,谁测量,谁负责。项目示范片面积的测量不但涉及对乡镇的政绩考核、评优的问题,还涉及项目补贴经费的发放问题,因而是一件高度敏感的事情。一般县里安排项目组去测量面积,不仅仅是农业农村局一个部门,而是多个部门的联合,因而面积的测量是非常值得挖掘的领域。

　　这个事实说明,和中央对县的代理人监控存在信息成本过高的问题一样,县对乡的监控也同样存在监控的信息成本难题,进而向技术化的代理人监控提出了挑战。

第六节　中央对地方的监控困境与监控的意外后果

　　笔者调研发现,中央对县的监控不但存在诸多困境,而且中央的这种监控带来了一些意外的负面后果。

一、中央对产粮大县的监控困境

　　本章的开篇即讲了一个"指鹿为马、瞒天过海"的故事,除此之外,还包括"打造迎检核心圈"进行现场准备,向上级虚报双季稻生产面积进行书面准备。

(一) 打造迎检核心圈

　　在这里对县里迎接上级检查的过程进行简要交代。县农业农村局通过设计出一个专门为了迎接上级考核验收的"双季稻生产示范片",产粮大县当中用于粮食发展方面的资金主要用于打造这个示范片。这个漂亮的"双季稻生产示范片"打造出来之后,农业农村部和省里的领导下来考核验收时,平晚县政府以及农业农村局的领导带着这些上级领导,开着车在高速公路、国道和省道上转一圈,上级领导看到的当然是满眼的双季稻,发现不了任何问题。平晚县也可以信心十足地向上级领导汇报说平晚县的双季稻种植面积在90%以上,粮食生产的政绩突出,排在全国、全省前列,于是平晚县连续7年被评为全国产粮大县、全国粮食生产标兵县、全国超级产粮大县。入围了这些奖励之后,也就意味着中央对该县粮食生产的奖励资金以及大量的配套项目资金等财源滚滚而来。这样县级领导既造出出色的政绩,也为地方财政的增收增加了活力。

(二)虚报双季稻面积,进行书面准备

历年来,平晚县向上级汇报的双季稻生产面积都是占播种面积的90%以上,貌似完全达到了入围全国产粮大县的门槛。但是实际上,该县的双季稻生产仅仅停留在几个被项目资源堆积起来的示范片,以2010年为例,双季稻的播种面积为37万多亩,全县有90万亩耕地,双季稻播种面积大概占耕地面积的41%,如表3-9及表3-10所示。而且在2010年还有一些乡镇是用"真一季稻假早稻"的方式冒充的,但是向上级汇报的双季稻播种面积却占90%。

表3-9 各乡镇2010年双季稻的规划面积与实际种植面积

乡 镇	计划双季稻面积(早稻)/万亩	实际种植双季稻面积(早稻)/万亩	实际占计划比例/(%)	排名
湖	3.65	2.66	72.8	1
渡	6.55	4.58	69.9	2
金兰	4.15	2.83	68.2	3
演	3.15	2.1	66.7	4
库宗	2.15	1.43	66.4	5
溪江	2.15	1.38	64	6
关市	2.65	1.65	62.3	7
台	4.85	3	61.9	8
洪	3.15	1.92	61.1	9
江	5.15	3.13	60.7	10
大安	2.15	1.21	56.4	11

续表

乡镇	计划双季稻面积（早稻）/万亩	实际种植双季稻面积（早稻）/万亩	实际占计划比例/(%)	排名
潮江	1	0.55	54.7	12
杉桥	1.65	0.9	54.6	13
樟木	2.15	1.11	51.4	14
集兵	2.15	1.1	51.3	15
石市	2.35	1.16	49.5	16
界牌	1.15	0.55	48.8	17
岣嵝	1.95	0.91	46.5	18
板市	1.4	0.6	42.6	19
井头	3.05	1.28	42	20
金溪	1.65	0.65	39.6	21
曲兰	2.15	0.69	31.9	22
栏垅	1.85	0.54	29.1	23
樟树	1.15	0.26	22.8	24
岘	4.65	1.03	22.1	25
长安	1.15	0.25	21.5	26
合计	69.2	37.47	—	—

从 2012 年开始，县政府加大了对乡镇奖励和考核的力度，但是结果如何呢？以板市镇为例，全乡镇有接近一半的村组完成规划面积的比例在 60% 以下，如表 3-10 所示，全乡镇实际种植面积也只有规划种植面积的 57% 左右。

表 3-10 2013 年平晚县板市镇粮食生产规划区早稻面积核查表

村名	规划早稻面积/亩	组名	实际早稻面积/亩	实际完成比例/(%)	村名	规划早稻面积/亩	组名	实际早稻面积/亩	实际完成比例/(%)
子园村	119.3	丁老屋	—	0	民主村	94.14	何祠堂	58	61.6
友爱村	12.78	柏冲塘	—	0	民主村	583.47	—	361.21	61.9
松林村	96.21	—	—	0	化成村	91.46	灯公塘	57.99	63.4

续表

村名	规划早稻面积/亩	组名	实际早稻面积/亩	实际完成比例/(%)	村名	规划早稻面积/亩	组名	实际早稻面积/亩	实际完成比例/(%)
松林村	36.43	柏子塘	—	0	友爱村	574.84	—	1344.07	233.8
松林村	59.78	塘唣	—	0	板市村	105.85	油麻坳	70.5	66.6
化成村	120.41	呆鹰唣	5.94	4.9	民主村	119.75	何新屋	81.94	68.4
板市村	98.02	邓老屋	10	10.2	民主村	101.87	石头山	71	69.7
友爱村	94.67	台山塘	10	10.6	板桥村	693.41	—	1011.88	145.9
化成村	67.78	两头塘	7.92	11.7	往宜村	48.44	—	34.93	72.1
友爱村	40.32	老子塘	5	12.4	往宜村	48.44	陈古塘	34.93	72.1
化成村	59.63	文垅	7.92	13.3	化成村	94.08	罗家塘	68.55	72.9
民主村	98.57	薛陂冲	14	14.2	化成村	54.37	曲尺塘	40.83	75.1
化成村	92.42	茶园塘	13.59	14.7	板桥村	79.34	陈家岭	60.16	75.8
化成村	70.34	聂家坳	10.89	15.5	板桥村	92.38	大山桥	71.66	77.6
板市村	109.17	大白塘	21.4	19.6	子园村	580.66	—	598.67	103.1
化成村	92.32	小马塘	18.66	20.2	板市村	118.26	上市	102.14	86.4
化成村	81.28	上洪塘	19.8	24.4	板市村	137.17	李新屋	121.3	88.4
化成村	83.36	下洪塘	21.78	26.1	板桥村	129.7	三字祥	116.35	89.7
化成村	79.09	蔡家祠	22.86	28.9	子园村	88.39	后老屋	79.76	90.2
化成村	47.79	雷公塘	14.58	30.5	板市村	150.38	下市	141.87	94.3
板桥村	113.44	铁炉塘	35.98	31.7	子园村	38.91	莫老屋	37.25	95.7
化成村	1144.48	—	370.39	32.4	友爱村	81	沙子岭	80	98.8
化成村	95.53	松木塘	31.32	32.8	子园村	92.4	印山塘	92.4	100
友爱村	28.98	王老屋	10	34.5	板桥村	71.34	张家湾	71.67	100.5
板市村	107.77	李老屋	38.34	35.6	友爱村	51.3	野狗塘	55	107.2
子园村	74.34	东风	37.24	50.1	板桥村	49.12	陶家祥	53.35	108.6
板桥村	91.75	元家台	46.55	50.7	民主村	76.37	文祠堂	83.02	108.7
板市村	109.99	蒋老屋	59.9	54.5	子园村	94.03	新大屋	105.44	112.1
板桥村	66.34	五房头	36.69	55.3	友爱村	70.72	高家塘	80	113.1
民主村	92.78	文瑶塘	53.25	57.4	友爱村	110.34	汤家铺	126	114.2
合计	4658.12	—	2676.37	57.5	—	—	—	—	—

上面谈到的还只是项目示范区内双季稻规划面积的完成情况,根据我们在全县的观察,非项目示范区内种植双季稻的极少,可以说几乎没有。2013年,全县向省政府汇报的双季稻生产面积是90万亩以上,但是实际上完成的面积只有35万亩左右,全部在高速公路和重点公路两旁的项目示范片。农业农村部会下来抽查,省政府及农业农村厅每年也要下来检查,但是检查的效果是这些考核领导只能坐车在交通干线上看到双季稻示范片,县政府精心打造的"考核迎检核心圈"将他们的视野完全限制在"马路两边",当地的群众不无讽刺性地说:"这些从上面下来考核的领导都是被封锁在套子里的动物一般,考核来考核去,就是在几条公路线上。"笔者在下面走访时也发现了一些很有趣的现象:为了在考核验收的过程中成为"优等生",地方政府安排了很多看点,这些看点是领导考核时会下车观看的"现场",县政府特意将这些看点打造成"亮点",这些看点很像"观景台",专门安排一个标志性的位置让领导考核时便于观察,在这个"观景台"上看,的确看到眼前都是双季稻,连一丘一季稻都看不到,考核的领导挑不出什么问题,而只要随便把观察的位置一变,看到的景象就全然不是这样。考核验收实际上成了县政府向上级领导展示"形象工程",变成了走过场。

二、中央对地方的监控所带来的意外后果

地方政府需要通过"政绩工程""打造亮点"向中央争取更多的财政扶持资金,需要迎接国家的项目检查、考核验收。因而,财政资金如何分配,要体现出县政府的这种意图,进而项目资金的使用就变成"打造形象工程,不解决实际问题"。

下面笔者以2013年面临大旱时地方政府的行动逻辑来论证这个问题。2013年本地大旱,很多乡镇出现旱灾的一个重要原因是排灌设施老化,多年没有维修,没有办法从河里抽水。但是地方政府将抗旱资金用于什么地方去了呢?在旱灾极为严重的情况下,放弃眼看就要成熟的早稻,而将抗旱资金主要投入到示范片的晚稻,插不了晚稻的,改种得不偿失的旱作物,继续打造政绩工程、打造亮点工程,2007年这样,2011年这样,

2013年还是这样①。很显然,这是为了向上级表明,本县在大旱的情况下播种面积也没有受到影响,进而不会影响产粮大县的晚稻考核验收。正是因为奉行这种政绩的逻辑,地方政府在产粮大县资金的分配过程中,不是去发挥"救火、救急"的作用,而是继续按照政绩的逻辑打造亮点工程,而对于农户的那些抗旱的需求,因为与政绩无关,县政府不管,乡政府更没有能力管,像2013年长安乡早稻成片成片地枯黄,农民群情激愤,几十号农民组织起来要去集体上访,乡镇干部愿意做的就是通过"策略"性的方法,通过收买组织者、拦车等方法来"息访",不让农民将问题反映到省里去,以免影响地方政府的政绩考核,影响地方形象。下面看看2013年旱灾时政府究竟是如何行动的。

2013年,平晚县出现历史上少有的晴热高温少雨天气。一是降雨量少。在1—7月,全县累计降雨为559.8毫米,较历年同期偏少378.5毫米,比特大干旱年2007年同期还少121.1毫米,6月9日以来,到7月结束,连续51天无有效降雨。二是高温期长。6月份以来,35℃以上的高温天气有34天,蒸发量高达529.7毫米,较历年6、7两个月的蒸发量多117.4毫米。三是水资源不足。由于降雨少,在抗旱前,全县6座中型水库蓄水8732.7万立方米,只有正常蓄水量的64.4%,106座小型水库蓄水4926.2万立方米,只有正常蓄水量的54.8%,9.6万口山坪塘蓄水14850万立方米,只有正常蓄水量的75%。截至7月底,中型水库有可用水量4450.5万立方米,只有正常蓄水量的32.8%;小型水库有可用水量1708.6万立方米,只有正常蓄水量的19%;山坪塘有可用水量3960万立方米,只有正常蓄水量的20%;因干旱造成24座小型水库已到死水位,大部分山坪塘基本丧失抗旱能力,全县81条小河流中已有75条断流,蒸水河7处水闸低于正常水位0.2~1米。

由于降雨量显著偏少和蓄水量严重不足,平晚县的农业生产受到了严重影响。7月中旬,已有3万亩以上的早稻和烟叶收割后因严重缺水而难以翻耕移栽;有20万亩的中稻田严重缺水开裂,其中2万亩开始枯

---

① 安农农业科技有限公司在地方政府的压力下,也协助政府去打造政绩工程,在没有办法插下晚稻的情况下,将台等乡镇的示范片改种旱作物。

萎;有3万亩棉花和5万亩蔬菜、番薯、芝麻等其他作物严重缺水受旱。各种作物受旱损失预计达3000万元以上,尤其是全县大部分一季中稻在七八月份正是对水分非常敏感的时期,受干旱影响的后果将会很严重①。2013年7月20日,农业农村局向县政府汇报旱情如材料3-12所示。

材料3-12 农业农村局向县政府汇报旱情

1.目前面临的困难和问题

晚稻栽插难度大。由于水源紧缺和基础设施条件差等原因,近6万亩稻田翻耕移栽晚稻压力大。耕种户天天等水、日夜盼水、心急如焚。有不少农户是在强力的行政推动下种植双季稻的,若因旱情影响晚稻栽插,严重挫伤农民种粮积极性,将会直接影响明年双季稻面积落实,严重的会导致受损农户上访闹事。

2.下阶段抗旱工作建议

(1)积极采取应对措施,争取上级财政支持,尽最大努力帮助解决灌溉设施恢复问题。

(2)迅速筹备全县示范片内的抗旱救灾改种工作。对于因旱情8月初仍无法移栽的晚稻田,从近期维稳角度考虑和稳定明年双季稻生产工作出发,建议财政安排灾后改种补种经费,主要用于改种稻田翻耕费补助和秋旱粮种子配送。

(3)旱情严重之后,地方政府出台抗旱措施。一是成立抗旱改种补损领导小组。县里成立了由县委书记任政委、县长任组长的抗旱改种补损领导小组,并出台实施方案。对因旱情不能种植晚稻的稻田要千方百计改种秋玉米、秋大豆、秋番薯、秋荞麦等秋粮作物,确保全县稻田无抛荒田,确保大旱之年不减产,确保完成全年粮食生产目标任务(成立抗旱改种补损领导小组,主要使命是改种)。二是创办改种补种样板示范点。全县抗旱改种补损重点突出西界线、渣洪线、衡邵高速、潭衡西高速等8条

---

① 向上级汇报的是截至2013年8月份,全县农作物受旱面积88.1万亩,成灾36.1万亩,绝收13.15万亩。其中水稻受旱68.6万亩,成灾19.1万亩,绝收6.8万亩,直接经济损失2.45亿元以上。因不能按时栽插的晚稻14万亩,因旱早稻田和烟叶田有5.3万亩无法栽插晚稻。

主线,延长至通乡连线公路,着力办好台镇爱民、东湖、演、光兴、古塘片,演镇百花片和库宗桥镇玩市、金华、栾木片3个改种补种示范片,示范面积有1640亩,其中台片有800亩,种植食用玉米、饲料玉米和秋大豆;演片有40亩,种植秋大豆;库宗桥片有800亩,种植400亩秋大豆、400亩秋荞麦。示范片由政府办负责牵头,农办、农业、水利、农机等相关部门配合。台片和演片由农业农村局主抓,库宗桥片由农办主抓。目前,台片已播种秋大豆300亩,库宗桥片和演片已翻耕500余亩,正在抢时播种。三是积极调运改种补种配套物资。县财政安排改种补种办点经费100万元,主要用于配送秋大豆、秋玉米、秋荞麦等秋粮作物种子和大田翻耕、灌溉用水等生产性补贴。目前,已调运秋粮种子20吨、化肥200吨、农药1.2吨等,改种补种物资筹备充足。

在2013年这样的大旱年份,县财政安排了100万元的抗旱资金,在主要的双季稻生产示范片办了几个"改种示范片",这样的示范片很显然是"得不偿失""劳民伤财"的,但是县里还是要办。县农业农村局、县政府为了迎接国家和省政府的产粮大县的检查、考核验收,需要在上级领导下来检查的时候看到主要的交通干线上都有"改种"的作物,表明即便是旱灾年份,本地的播种面积也没有下滑,进而增强入围"超级产粮大县"的竞争力,因而就算种植很亏本,也要种下去。不惜成本的改种,目的就在这里,保证产粮大县和全国产粮先进县的牌子,保证能够迎接上级检查。

要争取入围全国产粮大县、获得超级产粮大县奖励,地方政府就不能因为旱灾而影响评估,从而降低入围全国粮食生产先进县的竞争力,所以地方政府不惜成本也要在示范片内种植旱作物,以迎接上级检查。地方政府在争取全国产粮大县的过程中,也面临着这里所谈的自然风险以及市场风险,但是地方政府在化解风险的过程中,遵循的却不是经济理性的逻辑,而是如何迎接国家和省政府的政绩考核逻辑。这样一来,地方政府偏离了国家的治理目标,国家的治理目标是希望项目的投入能够增加粮食产量,保证国家粮食安全,而地方政府的目标是如何低成本地制造一些精心设计的过关工程,以迎接上级检查,进而增加地方在入围全国粮食生产先进县过程中的竞争砝码。所以说,国家设计了一套严密的理性的目标管理的方案和过程控制的治理技术,最终却落空①,并没有得到有效实现,也难以对地方政府真正实现控制。国家理性化的目标管理最终却因为地方政府的行政化运作,而走上了一个非理性的目标,严重偏离了国家目标,国家意志在大规模项目投资支持下并没有得到有效实现。

而且更为可笑的是,在7月份早稻灌浆快到收割的季节,正是旱灾严重的时候,在政府的压力下种植双季稻的农户着急,找政府,政府认为早稻已经被上级检查过去了,考核验收过了,现在已经不是政府关心的事情,置之不理,反而要求农民先不要管早稻死活,要准备晚稻育秧。农户要求解决水利灌溉问题,政府置之不理②。最终那些种一季稻的地区一片枯黄,惨不忍睹。地方政府置之不理,农民到政府上访,围堵政府大门的事件此起彼伏,但是即便这样,地方政府依然还是把财政投入和抗旱措施放在示范片的"晚稻改种"上。

在旱情的严重影响下,早稻都保不住了,地方政府却无暇去抗旱救早稻。安农农业科技有限公司叫手下的代管户去准备晚稻。这是因为对于地方政府和安农农业科技有限公司而言(站在政府的立场,被行政和项目的逻辑给吸纳),早稻已经迎接检查了,粮食能否在实质上有增产已经没有什么意义,重要的是种植面积,即那些在上级下来检查的时候能够被派上用场的双季稻种植面积和现场。在早稻已经接受了上级的考核之后,接下来对他们而言,重要的是晚稻,是迎接上级对晚稻种植情况的检查,在形式上让下来检查的上级领导相信,今年在发生旱灾的情况下,他们依然保住了种植面积,依然保住了粮食产量。但实际上却是在"通过全力奋战",在瞎折腾。

早稻已经插下去了,投入成本了的,快有收成的早稻地方政府根本就不顾,而是想着如何把晚稻千方百计地插下去,这就是行政逻辑的怪异之处。实际上这种行政逻辑已经异化,它并不是为了提高粮食产量,而是为

---

① 农户反映说,这些改种,比如改种玉米,基本上收益要小于产出。但是县里的财政资金不是用于准备秋粮改种,而是用于救早稻,去抗旱的话,减少早稻和一季稻因为旱灾而带来的大面积损失,其成效要远远高于种秋粮的产量。

② 水利为什么出了问题?拦河坝、大中型水库为什么没有蓄水?为什么和农民种粮的用水需求之间存在严重冲突?因为畜牧业资本下乡,破坏了水利资源。

了运作产粮大县，入围全国粮食生产先进县，所以他们关心的是在关键位置的"双季稻生产示范片"能种下去，上级来检查了，能拿出东西给领导看，这就是县政府运作的逻辑。而农户则是真正关心自己的产量，他们会心疼自己的投入，所以，笔者访谈的一个大户——易小兵在2013年旱情严重的时候，眼看着离早稻收割就只有十几天了，但却没有办法从河里提水，因为河坝上水太晚，水上不上来，而只能另外买抽水机抽水。他希望地方政府救助，但是地方政府置之不理，还一直在催易小兵育晚稻秧。早稻都保不住了，还去管遥远的晚稻，这不是很荒唐吗？易小兵说，他那段时间都快被政府逼疯了，就差一把火把因干旱缺水而日渐倒伏的早稻烧了。

面对旱情，县政府的运作逻辑被充分地暴露出来。或许这个案例启示我们，要真的依靠地方政府去增加粮食产量，发展农业，靠这种农业政策的政治逻辑而建立起来的粮食发展模式已经维系不下去了。国家投入了大量的资金，但是地方政府难以在实质上提高国家的粮食综合生产能力，大量的投资最终变成了一些华而不实的形象工程，甚至是劳民伤财，不得要领。

这个片段给人们的深刻启示在于，依靠现有的农业治理的逻辑去发展农业，去推动粮食生产（国家在税费改革之后保粮食增长的逻辑，投入巨大数额的资金，来调动产粮地区的地方政府抓粮食保产量的逻辑，这其中蕴含着2005年以来国家农业政策的政治基础，所以设计出了这样一套政策安排），被实践证明，绩效是极差的。结果是国家投入了大量的钱，地方政府做了一些形象工程，而粮食产量却大幅度下降。这是因为依靠地方政府的行政逻辑去运作，在产粮大县的竞争性激励机制下，地方政府关心的是如何增加他们入围全国产粮大县和超级产粮大县的竞争砝码，也就是说在上级领导下来检查的时候，如何布置一个精致的现场以体现本地发展双季稻的良好态势及所体现出来的竞争力。至于能否从实质上增加本地的粮食综合生产能力，真正增加粮食产量，他们并不关心。所以，如何完善现有的农业治理体系，建立更加科学化的监控机制，极为关键。

三、被"遗忘的大多数"

农业治理的财政资金主要来源于中央,在以县为主,以项目化运作为主要形式的农业治理模式下,地方政府通过财政支农资金打造"考核迎检核心圈",将财政支农资金主要集中于少数村庄和项目示范片,使得非示范片成为被政策"遗忘的大多数"。非项目示范片不再成为地方政府所关心的对象,农业公共服务长期得不到满足,耕地的抛荒和季节性抛荒现象更加严重。

这是因为,以事本主义、解决特定问题为特征的"项目制",被按照县政府的偏好和运作逻辑进行了打包,按照县政府的意志进行分配。结果,产粮大县当中用于农业方面的财政资金被县政府制造出了若干个"双季稻生产示范片",用于应对国家的产粮大县考核验收,而其他农业项目则被整合进"双季稻生产示范片"工程。这样,一方面,农业项目资金进一步支撑起了"双季稻生产示范片"和县里规划的核心区;另一方面,产粮大县的财政资金和农业项目资金因为都分配到了县里规划的核心区,产粮大县的财政资金也就成了迎接农业项目的配套资金。这样一举两得,国家的农业财政转移支付资金被地方政府打包进入了"双季稻核心区"的建设,资源年复一年地在核心区投入,核心区的基础设施是改善了,而核心区之外的大部分农业种植区则成为被遗忘的角落[①]。产粮大县以及超级产粮大县保证国家粮食安全的目标并没有得到真正实现。

通过本书第二章及第三章的分析,笔者已经说明了产粮大县奖补政策中国家对代理人的监控逻辑以及实践的过程。这样,笔者已经分析了农业治理转型中国家基础性权力的第一个维度——代理人监控问题。从第四章开始,一直到第七章,则重点分析代理人如何调控粮食生产,即透视其社会控制能力及行动逻辑。

---

① 那些示范区之外的农民一是有强烈的不公平感,即同样是种田,为什么示范区内的大户有补贴,示范区外的就没有补贴?二是对政府不解决实际问题,制造形象工程,不能回应粮食生产的实际问题愤愤不平,刘西云、蒋邵根两位向笔者抱怨农田水利的瘫痪充分地体现了这个问题,龙爱国和肖四龙则走上了上访之路。2013年,大安乡的老百姓在旱灾的威胁下,集体上访。

第四章 政府目标与农民利益的冲突

政府与市场边界的动态变化重构了农业经济的微观市场主体,构成农业治理转型的微观基础,这使得政府与农民之间的关系发生变革,政府不再能够直接干预农业经济主体的经济行为,政府意志与农民按照市场机制进行生产经营活动的冲突不可避免。

第四章 政府目标与农民利益的冲突

一位农村工作部门负责人讲了这样一件事:有一个乡,为了完成上级下达的双季稻种植任务,乡政府出动干部,租用机械,帮助农民翻耕一片不小的农田,栽上早稻秧苗。但是,当乡干部洗脚上岸、打道回府以后,农民竟然毁掉已移栽的早稻秧苗,改种一季稻。不久后在另一个场合,又有人提起这件事,一位县级领导说,这事正发生在其联系的乡,再次证实了这件事。

本章进一步说明农业治理转型的微观逻辑,侧重于从微观市场层面进行分析,试图论证在政府与市场边界发生动态变化的情况下,自分田到户以来,农业生产领域逐步市场化,尤其是税费改革以来市场化加速,取消农业税费,就取消了国家与农民的制度性关联[①],国家与农民的关系变得松散。另一方面,农业的进一步市场化,使得政府能够直接干预的农业生产要素越来越少,农民被高度卷入市场化的环境中,甚至国际粮食市场的价格波动都会传导到国内市场上来,大量国外农资企业进入中国,农资的价格上涨日益失控。在这种情况下,政府直接干预农业生产要素的领域越来越小,而市场配置农业生产要素的领域扩张,导致农民在市场上追求经济利益的诉求与地方政府为了完成粮食生产的政治任务之间产生了尖锐冲突。同时,地方政府通过运作国家农业项目和产粮大县等政策补贴措施,在与农民打交道的过程中已经高度陷入"市场的围困"之中,这为县乡对农民的粮食生产行为进行调控增加了难度。

第一节 政府与市场边界的动态变化

在计划经济时代,国家对农业的治理是全能型控制,政府完全代替市场,通过指令性计划对农业经济进行全方位的控制,渠敬东将这种治理模式概括为总体性支配[②]。对于农业生产的各个领域和各个环节,政府全面包揽,既包括生产环节的劳动力、耕地、耕作制度等的全面控制,还包括

---

① 吕德文.制度性关联的消解及其对乡村社会的影响[J].西南石油大学学报,2009(4).
② 渠敬东,周飞舟,应星.从总体性支配到技术性治理——基于中国30年改革经验的社会学分析[J].中国社会科学,2009(6).

农药、种子、化肥等生产资料的由政府负责计划生产并由供销社进行供应，粮食流通体制也全面控制在政府手上，并成为国家提取农业剩余的主要渠道。具体情况如表4-1所示。

表4-1　总体性支配与指令性计划

领　域	改革之前的农业治理模式
耕地	以生产小组为单位，统一经营
劳动力	集体统一管理
水利	人民公社统一管理
农技推广与服务	几乎每个村都有植保站，专门负责农技推广与病虫害治理
种子供应	公社统一留种、育种，每个村派代表专门负责育种，并由供销社提供
农药	国家企业负责生产，由供销社统一提供
肥料	主要是绿肥，生产队提供
粮食流通	由粮站统一负责管理
农业产出分配	按照公分制进行提供
国家与农民关系	全能型的控制，国家汲取农业剩余，以农养政，以农养工
市场发育与市场主体	市场基本上没有发育，不存在独立的市场主体
治理模式	总体性支配，政府覆盖市场，全面的计划指令

农业税费改革前，市场初步发育，政府治理逐步退出。这期间市场逐步发育的情况如表4-2所示。在这个过程中，农业经济不同领域的市场逐步发育，各种不同的微观经济主体逐步成长。

农业税费改革之后，农业经济全面市场化，政府全方位退出，剩下的职能主要在公共服务与公共品供给、制定并执行农业发展规划、维护市场稳定等。整个农业生产领域产前农资、产中以及产后的粮食流通全面交给市场，农民从此被高度卷入市场当中。改革的过程实际上就是一个市场边界不断扩大的过程，而农业领域政府的治理边界却不断收缩。随着市场边界的扩大，各个生产环节、各种生产要素开始市场化，在已经市场化了的领域，政府不能直接干预。

表 4-2　农业税费时代政府与市场边界的动态变化

领域	改革—农业税费改革期间的治理模式	兴起的经济主体或利益主体
耕地	1982年家庭联产承包责任制,分田到户;此后耕地承包期限不断固化,到1998年之后不允许耕地调动	分田到户,家庭联产承包责任制,耕地集体所有,家庭承包经营,耕地市场没有发育
劳动力	劳动力在20世纪80年代主要还是束缚在耕地上,有些地方开始发展乡镇企业,部分农业劳动力"离土不离乡",政府对劳动力的管制主要是通过户籍制度来进行,城市劳动力市场从20世纪90年代初才开始发育,从1990年开始出现民工潮,劳动力自由流动的趋势形成,劳动力全面市场化	劳动力市场逐步发育,特别是在1990年之后,出现民工潮,劳动力作为一种生产要素,基本上能够自由地与资本结合;家庭作为劳动力利用的基本单位
水利	农业税费时代,收取三提五统,水利等公共服务由县乡政府统一组织,农民出工出劳力	大中型水利基本上由政府管控,但是功能逐步出现市场化,比如原来水利主要是灌溉,但是水利后来日益用于发电、养殖等,而乡村的小型水利基本上被私人承包养鱼,时常和农民的用水需求发生冲突;而村庄范围内的山平塘则基本上无人管理,日渐老化
农技推广与服务	农技服务主要由乡镇农技站负责,作为事业单位,工作经费主要来源于三提五统,农技站由农业农村局垂直管理	没有市场化,但是农技站因为国家投资日益不足,上面没人管,下面不愿管,农技站开始经营农资,作为一个市场主体出现

续表

领域	改革—农业税费改革期间的治理模式	兴起的经济主体或利益主体
种子供应	人民公社解体之后,种子供应模式发生变化,逐步变成由供销社供应或者种子公司统一经销	逐步市场化,市场主体由开始的供销社一家,后来到农技站和供销社两家,到2000年左右已经是全面开花,出现了很多种子生产企业
农药	主要是国产高毒农药,比如甲胺磷、杀虫霜等,农业税费改革前主要由供销社统一经销,后来一些农技站参与	逐步市场化,市场化是2000年之后的事情,2000年左右就开始有国外的农药公司进入中国,不过依然是国产农药占主导;和经营其他的农资一样,从供销社一家独大,到多个经营主体,基层市场上开始出现很多农资经销店
肥料	氮、磷、钾、碳铵、尿素等主要由国家统一生产,供销社统一经销,后来一些农技站参与	大量的国产肥料生产企业倒闭、转制或拍卖,很多县域的国产肥料企业转制,基层市场上肥料的经销商大量增多
粮食流通	改革后很长一段时间由粮站统一收购,农业税费改革前不久粮食流通体制改革,政府对农民粮食生产行为的控制力度大大下降	大致是1996年粮食流通体制改革,改制之后,2005年实行代储企业制度;县乡原来的粮站倒闭,粮食局基本上不再发挥什么作用;在基层市场上出现了很多小商贩,他们是负责连接农民与市场的交易中介
粮食加工	改革之初,在农村主要是由一些集体企业加工粮食,后来加工企业倒闭,变成小作坊自家加工	在地方兴起很多民营的粮食加工企业,他们也收购粮食

续表

领域	改革—农业税费改革期间的治理模式	兴起的经济主体或利益主体
产出分配	缴纳农业税费,交足国家,留下集体,剩下的是自己的	无
国家与农民的关系	通过农业税费提取,建立直接控制关系,但是依然是全方位的间接关系,依托于乡村组织进行治理	
治理模式	税费改革之前,大部分农业环节还是由政府控制,市场的边界在一些领域有所扩展,主要是在农业劳动力等领域,也就是说这个时期政府职能依然是全面性的,市场发育严重不足	

表4-3 税费改革之后的市场化与兴起的经营主体

领域	税费改革之后全面市场化,政府治理职能发生变化	兴起的经济主体或利益主体
耕地	承包经营权物权化,耕地要素市场初步形成,集体不能再调整耕地	耕地要素市场形成,耕地流转加快,开始形成家庭租地农场,企业进入种植业环节,粮食、生猪等生产领域出现很多大户
劳动力	劳动力全面市场化,在市场化的过程中农民分化,分化为小农户阶层、中农阶层、半工半农阶层、打工者阶层等,耕地进一步加速流转	劳动力进一步市场化,与资本结合,这个阶段劳动力的最大特征就是日益无产化、去农民化
农业机械	农业税费改革后,政府加大对农业机械化的补贴力度	农业机械化快速推行,大量节省了劳动力,尤其是大机械深入耕作、收割、移栽等领域,活劳动在生产过程中的贡献率降低,社会化服务兴起,大量的利润外流到农机手当中

续表

领域	税费改革之后全面市场化，政府治理职能发生变化	兴起的经济主体或利益主体
水利	农民丧失投资水利的积极性，也无法组织起来，只能通过政府进行投资，但是政府投资严重不足，而且在农业税费时代以来水利历史欠账严重，水利是政府治理农业的重点领域	县乡中小型水利设施为地方资本全面控制，与农民种田用水产生严重冲突
农技推广与服务	保留了一些政府职能，但是出现了市场化改革的趋势	国家加大对农机服务转移支付的力度，通过项目化的方式进行扶持，但是农技站日渐不务正业，变成一个技物结合的市场主体
种子供应	全面市场化，政府干预比较少，仅仅作为市场的守夜人	农资店泛滥，笔者在农村调查时，原来一个乡镇上的农资店在2000年左右也就2家，2013年之后，已经少则七八家，多则十几家，几乎想开农资店都可以，这极大地增加了农民的负担
农药	全面市场化，政府基本上丧失了干预能力，仅仅作为市场的守夜人	外资农药迅速进入中国市场，凭借先进的技术优势，已经主导并引领中国农药市场，农药价格随之节节攀升，隐忧极大
肥料	大部分肥料生产与流通市场化，少部分肥料实行指导性的补贴	和其他农资一样，基层市场大量的肥料农资店成立

续表

领域	税费改革之后全面市场化，政府治理职能发生变化	兴起的经济主体或利益主体
粮食流通	政府兜底，市场运作；从2005年开始建立最低收购价——粮食代储制度，对粮食流通进行指导性调控；粮站和地方粮食局基本上没什么作用，大量被私人承包	实行双轨制，一方面是粮食代储企业在国家的补贴下进行收购，另外大量的粮食加工企业也进入市场收购。连接这二者的是乡村大量的粮贩子。国家保护价经常难以有效执行，代储企业和企业经常相互勾结，压榨农民
农业保险	从2005年开始，随着大户的兴起，农业风险的加大，在种植业和养殖业先后出现政策性保险，后来养殖业实现完全市场化	政策性保险企业成立，在国家政策性保险的框架下化解农业风险，但是这个市场还远远没有成熟
农业产出分配	取消农业税费	国家和地方政府不再提取农业税费，按照道理说是一个好事情，但是农民开始接受其他强势市场主体的残酷剥削，农业领域的利润实际上在加速外流，农民所得甚少，并且情况日趋严重
国家与农民关系	通过粮食补贴等方式发生直接关系，而且这种普惠制的补贴并不是在农民和国家之间建立严格的对应关系；但是制度性关联的渠道越来越少；通过项目下乡等方式为农民提供的公共服务；税费改革之后国家与农民（小农）的关系越来越远；原来诸多层面的国家与农民关系的管道被市场所替代，在这个过程中，农民发生分化。国家与农民关系全面松散化，国家农业利好政策的利益主体越来越多地是资本、大户和地方政府，以及市场上的强势市场主体，比如粮食加工收购企业、保险企业、生产资料企业、种植业企业以及一些合作社，进入农业领域的其他资本等	

续表

领域	税费改革之后全面市场化，政府治理职能发生变化	兴起的经济主体或利益主体
农业治理模式	技术性治理，谁是农民已经很模糊，农民也在发生分化，国家只能是选择性地与一部分农民发生关系，在新的技术治理模式下，这些农民越来越多的是资本和大户，小户似乎越来越多地淡出了国家治理视野。国家越来越难以直面小农，而地方政府因为在完成国家的治理目标时与小农的交易成本高，进而小农也成为他们抛弃的对象。地方政府在执行国家的责任目标时，开始通过项目制的形式，与资本、大户之间建立契约性的关系，帮助资本从农民手中流转土地，对这些强势经营主体进行扶持	

结合表4-1至表4-3，我们可以发现，原来很多由政府直接治理的农业领域日渐交给了市场，政府从这些领域中退出来，政府向后退出一个领域，市场就向前扩张一个领域。政府退出的领域通过市场机制来运作，正是市场向诸多领域不断扩张的过程中，在这些市场领域出现了新兴的市场主体，这些市场主体经历一个从初步发育到壮大成熟的过程，而且新兴的农业经济主体不断出现。

比如在种植业领域先后出现种粮大户、企业、合作社；在生猪生产领域，基本上目前都是由生猪生产大户、生产小区以及企业在经营，散户已经比较少了。在农资经销领域，出现了极多的农资店；在粮食加工流通领域，一方面出现了很多有国家补贴的代储企业，另一方面还存在极多的中小型大米加工企业，连接这些企业与农民的，是很多的粮贩；在保险领域，出现了保险企业等；在社会化服务领域，出现了很多农机合作社及农机手，专门进行农业领域的社会化服务等；在金融领域，开始出现了村镇银行。

也就是说，在农业经济改革的过程中，新兴的市场主体不断出现。在本书后文的分析中会发现，这些新兴市场主体的经济行为特征对于国家所制定的农业规划的实现，对于地方政府执行国家农业规划的政府行为都会产生深远影响。当前国家治理农业，正是在这个市场主体的"包围"之中进行治理、协调、指导、补贴等。显然，要想对国家治理农业进行分析，就必须仔细琢磨这些经济主体的行为特征和经济属性，因为他们构成治理农业的对象。

如果说市场边界扩张，政府边界收缩代表了农业治理转型的一个基本面的话（可以归结为治理对象的转型），那么治理对象层面的变化就要求政府的农业治理方式实现全面调整，即从原来计划指令、直接行政干预的模式，转化到能与市场主体更加灵活、有效地沟通与交易的治理模式。正是这个农业领域全面市场化的过程，减少了政府通过行政指令干预粮食生产要素的领域与空间，而农业又是国民经济的基础行业和战略性产业，保证粮食生产的稳定和提供充足的粮食是国家的基本职责。因而虽然国家试图将其战略意图贯彻于农业经济运行过程中，但是在市场边界扩大的情况下，政府已经不能对农业领域通过行政指令进行直接控制，而只能通过"项目制"这种能够沟通政府意志与市场经济主体的实践模式来对农业进行控制，这正是本书第二章所分析的——农业的项目化治理的又一个根本原因。

政府与市场边界的动态变化重构了农业经济的微观市场主体，构成农业治理转型的微观基础，这使得政府与农民之间的关系发生变革，政府不再能够直接干预农业经济主体的经济行为，政府意志与农民按照市场机制进行生产经营活动的冲突不可避免。下面笔者通过产前的种子、农药等农资生产要素，产后的粮食流通以及粮食价格的市场化等变化，分析其对于粮食生产的利润率与比较收益的影响。这些影响最终都会转化到农民对产中环节的态度——粮食生产决策行为与耕作模式选择的影响，并表现为农户对劳动力的安排，对耕作制度的安排，与政府发展粮食生产、扩大播种面积和复种指数的冲突上。下面笔者结合经验调研材料，对农业生产要素市场的这个变化过程进行归纳。

一、种子生产与经销体系的变化

笔者在栏垅乡调研时重点关注的方面就是农技推广和农资销售方面的问题。农资这个领域是农业生产的关键，是农业生产资料商品化、市场化的关键。当前的农业生产和传统的农业生产方式的一个十分不同的方面就是农资销售的市场化、商品化,也正是因为农资成为农业生产成本的大宗,农资销售体系的变革推动了农业生产方式的变革。笔者一个直观的感觉就是,农资销售的市场化、国际化,运作体系的资本化,正在日益将中国的农业生产推向高风险的境地。或许农资的"生产—销售"体系的变革是改变种田收益模式的关键。下面笔者首先分析从人民公社时代以来种子的生产与经销体系的变化,这种比较能够非常清晰地呈现出种子生产与经销过程的变化。

(1)人民公社时代,农民通过植保体系培育种子。人民公社时代的种子生产和销售与今天的最大不同就是,当时的种子生产被纳入人民公社的体制当中,种子的供应主要是国家提供技术和平台,县、乡、村、组各级行政部门密切对接,发动群众的力量解决种子的供应问题。

栏垅乡农资店的老板周厚生向笔者反映,在人民公社时代,种子的生产是通过县—乡—村—组四级种子植保队的密切配合来完成的。那个时候每个生产队都有植保队,每个生产队都有植保员。当时的植保员就相当于当时的民办教师和赤脚医生,以及文艺宣传队员。作为生产队的一个成员,他们并不用和普通村民那样参加生产劳动,他们的职责就是培育种子、病虫测报、农技的上传下达等,其中种子培育就是他们的主要职责,这些植保员往往有一定的文化水平,他们不参加生产队的劳动,但是生产队要给他们计工分。各生产队的植保员组成生产大队的植保队,植保队由乡植保队、人民公社的农办领导。乡农办在当时的一个重要职责就是培育种子。比如栏垅乡当时主要的种子是由公社的植保队所培育的,一般用8斤稻谷换1斤种子。当时的栏垅乡首先是通过上级组织前往海南岛参加植保培训①,学习到全国先进的技术之后,再回到本地培育。在本地先租用一块农田,由植保队培育,培育出来的种子由农办统一和农户交换,用8~10斤稻谷换1斤种子。可以看出,当时的种子生产由农民自己解决,通过人民公社的制度体系来运作,公社、大队、小队高度整合,有效

---

① 当时全国各地农技人员在海南岛参加种子植保是一个非常普遍的事情,因为海南岛的气温比较好,适合种子的培育,各省都组织人员在当地学习培育种子的技术,先是在当地租用一块地,然后学习种子培育技术,实验和学习3~5年之后,就回到本地培育种子。

对接。尽管当时的种子产量比较低,但是效率还是非常高的,农民通过自己植保的办法,解决了种子的低成本生产问题。在当时选种技术不甚发达的情况下,这个组织体系无疑是高效的。

(2)分田到户之后,种子培育、经销体系发生了变迁。1982年,人民公社体制瓦解之后,原有植保体系也宣告瓦解,因为不可能继续通过公社—大队—小队的植保队体系为农民培育种子,因而农民自己培育种子的组织体系也宣告瓦解。从这个时候开始,种子的培育开始来自外地,先后经历了由供销社、种子公司、农技站、个体户等经营主体经销的变迁。在这个过程中,种子的"生产—经销"体系日益走向混乱,种子的价格不断被抬高。

种子经销领域的局面就是鱼龙混杂,由外资主导。现在主要是通过农资执法大队来维持市场秩序,但是笔者认为,面对全县范围内大大小小不少于300家的农资店,县农资执法大队、种子执法大队怎么可能应对得来呢?另有学者称,外资已经在种子生产领域日益处于垄断地位[①]。

二、农药市场发生巨变,种田的农药成本已经失控

笔者初到本地调研农资市场时,印象最深的是在市、县、镇这三级,依然形成了封闭运作的农资经销网络,从2004年外资农药主导国内市场以来,农药市场的结构发生剧烈变化。

材料4-1 访谈湖镇主管农业的领导

农药现在不得了,全部实行超市经销模式,全垄断制,和高档化工品一样,一个乡镇只有一家经销商,限制降低价格,这样通过形成封闭的经销网络就形成了霸王价格。稻腾、垄歌、康宽等农药都是这样。一包小小的药水,原来卖六元,现在要卖七八元。现在他们的农药很吃香,既能治一化螟虫,也能治二化螟虫,效果好,药效长,原来国产的高度农药要打五六次,现在打一两次就行了,大大节约了劳动强度。正是因为现在卖农药的利润高,这些农资经销商对卖化肥没有兴趣,而对卖农药则非常感兴

---

① 李昌平.农产品武器化趋势下的种子殖民化[EB/OL].三农中国网.

趣。正是因为他们垄断价格,种田的生产成本高了。垄歌、康宽等农药的成本只有3元,因为他们有好的科技效果,所以卖价高。农药价格不断攀升,这也是老百姓不肯种田的原因,因为种田的成本大幅度提高。

笔者在农村调研时发现,农药价格大幅度攀升是2008年之后的事情。2000年以前,种一亩田可能只需要不到10块钱的农药成本,现在已经涨到了每亩50多块钱,而晚稻和一季稻的农药成本更是在每亩70～80块。最近20多年来农药市场的巨变表现在两个方面:一是农药品牌的变革,外资农药引领市场,国产农药丧失主体地位;二是农药经销网络的变革,即封闭的农药经销网络形成,农药出现价格垄断,农民使用农药的成本升高。

农药品牌的市场结构也发生了巨变。最近10多年,农药市场结构发生了革命性变化。因为中国南方水稻产区耕作制度发生变化(从双季稻到一季稻),导致虫情出现演变①,原来国产高毒农药已经没有办法有效克服虫情,面对钻心虫和卷叶虫的大爆发,打6～7次国产农药对于制服这些害虫都无济于事。后来引进德国拜耳公司的锐劲特之后情况得到控制,因而在2008年的前几年,锐劲特极为火爆,几乎每家农资店都在卖锐劲特。后因锐劲特在消灭害虫时也将田间的几乎所有微生物和生物也一并消灭,对生态极不友好,从2008年左右开始退市。

接下来是美国杜邦公司的康宽和德国拜耳公司的稻腾引领市场的时代。康宽一上市,价格就远远高于过去的农药,比如说原来的农药出厂价是一包2块钱,康宽则是5块钱,到了2013年的时候,几乎涨到一包9块钱。在国产农药一片颓势的情况下,外资农药引领市场格局②,这是农药成本上涨的根本原因,而且国家没有办法进行调控,原因在于经销网络发

---

① 因为耕作制度出现变迁之后,农户种一季稻和种双季稻的节奏没有办法协调统一,一季稻与双季稻混杂之后,造成打农药时存在大量的虫子可以借助这种耕作制度的混杂而"搭桥",即虫子具有了逃避农药药效的空间。

② 外资引领农药市场的格局依靠的是技术优势,农药代理商在谈这个问题的时候为中国的农业忧虑,这些农药中除了有杀虫成分之外,是否还有其他成分?因为杜邦公司的农药,打到稻子上的时候,是可以渗透到禾苗当中去的,那么这些农药是否会渗透到稻谷当中去?对粮食的质量有何影响?不得而知。这也是笔者对当前农药市场的一个忧虑。

生了巨变。

农资流通体制改革诱发了微观经销网络的变革。在外资农药引领中国农药市场的同时,中国乡村农药流通市场的结构也在发生演变,新的"代理—经销"网络为了追求利润,极大地抬高了农药的市场价格。原来的农药市场几乎是一个完全竞争的市场,但是自从杜邦公司的康宽上市之后,就形成了一个特定品牌的独家代理和独家经销,现在的农药市场是一个垄断竞争的市场。以杜邦公司的康宽为例,一个县级单位只有一个代理商,一个乡镇只有一个经销商,代理商和经销商在乡镇这个层次上进行单一对接,这样对康宽的销售就在县与乡之间形成了一个封闭的经销网络,乡镇的经销商在县域范围内只有一个地方可以进货,而在一个乡镇只有一家卖此产品。这样农药的市场价格就被控制起来,乡镇的经销商可以控制价格,因为是独家经销,就不存在竞争对手压低价格。自从杜邦的康宽采取这种策略之后,几乎其他所有国外农药,还有部分国产农药都采取这种策略。对特定农药品牌的垄断、封闭性经销网络的形成,是抬高农药价格的根本原因。还是以康宽为例,厂家销售到县级代理商的价格是5元,那么乡镇的经销商则卖到7元,最近几年出厂价稳定在5元左右,但是乡镇上的价格则一路攀升,从7元到8元,再到2013年的9元,乡镇经销商的利润空间在大幅度攀升,进而抬高了农药的价格,抬高了农民的生产成本。

基层市场上农药经销网络出现这种变化与农药的流通体制改革有关。在2002年左右开始农资流通体制改革之后,经销农资成为一门可以赚钱的生意,在乡镇上开一个农资店,一年轻轻松松赚个10多万元,对于很多农民来讲是极有吸引力的事情。于是从2002年到2013年的10多年间,乡镇基层市场上的农资店如雨后春笋般地出现,几乎是只要愿意,人人都可以开农资店。原来一个镇上只有一家供销社,现在一个镇上有七八家,甚至十几、二十家的都有,在市场容量有限的情况下,农资店之间竞争激烈。为了生存,农资店在数量增加的同时,必定要求利润空间抬高。农资店的这种诉求在康宽上市的时候被实现:很多乡镇经销商向厂家提要求,认为在此之前推动锐劲特上市的时候,所有的农资店都卖,结果价格竞争激烈,没有赚到钱;现在新产品上市,本店保证给厂家卖多少产品，但是必须保证在一个乡镇上独家经销。厂家为了推新产品上市，只有接受经销商的这种要求，于是形成县、乡市场上农资经销的这种封闭网络。其他产品如稻腾、垄歌，甚至是国产农药都纷纷效仿。简而言之，乡镇上的农资经销店大量出现，原来由一个农资店经营的市场份额，现在由10家农资店来分割，竞争激烈，抬高利润才有生存空间，这种诉求是通过县、乡农药市场上封闭的经销网络的形成来实现的。从此农药的经销变成了垄断竞争，农药的品牌开始多如牛毛，有些一个厂家生产的同样的农药，也要打几个不同的品牌，以实现市场区分，分别给不同的乡镇经销商经营，目的是欺骗农民，不发生价格竞争，进而抬高价格，获取高额利润。

正是因为农药的经销已经完全市场化，国产农药也好，外资农药也罢，都形成了这种封闭的经销网络，垄断价格，不断抬高价格，导致农药在水稻生产的过程中成本上涨了十几倍。对于这种对粮食生产严重不利的趋势，地方政府已经没有办法干预，农民种粮的积极性因农药价格不断上涨而被冲刷，政府则是爱莫能助。

三、为什么粮食最低收购价不能保护种粮的积极性？

自2012年开始，南方水稻种植区的稻谷市场价格持续下滑，2013年早稻收割后不久，在湖南等省份启动了稻谷最低收购价预案，但是调查发现，这一预案并不能保护农民种粮的积极性，农民种粮的积极性依然受到严重打击。

（一）国际粮食市场的冲击，导致粮食的市场价格持续下跌

从2012年开始，通过中粮集团粮食进口以及部分商人违法边境走私等方式，越南大米大量进入中国，对南方水稻种植区产生了严重冲击。大致的过程是，越南大米因为价格低，据说在越南本地的出厂价每斤只要1.2~1.3元，远远低于国内大米价格，国内最普通的大米价格也在2元左右，这个价格差导致了严重的市场投机行为：很多大米经销商从边境口岸以低成本的价格将越南大米运回国内之后，与国内大米混合在一起卖，充当国内大米，以2元甚至更高的价格销售，这其中的价格差是巨大的，所以国内的大米经销商有极大的积极性经销越南大米。2013年，保守估

计,越南大米运往国内的数量有 70 万～80 万吨,如果以 1 斤越南大米兑 10 斤国内大米的方式进行销售的话,那就形成了 700 万～800 万吨的市场。由于大米的国内市场需求本来就具有刚性,现在市场受到越南大米的挤压之后,整个南方水稻种植区的国内大米销售受阻,进而导致稻谷滞销,价格持续不振。

就湖南省本地而言,2013 年还有一个影响水稻市场价格的因素是"湖南镉大米超标事件",《南方都市报》根据几个矿产区的调查资料,制造舆论说湖南大米存在严重的镉超标问题。镉是一种会致癌的微量元素,这个消息传开之后,整个东南沿海——湖南大米的主要销售地区,产生了轩然大波,消费者不愿意再购买湖南大米,很多大米批发市场不再收购湖南大米,而大米经销商也打出"今天不卖湖南米"的牌子,这使得原本就持续疲软的湖南大米的市场价格雪上加霜。

2012—2013 年,这两个事件的持续发酵导致湖南①水稻种植区稻谷的价格持续疲软。比如说 2012 年 10 月—2013 年 6 月,在新谷上市之前,按照往年的规律,这个时期一般是稻谷价格呈逐步上涨的趋势,但是事实情况却是稻谷的市场价格持续走低,从每 100 斤 132 元左右一直下跌到每 100 斤 110 元左右。

在这样的背景下,2013 年国家启动了水稻最低收购价预案。那么具体的执行效果怎样呢?能缓解市场的不利状况吗?效果差强人意。

国家虽然出台了粮食保护价,但是在市场因素的作用下,国家的这种保护作用也是微乎其微,被市场因素冲抵掉了。越南大米事件以及 2013 年的镉大米事件,直接导致湖南的稻谷收购出现严重困境,代储企业不可能解决市场压力的问题。

市场因素导致国家收购价和市场价之间产生巨大落差②,市场上的大米加工企业不敢收购粮食,而代储企业最多能够收购粮食总产量的

---

① 湖南省是中国水稻生产第一省。
② 2013 年 7 月份左右启动水稻最低收购价预案的时候,国家收购价是每 100 斤 130 元,市场价只有每 100 斤 110 元。

30%,即便收购了这30%,依然还是无法对市场产生托底的保护作用,因为市场主体——大米加工企业收购的粮食毕竟要占大头,他们得不到国家的政策优惠,如果收购稻谷的话,他们就要亏本,所以他们收购的积极性下降。这样即便国家出台了稻谷最低价的收储政策,但是因为市场环境已经被越南大米和镉大米超标事件所破坏,整个大米收购市场的疲软,稻谷滞销,代储企业的仓库容量不够,无法对农民的稻谷完全敞开收购,而只能收购一部分,所以依然还是有很多农户的稻谷无法按照国家的最低收购价出售,而只能以远远低于保护价的市场价格出售,进而导致最低收购价政策无法有效保护农民。这其中还有如下三层逻辑。

一是市场价格与国家保护价格的矛盾。市场价格远远低于国家保护价格。国家保护价格预案启动之后,能够收购的粮食数量是有限的。粮食代储企业在国家政策的引导下只能收购一部分稻谷。而没有得到国家政策优惠的大米加工企业不敢随便收购,2013年90%以上的中小大米加工企业停产、观望,或者贩卖、掺兑越南大米。当大量的大米加工企业和收购企业不参与粮食收购时,粮食流通市场上稻谷的收购需求严重不足,市场价格没有办法反弹。

二是粮食收购市场上的结构限制。代储企业只能收购新谷的30%左右,剩下的70%需要中小大米加工企业收购、流通、加工、经销。二者享受的政策待遇不同,代储企业能够得到国家最低收购价的保护,中小大米加工企业则没有这个优势,只能跟着市场形势走。代储企业可以按照国家的保护价(在2013年远远高于市场价)收购,但是中小大米加工企业如果也按照保护价收购的话,他们就要亏本。如果他们按照市场价收购的话,农民没有谁愿意低价把稻谷卖给他们,所以这些代储企业在国家启动最低收购价的时候无法收到稻谷。在国家保护价执行预案结束的时候,稻谷价格重新回到市场价,那些没有在最低收购价预案执行期间把粮食卖出去的农民只能低价出售。因为国家代储企业不可能把所有的稻谷都按照保护价收购,而是只能收购30%,这决定了剩下的稻谷还是要按照市场价交易,只不过国家的最低收购价的执行在一定的程度上抬高了市场价,但是从2013年的实践情况来看,效果并不明显,市场价依然还是远远低于保护价,比如保护价为每100斤132元,很多农户是按照每100

斤 120 元左右出售的,甚至更低。

三是因为市场因素的冲击,稻米市场价格改变,大米加工企业收购的积极性不高。代储企业能够收购的粮食有限,剩下的还是要大米加工企业收购。大米加工企业收购的话,只能按照市场价格收购,但市场价格远远低于国家保护价,那些没有来得及把稻谷卖给代储企业的农户,没有来得及享受政策待遇的农户,就只有以远远低于保护价的市场价格将粮食卖给大米加工企业,即便这样,很多大米加工企业现在根本就不收购粮食。比如说在 2013 年,因为粮食的市场价格一路下跌,在 7 月份以每 100 斤 120 元收购的话,可能到了 9 月份,市场价格降到每 100 斤 110 元,这些前期收购了稻谷的大米加工企业还要亏本。所以在市场预期持续疲软的情况下,他们不敢收购,因此农户要么以远远低于保护价格的市场价格出售,要么从 2012 年晚稻收割开始,就把家里所有的房屋都装满稻谷,等到价格好转时再卖,这一等不知道要等多少年,而且陈谷的价格要明显低于新谷的价格。

(二) 粮食代储体制的弊端导致粮食保护价的执行经常失灵

2013 年 7 月份,笔者在当地调研时,南方水稻种植区早稻的收割已经接近尾声,很多新闻媒体都在报道的一件事情是早稻收割之后,因为稻谷市场价格远远低于国家保护价格,农民普遍担心稻谷卖不出去,导致农民种粮积极性的下降,很多农民特别是种粮大户表示,在农资、人工、地租都在快速上涨的背景下,2013 年的粮食价格却和前一年基本持平,明年再继续种粮已经没有什么意思。下面笔者试图从当前粮食收储市场结构的角度来分析:为什么在国家 2013 年出台每 100 斤 132 元早稻收购保护价的情况下,农民的种粮积极性依然在下降?

粮食托市收购价政策是从 2005 年开始的。国家投入大笔资金实行粮食最低收购价的目的是稳定粮食市场,实行托市收购,当市场上粮食价格低于保护价格时启动最低收购预案,进而稳定粮食价格,保证农民种粮的积极性。

但是据笔者在平晚县的调研,早稻收割一个多星期以来,市场价格往往要低于当年早稻保护价格:2013 年的早稻保护价格是每 100 斤 132

元,但是早稻的晒场交易价格一般在每 100 斤 120 元左右,要远远低于每 100 斤 132 元的保护价格,这其中的原因是什么呢?

有人可能会认为是因为 2013 年受越南大米进口冲击,本地稻谷的市场收购价格受到影响,应该说,越南大米进口对于粮食价格是有一定的影响,越南大米价格卖到平晚县是 1.68 元/斤,而本地大米的成本价(2012 年稻谷一百斤 128 元)最少是 1.82 元/斤。大米零售商普遍愿意经销越南大米而不愿意经销本地大米,这样越南大米的进入挤压了本地大米和稻谷的市场空间,进而影响稻谷的销售价格。越南进口大米的冲击在非托市收购期间会有明显影响。

现在的问题在于:按照粮食收储政策,中储粮下属国库以及代储企业在敞开收购时,市场上粮食收购价格应该最少在每 100 斤 132 元才对。一方面,国库按照保护价格收购粮食,另一方面,在市面上,不具有收储资格的企业如果收购价格没有达到每 100 斤 132 元,农民不会把稻谷卖给他们。也就是说,在收储政策发挥作用的期限之内,粮食收购的市场价格应该在每 100 斤 132 元或者以上,那么为什么现在的价格却只有每 100 斤 120 元呢?从政策的出发点来讲,国家的粮食收储政策是可以在新谷上市时平抑市场对农民的不利影响,但是目前我们看到政策效应发挥的作用很有限。

还有人可能会认为是粮贩子从中作梗。但显而易见的是,粮贩子从农民手上收购粮食的价格是每 100 斤 120 元,然后以每 100 斤 132 元的价格卖给国库,这样每 100 斤就可以赚取 12 元的利差,当这个现象普遍存在的时候,显然听起来有些不太现实:一亩田产 800 斤早稻的话,粮贩子从中要捞取 96 元的利润,10 亩田就是 960 元,或许没有哪个农民会愿意接受这种宰割。现在农村粮贩子多的是,当他们有 12 元的利差空间可以选择的时候,笔者认为粮贩子的收购价格肯定会有差异的。

笔者认为,农民在目前之所以以每 100 斤 120 元的价格卖给粮贩子,其中的重要原因不仅仅是因为越南大米的影响,也不仅仅是因为粮贩子的贪婪,而是因为有某种结构性的因素压低了粮食市场价格。

笔者认为,这个结构性因素就是已经异化了的粮食收储体制以及粮食最低价收购政策。众所周知,朱镕基总理任职期间,曾经试图对原本已经异化了的粮食保护价格体制进行整改。当时粮食收储体制的一个重要弊端就是,很多县乡粮食局下属的各个粮站之间"转圈套",平时根本就没有达到国家收购任务的粮站,将国家的收购贷款挪作他用或搞投资,在应付上级检查时,各个粮站之间相互调用、补仓,甚至用陈粮代替新粮,骗取国家的贴息贷款、收储费用以及保管费用,给国家造成极大损失。最后的政策改革就是将县级粮食局管辖的粮站全部砍掉,粮食收储政策改革的方向就变成今天的收储体系:由中储粮、具有收储资格的大型国有粮食收购企业进行收购,另外,中储粮和这些大型国有粮食收购企业往往将粮食收购指标任务分发给县、市的粮食大米加工龙头企业代储,由国家支付银行利息、收购费用和保管费用,每隔几年将仓库的粮食轮换、拍卖。但是改制后的收储体制并没有改变原来收储体制所存在的弊端,反而是变本加厉,表现在如下几个方面。

一是不按照政策收购,而是违规操作。比如一个代储企业,国家分配的收储任务是2000万吨,并配套相应的银行贷款和保管费用,在启动最低收购预案时,代储企业按照保护价收储1000万吨,等最低收购期结束、价格低于保护价格之后再补仓1000万吨,这样就相当于是违规操作,损害了农民利益,赚得了价差,在粮食最低收购价启动的时候,没有按照国家所要求的数量和最低收购价格敞开收购,没有有效起到托市的作用,减少了最低收购价格的收购量。

二是国库委托县、乡等的大型大米加工企业代储,代储企业压低价格,使市场价格被人为压低。国家给中储粮下属国库分配收购指标,这些大型国库当然是按照保护价收购,但是其分公司不可能全部自己下农村收购,而是委托代储企业代收,这些代储企业要靠收储来盈利、过日子,因而他们不可能按照最低收购价格收购。以2013年为例,国家保护价是每100斤132元,但是到了代储企业那里,很有可能就被压低到每100斤125元,农民和粮贩子把粮食卖到这些代储企业,都是按照每100斤125元的价格收购,这样代储企业在其中压低了市场价格。

三是大型国库和代储企业之间玩"转圈粮"的猫腻,以陈谷代替新谷,大规模地减少了按照最低收购价格收购新谷的收购量。比如说某国库在2010年收了2000万吨稻谷,到了2013年(最低收购价为每100斤132元),这批稻谷要换仓,以每100斤90元的价格进入市场,国库将这批稻谷卖给与其有合作关系的代储企业,在账面上有财务的变动,但是实际上这批稻谷根本就没有出仓,而是依然留在国库,由代储企业以新谷的名义卖给国库,并被当作国库当年收购的新谷,来冲抵2013年的新谷收购任务。这样就有了90元和132元之间42元的价差,由国库和代储企业作为利润分割,亏损的是国家。这样,2013年由于有大量的陈谷代替新谷进入仓库,实际上国库以最低收购价格收购的稻谷数量就大大减少了。农民再次利益受损:国家出了钱,农民没有得到实惠。农民大量的新谷没有办法按照最低收购价格进入国库,而是在市场价格一直没有办法上涨之后,迫不得已以低价卖出。

实际上,每年国库收购和代储的粮食大致占新谷的30%,只要国家能够按照最低收购价收购这30%,就能起到稳定市场的作用,但是由于目前的粮食收储体制出现的这种问题,导致市场价格疲软,受"国库-代储企业-粮贩子"这个利益共同体的影响,国家最低收购价格政策在执行过程中被极度扭曲。由于国库和代储企业实际上按照最低收购价格收购的新谷数量在逐年下降,农民的新谷只能通过中小大米加工企业来吸纳,中小大米加工企业可吸纳每年新谷的70%左右。在保护价没有办法起到托市的作用时,这些中小大米加工企业的收购价也是远远低于最低收购价的。但现在的问题是,目前的中小大米加工企业因为受到越南大米的冲击,日子也很难过,当90%的中小大米加工企业不开工,持观望的态度时,当年的粮食滞销情况可能导致的负面影响非常严重。

国家的粮食保护价是用来起托底作用的,通过市场化的方式运作,由粮食代储企业来执行。因为粮食代储企业无法得到有效监管,在牟利性冲动下,不惜违规操作,导致农民种粮积极性下降,究竟谁能保护农民种粮的积极性?地方政府对这样的事情能有什么办法呢?毕竟现在不是由粮站收购粮食的时代,从2012年开始,后两年的粮食价格一路下跌,严重挫伤了农民种粮的积极性,这也成为地方政府发展粮食生产过程中很心焦的事情。但是面对这种情况,他们也没有办法。所以政府给农民做工作,要农民配合政府多种粮食,多种双季稻,但却被农民当成是"瞎指挥",抵触情绪极大。

通过对产前的农资、产后的粮食生产价格做了一番分析,就对影响产中粮食生产环节的比较收益的结构性约束有了了解,这就为理解农民生计模式选择以及耕作模式选择打下了基础。

第二节 农民当前的生计模式

为了解本地农业生产的基本情况,笔者选择了3个不同乡镇的3个生产小组进行了全面调查,将这3个小组农业人口的基本情况、从事种植业的基本情况以及生计模式做了统计。通过分析表4-4,可以重点关注下面几组数字。

一是农业人口老龄化的情况。表4-4中显示,3个小组有劳动能力的人口分别是71人、48人、78人,但是从事种植业的人口分别是27人、14人、18人,总共是59人,50岁以上从事种植业的人数是40人,50岁以下的只有19人,40岁以下的只有3人。也就是说,青壮年人口基本上不在家从事种植业,在家务农的主要是50~70岁的老龄人口。正是因为如此,当地政府干部在忧虑再过几年等这些50多岁的人都成为无基本劳动能力的人口,"谁来种田"是个问题,从现在开始要培养种粮大户,来解决"有田无人种"的问题。

二是农业劳动力主要不投入在种植业领域。2013年上半年,笔者在平晚县3个乡镇系统调查时发现,3个村民小组共有79户,农业人口为313人,人均水田面积为0.665亩。目前尚有一定劳动能力者为197人,占总人口的62.9%,其中尚涉及种植的(绝大部分属兼营)劳力为59人,占总劳力29.9%。在涉及种植的劳力中,40岁以下3人,占5.1%;41~50岁16人,占27.1%;51~60岁12人,占20.3%;61~70岁20人,占33.9%;70岁以上8人,占13.6%。在农业总人口平均每人10498.2元年纯收入中,种植业纯收入人口平均685.9元,占人口平均总纯收入10498.2元的6.53%;经商纯收入人口平均2044元,占人口平均纯收入的 19.47%；办厂加工纯收入人口平均 51 元，占人口平均纯收入的 0.49%；打工纯收入人口平均 6466 元，占人口平均纯收入的 61.59%；做手艺活纯收入人口平均 380.2 元，占人口平均纯收入的 3.62%；存款利息和国家补贴、福利纯收入 606.1 元，占人口平均纯收入的 5.77%；其他纯收入 265 元，占人口平均纯收入的 2.53%。

表 4-4　粮食生产与农民生计情况调研

村名	组名	户数/户	水田面积/亩	旱土面积/亩	学生和儿童人口/人	无基本劳动能力的老弱病残人口/人	农业户口中 有劳动能力的人口/人	合计人口/人	耕种耕地/亩	有劳动能力的人口从事种植业年龄结构情况 41~50岁/人	51~60岁/人	61~70岁/人	70岁以上/人	40岁以下/人	小计/人
富强	南阳	35	111.6	9	43	7	71	121	119	8	5	12	2	0	27
石碧	肖家堰	13	56.6	2.7	15	6	48	69	59.3	3	1	5	5	0	14
双泉	洪山	31	87.33	9.72	39	6	78	123	29.9	5	6	3	1	3	18
—	—	79	255.53	21.42	97	19	197	313	208.2	16	12	20	8	3	59
—	—	—	—	—	—	—	占总人口 63%	户平均 3.96	人平均 0.665亩	0.27	0.203	0.339	0.136	0.051	占总劳力 29.9%

以上情况表明：绝大多数农业人口依靠本乡本土的农业生产收入份额已经极少，本乡本土的农业生产收入已经无法支撑绝大多数农业人口的正常生活。与此同时，涉及种植的劳动力比例已经少于 30%，而且 60 岁以上种植劳动者超过 47%。当前从事农业生产的都是上了年纪的老

年人,40～60岁的占了47.4%,而60岁以上的占了47.5%。很显然,当前农村的耕地主要是生存性、保障性的,保障这些老年劳动力的生存,保障他们的基本生存。

当地种田的青壮年人口极少,那么当地农民现在都在干什么呢?再看下面表4-5的数据。通过对表4-5的分析发现,那些不从事种植业的劳动力主要从事的工作有经商、办厂、加工、打工、做手艺活等,非种植业收入已经成为农民收入的主要来源,种植业收入基本上已经微不足道,而且与种植业相比,非种植业收入的家庭人均收入远远要高。

表4-5 非种植业行业的分布及其收入情况

乡镇	本户经商人员			本户办厂、加工		本户打工		本户做手艺		存款利息和国家补贴福利纯收入/万元	其他纯收入/万元	非种植业年纯收入小计/万元	种植业年纯收入小计/万元	非种植业和种植业年纯收入合计/万元
	人数/人	年产值	年纯收入/万元	人数/人	年纯收入/人万元	人数/人	年纯收入/万元	人数/人	年纯收入/万元					
溪江	12	—	21.7	1	1.6	26	56.4	4	7.9	1.7	3.5	92.8	11.28	—
界牌	13	—	36.3	—	—	21	48	—	—	3.17	1.3	88.77	7.81	
金兰	4	—	6	—	—	46	98	2	4	14.1	3.5	125.6	2.38	
合计	29	—	64	1	1.6	93	202.4	6	11.9	19	8.3	307.17	21.47	328.64
按总人口平均	2044	—	51		6466		380.2		606	265	9813.7	685.9	10499.7
占人口平均纯收入/(%)	19.46	—	0.5	—	61.58	—	3.62		5.78	2.52	93.47	6.53	—

三是一般农户的劳动力投入在种植业与劳动力投入在非种植业的收益差异太大。表4-6及表4-7显示,3个小组在家从事种植业的人均纯收

入维持在5000元左右,而非种植业的收入,无论是经商、办厂加工、打工人员,还是做手艺活的人员,人均纯收入都在1.5万~2万元,几乎是从事种植业人均纯收入的3倍。

农业劳动力,尤其是青壮年劳动力不愿意将劳动力过多地投入到种植业生产领域,而仅仅是试图通过少量的劳动力投入维持口粮,这是绝大多数农户的想法,一般的农户(种粮大户除外),几乎很少有人打算将粮食生产作为主要的劳动力投入领域和作为主要的生计来源。而为争取产粮先进县奖励的地方政府则希望播种面积多多益善,农户在种植业领域上的劳动力投入越多,则越有利于政府完成粮食生产政治任务。二者之间就不可避免地存在利益冲突,即政府的粮食安全责任目标与农民生计模式之间的利益冲突。下一节围绕双季稻生产重点论证这个问题。

表 4-6 有劳动能力的人口从事种植业的产量、产值、纯收入情况

乡镇	耕种耕地面积/亩	双季稻			一季稻			油菜			蔬菜			其他作物		种植业合计纯收入/万元
		面积/亩	毛收入/万元	纯收入/万元	面积/亩	毛收入/万元	纯收入/万元	面积/亩	毛收入/万元	纯收入/万元	面积/亩	毛收入/万元	纯收入/万元	面积/亩	纯收入/万元	
溪江	119	91	18.9	5.9	21	3.3	1.23	50	6.2	2.65	7	2.5	1.5	—	—	11.28
界牌	59.3	43	9.02	2.98	14	2.3	1.03	20	2	1.2	1.3	2.6	1.3	—	1.3	7.81
金兰	29.9	—	—	—	27	4	1.1	19	1.5	0.98	—	—	—	2.9	0.3	2.38
合计	208.2	134	27.9	8.88	62	9.6	3.36	89	9.7	4.83	8.3	5.1	2.8	2.9	1.6	21.47

注:人口平均收入为685.9元,占人口平均总纯收入的6.5%。

表 4-7 不同行业的人均纯收入的比较

村庄	经商人员/万元	办厂、加工人员/万元	打工人员/万元	做手艺人员/万元	种植业/万元
溪江	1.81	1.6	2.17	1.98	0.417778

续表

村庄	经商人员/万元	办厂、加工人员/万元	打工人员/万元	做手艺人员/万元	种植业/万元
界牌	2.79	—	2.29	—	0.557857
金兰	1.5	1.6	2.13	2	0.132222

第三节 种植模式的比较：农户为什么不愿意帮政府种双季稻

目前，该县粮食种植模式主要有稻-稻-油、稻-稻、稻-油、一季稻四种种植模式。同时也有散户种植模式、大户种植模式或者叫适度规模种植模式，下面进行比较分析。

在农业税费改革以前，稻-稻-油、稻-稻的耕作模式在本地几乎占绝对主导地位。但是农业税费改革之后，尤其是在最近几年，随着耕种的比较收益日益偏低以及高产一季稻种子的引入，一季稻代替双季稻已经成为趋势。即便如此，一季稻的产量还是要比双季稻低 300~500 斤，这种趋势不利于国家粮食产量的增加。因而在国家"保证播种面积，主攻单产"的粮食安全保障战略下，县级政府把恢复稻-稻-油和稻-稻的耕作模式作为抓粮食生产的重点，但是这与农民的经济算盘之间存在冲突，表 4-8 的数据可以有力说明为什么农户不愿意种双季稻。

普通的散户经营 4 种种植模式的成本收益情况如下。

1. 早稻

亩劳动力投入：用工 4.75 个，单价为 120 元/工日，计 570 元。

亩物化投入成本：肥料 100 元、农药 50 元、种子 30 元、机耕 100 元、机收 100 元、水费 10 元、其他 50 元，计 440 元。

表 4-8 散户经营不同种植模式的成本收益（根据 2013 年的物价计算）

种植模式		各项成本支出/(元/亩)									稻谷、菜籽毛收入		种植直接纯收入/(元/亩)	国家补贴收入/(元/亩)	合计纯收入/(元/亩)
		肥料	农药	种子	机耕	机收	移栽	水费	其他①	管理用工	租金	小计	亩产/千克	收入/元			
双季稻	早稻	100	50	30	100	100	人工120	10	50	450	0	1010	470	1175	165	91.5	256.5
	晚稻	110	70	30	100	100	人工180	20	50	450	0	1110	480	1229	119	91.5	210.5
	小计	210	120	60	200	200	人工300	30	100	900	0	2120	950	2404	284	183	467
一季稻		130	85	50	100	100	人工150	30	50	550	0	1245	650	1651	406	124	530
油菜＋一季稻	油菜	100	30	10	100	—	直播50	5	20	500	0	815	130	962	147	10	157
	一季稻	130	85	50	100	100	人工150	30	50	550	0	1245	650	1651	406	124	530
	小计	230	115	60	200	100	人工200	35	70	1050	0	2060	780	2613	553	134	687

① 其他成本主要是农膜、小型农机具折旧费等；管理用工主要是浸种育秧、排灌、施药、除杂、晒谷和协助农机作业等，按每个工日 100 元计算；国家补贴为农资综合补贴 80.6 元，粮食生产直补 13.5 元，良种补贴每季 15 元，共两季，新增双季稻生产补贴 58.87 元，合计 182.97 元。

亩产稻谷 470 千克,单价为 2.5 元/千克,亩产值 1175 元,亩纯收入为 165 元。

2. 晚稻

亩劳动力投入:用工 5.25 个,单价 120 元/工日,计 630 元。

亩物化投入成本:肥料 110 元、农药 70 元、种子 30 元、机耕 100 元、机收 100 元、水费 20 元、其他 50 元,计 480 元。

亩产稻谷 480 千克,单价 2.56 元/千克,总产值 1229 元,亩纯收入为 119 元。

3. 一季稻

亩劳动力投入:用工 5.83 个,单价 120 元/工日,计 700 元。

亩物化投入成本:肥料 130 元、农药 85 元、种子 50 元、机耕 100 元、机收 100 元、水费 30 元、其他 50 元,计 545 元。

亩产稻谷 650 千克,单价 2.54 元/千克,总产值 1651 元,亩纯收入为 406 元。

4. 油菜

亩劳动力投入:用工 3.44 个,单价 120 元/工日,计 413 元。

亩物化投入成本:肥料 100 元、农药 30 元、种子 10 元、机耕 100 元、水费 5 元、其他 20 元,计 265 元。

亩产菜籽 130 千克,单价 7.4 元/千克,总产值 962 元,亩纯收入为 147 元。

散户种植效益情况(含粮食补贴)如下所示。

亩总产值:稻-稻-油 3371.97 元,稻-稻 2536.97 元,稻-油 2419.1 元,一季稻 1594.1 元。

亩纯收入：稻-稻-油 573.97 元，稻-稻 426.97 元，稻-油 506.1 元，一季稻 349.1 元。

下面笔者进一步作出几点解读。表 4-8 显示，单纯就一季稻和双季稻的纯收益进行比较，不考虑国家补贴的话，一季稻的纯收入要高于双季稻，如果是"油菜＋一季稻"的种植模式的话，那农户就更不愿意种植双季稻了，因为双季稻的纯收益是 284 元/亩，而"油菜＋一季稻"的纯收益是 553 元/亩。国家对双季稻的补贴是 183 元/亩，远远高于一季稻和"油菜＋一季稻"的补贴力度，这应该是国家政策的调节功能。但是即便如此，把国家补贴的收益算在内，双季稻的纯收益依然没有办法和一季稻以及"油菜＋一季稻"的模式进行比较，三者纯收入分别是 467 元/亩、530 元/亩和 687 元/亩，双季稻依然明显不利。

这里还有两个实践中的细节，进一步使得种双季稻处于不利地位。一是补贴的实践过程，笔者发现，双季稻补贴从来都不是按照实际面积来进行的，在实践中基本上是在撒胡椒面，即无论有没有种植双季稻的农户都有双季稻补贴。不但是我们调查的平晚县，周围的几个县都一样，实际的双季稻种植面积不到 30%，但是双季稻补贴的耕地面积却往往高达 90% 以上。地方政府为了保证农民的利益，都倾向于把本地的耕地都报成双季稻，这样也可以体现地方政府抓双季稻生产的"成效"。

二是人工投入和中间投入。试想，一个农户多投入一倍的农药种子化肥，多干几个月的活，赚的纯收益反而没有少投入以及少干一季来的收益大，这样的事情谁会干呢？这是问题的一个方面。另一方面是，种双季稻和干别的农活不同，时间节奏紧张，尤其是双抢时，天气热、劳动量大。

即便是从农户自己"就业""找活干"的角度来讲，农户通过种植双季稻，也不能为自己赚到更多的"劳力钱"。从表 4-8 中可以看到，如果把中间的劳动投入算成是农户自己的收入的话,把移栽①、管理用工都算成是自己干的话,双季稻种植中能够算成自己劳力钱的是 1200 元,一季稻是 700 元,"油菜＋一季稻"的劳动力成本是 1250 元,因而从农户"自雇"的收入来看,种双季稻也没有"油菜＋一季稻"划算。另外,一季稻的种植模式和"油菜＋一季稻"的种植模式因为劳动力投入比较少,不影响农户出去打零工赚钱,而种双季稻的话,则受到很大牵制,这使得从影响打零工的"机会成本"来看,种植双季稻也是不划算的。

正因为如此,本地的散户普遍不愿意种植双季稻,这与政府要完成种双季稻的"政治任务"之间存在尖锐冲突。

与散户种植模式相比,还有一种就是大户,或者说是适度规模种植②。县级政府和农业农村局从 2009 年以来开始扶持一批种粮大户。下面我们通过比较大户种植和散户种植两种不同的耕作模式,根据收集的大量的农户的信息,我们对本地的种植模式、种植方式(散户种植与适度规模种植)进行比较,试图说明散户为什么不愿意种双季稻,而大户则可以因为有政府的项目补贴的扶持,而愿意帮助政府种植双季稻来完成粮食生产的政治任务。

表 4-9 是适度规模经营不同的耕作模式的成本收益分析。

---

① 农村现在农户种田自己干的主要是移栽和田间管理,包括打药、施肥、看水等,而犁田和收割因为机械化的成本低、速度快、效率高,基本上已经承包给农机手,除非是机械无法去的地方,只能用自己的或者请小犁田机耕作,但是这样的田已经很少,不方便机械使用的田,比如还需要人工收割的田基本上会被抛荒,因为人工收割稻谷极为麻烦,要用镰刀把稻子先割下来,然后用人工打稻机或者电动打稻机脱粒,不但速度缓慢,劳动力投入也不划算,而且在收割时温度高,农村在家的老人种田基本上吃不消。

② 这里讲的适度规模种植不包括企业大面积承包耕地的情况。在本地,地方政府重点扶持和补贴的适度规模经营是指 50 亩以上的双季稻,播种面积为 100 亩;另外,种植一季稻的话,面积达到 100 亩会被纳入到家庭农场的登记范围,但是在实践中,前者因为涉及利益分配,边界很清晰,而对于种植一季稻的适度规模目前还不是很清晰。笔者认为,在当地基本上 50 亩以上就算是适度规模经营了,因为面积要达到 50 亩以上,一般需要支付租金,不支付租金而通过免费流转很难达到 50 亩以上,从下面笔者计算成本时考虑到租金这个因素的重要影响,还是以 50 亩以上的一季稻种植算适度规模经营。

表 4-9 适度规模经营下不同种植模式的成本收益（根据 2013 年的物价计算）

项目		各项成本支出/(元/亩)										稻谷、菜籽毛收入/(元/亩)		种植直接纯收入/(元/亩)	国家补贴收入/(元/亩)	合计纯收入/(元/亩)
		肥料	农药	种子	机耕	机收	移栽	水费	其他①	管理用工	土地流转费	小计	亩产/千克	收入/元			
种植早晚双季稻	早稻	90	40	24	80	80	机插50	10	50	400	150	974	450	1125	151	91.5	242.5
	晚稻	99	45	24	80	80	人工180	20	50	400	150	1128	460	1196	68	91.5	159.5
	小计	189	95	48	160	160	230	30	100	800	300	2102	910	2321	219	183	402
种植一季稻		117	68	40	80	80	100（部分机插）	30	50	500	300	1365	600	1560	195	124	319
油菜＋一季水稻	油菜	100	20	10	100	—	人工直播50	5	20	263	—	568	130	704	136	10	146
	一季稻	117	68	40	80	80	人工120	30	50	500	200	1285	600	1560	275	124	399
	小计	217	88	50	180	80	170	35	70	763	200	1853	—	2264	411	134	545

① 其他成本主要是农膜、小型农机具折旧费等；管理用工主要是浸种育秧、排灌、施药、除杂、晒谷和协助农机作业等，按每个工日 100 元计算；国家补贴为农资综合补贴 80.6 元，粮食生产直补 13.5 元，良种补贴每季 15 元，新增双季稻生产补贴 58.87 元，合计 182.97 元。

1. 早稻

亩劳动力投入:用工 3.33 个,单价为 120 元/工日,计 400 元。

亩土地流转费:150 元。

亩物化投入成本:肥料 90 元、农药 40 元、种子 24 元、机耕 80 元、机收 80 元、机插 50 元、水费 10 元、其他 50 元,计 424 元。

亩产稻谷 450 千克,单价 2.5 元/千克,总产值 1125 元,亩纯收入为 151 元。

2. 晚稻

亩劳动力投入:用工 4.83 个,单价 120 元/工日,计 580 元。

亩土地流转费 150 元。

亩物化投入成本:肥料 99 元、农药 45 元、种子 24 元、机耕 80 元、机收 80 元、水费 20 元、其他 50 元,计 398 元。

亩产稻谷 460 千克,单价 2.6 元/千克,总产值 1196 元,亩纯收入为 68 元。

3. 一季稻

亩劳动力投入:用工 4.17 个,单价 120 元/工日,计 500 元。

亩土地流转费:300 元。

亩物化投入成本:肥料 117 元、农药 68 元、种子 40 元、机耕 80 元、机收 80 元、机插 100 元、水费 30 元、其他 50 元,计 565 元。

亩产稻谷 600 千克,单价 2.6 元/千克,总产值 1560 元,亩纯收入为 195 元。

4. 油菜

亩劳动力投入:用工 2.6 个,单价 120 元/工日,计 313 元。

亩物化投入成本:肥料 100 元、农药 20 元、种子 10 元、机耕 100 元、水费 5 元、其他 20 元,计 255 元。

亩产菜籽 110 千克,单价 6.4 元/千克,总产值 704 元;亩纯收入

136元。

适度规模种植效益情况如下。

亩总产值:稻-稻-油3025元,稻-稻2321元,稻-油2264元,一季稻1560元。

亩纯收入:稻-稻-油:355元,稻-稻:219元,稻-油:441元,一季稻195元。

大户种植双季稻,一方面可以保障粮食产量比散户种植一季稻要高;另一方面,大户的种植面积比较大,尽管单位面积的平均亩产量没有散户高,但是总体的纯收益要远远高于散户。规模效应使得大户种植双季稻有利可图[①]。

正因为如此,地方政府领导认为,种植双季稻比种植一季稻总收入高,增加了稻谷总量。规模经营稳定了一批固定劳动力,提高了社会化服务水平,提高了机械化作业水平,减少了农药和化肥用量,节约了生产成本,提高了社会效益、生态效益和经济效益。

因而地方政府着力推动种植业领域的转型:全县农口系统的干部几乎一致认为,单家独户的单干式已经严重制约了当前粮食生产发展,种植业转型势在必行。扶持和培育耕种水田50亩以上和早、晚两季共种粮100亩以上大户是适合本地种植业转型的理想选择,也是当前粮食生产稳定发展的迫切需要。

通过表4-10可以发现,散户种植双季稻与大户种植双季稻差异明显。一是在物化成本上,散户模式的成本要明显高于大户模式,在肥料、农药、种子、机耕、机收等方面,散户模式的亩均成本是790元,而大户模式的亩均成本只有653元;二是在移栽和管理用工方面,散户模式的亩均成本是1200元,而大户模式则是1030元。当然这里有一个问题,就是散户因为是自己出劳动力,可以不打劳动力的算盘,这种观念对于无法外出就业的老人农业来讲是成立的,但是能够在外打零工的劳动力则会计算

---

① 本书第五章对这个问题会进一步分析。

这种机会成本。这两个方面都是大户模式更加有利。

表 4-10 散户模式与大户模式的投入产出比较(双季稻种植模式)

生产模式			各项成本支出/(元/亩)										亩产/(千克)
			肥料	农药	种子	机耕	机收	移栽	水费	其他	管理用工	土地流转费	小计	一千克
散户种植	种植早、晚双季稻	早稻	100	50	30	100	100	人工120	10	50	450	—	1010	470
		晚稻	110	70	30	100	100	人工180	20	50	450	—	1110	480
		小计	210	120	60	200	200	300	30	100	900	—	2120	950
适度规模种植	种植早、晚双季稻	早稻	90	40	24	80	80	机插50	10	50	400	150	974	450
		晚稻	99	56	24	80	80	人工180	20	50	400	150	1139	450
		小计	189	96	48	160	160	230	30	100	800	300	2113	900

但是在两个方面大户模式则处于相对不利状态。一是土地流转费用，散户不需要支付耕地流转费用，而大户则需要支付流转费用，前几年每亩地一年的租金一般为 200 元左右，最近开始上涨，逐步接近 300 元；二是亩产量，大户的平均亩产量大致是 900 千克，而散户的则是 950 千克，甚至更高。因为散户可以精耕细作，而大户则相对粗放。但是根本的问题在于，散户不愿意种植双季稻，所以这样比较不是很现实，应该把散户种植一季稻和大户种植双季稻放在一起比较。

表 4-11 显示，大户种植双季稻的单位面积产量要远远高于散户种植一季稻，散户种植一季稻的亩产是 650 千克，而大户种植双季稻的产量则

是 900 千克,要高出 250 千克左右。不考虑其他因素,大户种植双季稻的模式很显然是符合国家"主攻单产"粮食安全战略的。但是大户种植双季稻的话,生产环节的纯收入不是很高。平晚县从 2009 年就开始对双季稻生产大户进行地方补贴,2012 年又开始集中育秧补贴和双季稻种植补贴,以及其他项目补贴接近 250 元左右,对于面积比较大的大户而言,这很显然是一笔不菲的收入。

表 4-11 散户种植一季稻与大户种植双季稻的比较

生产模式		各项成本支出/(元/亩)											亩产/千克	种植纯收入/元
		肥料	农药	种子	机耕	机收	移栽	水费	其他	管理用工	土地流转费	小计		
一般农户种植	一季稻	130	85	50	100	100	人工150	30	50	550	0	1245	650	406
	油菜+一季水稻 油菜	100	30	10	100	—	直播50	5	20	500	0	815	130	147
	油菜+一季水稻 一季稻	130	85	50	100	100	人工150	30	50	550	0	1245	650	406
	小计	230	115	60	200	100	200	35	70	1050	0	2060	—	553
适度规模种植	种植早、晚双季稻 早稻	90	40	24	80	80	机插50	10	50	400	150	974	450	151
	种植早、晚双季稻 晚稻	99	56	24	80	80	人工180	20	50	400	150	1139	450	108
	小计	189	96	48	160	160	230	30	100	800	300	2113	900	164

简而言之,若大户种植双季稻,政府两季共扶持 200 元/亩(包括种子免费送在内),若两季都自备机耕,则可减少成本 70 元/亩,农资可批发,两季降低成本 80 元/亩,大约可达 300 元,与土地每年的租金 300 元/亩两抵后基本齐平。剩下的就是规模经营之后的收入,按照表 4-10 中每亩

的收入计算,因为种植规模比较大(50亩以上),种田的收入＋农机服务的收入(因为大户一般自己购置了机械)基本上能够接近在外务工的收入。

而散户主要是挣了自己家劳动力做事的用工成本(每季每亩需花费5个工日,共500元),因为耕地面积小,纯收入也比较少,种植双季稻不划算,种植一季稻主要是解决自己的口粮问题。对于那些仍然有劳动能力并外出务工的农户而言,他们最偏好的生计模式是"一季稻＋油菜＋打零工",这是经济效益最高的生计模式,种双季稻不利于他们外出打零工,故不愿意种植。对于无法外出务工的老年人而言,没有能力,干不了,如果主要在劳动环节都请工,种田就基本上没什么收益,这也与地方政府发展双季稻、增加粮食播种面积和粮食产量的目标相冲突。

政府从粮食增产、保证国家粮食安全的角度出发,按照"主攻单产"的思路,其必然选择是要农户种植双季稻,要同时保证粮油及产粮的话,稻—稻—油的三熟制是最好的,但是这种种植模式单位面积的收入效益最低,唯一可行的办法就是培育"双季稻种植大户＋农机大户"的模式,政府给予一定的项目补贴。目前这些大户已经是平晚县发展双季稻生产的主力军。

光从种植模式和经济效益的角度来看,地方政府认为,单家独户的单干式已经严重制约当前粮食生产发展,种植业转型势在必行。扶持和培育耕种水田50亩以上和早、晚两季共种粮100亩以上的大户是适合平晚县种植业转型的理想选择,也是当前粮食生产稳定发展的迫切需要,该县从2012年开始出台政策,对于符合条件的种粮50亩以上的规模种粮户种植双季稻补助150～200元/亩。

但是仅仅从经济效益的角度来看,地方政府扶持种粮大户,这还不是最重要的原因。实际上,如果政府对于散户也像大户那样每亩进行200多元的项目补贴与扶持,部分散户也可能有积极性种植双季稻,而且散户还不需要土地流转费用。但问题在于,散户是高度分化的,每个家庭的劳动力安排不同,种植偏好不同,有的能够种植双季稻,有的则不愿意,或者没有能力种植。有些散户认为,每亩田就200元的补贴,但是要多干一季的活,还不如自己打一天的工来得划算。也就是说,散户因为面积小,对于政府的这种项目补贴不是特别敏感。最为重要的原因在于,散户数量众多,没有办法与政府整齐划一的项目任务相对接,交易成本大,治理成本高,这是笔者在本书后文将会重点论证的问题。

从上面不同种植模式的效益分析比较表中的数据可以看到:种植油菜加一季水稻的效益最佳,种植双季稻效益最差。散户和规模种植户都会注重自己的效益而种植油菜加一季水稻或种植一季稻。由于收割早稻、抢插晚稻的双抢期间劳动强度大和劳动力紧缺,种粮农户不会因为顾及国家粮食安全问题而主动种植双季稻。

对于单个家庭而言,很多农户因为顾虑劳动强度大和请工不合算等因素很难接受种植双季稻。但是,提升本县当前农村种粮的整体综合效益和确保农田复种指数是需要种植双季稻的。同时,确保国家粮食安全也需要种植双季稻。种植双季稻可增加近三分之一的粮食总量,这是地方党委政府与党中央高度保持一致的具体体现,是产粮大县的责任和义务,是国家粮食安全的需要,是全国整体战略利益的需要。发展双季稻生产虽然有诸多好处,意义非凡,但在现实中又难以推进,主要原因有三:一是小规模种粮户大多是年长者,老年人难以应对高强度的体力劳动;二是小规模种粮户支出的农机作业费、农资和请人做事的成本都是零售价,种植双季稻全部按零售价付出这些成本后所得利润极少;三是若全部依靠自身劳作,每亩虽然可以多获得劳动报酬,但由于种植规模有限,所获总收益并不多。而大户有能力在地方政府给予每亩200元左右的项目扶持下种植双季稻。

第四节 被"市场围困的政府"

上文从农业生产要素,比如农药、种子、化肥、劳动力等出发,分析因为农业经济的市场化改革而带来粮食生产,尤其是双季稻生产的比较收益低,进而导致农户与政府之间在粮食生产方面存在尖锐的冲突。实际上,农户的经济利益与政府发展粮食生产的目标之间存在冲突的领域表现在耕作制度和劳动力的利用方式上,还体现在农资、粮食价格等方方面面,因为粮食生产的比较收益是由劳动力、耕地、农资、粮食价格、农田水利等多种要素决定的。这些领域逐步全面市场化之后,使得地方政府在完成粮食生产任务,保证播种面积等方面,在与农民打交道的时候陷入被"市场围困"的格局当中。因为地方政府能够发动农民种植双季稻,但是管不了农民的收益,因为粮食生产的比较收益是由各种农业生产要素市场以及粮食流通市场决定的,地方政府在面对不利市场因素的挑战时一筹莫展,农户种植双季稻的积极性因为市场因素受挫,地方政府也是爱莫能助。

地方政府发展粮食生产被"市场围困"有两方面原因。一方面,粮食生产资料价格失控,快速上涨,导致劳动力的价格快速上涨;另一方面,粮食的市场价格持续下跌,国家的粮食保护价因为市场受到冲击而无法有效保护农民。这样两方面原因夹杂在一起,导致粮食种植的比较收益快速下跌。这是一般的粮食生产情况,也是农民种粮积极性下降,很多非核心区出现抛荒的原因。在核心区,地方政府若要发动农民种植双季稻,则面临耕作制度的约束,农民种植双季稻不划算[①],地方政府只好出台补贴措施,来调动农民种植双季稻的积极性。但是地方政府的这种政策扶持只能是在十分有效的面积(项目示范片)内部进行,不可能在全县推广,这也决定了处于"被市场围困之中的地方政府"治理农业边界的"有限性"。

回到本章开头的那个笑话,为什么乡镇政府请人把双季早稻插好了,种双季稻的犁田、育秧的成本由政府埋单,农民依然要把他们插好的早稻给毁掉,然后种上一季稻?因为政府能够管得了农民种什么,但是管不了农民的收益,种田的收益现在是由市场决定的,农户认为种植双季稻不但利润低,而且还影响外出打零工赚钱,所以毁掉政府种植的双季稻也就是理所当然的事情了。

在市场因素的夹击下,地方政府只能通过发动一些大户"搞马路工程",这实在也是不得已而为之的办法。在当前的水稻生产成本—收益结

---

① 除了上面所谈的一般性原因之外,背后还有一个重要的原因就是劳动力价格的持续上涨,导致需要大量投入劳动力的双季稻种植与农民外出务工之间存在严重冲突。

构的约束下,他们有可能在全县范围内动员农民种植双季稻吗?在全县范围内"整建制"地扩展双季稻吗?根本不可能。这从根本上决定了产粮大县奖补政策以及一系列其他的粮食生产规划,在现在的市场条件下,在保证国家粮食产量方面具有很大的局限性。

  这也就决定了地方政府在试图调控粮食生产时面临着市场格局的约束,进而引发他们在调控农业生产时的一系列行为选择,这将会在接下来的第五章至第七章进行分析。

第五章 散户模式的失灵与经营主体的重构

　　自上而下的国家项目无法与分散的小农户对接,尽管乡村组织在项目的落实过程中做了种种努力,但都被证明是徒劳的,这为农业经营主体的重构埋下了伏笔。

第五章　散户模式的失灵与经营主体的重构

温铁军曾经指出,在小农村社层面,分田到户之后,农业经营逐步去集体化,而一旦分户经营成为一种制度现实时,我们会发现任何自上而下的与农民的交易都无法进行,因为交易对象太多,导致交易成本过高,这样无论是政府,还是市场,都难以与分散的小农户打交道,进而导致政府与市场的双失灵①。政府无法与分散的农户打交道,但是政府与资本进行交易却游刃有余。温铁军的这个判断在农业项目下乡的过程中再次得到验证,小农经济的分散经营成了财政支农的最大体制性障碍,而地方政府在实施国家农业政策、运作国家农业项目的过程中,表现出极强的"亲资本"的倾向。下面笔者通过几个乡镇的项目示范片在2012—2013年的实践情况对这个问题做出说明,试图证明:自上而下的国家项目无法与分散的小农户对接,尽管乡村组织在项目的落实过程中做了种种努力,但都被证明是徒劳的,这为农业经营主体的重构埋下了伏笔。

第一节　散户模式下的项目实践

2012年,衡邵高速公路已通车,栏垅乡有5个村庄在这条高速公路旁边,高速公路上经常车来车往,总会有很多相关的领导在此经过,作为产粮大县,在竹山村这样临近高速公路的位置不搞项目示范片不行。按照县里进行项目综合工程打造的一贯思路,这5个村庄也被纳入全县的双季稻生产示范片。由于栏垅乡被纳入项目示范片的时间比较晚,项目运作的逻辑在该乡刚刚启动,因而作为项目的初始实践,能够从中概括出项目运作的初始逻辑。这个初始逻辑在演镇、大安乡等其他乡镇都是出现过的:项目示范片刚开始运作时,往往是面对着分散的小农户,这个时候,散户一方面对县里项目政策的理解还处于朦胧的状态,没有清晰的认识,另一方面不愿意放弃耕地,因为毕竟种了这么多年,一下子把耕地流转出去,自己不种田,还无法适应。所以这个时候的项目运作往往是采取

---

① 温铁军. "三农"问题与制度变迁[M]. 北京:中国经济出版社,2009:57.
该书的一个重点是阐释分散的小农户与外部主体打交道时高昂的交易成本问题,这一思想可见于该书的很多地方,在该书"'市场失灵+政府失灵'——双重困境下的'三农'问题"这一节中,对这一命题做了比较完整的归纳。

"乡镇引导＋村干部协调＋农户参与"的模式，因为这种模式本质上是一种散户模式，就不可避免地会面临政府与分散农户打交道的问题，经济学研究早已证明，这个过程中必然会存在难以克服的交易成本过高的问题。交易费用过高，其结果是，在这种运作模式下，农户不满意，村干部很沮丧，最终村干部和农户都不愿意将这个游戏玩下去了。于是，大家试图寻找一种降低交易费用的办法，那就是耕地流转、引进大户，由大户给农户支付租金，并在农忙季节优先请本村农户干活，支付劳务费用，于是就形成了重构"农业经营主体"。本章的重点在于分析 2012—2013 年间项目示范片在实施过程中，因为面临分散的小户而导致的政府失灵的问题。笔者当年 2—3 月份在栏垅乡竹山村调研了 50 天左右，对该乡镇在落实早稻面积时的现场情况有清晰的了解，而且栏垅乡正好是从 2012 年才开始被纳入项目示范片内，因而十分有利于我们了解项目示范片在初始启动时所面临的矛盾以及项目在村庄层面运作的初始逻辑。

一、竹山村项目运作的概况

2013 年，栏垅乡竹山村被划入县里的双季稻生产示范片，该村从 2012 年开始，耕地流转就一直没有成功，但是县里要求项目示范片内必须种植双季稻，因而该乡镇的竹山村就在散户经营的这种约束下来发展项目示范片。为了分析的简便，我们先从 2013 年的情况开始。

由于散户不愿意流转耕地，同时又不愿意自己出劳动力种双季稻，他们认为种双季稻时的劳动力不划算，或者说一些家庭主要是老年人在家，对于种植双季稻吃不消。简而言之，种植双季稻主要是生产环节的劳动力问题，是在散户状态下实施的主要挑战。在这样的背景下，乡政府在开了多次群众动员会议之后，了解到农民的想法，决定在 2013 年按照下面的项目运作模式来实施竹山村的项目示范片。

首先，关于项目经费方面，早稻集中育秧的项目补贴除了由县农业农村局提供种子、育早稻秧苗的薄膜之外，还有每年每亩 25 元的经费补贴。另外，将该村 130 多亩双季稻统一起来，拼成一个大户，到时候能够享受县农业农村局在示范片内每年每亩 150 元的大户补贴，这样平均每亩能够得到的项目经费补贴就是175元,这是专门针对生产环节而言的。

其次,在项目的组织实施方面,将130多亩项目示范片内的双季稻统一在农技站长和竹山村村书记的名下,项目补贴的每亩175元直接经费补贴给他们,在年底的时候发放。项目实施过程中,双季稻生产的主要劳动环节由他们负责请机械或者请劳动力帮助农户解决,具体的生产环节包括早稻育秧、犁田、早稻抛秧、收割;晚稻育秧、犁田、晚稻插秧、收割。主要劳动环节的务工费用先由农技站长和村书记(下面简称为承包户)垫付,等到收割之后再由散户向承包户支付。

再次,田间管理、施肥、除草、打药等这些环节由散户各自负责,稻谷的收成归散户。在项目运作过程中,不发生耕地流转,耕地的经营权依然是各家各户的,稻谷的收成也是各家各户的,只是主要的生产环节由承包户负责。

最后,承包户有义务保证散户的双季稻产量,原则上要保证双季稻每季的收成在每亩800斤以上,承包户要保证所提供的服务满足散户的需求,如果因为承包户的严重失误而导致减产,散户可以不向承包户支付劳务费用。

简而言之,在竹山村2013年的项目运作过程中,项目的生产性经费的使用主要由农技站长和村书记掌握,生产的主要环节由他们请人解决,相当于首先由他们投资,农户在受益之后再向承包户支付服务费用,乡村干部是这个项目运作过程中的组织者,负责提供主要生产环节的服务,要承担整个生产环节的风险,而散户配合承包户完成项目示范区的任务,这是一种典型的"乡村干部+散户"的项目示范片运作模式。下面笔者结合2013年3—10月份该村的项目运作实践,对这种"乡村干部+散户"的运作模式进行深入分析。

二、动员散户的两场"社员大会"

笔者在2013年3月份到竹山村调查的时候,正赶上乡村干部在搞项目动员,便亲自参加了竹山村的两场动员大会。从这两场动员大会上干群之间的争论大致就可以理解以下几个问题:一是为什么农户不愿意种植双季稻;二是为什么农户不愿意把耕地流转出来给大户种;三是乡村干部实施项目示范片面临着哪些难题。

材料 5-1　刘谷组项目动员大会

时间:3月12日晚上。

参与对象:村里的老书记,刘谷组小组长,在家耕作的男女老少。

讨论的话题:本小组的项目示范片怎么搞。

老村书记发言:

乡政府前天开的会,现在要在项目示范片种双季稻,县里对乡里提出了要求,乡里对村里提出了要求,县里分给栏垅乡的一共是2100亩双季稻任务,在5个村,分别是竹山村、大石村、均彼村、新民村、栏市村,后4个村都是400亩,我们竹山村是400多亩,这是从上面分配下来的任务。现在为什么要插早稻?就是因为双季稻的亩产量比一季稻高出300~400斤,为了保证国家的粮食安全,县里强调要种双季稻。过去我们这里垄田和排旱田都插上了双季稻,但最近已经有10多年没有种双季稻了。现在要种双季稻的问题是劳动力缺乏,刘谷组一共有140多亩田,有160多个人,主要的劳动力现在没有几个,男的就是几个老年人,女的能干活的没有几个。

上面现在对插早稻(双季稻)有优惠政策。今年明文规定,在项目示范片内,种植早稻面积在50亩以上的,每年有150元/亩的补贴;和去年一样,去年是集中育秧,集中育秧也有补贴,今年是每年320元/亩的育秧田补贴,大致折合成大田就是25元/亩的补贴。集中育秧要集中在一起,起码要在3亩以上,集中育秧的补助已经成文了。

村里昨天开会,本身种双季稻就是一件难事,现在主要是劳动力的问题,去年是安农农业科技有限公司帮你们在种,今年安农农业科技有限公司不会来了,因为去年帮我们搞晚稻生产没有拿到一分钱,现在还有4.5万元没有给人家。去年安农农业科技有限公司给你们服务,一亩田的服务费是350元,到现在还没有拿到一分钱,人家也是做事情,人家是包做事,不包产量,按照道理应该给人家钱,你们自己给人家打一天工也是要

第五章 散户模式的失灵与经营主体的重构

赚100多元的。

今年和去年一样，县里要求在我们村办双季稻示范片，要搞早稻生产。今年搞，要么请安农农业科技有限公司，要么请劳动力。现在咱们没有钱给别个，就不好意思再去请安农农业科技有限公司。我们组要求种的双季稻面积有70亩左右，全组一共有100多亩田，有些是棉花田和深泥田。石砌组那边反映的也是劳动力的问题，想请别人来做。但是我想，几十亩田的双季稻，还是难不倒刘谷组的男女老少的。

现在离清明节下种还有十几天，主要的困难在于双抢时的劳动力紧张，早稻可以自己插，晚稻要是有困难的话，就请人插，插晚稻要100元/亩的人工费。

我们当农民的人，本身也是能吃苦的，你不吃苦是不可能的事情。

现在上面是一而再再而三地施压，要种双季稻，这是没有还价余地的。

现在早稻及晚稻两季都是上面的农业农村局给种子补贴，两季的种子补贴现在每亩都是几十块钱。

今年为什么不要安农农业科技有限公司来搞？去年产量不行，他们吃亏，我们也吃亏。去年请安农农业科技有限公司来搞，大型拖拉机掉在深泥田里，还要请起重机来拉起来，也不能全部机械插秧，还要人工来插一部分。

去年产量不高，一是种子有问题。二是有的秧苗出得不好，集中育秧田没有放在我们这里，秧苗是从演桥那边运来的，那个秧苗有问题，秧苗有没有杀虫，他们安农农业科技有限公司不管。三是有些同志田里的肥料比较缺乏，今年要高产，肥料还是要足一些。有收无收在于水，多收少收在于肥。四是去年由于各个方面的原因，产量不高，有些田晚稻都没有翻耕，怎么可能有产量呢？两季稻平均一季的产量在每亩500~600斤，在刘谷组，也有早稻产量为600~700斤的，有的只有400~500斤。总而言之，因为各个方面的原因，去年稻田管理没有过关，虫子虽然不明显，但水稻还是被虫子吃了，病虫没有治好，导致去年产量总体不高。

今年要大家自己种双季稻,要精耕细作,要育七八亩的秧田,今年自己育秧看看。双抢劳动力如果不够,不要你们分散去请人,到时候由村里负责到外面去请人,你们自己支付劳务费用,到时候拿上面给到的补贴去请人插秧。

对面的石砌组也有几十亩,他们的问题更严重,别个做得成,我们也做得成。重点问题今天晚上大家一起讨论,看看有什么困难。

村民1发言:

双抢时有劳动力短缺的问题,至少要请人插秧。

老村书记发言:

劳动力不要你们分散去请,村里去请人,村里要是请不到人,我们就到外面去请人。

村民2发言:

我已经65岁了,只能种一季稻,只能种那么多,再多打死我也种不了。反正我只能种这么多,公社干部要是找你,你叫公社干部来找我。

老村书记发言:

去年安农农业科技有限公司来这里搞双季稻,结果产量很低,群众不满意,每亩地350元的钱不愿意给,安农农业科技有限公司来要过2次钱,但是要不到,现在这个钱也不用给了,我们去年相当于每亩赚了350元。但国家的一些补贴直接给了安农农业科技有限公司。

今年搞双季稻有困难,就把这350元拿出来请人,另外还有国家的补贴150元/亩,集中育秧每亩320元(相当于每亩大田有25元)的补贴,这一共相当于每亩有500多元,可以用这些钱去请人。

因为当时没有听清楚一些村民的话,来不及记录,笔者在会后又专门问了老书记,刚才一些村民在说什么。老书记说,有一户家里有10口人,有七八亩地,儿子媳妇都在外面务工,在家的2个人还有一个得了癌症。种田要靠外村的女婿来种,由于路途远,来这里帮他种地就只能种一季,种双季稻十分不方便。没有办法种双季稻,连种一季稻都很困难。村书记说,只能想办法让他种一季早稻,最好在收割一季稻的时候留一点空地,方便别人的机械进去耕作。

还有一户家里有8口人,因为缺乏劳动力,2012年也是女婿在帮忙种。老两口都70多岁了,因为2012年主要的劳动环节是安农农业科技有限公司在承担,所以能够种植双季稻。但在2013年,这家的劳动力在外做建筑工人,比种双季稻划算多了,要老人种双季稻也种不了。且因为这家的田是在中间,机械操作非常麻烦,这个问题到现在还没有落实。

材料5-2　竹山村石砌组项目动员大会

时间:3月13日晚上。

参与:村书记、石砌组组长、石砌组在家耕作的农户。

主要话题:本组的项目示范片怎么搞。

组长发言:

去年的双季稻是安农农业科技有限公司帮我们种的,要我们支付每亩350元的费用。安农农业科技有限公司给我们提供了服务,但是因为去年的费用都没有支付给人家,今年就不好意思再去请人家了,今年的双季稻要靠组里的农户自己种,具体怎么搞,下面请唐书记(村书记)把县里、乡里的精神给大家介绍一下。

唐书记发言:

石砌组有100多亩田,就只有这么几个人,而且都是老年人,种一季稻都很勉强,现在要种双季稻就更难了。

现在国家要我们种双季稻,是因为国家开始重视粮食产量,种一亩双季稻比一亩一季稻的产量要高出200斤,300亩就是60000斤,可以增加全国的粮食产量,保证全国人民的吃饭问题,这就是大道理。但是国家在考虑增加粮食产量的时候,没有考虑农户种双季稻划不划算的问题。对于国家而言,种双季稻是增加了粮食产量,但是对于农户而言,就是增产不增收,国家和农民存在利益上的冲突。

为了化解这种冲突,今年县里对项目示范片内50亩以上的大户有双季稻补贴,每亩每年补贴150元,你要是能上50亩,并经过县里的考核验收,县里150元每亩的补贴就不会少你的。另外还有秧苗补贴,育秧田要求必须连成片,一片不低于3亩田,一亩地有320元的集中育秧补贴,另外还有秧田补贴。

栏垅乡一共有4个项目示范片,总共有500多亩地,整个栏垅乡以竹山村为主,衡邵高速公路在此经过,在去年的基础上,我们村的双季稻面积只能增加,不能减少。我和你们一样,都是农民,大家的心情我也能理解。咱种一季稻都很难,但是县里不这样想,如果你不愿意种,就把土地流转出来,你们石砌组是否愿意流转?是否有人愿意承包?本组是否有人能奈何你们石砌组的50亩双季稻?我看你们组没有谁能奈何得了。去年也是没有人能奈何得了,后来就由乡政府出面,请安农农业科技有限公司来搞,减轻了种田的劳动力强度,解决了一些农户种双季稻缺乏劳动力的问题,去年总算是敷衍过去了,但是安农农业科技有限公司也亏了本。

现在为什么要农户自己种,不请安农农业科技有限公司来了?因为去年还欠他们4.5万元,因为大家不愿意支付,安农农业科技有限公司到现在还没有拿到钱。因为去年请安农农业科技有限公司来种,结果减产了,所以老百姓不给钱。他们今年也不会愿意来,村里也不好意思再去请他们,否则就要我们把钱交给他们,所以乡政府和村干部都决定今年由老百姓自己种。今年一户几亩田,少在外面做点事情,问题也应该不大。

我也是当农民的,知道主要是插晚稻环节过不了关。到时候村里可以在外请劳动力帮你们插,插田的钱就从150元/亩的双季稻补贴里面扣。

今年县里规划的2个小组的双季稻种肯定是要种,问题是如何种,今天在这里开会,请大家想想办法。

村书记发完言,村民开始七嘴八舌地讨论起来。村书记开始给在场的村民(男)发烟。

村民1发言：

如果非要种，就请大户来。

村民2发言：

村里这样搞，肯定有人不愿意。

村民3发言：

劳动力年龄太大了，没有办法弄了。

村民4发言：

我的田，你要我种双季稻，我一分田都种不了。吃国家粮的（估计是在指我们调查人员），你们60多岁都已经退休了，我们也老了，不种田了，就是退休了。要是子女出路好，当然也可以早一点退休。

村民5发言：

种双季稻，我们这里的问题是水利不行，要国家拿钱来投资，把钱多弄一点过来修水利设施，没有水，种上了双季稻也收不了，要把水渠修好。现在我们对修水利意见很大，农户种田，水利是重点，水利是第一，这是农民现在的烦心事，要水的时候没有水，不要水的时候它放水。

本身是村里的水库，现在被村里承包给了私人养鱼，和我们种双季稻有冲突。我们组员认为，水库不能承包，原来是村里的，是公家的，就不是私人的，现在被村里包给私人养鱼，要水的时候放不出水。

50亩双季稻要种下去，水库就要专门放水灌溉，就不能养鱼，养鱼和种双季稻有冲突。我们可以看到，水库承包给私人，村里也没有捞到钱。种双季稻的话，水库必须收回公家，否则到六七月份插晚稻时没有水，没法犁田，怎么种双季稻？

村民6发言：

要我们种双季稻可以，必须要乡党委书记来，否则50亩地1亩都不种。他去年许诺说安农农业科技有限公司来提供服务没有问题，能保证每季每亩的产量在800斤以上，要是达不到这个产量，由乡镇给补贴。他去年的话没有兑现，安农农业科技有限公司还要我们每亩地交350元，只要乡党委书记来,我们一定给安农农业科技有限公司交钱,我们一定种双季稻,他要是不来给我们一个交代,今年50亩双季稻1亩都别想种。答应的问题不兑现,光发一些薄膜、育秧费给我们有什么用?

这个时候开始群情激奋,一致讨伐乡党委书记去年食言,村民趁此机会向乡镇施压。这时候村民6站起来,颇具煽动性地向村民说:"我们绝对不会种双季稻。"

村民6发言:

我们绝对不会种双季稻。

村书记见此状,感觉到有很大的压力,为了压下村民6的风头,对他进行了一番"教育"。

村书记发言:

你们年轻人不能光按个人的意志来,我看要教育一下你,要服从大局,要有觉悟,我看老同志的觉悟就比你高多了。

村民6发言:

我本身就觉悟很低,因为我很现实,到时候没有水,干死了,我就会亏本,老年人可以考虑国家的政策,年轻人不会考虑这些,你只强调要种双季稻,种不种得了你不管,今天不管谁来了都说不通。

村民小组长见村民6和村书记就要顶上了,出来平息态势。

小组长发言:

你们说不愿意种,现在把田包出去又包不了,现在小组里种田比较多的四五户,有哪个能包下我们组里这100多亩田?包一季可以处理,还有钱赚,但是包两季则肯定要贴本。我们生产队哪个能包得了?现在恼火,就是恼火没有人,没有谁有劳动力和本钱把这100多亩包下来。

当然没有水也是一个问题。种双季稻最关键的就是没有水,金溪水库离这里50多千米,渠道早就坏掉了,已经好多年没有来过水,山塘年久失修都成为了"碟子盘"。除非乡镇干部来打3口井,一口井要投资

2万~3万元。村里和乡里关键是要向上级反映,种双季稻没有水。

小组长开了个玩笑:现在就看袁隆平能否发明出不要水的水稻种子出来。

村书记发言:

言归正传,双季稻肯定是要种,或者是请安农农业科技有限公司来帮大家搞,或者是承包给大户。但是现在是两条路都行不通,若请安农农业科技有限公司种,去年还欠他们的钱,你们又不愿意交,去年没有安排协调好。若流转土地请大户种,现在又没有谁有这个劳动力,而且你们还有很多人不愿意流转出来,流转租金也很难定下来。

村民7发言:

我把田流转给你,我的口粮你得考虑。

村民8发言:

我田全部给你,若我家4个人的口粮你给我保证,我就把田给你。

村书记发言:

今年我为什么要叫你们自己种?我也是在为你们考虑。栏垅乡一共有5个项目示范片,种子上面有,种子每斤要几十元,另外还有150元/亩的补贴①,这加起来就是每亩相当于有200元的补贴,尽管自己辛苦一些,到时候早稻可以你们自己种,村里帮忙育秧,晚稻忙不过来是个问题,到时候村里请人,请人的这些钱肯定是要你们支付,按照这样算,上面补贴的200元左右资金也主要用于请人。你们自己种,每亩田的产量会比安农农业科技有限公司种要高100~300斤。

村民6发言(不屑一顾地说):

法乱话②,说这些没用,比安农农业科技有限公司高300斤?就是高

---

① 书记的言下之意是把散户的田拼凑起来,形成2个50亩以上的大户,然后把这些补贴发放给农户。
② 法乱话,当地的土语,就是说讲的都是空话,没有落实就是讲空话,就是骗人。

1万斤都是空话,水利的问题没解决,一切都是空话。

村书记发言:

你这样说,要是你奈何不了,你认为不划算,就把田流转出来给村民3,社员不种干部种,小户不种大户种,你要是奈何不了,就只有把田包给别人,如果要包田,要和村里签合同。现在就是4种方案,村民自己种,流转给本村村民种,流转给外面的村民种,流转给安农农业科技有限公司种。

小组长发言(再次出来平衡,对村书记说):

你这样和他说话没有用,你如果不听我们的,那我们就干脆种一季稻,现在马上都要种秧田了,在这里吵没有用。如果要我们种双季稻,就要容许村民向上反映意见。我看还是流转给大户比较好,你们自己还可以到外面去打工赚钱,还省事一些。但关键是要搞水,第一是要搞水,解决了水的问题,还是会种双季稻的,这样产量可以得到保证,能勉强划算。说句实在话,国家的补贴,没有一竿子插到底。农户有意见。

另外,要是今年请安农农业科技有限公司来,要到本地来育秧,不能像去年那样在外地育秧。

村书记发言:

今年安农农业科技有限公司肯定不会来了,因为还欠人家4万多块钱,没钱给,人家肯定不会来。

这次会议最后不欢而散。村书记很郁闷地离开了现场。

上面2场群众座谈会非常精彩,其中反映的问题也非常多,在这里笔者先分析下面三个问题:为什么农户不愿意种植双季稻?为什么农户不愿意把耕地流转出来给大户种?乡村干部实施项目示范片面临着哪些难题?

(1)农户现在为什么不愿意种双季稻?村书记在动员会的时候谈道:"国家在考虑增加粮食产量的时候,没有考虑农户种双季稻划不划算的问题。对于国家而言,种双季稻是增加了粮食产量,但是对于农户而言,就是增产不增收。"村书记所反映的这个问题,在笔者访谈期间一再被农户谈到,那就是现在搞双季稻的项目示范片,和农户存在利益冲突。农户认为种双季稻不划算,所以不愿意配合县里搞项目示范片,但是县里又要求必须在这些划定的交通干线两边可视范围内种植双季稻,以迎接国家农业农村部和省里的项目考核验收。因为农户认为种双季稻不划算,县里就进行一定的项目补贴,希望平衡农户的利益损失。

关于农户为什么不愿意种双季稻,在本书第四章中已经计算过成本收益了。

在2013年150亩的示范片内,就有20多户不同意种双季稻,因为前一年种双季稻亏了本。就是因为前一年安农农业科技有限公司的模式导致农户亏了本,安农农业科技有限公司也没有赚到钱,还多做了那么多的事情,所以2013年农户极力反对村干部要他们种植双季稻的要求。若前一年没有亏本,2013年就不用做思想工作,工作也没有这么难做。正因如此,村书记才说现在农民都挺现实的,凡事都是为自己着想。

(2)农户为什么不愿意把耕地流转出来?农户认为把土地流转出去不划算,自己种一季稻更划算。一家一户只有那几亩田,每亩插一季稻,就有1300多斤的产量,除去一季的投入800元,还有400~500元的收入,七八亩田就有几千元,自己吃饭不用去买,在家种田的老人认为自己在家种一季稻还是划得来的。2012年村干部建议农户把田流转给安农农业科技有限公司,安农农业科技有限公司一般是每亩支付200元的流转费用,这些在家的农户认为,就是出300元的流转费用他们也不愿意把田流转出去。

土地流转困难的原因还在于在家种田的是老年农民。对于在外打工的人,200元/亩的耕地流转费用他们同意,因为他们什么也不用干,对他们没有影响,还增加了200元租金,何乐而不为呢?但是对于在家里种田的农户而言,他们都不愿意流转,流转出去划不来,他们认为自己在家种一季稻的话,种一亩田最低能收入500~600元,流转出去只有200~300元的收入,流转出去不划算。再说,若不流转出去,每亩土地有1300斤的稻谷,1300斤稻谷要远远强于200~300元的租金。

对于在家没事可干的中老年农户,反正闲着也是闲着,这些田正好解决了自己的就业问题,他们是按照就业的逻辑来看待这些耕地的,并不在乎这些田能有多少收入,若把耕地流转出去,主要是剥夺了他们的就业机会。这些过了60岁的老年农户,一般在外面也找不到什么事情可干了,别人也不会请他们干活,所以就只能在家里种田,因而他们是反对将耕地流转出去的。

对那些在家种20~30亩田的农户而言,尤其不愿意把土地流转出去,他们尽管也能够得到土地流转费用,但是原来可以免费耕种别人耕地的机会没有了。这就是华中三农学者贺雪峰[①]等经常分析的中农逻辑,本书在此不展开。

(3)竹山村村干部办项目示范片面临的问题就是农户既不愿意种双季稻,也不愿意把耕地流转出来给大户种。不愿意种双季稻主要的原因是劳动力不足,不愿意把土地流转出来,就决定了2013年只能搞散户模式。如果非要在这2个小组种植双季稻的话,问题就变成:在散户模式下,如何解决散户种双季稻的劳动力问题。村书记在动员会上讲得很明确:2013年不可能请安农农业科技有限公司来负责主要生产环节的劳动力问题了,只能由村干部和村民自己想办法。

村干部指出,鉴于一些村民认为自己投入劳动力种双季稻不划算,另外一些村民年纪大了,不能种双季稻等问题,由村干部负责解决主要生产环节的劳动力问题,但是村民必须支付这些劳务费用,另外,项目补贴的费用可以用于支付这些劳务费用。

后来村干部和乡政府农技站长协商决定,竹山村这2个组150亩左右的项目示范片主要由他们2人牵头,负责项目示范片的实施,组织劳动力。但是可以明确的是,还是由散户经营,农药、化肥、种子、劳务费用、田间管理等都是散户负责,稻谷的收成归散户,农技站长和村干部作为名义上的"承包户",负责解决劳动力以及项目实施过程中其他方面的问题。

另外,从2场群众动员会就可以发现,干群之间的争论很大,以至于

---

① 贺雪峰.当下中国亟待培育新中农[J].人民论坛,2012(12).

最后大家不欢而散。2012年的群众动员会前后开了3次,乡村干部和群众都没有达成一致意见,村书记的爱人向笔者反映说,去年他们家开会喝茶的一次性杯子都不知道用了多少,"烧开水都烧不赢"。2013年的群众动员会先后也是开了3次,后来的2次都有乡镇干部参加,那个时候笔者在村书记家里,经常见到农技站长和村民吵起来的场景,也有村书记、老书记和村民吵起来的场景。

单单从上面的2场动员会就可以发现,项目示范片的实施通过"乡村干部+散户"的这种项目组织实施模式太难协调,组织成本很高。从上述2场群众动员会的现场来看,与散户打交道时,过去的很多问题都会被提出来。散户向乡村干部提出各种要求,其中很多问题是乡村干部根本就解决不了的问题。村书记要村民种双季稻,但是村民趁着这个机会跟村干部谈条件,提出了很多要求,概括起来主要有以下几方面。

一是水利的问题。农户不但要求乡村干部把水渠修好,而且还要求把已经承包给私人的水库收回来,专门给农户种双季稻提供水。很显然,这对于乡村干部而言是一个很大的压力,因为水库当年承包出去都是签订了合同的,乡村干部也都是收取了承包费用的,现在村民要求村里把水库收回来,这就是村里违反了合同,要做到这点显然是不可能的事情。

二是向乡党委书记施压的问题。2012年,乡党委书记为了给农户"吃定心丸",请安农农业科技有限公司来给散户提供主要环节的服务,主要是包括育秧、插秧、犁田、收割等生产环节,但安农农业科技有限公司只包服务,不包产量。当时农户不放心这种安排方式,不愿意答应,强制要求包产量之后才愿意支付每亩350元的服务费用,两边僵持不下,眼看插秧的时间被一天天推迟,会影响到项目的考核验收,乡党委书记在这个时候"拍了胸脯",说若当年的早晚稻单产没有800斤以上,乡政府负责补贴差额。但是后来因为安农农业科技有限公司的服务质量问题严重,产量普遍只有每亩400~700斤,农户意见很大。后来乡党委书记没有兑现承诺,农户在向乡政府施压时,乡党委书记已经调到县林业局当局长去了,怎么可能来给农户兑现这些无法实现的承诺呢?这很显然也是无法解决的问题。

三是要分化的农民达成统一的意见和一致行动非常困难。政府要和这些分化的,劳动力条件、劳动力安排都存在巨大差异的分散农户打交道,有的农户家庭里面缺乏劳动力不能种双季稻,有的农户希望出去务工赚钱,不愿意种植双季稻。农户各有各的难处,这倒不是说农民很"刁",故意为难政府,但事实就是这样,各有各的难处。要他们按照政府的安排去种植双季稻,去完成项目示范片的任务,确实是一件非常困难的事情。需要一家一户地去向农户做工作,需要解决一家一户的问题,比如有个老婆婆家里实在是没有劳动力,乡村干部就必须帮他想办法,专门针对他们家的困难去安排一季稻,而且还要保证给她留一条通道,到时候方便收割机能够进去收割。乡村干部要合理安排,这都是极为费力的事情。

三、散户模式下的治理成本

(一) 事无巨细,都归乡村干部负责

通过上文的分析可以发现,2013 年,竹山村 2 个小组项目示范片的组织实施主要是农技站长和村书记在负责牵头。笔者从 3 月份开始对他们的工作进行观察,一直观察到 5 月份,后来到 9 月份的时候,笔者重访竹山村,乡村干部在项目实施的过程中面临着各种项目实施的难题,在这里将其概括为项目实施过程中的治理成本。2013 年遇到的难题除了体现在上面的动员会上农户的思想工作做不通之外,在项目实施的各个环节问题都极多。

问题的根源在于,双季稻生产示范片是村干部有求于村民,村民处于主动地位,村干部处于被动的服务地位。开动员会的时候,大部分人的意见大,个个都不愿意种双季稻,农户对这种事情很反感。最终是村里出面,由乡村干部负责解决主要生产环节的劳动力问题,这样农户才勉强同意。很多农户是看在村书记的面子上,如果不种的话就过意不去,还有些农户是看上面压力大,村干部又出面做工作,才勉强答应。正是因为农户是勉强答应,村干部有求于这些农户,后来农户在种植双季稻的过程中对村干部有严重的依赖思想,有一点事情都要村里出面解决,他们认为种双

季稻就是帮村干部在种,既然是帮村干部在种,所有的事情就都要推给村干部。

(1)农户在犁田方面有严重的依赖思想。比如说若请人犁田,田里有一点不平的地方,农户都不肯自己用锄头整平,自己不肯下一点力气,村干部抱怨农户道:"你自己家犁田,也有不平,你还不是会自己弄好?这么一点不平的地方你就不能自己弄好吗?你的力气就这么珍贵?哪个事情能十全十美?"

(2)秧苗没插好,影响产量的话,农户扬言说到时候就没有服务费用。早稻抛秧没抛好,当场就有农户威胁说到时候不支付服务费用。早稻抛秧是请村里人干的活,那个时候天气不是很热,基本上是刘谷和石砌2个小组的农户在帮忙,早稻抛秧不久,就有农户打电话给唐书记要工钱,唐书记向他们说:"你不要着急,有钱给你们的,只是迟一点,村里已经为你们垫了很多钱了。"农户之所以这么着急向村书记要早稻抛秧的工钱,是担心村干部到时抵扣农户要交给村干部的服务费用。

(3)晚稻插秧时,农户宁愿在家闲着,也不愿意"赚村干部的钱"。当年晚稻插秧时村干部在外面请人很难,请村里的农户插田的一般价格是150元/亩,村里开出190元/亩的价格都没有人愿意来,农户宁愿在家里闲着、休息也不愿意帮村干部插田,而且是插他们自己的田。为什么呢?不肯插的原因在于"如果我们帮村里插,村里没有钱给我们",好像村里是骗人的,他们担心到时候村干部会用这些插田的工资来抵村民应该交给村里的请人的劳务费用,所以不相信村干部,无论如何都不来插田,要村干部到外面去请人来插田。村干部不仅要先给他们垫付工资,而且到有了收成之后,收成要使他们满意,他们才肯给村干部支付劳务费用。他们之所以不肯给村干部帮忙,就是怕村里把他们干活的钱给抵了劳务费用,怕干活拿不到钱(因为这些示范片内的农户欠村干部每亩350元的劳务费用,这些费用是由村干部先垫付的)。村书记愤愤不平地向笔者说:"现在农户很复杂,很现实。"

晚稻插秧的时候插稀了一点①,农户就说这个禾没有插好,处处有问题。村书记说:好像你给他干的任何事情,他都不满意,你给他做好了他都说是差的。早稻抛秧时,田里的禾苗少,马上就有村民扬言说:如果产量没有800斤,到时候不会交钱给村里。

2013年,村书记请人为这些散户插晚稻,开始时都请不到人。后来还是村书记的儿媳妇从娘家请来的人,"当时请人好难,出钱都请不到人"。这些插田的钱后来都是村里给2个小组的村民先垫钱,光晚稻就垫了1万多元钱,村里又得不到什么好处,但这也是没有办法的办法。村干部被逼到这个份上了,如果事情不给农户做圆满,到时候农户就不付钱给村干部。在插秧环节,乡村干部要自己先贴钱。在晚稻插秧的时候,农户支付给村里的价格是100元/亩,而村里请人插秧时支付的价格是190元/亩。村干部说:"你亏这么多钱,自己干活还拿不到钱,就是白干了,农民还在一边等着看你笑话。"

(二)乡村干部要承担的自然风险

2013年的夏天,栏垅乡一直没有下雨,乡政府为这个事情也是很苦恼。那个时候因为没水晚稻插不下去,群众和小组长到乡政府去闹事,并威胁说如果不解决的话,要到县政府去闹事。在干旱的时候,农户几乎遇到所有的事情都去找村书记,那时候村书记很苦恼,为了这些事情人都瘦了一圈。

首先,农户要求村干部出面去要求水库放水,导致村干部和水库承包户成为仇人。因为干旱,水库承包户也希望多留一点水在水库里面,但是农户要求首先满足灌溉需求,而且要求村干部出面解决水利问题,如果晚稻插不下去,早稻的服务费用农户一分钱都不会支付。

材料5-3　2013年旱灾时村干部的麻烦

2013年7月份干旱,村里天天在吵,矛盾很大,农户每天都因为没有水找村干部吵,说都是因为村干部要求种双季稻的,现在水库放不下水,

---

① 因为请的是包工,就是包面积,按照插秧的面积来计价,为了增加插秧的面积,多赚钱,包工普遍会把秧苗插得比较稀,这样他们一天的工资也就更高。

要村里出面解决问题。农户有点难处就找村里,对种双季稻有非常大的意见。那个时候村书记都被他们吵晕了,农户有一点事情就来找他。

石砌组的小组长为了种双季稻三个晚上都没有睡觉,要有人在水库那里看管着放水,连夜在那里看,要是没人看管的话,水库的人就把闸门给关了。有时候人还没走远,水库的人可能就把闸门给关了。组长对工作很负责,小组里的人把事情都交给他了。

开始农户到水库去放水的时候,水库承包户不允许放,后来村干部组织所有的农户到水库去争取,差点就要打起来了,后来农户叫派出所的人来调解,才平息了矛盾,水放下来了,但村书记和水库承包户也成了仇人。

其次,农户要求乡镇政府打井抗旱,乡村干部迫于压力只好借债打井抗旱。农户是在乡镇政府的行政压力下种植的双季稻,要是乡镇政府不解决问题,农户就要到县政府去闹事,乡镇政府迫于压力只好出面协调这个问题。另外,如果村里不把水利问题解决好,农户会威胁不支付村里垫付的费用。

乡镇政府没有办法,只好做村组干部的工作,因为乡镇财政现在都是空架子,面临这样的问题乡镇政府一点办法都没有,因为没有独立的财政支付能力,解决不了问题。因为没有资金拨付,乡镇政府领导只好下到村里,和村组干部做工作,要求 2 个组长各贷款 5000 元,村干部贷款 5000 元(即村书记贷款 5000 元),老书记贷款 5000 元,村委委员贷款 5000 元,负责竹山村的农技站长贷款 5000 元,一共向私人贷款了 3 万元钱,乡镇政府在年底的时候再想办法还这笔贷款,不然问题解决不了。另外,县里的审计局作为竹山村的后盾单位,也拨付了 1 万元,这 1 万元是为村里减轻压力。

后来用这 4 万块钱在 2 个组各打了一口井,一口井花费 2 万块。乡镇领导表示,为了这个问题想了好几次办法,派人来开会,后来实在是想不出什么办法,所以就让几个村干部以及牵头负责的农技站长每个人先暂时贷款几千块钱来解决问题。

村书记说,当时农户闹得厉害,在这样的背景下村干部还不贷款,可能乡镇干部就会说村干部能力太差,最终压力还是压到了村里。

若是没有打井,晚稻就插不下去,即便是晚稻插下去了,也会干死,这会导致一系列的严重后果。一方面,早稻的生产服务费用是村干部垫付的,几个村干部一人垫付了几千块,在收割之后由农户向村干部支付。干旱的时候,很多农户扬言说,如果晚稻插不下去,让他们减产了,已经花费的早稻服务费用(包括育秧、犁田、插秧、收割等这些环节的费用,大概是每亩田350元)一分钱都不会支付给村里,这样压力全部压到了垫付前期服务费用的村干部头上。另一方面,下一年要再动员这些农户种双季稻几乎是比登天还难的事情。村干部及农技站长面临这种压力时,就尽量先把农户的田插下去,尽量少让农户找茬,尽量把事情做好,到时候能够把已经投资出去的钱从农户那里收回来。

(三) 乡村干部要承担的投资风险

无论是在2012年,还是2013年,乡村干部要组织农户种双季稻,都要请人解决主要环节的劳动力问题,这些雇人的服务费用在2012年是由安农农业科技有限公司垫付的,2013年是由乡村干部垫付的,二者都面临着投资无法收回的风险。

2012年安农农业科技有限公司的晚稻服务费用到现在都还没有收上来。2013年7月份,安农农业科技有限公司的老总还来过竹山村要钱,但是农户肯定不会给钱,因为2012年的晚稻没有产量,秧苗也没有育好。要向分散的众多农户收回他们根本就不愿意支付的服务费用,几乎是不可能的事情,而且农户还有一大把不支付费用的理由,对于这些问题,安农农业科技有限公司都无法正面回应。

2013年村书记在乡镇的压力下,被迫也走上了这条路,只能为农户费力,自己投资,让农户受益。家里的钱都垫付到双季稻示范片里面去了,当年的工资也就拿几千块钱。投资出去的这些钱能否收回来,就看晚稻的收成好不好,如果不好,向农户收钱可能就是一件难事。

因为2013年是村干部请私人做事情,犁田、插秧等都是要支付现金的,没有办法拖欠。村干部要把这些项目示范片办下去,农户又不同意,最后就只有村干部投资请人种地,帮农户先解决关键环节的劳动力投入问题。村里把问题都解决好了,等田里有收成了,农户再向村干部支付垫付的资金。

如果说2012年的解决方式是对安农农业科技有限公司(服务方)不利的话,那么2013年则是对村干部(中介方)不利。由村干部出钱投资,农户等村干部把事情搞好,符合他们的意愿,能达到产量之后,才肯向村干部支付费用。否则无论村干部也好,安农农业科技有限公司也好,根本就不可能在这个过程中收回服务费用。

这就是竹山村的项目实践模式。2013年的大问题就是在7月份干旱的时候,打井的钱及晚稻插秧的钱都是由村书记和农技站长垫付的。晚稻插秧的钱、犁田的钱和收割的费用合计每亩花费350元,如果收成好,还能够从农户那里收回来的话,打井的那4万块钱,村干部是没有理由要农户摊派的。因为如果不打这个井,农户的晚稻插不下去,农户就要挟连早稻的服务费用都不支付,所以村干部就必须要想方设法把这个水利问题解决好,但是又没有项目经费,因而只能是由村干部先个人垫付,但这不是为了私人的经营垫付,因为稻谷收成是归农户的,农技站长和村干部得不到什么收成,因而打井4万元的费用到时候如何解决是个问题。显然,项目经费当中并没有安排这样一项,所以现在村书记和王主任都在担心这个事情,到时候怎样解决这个公共服务的费用问题。

(四) 听不完的闲话和怪话

乡村干部在村里有听不完的闲话和怪话。对于村干部办项目示范片,村民不理解,认为村里答应上级种双季稻肯定是因为有油水,村干部有钱拿。若没有好处,村干部怎么会干呢?甚至有些村民在抛秧的时候当着村干部和农技站长质问,"书记到底拿了多少钱?"村书记说,当时听到村民的这些怪话,肚子都气大了。村干部帮农户做事情,也是帮乡政府分担工作压力,但是群众不理解,群众对干部一句好话也没有。在农户看来,如果当干部的家里过得好一点,那就是吃人民的。村书记说:"现在又没有向农民收摊派费,怎么说是吃人民的呢?有人要讲怪话,村干部也没有办法,现在又不可以向农民集资收费,还说干部是吃人民的,真不知道这个事情从何处说起。若自己种田,就不用考虑那么多问题,村干部也不用听闲话和怪话。"

农技站长在乡镇也有听不完的闲话和怪话。对于竹山村2013年的这种搞法,乡政府和农业农村局都很清楚,他们认定竹山村属于大户承包的模式,尽管实际上是以散户的形式在经营,但是在政策上的待遇是按照大户承包的模式进行项目补贴的,包括集中育秧补贴和大户补贴。因为这种散户模式要是没有项目补贴,农技站长和村干部是绝对不会干的。因为在乡政府的项目任务压力下,村干部被迫选择了这种"村干部＋散户"的模式,所有的项目运转资金都是由乡村干部在垫付,田里的收益主要归农户,但是农户向村干部支付的服务费用远远低于村干部运转项目的费用,这中间的缺口都需要项目经费来弥补。这种模式实际上对于村干部而言没有任何激励,因为田里的产出不归自己,耕地没有流转过来,田里的经营收益归村民,而且村干部本身又不是劳务的提供者,是村干部到外面去请人干活,他们也没有获得劳务方面的收益。

农技站长向笔者反映:"有些乡干部还讥讽我们,说我们不是大户,是在套取县里的项目补贴,有些人说我们赚了钱;村里群众也在讥讽我们,包括县里也有些人在讥讽我们,他们认为我们不是大户,是在套取150元/亩的项目补贴。"

面临着这些委屈,农技站长说:"明年就是开除我,都不会干了。"村书记也满腹委屈:"明年就是压力大死人都不会再干了。"这次负责项目示范片组织的两个乡村干部,最后在这个过程中成为了纯粹的利益受损者,吃力不讨好,没钱赚,还受了一肚子委屈,到处都要听闲话和怪话。

竹山村2013年项目实践的结果:农户赢得了正常的利润,但是乡村干部在这个过程中亏了本,苦不堪言;最苦不堪言的是牵头来搞这个项目示范片的农技站长;散户处于主动地位,而乡村干部则极为被动。

材料5-4 访谈农技站长

今年成绩在这里,我们今年在竹山村做样板,成绩就是农民增收了,粮食增产了。沾光的是农户,他们无形中增收了400斤/亩,因为双季稻的产出比一季稻要高,而且主要的需要劳动力的环节他们没有承担。田里有收成,农业生产没有风险,农户沾光不领情,我们付出了这么多,好话都没有听到,群众没有好话,县乡也没有好话。亏了我和书记2个,没有什么好的回报。

我们2个承包户作为项目实施的服务中介,自己没有机械,请外面的劳动力和机械。农户支付给干部的费用低于干部支付的请人的费用,国家175元/亩的项目补贴弥补不了干部在服务上的亏损。

在竹山村的项目经费以及项目运作模式方面,项目经费包括集中育秧的经费和大户补贴的项目经费,归2个承包户,由他们负责请劳动力和机械给散户提供主要生产环节的服务。这2个承包户给农机手和雇佣的劳动力支付费用,散户给承包户支付服务费用,散户支付的费用低于承包户支付给农机手和雇工的费用,现在的问题是:这个缺口究竟有多少?另外,在现有的模式下,这2个承包户的劳动是否能够在一定的程度上得到项目的补贴?研究发现,项目补贴可能难以弥补缺口,更不用说他们能够从中捞取到什么利益了。

这是从项目经费和项目运作过程中的各种关系角度出发来讲的,从收益和分配的角度来看,这种"乡村干部+散户"的模式也是难以持续的,从治理成本和交易成本的角度来看,这种模式也难以维系。

归结起来,这种"乡村干部+散户"的模式有以下几个特点。

(1)农户有底气。农户之所以有这个底气,是因为雇佣劳动力的费用是由村干部先垫付的,收割之后,在农户有了收成之后,再向村干部支付这笔费用,每亩田350元。如果村干部没有服务好,农户就可以找各种理由不交钱,这样村干部就无法把自己已经垫付的劳务费用收回去。正因如此,农户才有底气事事都找村干部,而村干部为了到时候能够把劳务费用收回,也只有尽可能地满足农户的要求,家家户户的事情都推到村书记头上,尤其是在干旱的那段时间,天天很多农户到他家里来找他解决问题,搞得他头昏脑涨。

(2)乡村干部很委屈。2013年,所有的压力和责任都转移到了村干部和农技站长身上。村干部负责帮忙解决双季稻主要生产环节的劳动力问题,包括早稻育秧、早稻犁田、早稻抛秧、早稻收割、晚稻育秧、晚稻犁田、晚稻插秧、晚稻收割等环节,所有的这些主要生产环节由村干部负责请人来做,由乡村干部先垫付这些劳务费用。而且村干部要承担生产过程中的风险,如果农户减产,农户就可以威胁村干部,不支付他们已经垫付的劳务费用。也就是说,乡村干部既要在主要的生产环节上让农户事事满意,同时也要承担额外的风险。即乡村干部投资,农户受益。这种项目运作模式自然将所有的压力转移到了乡村干部的头上。结果是,乡村干部出了力,做了投资,农户受了益,还不领情,村干部很委屈,发誓说明年无论如何也不会再这样搞,且表现出强烈的引进大户的冲动。

(3)负责牵头的乡村干部没有利润。这种模式最大的问题就是乡村干部没有钱赚,乡村干部投资,散户受益。乡村干部承担风险,主要都是乡村干部在操心,麻烦的事情都是乡村干部在解决,但是乡村干部没有收益,出力不讨好,亏损的环节主要由他们挑着,因而这种模式没有人想干。

平晚县针对项目示范片内的大户有150元/亩的补贴,就算把这150元/亩的补贴放到收入里面,乡村干部还是要贴本。"今年亏了我和唐书记2个,到时候我和唐书记只能到县里各个部门去讨一点。"农技站长如是说。

这种模式在农业生产、技术及产量上没有风险,也容易取得丰收,但是这样的模式可能只有在干部处于项目任务的压力下才会完成,只有干部才会挑起这个事,但是这样办下去不是个事。

(4)在这种模式下,耕地还是处于分散经营的状态,交易成本及治理成本还是极高。无论是在动员的环节,还是在后面的生产环节,干部和分散的群众之间谈判极为艰难,散户在谈判过程中丝毫也不让步,乡村干部一点办法也没有,最终,所有困难环节,包括生产风险都由乡村干部挑起来了。正因为这样,农技站长说:"明年就是打死我,开除我也不会再承包了。"

四、乡村干部推动农业经营主体转型的动力

村干部已经在开始筹划流转耕地。在 2013 年竹山村两个村民小组开动员会的时候,实际上已经谈到引进大户和流转耕地的问题。这说明在散户模式难以维系的时候,流转耕地、发展大户的事情已经被村民和乡村干部提上了日程。

王老书记面对 2013 年的这种困局,不无忧虑地说,150 亩的双季稻,以后就是一直要搞,年年都要搞,以后怎么弄,还真是个问题,像现在这样折腾下去肯定是不行的。村干部现在最希望的做法就是,干脆把这 150 亩土地流转出来,要么给安农农业科技有限公司耕作,要么给大户耕作,由这些大户去种双季稻,这样政府也方便,村干部也方便。但是现在的问题是,村民既不愿意种双季稻,也不愿意把耕地流转出来,所以导致项目示范片的实施比较困难。去年村干部还主动找过安农农业科技有限公司,说干脆把这 150 亩田流转给安农农业科技有限公司算了,安农农业科技有限公司可以给 200 元/亩的租金,但是农户不同意,认为自己种划算一些,因而耕地就这样一直没有流转成功。

去年也有些种粮大户希望过来流转土地,和村干部讲过这个事情,但是这些农户不同意,主要是土地流转所存在的困难,也是发展双季稻所存在的困难和问题。要是土地流转出来了,就可以包给大户,100 多亩土地可以流转给 2 个大户,村干部的工作就轻松多了。乡镇干部可以把土地流转出来给本村的人耕种,但是本村人现在没有这样合适的大户,现在在家的农户种不了。

村干部这种流转耕地,把完成项目示范片工作的任务交给大户的积极性已经明显地体现出来了,只是因为村民的反对,村干部相对弱势,使得该村的耕地流转工作还没有启动。而在另外一些村庄,比如说均彼村则已经开始启动了,村干部"制造大户"的积极性一览无余。不但村干部有这样的积极性,乡镇干部也有这样的积极性。农技站长也很委屈,2013 年 9 月份,笔者和他访谈时,他也在想这个事情,正在物色合适的大户来把这些田包过去,以后的双季稻项目示范片就可以包给他们了。

农技站长经历了2013年的实践之后认为，实际上他也想当大户，但问题是现在县里的项目运作政策有一些不明朗。中央的政策是要农民增收，粮食增产，但实际的模式就是干部亏一点，农民赚一点。只有这样的模式能让农民受益，而且农民没有风险，而这些承包户没有钱赚，只有风险。2013年2个承包户的亏损是肯定的，这种模式肯定没有人愿意干。下一年要搞双季稻的话，需要乡政府领导拿出方案来，现在的项目运作模式存在的问题就是乡镇的方案不具体，遮遮掩掩，实施的过程中水有多深，尚不可知。

五、项目实施过程中的乡村关系

2013年竹山村项目示范片的实施过程也可以体现出乡镇干部在项目实践的过程中究竟扮演着怎样的角色，农户究竟需要怎样的村干部，怎样的村干部才能"胜任"项目示范片的实施。

在调研的过程中，乡镇政府抱怨现在的散户模式难管理，缺抓手，示意村干部将耕地流转出去，而且对于村干部不敢强制流转村民耕地的"软弱"颇有微词。现在乡镇干部关心的问题是，村干部究竟有没有威信和能力把农民的耕地流转过来。

2013年乡镇政府开项目动员大会的时候，乡镇领导在项目动员大会上讲，有些村里，上面有工作任务，见到底下有困难，就不愿意做，如果你没有这个能力就别当村干部。显然，乡镇政府的这个话是有潜台词的，你作为村干部，乡镇不管你用什么方法，能够把项目完成就行。有些村干部就很得到乡镇的欣赏，比如说均彼村的村干部，几乎是用强制的手段把农户的耕地流转过来，然后自己耕作，和分散的小农户打交道的这些麻烦事情都省掉了，乡镇政府对于他的这种做法很满意。而竹山村唐书记这种在农户面前"软弱"和为农民着想，为农民服务，而自己吃亏和受委屈的做法，则被乡镇视为没有工作能力的表现，甚至有乡镇干部向笔者开玩笑说，如果说栏垅乡19个村的书记像梁山好汉那样排座次的话，那么竹山村的书记一定是排在最后一位。

关于项目示范片的实践，乡镇究竟需要怎样的村干部？很显然是能够用强硬的手段把事情摆平的村干部,不管村干部用的是什么手段,简而言之,要能够将事情低成本地摆平。如果说村干部在乡村治理中充当着"当家人"的角色,那么在项目的实践中,更多的是希望村干部发挥项目"代理人"的作用。根据笔者的了解,竹山村的书记在很多时候还是站在村民的立场上去思考问题的,他不是一个很强硬的干部,和农户的关系比较紧密。

正因为竹山村面临这种情况,乡镇政府领导对村书记颇有微词,意见很大。在上一次选举时,乡镇就担心像村书记这样"软弱"的人究竟能不能当好村干部。2 年的项目实践已经过去,这印证了乡镇政府的判断,2014 年 3 月份就要重新选举村干部,乡镇政府在选举过程中究竟如何运作,不得而知。

像竹山村村书记这种老好人式的村书记注定是缺乏可持续性的,难以长期维系下去,2013 年的实践就已经充分地说明了这一点,带着满肚子的委屈,村书记才会说出"明年就是死人,我也不再办双季稻"的话。而且他强烈希望引进大户来代替现在的"乡村干部+散户"的项目运作模式。因为在现在的这种模式下,村干部很显然是一个吃力不讨好的角色。因而这种村干部的角色和农业经营主体的重构之间就存在一种微妙的关联。

作为"当家人"的村干部,面对分散的农户吃力不讨好,反而受了满肚子的委屈。作为"代理人"的村干部,比如说杨林村、均彼村的村书记都很强硬,为了完成项目的任务,为了降低项目实施成本,以强硬手段破坏分散农户现有的生计模式,将他们的耕地流转过来承包给大户,这样他们作为村干部就省事多了,用不着和这些分散的农户去争吵,用不着为他们操心,而只需要把项目示范片的任务和大户协调一下就行,其余的事情就轮不到村干部出面,这样村干部的工作就轻松多了。若大户有什么事情都来求村干部,比如说有纠纷调解等事情,这个时候村干部就是一个中间的调停人,村民和大户双方都有求于村干部。显然,谁都愿意扮演后面一个角色。因而重构经营主体,呼唤大户经营在这样的背景下几乎是一种必然。下面我们来看看杨林村和均彼村的项目运作过程。

六、经营主体转型与降低治理成本的可能性

既然乡村干部牵头搞不下去,为什么把田交给大户就可以搞下去呢?要明白其中的原因,只需要把2013年竹山村的散户实践模式和大户实践模式对比一下,即大可得知。通过表5-1的比较发现,在2013年的散户模式下,村干部是向农民提供劳务的中介,村干部自己本身并不提供劳务,所以劳务这个环节的收入都被雇工和农机手赚去了。但是在大户模式下,几乎所有可以产生利润的环节都集中于大户,尤其是机械部分的作业量很大,这部分利润是比较高的。结合表5-1和第四章对适度规模经营双季稻的分析,可以发现,大户种植双季稻是有利可图的,也正是因为这样,在散户不愿意种植双季稻的情况下,存在大户帮助政府种植的可能性。也就是说,乡村组织如果把散户的耕地流转过来,专门给大户耕作的话,存在一种降低治理成本的可能性。

表5-1 散户模式和大户模式的比较

比较项目	2013年散户模式	一般的大户租地经营模式
经营方式	"乡村干部+散户"经营	大户模式
投资方	乡村干部	大户
耕地经营权	散户	大户
作物的收益方	散户	大户
地租形式	没有发生耕地流转,没有产生地租	由大户向散户支付租金
农业生产的组织者	乡村干部	大户
风险承担方	乡村干部,无论是在生产环节还是应对自然风险,村干部都要承担风险,否则农户不支付服务费用。这种模式很明显风险与收益不对称	大户,大户自己投资,收益归自己,当然也要承担生产经营过程中的风险,这是一种风险和收益对称的模式

续表

比较项目	2013年散户模式	一般的大户租地经营模式
劳务的提供方	乡村干部雇工	大户,自己有机械
劳务的受益方	外面的雇工	大户机械服务可自己进行
项目的补贴	乡村干部	大户
可持续性	缺乏可持续性,所有的收益归村民,收益的风险由村干部承担,而且散户有任何问题都要找村干部,村干部不胜其烦	可持续性比较强,这是专业化生产与农机大户相结合的经营模式,各个方面的利润都汇集在大户名下,因而收益不错,而且收益与风险对称
风险	风险小	风险大
主要的受益方	在这个模式下面,真正的受益方是散户和农机手;而利益受损的是乡村干部	大户是受益方

第二节 项目运作与农业经营主体的重构

一、均彼村的耕地流转

均彼村是栏垅乡的南大门,共有13个村民小组,耕地(包括旱地)有1163亩,耕地全部在平晚县的通乡沿线公路两边的有8个小组,公路长达3千米,2013年的项目示范片涉及这8个小组,因而该村被纳入县里的项目示范片。虽然本地的水利设施不好,不好搞双季稻,但是乡政府强调,没有水也要种双季稻,要干部带头种,不种不行。2013年栏垅乡给均彼村分配的项目示范片的任务是400多亩。

均彼村的水资源非常缺乏,几乎注定散户是没有办法种双季稻[①]的,

[①] 均彼村没有水库,只有几口山塘,抗旱灾的风险比较大。所以,在均彼村要散户种双季稻是很难的事情,难度要大大超过竹山村。

晚稻插不下去，绝收的风险很大，村干部若试图让散户种植双季稻，在均彼村几乎没有可能。2013年的时候，均彼村的书记决定把散户的耕地都流转过来，自己买收割机，发动主要的村干部和小组长当大户种双季稻，这样县里的双季稻生产示范片的项目补贴都归他们。村书记自己买了收割机，全村项目示范片内的机械作业都归他，这样还可以赚点机械的业务费用，这样看来，把农户的耕地流转过来似乎是有点生意可做。虽然以前没有实践经验，但是2013年均彼村的彭书记跃跃欲试，想自己当种粮大户，要完成乡政府项目示范片的任务，就必须把散户的耕地流转过来。

村书记要流转耕地，农户的态度可以分为两种：一种是愿意流转的，一种是不愿意流转的。那些经济条件比较好的农户，对于村书记要流转耕地这件事，他们的想法是反正在家没事干，种几亩田也可以，不种也过得去。那些条件比较好的家庭，儿女一般不要父母种田，且现在不种田也有粮补资金。这些农户把田流转给别人种一季稻一般是不要钱的，甚至还要请人喝酒，把田给别人种是为了田不长草。这些农户对于村干部要把田流转过去办项目示范片意见不是很大，因为种田对他们来讲是可有可无的事情。

不愿意流转的主要是那些在家依靠免费流转亲戚朋友的田，依靠耕作为生的农户，以及村庄里的弱势群体，他们无法外出务工，只能依靠种田为生。阻力也主要来自于这两种类型的农户。要他们把耕地流转出去，就相当于是破坏了他们现有的稳定生计。他们对流转耕地的意见很大，那么村书记是如何把耕地流转过来的呢？

一是争取大多数，对少数采取强硬措施。村书记说："只要大多数都被争取了，少数人他就不怕了，这就是大势所趋。"村书记在做工作的时候，有些村民愿意配合村干部，主要还是因为村干部和他们平时的关系较好。也有很多村民本身就愿意把耕地流转出来，种不种田对他们而言无所谓。这两种类型的农户实际上在村庄里构成了大多数，村庄里非要种田的是少数农户。

当时村书记要流转耕地办示范片，小组里多数农户同意流转出去，少数几户农户反对，村书记就对他说，"别个都这么干，你也得这么干！别个的田给我种,你就得给我""要么你种,要么我种,你不愿意种,就给我种。你不愿意办双季稻就给我办""种双季稻不划算,你就给我种""没有水,种不了,你种不了就给我种""你不种就我种"。彭书记对笔者说,现在要当支部书记,对农户就是要硬一点,要狠一点,否则事情根本就办不成,只能让这少数农户吃点亏了。村书记讲究威信,强调自己在村里说话算数的权威,说一不二。

很显然,均彼村因为要种双季稻,那些原来在家种一季稻的农户意见是最大的,他们不愿意种双季稻,也不愿意流转耕地,但是在村书记的强压下,耕地还是流转出来了,但是租金也涨到280元/亩。原来这些在家种田的农户通过自发性的方式流转别人的耕地,不要租金。现在因为村书记要流转耕地种植双季稻,搞项目示范片,所以租金在村干部和在家种植农户的博弈下,上涨到了280元/亩。

在县、乡的压力下,均彼村强调要种双季稻,原来那些在家以种田为生,通过自发性地免费流转亲戚朋友耕地的中农出现了转型,有些中农被瓦解,有些中农和村干部合作搞项目示范片,有些中农则给安农农业科技有限公司做代管户了。表5-2为2012年在家以耕作为主要生计的中农情况。

表5-2　2012年在家以耕作为主要生计方式的中农

姓　　名	2012年耕作情况	年　　龄
许其生	耕作20多亩土地,2013年外出打工	—
刘归寺	耕作30亩左右土地,2013年和妇女主任合作搞项目示范片工作	—
冯家新	耕作40多亩土地,2013年和村书记合作搞项目示范片	—
彭宪义	耕作20多亩一季稻	64岁
彭宪东	耕作10多亩一季稻	60多岁
彭国生	耕作8亩一季稻	70多岁
冯志先	耕作20亩左右一季稻,种点棉花、油菜	50多岁

续表

姓　名	2012年耕作情况	年　龄
张震明	耕作20多亩一季稻，2013年在本村没有地种了之后，和安农农业科技有限公司合作，帮安农农业科技有限公司种地200亩	30多岁
刘国生	耕作10多亩一季稻，2013年还种了3亩	40多岁

在家种田的农户生计遭到破坏。比如说在杨家组和麻塘小组有2户农户，他们都50多岁，没有能力出去打工，只能在家种田。村书记把他们的耕地流转出去之后，他们意见很大，要提高租金。没有了种植一季稻的耕地，他们还剩下高岸田，可以种棉花，以及在冬季的时候种油菜来维持生计。很显然，他们的生计受到了破坏。再比如说，石江组一共有24～25户农户，但是2012年只有3户在家种田，所以组里的田就大部分流转给了许其生。许其生2012年种了20多亩一季稻，2013年村书记强调要种双季稻，许其生不愿意，认为双季稻不划算。"既然你不愿意，那就给我种"，在村书记的压力下，许其生2013年没有种地了，去深圳的儿子那里打工去了。

二是利用意识形态上的话语权。粮食安全是村书记做工作的话语，"中国13亿人口，18亿亩耕地，粮食安全保不住，到时候别个（外国）不出口粮食给你，粮食不足，中国就有人要饿死，全中国所有的田每亩多出300～400斤，粮食产量能多多少！"

三是拿县里的政策出来压人。有县、乡的政策支持，有乡镇政府作为后盾，所以村书记底气很足。国家的粮食安全、粮食政策等都是村干部经常抬出来的挡箭牌。"国家要我办双季稻示范片，你不种，就我种。"

县里的政策是，先要群众自己种双季稻，很多农户说没有水，种不成，不愿意种，于是群众不种干部种，农户也无可奈何。农户说田是自己的，那就自己种；但是说没有水，不愿意种那就给干部种；国家要求种双季稻，你不种，没水？那就给干部种。

四是针对那些说理不通的农户，则采取强硬的手段，靠个人的威信来解决。那些说理不通的农户，也只有村书记才能摆平。尽管现在耕地承

第五章 散户模式的失灵与经营主体的重构

包经营权保持长期不变,各种各的田,但是在村社当中,村干部还是有一些办法来制衡一些不愿意配合的农户的。

有一个农户,他的哥哥、弟弟都是低保户,他自己也是"无儿无女的绝后人"。他家里有一丘田不愿意流转出来,想自己留着种一季稻,家里种双季稻也没有劳动力。他的这种要求村书记没有答应,说"插花田搞不成双季稻",后来村书记想来强硬的,以他兄弟的低保户指标为要挟。他在村书记面前还是服了,愿意把田流转出来。村书记和笔者说:"搞这东西,心不能软。"

麻塘小组有一户的两兄弟都是五保户,无法出去打工,耕种别人的三四亩田,村书记要把田流转出来,但他们不同意,村书记提出3亩田给将近1000块的租金当他们的生活费,但两兄弟都抽烟,估计这点钱还不够烟钱。笔者问村书记解决方案时,书记说:"那就不关我的事情。"

均彼村在示范片内流转耕地的时候有些阻力,但是都被村书记的威信给克服了。那些抵抗的人都老了,种不了田,年轻人都走光了。有些小组有100多亩地,有人靠耕地维持生计,既不愿意种双季稻,也不愿意把耕地流转出来,村干部就给他们做思想工作,思想工作做不通的就靠村干部的威信。

有个小组的一户村民在家种田,哀求村干部在示范片划出一片田给他种一季稻,但是村书记说,划出一片田都不行,因为上面来检查时,要求晚稻要田挨田,丘连丘,不能出现插花田,要都是双季稻才行,所以村民的这种请求也被村书记拒绝了。

有些村民既不愿意流转土地,也不愿意种双季稻,村书记在做动员工作的时候,有些村民说:"我的田我爱怎么着就怎么着。"针对这种情况,村书记说:"田是你的你就种双季稻,你享受承包经营权,就必须履行义务,要按照村里的要求来,你不种双季稻就我种。"

有些村民,我和他讲道理能讲通;有些村民讲不通,就只能用这种霸蛮的做法,这是没有办法的办法。只要90%的农户都服气,都愿意服从村里,有个别思想不通的就不怕他,因为土地流转出来是大势所趋。

从上面的材料就可以明显地感受到均彼村书记的强硬作风,在现在已经分田到户、承包经营权确权到农户的情况下,按照道理,村干部是无法干预农户的经济行为的,但是对于均彼村书记来说,干预农户的生产活动,却是一件说来很自然的事情。谈到"你是如何从农户那里把耕地流转过来的"这个问题时,均彼村书记颇有把握地说:"这个村现在是我在当书记,我说话要是不算数,那还当什么书记?"和竹山村的书记相比,均彼村的书记就强硬多了。

二、演镇的耕地流转

由于在项目示范片区内动员散户太麻烦,"缺抓手""不好管理",而且难度很大,乡村干部试图将散户的耕地集中起来流转给大户,大户给散户支付租金,政府对大户的项目进行补贴。由于大户有政府的项目补贴,尽管要给农户支付 150～200 元/亩的租金,但是县里的补贴足以冲抵这个租金水平。

在一开始,很多乡镇干部、农技站长、村干部都认为这是一个难得的机遇。把大片面积的耕地流转过来,由政府提供产粮大县示范片的项目补贴以及其他一系列项目扶持,这肯定是一个创收的好机会,于是都试图"做第一个吃螃蟹的人"。因而在小户不愿意种植的情况下,耕地最终更多地集中到了乡镇干部的手上,变成乡镇干部种田,特别是主管农业的副镇长、农技站长、村干部等种田。这些乡镇干部种田基本上都是业余的,大片的耕地包给几个村组干部,或者请当地的村民帮忙代管,机械、劳动力全部雇人,由于种田不精心,全部请人来耕地,加上没有办法真正去监督这些聘请的种田手,所以乡镇干部种田几乎没有不失败的,因为他们"十指不沾泥",当"甩手掌柜"而全部环节都请人,往往田没有办法种好,杂草丛生。就像石市、演、大安那边的乡镇干部种田一样,乡镇干部种不了多长时间,最多 2 年,耗不起太长时间,包括村干部也一样。也有村干部种田的,栏坞、黄塘、渡头等乡镇的效果往往不怎样,但是项目示范片区内的田是一定要种的,于是就出现了经营主体的转型。

材料 5-5　演镇 2010—2011 年的案例

演镇主管农业的副镇长李朝辉，在 2010—2011 年是全县有名的"种粮大户"，流转了 500 多亩田。他向笔者介绍了当时的背景、运作模式、选择做大户的考虑、面临的问题等。

对于在项目示范区内推广双季稻，散户认为种植双季稻不划算，这是市场性的因素，政府改变不了，政府能够做的，是通过给群众做思想工作，让他们把耕地流转出来，支持乡镇的工作，他说，可以改变的就是通过向散户支付租金的形式将耕地集中起来。

(1) 当时流转耕地的背景。从 20 世纪 90 年代后期至 2006 年，由于袁隆平的杂交稻产量高(降低了一季稻与双季稻的产量差距，现在一季稻的产量可以达到 1200 斤/亩，而双季稻的产量一般在 1300～1500 斤/亩，一季稻只需要投入一季劳动力、农资、机械等成本，而双季稻则需要投入两季，很明显双季稻的效益已经明显不如一季稻)、生育期长，一季稻推广很快，到 2006 年左右，种植双季稻的农户在演镇所占比例已经不到 10%。但是毕竟双季稻的产量还是比一季稻的产量要略微高出 200～300 斤/亩，如果大面积种植双季稻，实际上是有利于提高国家粮食产量，保证国家粮食安全的。从这个意义上讲，种植双季稻对于农民来说"是增产不增收"，但是对于国家来讲则是提高粮食产量，保证粮食安全的重要举措。

作为全国产粮大县和全国粮食生产先进县，国家加大对粮食主产区的支持力度，因而各级政府也开始注重粮食安全，提出"压单扩双"，增加复种指数，提高粮食产量。正是在这样的背景下，从 2009 年开始，演镇被县农业农村局规划为双季稻生产示范片区，要求在大川、将军、车站、百花等 1418 干线上的村庄种植双季稻。经过 2009 年一年的实践，李朝辉发现动员散户种植双季稻问题很大，原因如下。

一是散户认为种双季稻不划算。现在在外打工随便一天就是 100 多元，而在家种双季稻就不能外出打工，至少在 3—10 月份耕作季节不能出远门打工，种田要投入大量劳动力，这些劳动力和外出打工相比收益太低。种植一季稻简简单单、轻轻松松就可以每亩收入 1000 多斤稻谷，还不影响外出务工，而种双季稻每亩增收500斤稻谷的话，也仅仅是增加600~700元钱，还不如出去打几天工，所以农户对于政府推广双季稻没有积极性。

二是动员一家一户的散户去种植双季稻太麻烦。2009年，村干部李朝辉为了推动项目示范片的工作，专门请人育秧来推动散户种植双季稻，但是等秧苗育好之后，很多农户不愿意插田，甚至连地都没有犁，面对这种农户不合作的情况，李朝辉一点办法都没有。现在承包经营权是农户的，想种什么是他们的权利，而且对于种植什么农户要搞经济核算，评估是否划算，还要看自己家里是否有条件和劳动力，如果太辛苦农户还不会干，与其种双季稻去赚那几百块钱，还不如在家打牌。因为种一季稻很轻松，时间弹性大，从5月份开始育秧，到10月份才收割，中间的时间弹性大。而种双季稻要抢季节，从收割早稻到插晚稻，中间最多间隔20天，要抢种抢收，不能违背农作物生长规律，否则就没有产量。

三是散户对于政府150元/亩的双季稻补贴不是很"感冒"。政府在示范区内给大户补贴150元/亩，但是对于一家几亩田来讲太少了，没有吸引力，农户种田现在主要是解决自家的吃饭问题，并不指望从田里能得到多大的产出。但是如果把这些田流转过来让大户耕作，既方便和大户打交道，而且政府的这些补贴在面积多的情况下发放，一亩田补贴150元，500亩就是7.5万元，作为一个在家种田的大户，光政府的这笔补贴就算一笔很大的收入，即便是田里不赚钱，补贴的收入也够了。另外，政府还给大户提供其他方面的支持，包括给农药、种子、育秧等物质补贴及技术支持，这些激励对大户和小户是完全不同的。政府的项目激励对大户的作用很明显，但是对小户的激励效果不是很好，因为给散户进行项目扶持没意义。

正是因为李朝辉发现按照传统的散户模式去搞双季稻生产示范片区根本就行不通，"一家一户，你要他为国家的粮食安全做贡献，这对于散户来讲是根本行不通的"，农民是很现实的，他们有时不会从全局、从国家的角度来考虑问题。

所以从2010年开始，李朝辉决定流转示范区内的耕地，进行集中规模经营。这样就在示范片内通过发动村干部流转了500多亩耕地，签订5年的合同，按照200元/亩的价格支付租金。但是当时谁也没有经营过500亩这样的大面积，"本地原来没有大户经营的，一般也就是10来亩，几百亩的经营模式还没有见过，怎么搞谁都没有经验，投资是否有效益，回报如何，是否会失败等都不知道"，因此只有政府带头，先搞个样板，摸索经验。因为大户经营的理念和小户经营的理念是完全不同的，所以，李朝辉作为主管农业的副镇长，就联合农技站长和几个村干部种起田来。

2010年的时候，农业农村部领导下来考核验收时就问过李朝辉，作为行政干部，是不应该从事与职业范围有关的产业，也不应该从事第二职业的，怎么在家种起田来？李朝辉当时透露了他的无奈，他说现在搞项目示范片，散户不愿意配合，大户、职业农民又还没有发展起来，总是要有第一个人，所以自己算是先开了个头，以"种思想"的方式来进行这种大规模经营。

当时李朝辉的这种做法得到县农业农村局的大力支持，除了项目补贴之外，在思想上、组织上都给予支持，还免费赠送了机械等。

(2)当时的运作模式。由于李朝辉自己并不会开犁田机、收割机等机械，所以当时的农机作业全部外包给安农农业科技有限公司，和安农农业科技有限公司签订协议，他们提供机械支持，李朝辉支付服务费用，主要是在机耕和机插两个方面，而插秧则是一部分请人工，一部分抛秧，还有一部分是请安农农业科技有限公司机插。机耕、机收、机插的花费一共是200元/亩的服务费用，秧苗则是李朝辉自己育。

当时与李朝辉合作的只有2个人，农技站长和副站长。显然，3个人是管理不了500多亩耕地的，而且他们还有行政任务，因而田间管理就只能请人来做。

在请人方面，聘请村干部和小组长负责组织请工和日常管理，并给他们支付工资。因为这些村干部在村里有人脉资源，有能力帮忙流转土地、解决纠纷，而且在请人方面还可以照顾本地人，有些农户在不愿意的条件下把田流转过来，有情绪，村干部一般会在请人用工方面对他们进行照顾和平衡。

田间劳作则主要是由村干部和小组长请的长工和短工来完成,这些请工的费用主要是李朝辉负责支付。请了2个长工,按照100元/亩包干的方式对长工进行支付。这些长工主要负责除草、看水、施肥、打药等一般的管理。李朝辉说:"反正是那么多钱,只要不出乱子就行。"一般一个长工要管理100亩左右,有时候长工忙不过来,就需要村干部帮忙请短工。2010—2011年的时候,短工的价格一般是80~100元/天,当然,如果是重体力活那会再高一点。

(3)笔者问李朝辉,当时的产量怎样,李朝辉笑着说,"产量就别问了,刚开始经营,没有经验,2010年的时候因为低温阴雨,秧苗全部坏掉,错过插秧季节。后来收割早稻的时候,连续下了一个星期的雨,稻谷晒在10多千米长的马路上,一部分被大雨给冲走了,剩下的大部分发芽了。2011年因为干旱,相当一部分晚稻没有收成,秧苗都插不下去,由县农业农村局改种旱作物","我种了2年田没有赚到什么钱,主要是'种思想'"。

(4)很显然,李朝辉的这种干部式的大户经营模式,从经济效益的角度来讲,问题很大,但是却有利于完成项目任务,乡镇的办点领导很满意,一把手很高兴,农业农村局的项目领导小组能交差,农业农村部下来考核验收示范片时,马路两边的早稻秧苗都是绿油油的,呈现出一片丰收、增产的景象。

演镇后来向内生性的专业大户转型,李朝辉等乡镇干部种田的模式从2012年开始向专业大户模式转型。

三、湖镇的耕地流转

湖镇杨林村从2008年开始就是湖镇万亩示范片的重要示范点。从2008年开始,都是村书记刘明利给散户做工作。开始几年,村民出于刘书记的面子和个人关系,再加上刘书记非常善于利用关系和抓住农户的弱点做工作,进而推动杨林村的项目示范片任务。但是到了2012年,因为年复一年的折腾,农户的意见很大,坚决不愿意种双季稻,坚决不育早稻秧苗,导致2012年农户育的早稻秧苗严重不够。为了完成项目示范片的任务,刘书记只有到处找秧苗,后来从其他乡镇甚至是跨县找了一些劣质的秧苗回来,乡镇干部亲自下田帮助农民育秧,完成示范片的任务。但是因为秧苗的质量有严重问题,导致早稻只有200~300斤/亩的产量,农户对政府的意见很大。而且因为秧苗不够,2012年杨林村的示范片没有达到标准,由于杨林村正好处在关键的交通要道,是农业农村部和省政府项目考核领导小组到湖镇检查万亩示范片的必经之地,出现了这样的情况,当然会引起县项目领导小组的高度重视。县里指示乡镇干部,如果农户实在不愿意育秧,就将该村的耕地流转出来,由安农农业科技有限公司承包该村的项目示范片。而安农农业科技有限公司为了向县里要价,显示出自己在全县双季稻项目示范片上的"为领导分忧",进而好向县里争取更多的政策和项目优惠,故也很愿意到杨林村承包该村的项目示范片,先后指派3批人员到杨林村流转耕地。但因为村民对安农农业科技有限公司的耕作方式颇有微词(耕作粗放、把田种坏了等),而且租金只有200元/亩,所以安农农业科技有限公司在2012年没有流转成功。后来经过村干部的推动,湖镇的大户王水斌以300元/亩的租金将该村的耕地流转过来,由王水斌承包这280亩示范片。下面来看看杨林村的具体情况,主要分析3个事件:一是2012年动员群众种双季稻的难处;二是村干部为什么有积极性帮安农农业科技有限公司流转耕地,安农农业科技有限公司为什么有积极性来承包示范片;三是村干部为什么有积极性帮王水斌流转耕地,王水斌为什么有积极性来承包项目示范片。

（一）散户不愿意种双季稻,村干部年复一年地做工作

从2008年开始,乡村干部到村里向农户强调要种双季稻已经有四五年时间了,当时强调种双季稻是县里的要求,宣传国家的粮食不够,现在都是在进口粮食,中国的人口多,粮食消耗量大,保证人民有粮食吃是大问题。开始一两年,村民出于全村干部的面子把双季稻种下去了,但是因为种双季稻不划算,年年都这样坚持的话,村民的意见及抵触情绪很大,这种抵触情绪集中地表现在2012年。

很多群众的思想做不通的原因,一是劳动力大量外出,年轻的壮年劳动力、好的劳动力都外出了,留在家的都是老弱病残,种双季稻吃不消;二是种双季稻成本比较高,而比较收益低,农民种双季稻增产不增收;三是

现在不像早些艰苦的年代,艰苦劳动习惯了,现在的农民不愿意辛苦劳动,抱怨种双季稻的时候双抢天气很炎热,老弱病残吃不消,不愿意种双季稻。

材料 5-6 访谈杨林村书记

和群众做工作非常之难,总的难处是群众不愿意种双季稻。理由是没有劳动力,没有资金,缺水怎么办?那么多农户,到时候怎么去找水?产量不高怎么办?双抢时高温天气炎热怎么办?种双季稻没有产量,不划算怎么办?主要的问题是天气热,种晚稻的时候水不方便。确实,关键是要水的时候没有水,全县的水利资源是根据宏观的控制,少数农户田里的水就比较紧张,有些田水库不能来水,若上游放水了,下游就很紧张,下游的农户意见大。去年就有些农户的秧苗干死了,年年都这样,但照样要做工作,照样要插双季稻,照样要完成镇政府的项目示范片的任务。早稻种植时,村干部动员群众种双季稻,讲的话太多了,做的工作太多了,村书记要逐户逐户上门,有的上门次数都不止10次,但依旧难以说服农户。

一些农户确实不愿意种,如上文提到的2012年村里秧苗不足,农户坚持不肯育秧,最终没有产量,导致农户怨声载道,要求政府赔偿损失,对村书记的意见很大。正是因为2012年出现这种尴尬的情况,2013年村书记要农户再种双季稻难度就极大,农户几乎不可能配合,这也正是2013年村书记下定决心要将耕地流转出去的原因。

材料 5-7 访谈杨林村书记

三合组有一户的户主叫彭桥生,他的田多,因为他的亲属不在家,田都免费流转给他种。他自己有建房的手艺,因为经常在外干活,故只能插一季稻,插双季稻的话就影响他外出干活赚钱,而且因为他田多,所以没有足够的劳动力插双季稻。村书记和湖镇的副镇长到他家走访了10多次,都没有做通工作。有一次,早稻插秧之前,村书记用摩托车将90斤早稻种子送到他家里面,帮他把禾种浸好在一个缸里,把秕谷和杂谷捞出来。第三天到他家里去看情况时,彭桥生不在家,村书记发现缸里没有谷了,原来在村书记把谷种浸好之后,他回家捞出来了,就是不插早稻。第四天村书记去问缸里的种子哪里去了,他还是不在家,晚上再去找他,村书记问谷种哪里去了,彭桥生不吭气,原来他把禾种用袋子装起来了,放在外面晾着。他就是不愿意插早稻。

村书记和他硬话也讲了:你种这么多田,都在示范片内,你不插早稻的话,你把田流转出来,我找人插。他还是坚持不插,村干部说,你必须要插,还吓他说,你不插就要扣你的粮补资金,但是到最后,他还是没有育秧。

后来村书记迫使他犁田,帮他到外地去找秧,车费、吃饭都是村干部自己支付的。但去找的秧不是当地秧,是巴结了的秧苗,没有产量,后来村书记和镇干部范永健一起出去找秧苗,在外地找了好多次秧才解决问题。

正是因为在 2012 年干群的对立中,农户不愿意育早稻秧苗,村干部只好从外地调回一些劣质的秧苗,结果导致大减产,村民要求村干部赔产,但村干部没有办法回应。经历了 2012 年这个事件之后,该年度的项目示范片也受到很大的影响,县乡的意见很大,乡、村两级干部决定在 2013 年将杨林村的耕地流转出来。也就是说,村干部和群众都认识到,村干部动员散户去种双季稻的模式已经无法再继续走下去了,更何况是年复一年地走下去。

2012 年,村书记和农户做工作,从外地调秧回来给农户,有很多农户最终还是答应种双季稻,把秧苗插下了,但用的是村干部从外面调来的巴结秧,结果 2012 年杨林村的双季稻大减产,村民意见很大。

2012 年有 8 户农户来找乡村干部要求赔偿,镇政府对他们说,如果你们 8 户索赔成功的话,其他人肯定会跟着来,村里哪有什么补偿呢?当时村民要求严格,非赔偿不可,导致干群矛盾很大。

材料 5-8 访谈杨林村书记

村民来找村书记:我们不种双季稻,你们非要求种,经常找我们做工作。种下去又没有种好,现在严重减产,村里必须负责。

村书记:要你们种的时候你们不种,事先不育秧,最后才导致只有 200~300 斤产量(这是村书记的理由),你们没有育秧才导致这个结果。

2012年村里育的秧,只够插70~80亩,其余的田都是在外地找的巴结秧苗插下去的。农户不愿意育秧,主要原因是不想插早稻,不愿意集中育秧,没有育早稻秧,农户就认为可以不插早稻。

2012年双季稻大减产的事件,导致群众意见很大,要村里赔偿,但是村委会是个空架子,村里哪里有钱给村民赔偿?正因如此,乡村干部在2013年决定流转耕地。

动员散户太难,乡村干部都希望引进大户和企业。要完成政府这种保证国家粮食安全的项目规划和实施计划,让农户去承担损失,农户不愿意干。一方面,政府不愿意对散户进行相应的项目补偿,或者说在项目的补偿方面实行歧视性政策,散户意见很大;另一方面,散户没有办法和政府的项目政策对接,政府的补贴对于耕地面积少的散户而言没有吸引力,一亩田增加了175元的补贴,还不如自己外出干2天活来得划算,农户现在都是这样想的。

但是大户和企业不这样想,他们一旦通过耕地流转承包下来了政府的项目示范片,一方面,项目示范片的面积大,政府的补贴也多;另一方面,以项目示范片为依托,可以承接政府其他方面的各种项目,这也是他们获取利润的重要方面。很显然,散户没有这样的谈判优势,也没有这样的项目对接能力。

也就是说,大户有积极性承接政府的项目示范片,政府也希望和大户和企业打交道,无论是县、乡、村哪一级的干部都有这样的想法。

(二)安农农业科技有限公司流转耕地及其原因

在2012年,杨林村书记说服群众种双季稻,但是效果很差,2012年的双季稻示范片没有达标,县里的意见很大,乡政府挨了批评,故乡政府对村书记要问责罚款。而且因为2012年村干部让农户大减产,同时又没有相应的赔偿,农户意见极大,在这样的背景下,在2013年再去动员农户种双季稻,几乎是不可能的事情,所以2013年村书记压力更大。在这样的背景下,县里指示安农农业科技有限公司到杨林村去流转耕地,承包示范片,自然受到乡村干部的欢迎。

安农农业科技有限公司前后来杨林村三次。第一次是在 2013 年 2 月份早稻育秧之前,安农农业科技有限公司来流转耕地,先是由主管农业的副镇长引线找村书记,说安农农业科技有限公司希望到杨林村承包土地,承包示范片的经营。第二次和第三次都是安农农业科技有限公司直接找村书记,他们来了三四个人,要求把田流转给安农农业科技有限公司管理,每年支付给村民 200 元/亩的租金,租期为 3 年。当时安农农业科技有限公司来流转耕地,涉及 6 个组的 280 亩耕地,主要分布在县道两边,安农农业科技有限公司要求连片流转,整组整组流转耕地,这样方便他们经营。

对于安农农业科技有限公司来杨林村流转耕地,乡村干部都很有积极性。村书记和湖镇政府都愿意协助安农农业科技有限公司来将杨林村的耕地流转出去。一方面,若安农农业科技有限公司来办项目示范片,尽管乡村干部从项目示范片中得到的收益少了一些①,但是工作的难度也大大降低了,村干部以后只需要和安农农业科技有限公司协调就行,而不需要面对 8 个组的散户,从此"一劳永逸"地解决了动员散户和给他们做工作的难处。另一方面,安农农业科技有限公司来流转耕地,可以扩大项目示范片的面积,这样就可以增加乡镇的项目工作经费,还能够在项目示范片完成及县政府政绩考核的过程中处于优势地位,因而乡镇干部对于安农农业科技有限公司在项目示范片流转耕地持双手欢迎的态度。

简而言之,村干部愿意帮助安农农业科技有限公司流转耕地,为的就是杨林村能够多种双季稻,能够降低经营项目示范片的工作压力。而且正是因为抓住了乡村干部的这种心态,安农农业科技有限公司才能乘虚而入,受到乡村干部的欢迎。

承办项目示范片,安农农业科技有限公司有它的如意算盘。这些项

---

① 本书第七章会谈到,安农农业科技有限公司在哪个乡镇办项目示范片,该乡镇就要把原本应该支付给乡镇的工作经费支付 30% 给安农农业科技有限公司,但是因为安农农业科技有限公司来了之后降低了乡镇的工作量,乡镇从中实际减少的项目收益并不大。因为原来由乡镇动员散户种双季稻的时候,很多农户遇到的困难都要乡镇花钱去解决,安农农业科技有限公司来了之后,这些问题都和乡镇政府没有关系了,因而就减少了乡镇需要用于项目示范片运转的经费。

目示范片在交通要道周边,县里的项目领导小组很重视,安农农业科技有限公司把这些项目示范片的耕地流转过来,就相当于是在帮县粮食生产领导小组的领导们分忧,这样也增加了安农农业科技有限公司在整个项目运作过程中的重要性和要价的能力。因此,安农农业科技有限公司愿意在杨林村流转耕地,承包该村的项目示范片,不惜一直派人到杨林村做工作。一批失败了,另外一批又接着上,如此前前后后来了3批做工作的人,但是都以失败告终。不过,不管是哪一批人来做工作,村干部都会积极配合。

村干部是以积极的态度配合安农农业科技有限公司流转耕地的。安农农业科技有限公司来流转耕地时,村书记前后召集村民开了3次会议,村书记反反复复地跟村民做工作:一方面是讲大道理,国家政策要求种双季稻,要为国家的粮食安全作贡献,如果不愿意自己种双季稻的话,那么就把耕地流转出来;另一方面是施压,如果做完工作后农户还不愿意流转,就向农户施压。

但是安农农业科技有限公司最近几年在当地种田的声誉不是很好,因为他们进行大面积种植,管理的面积大、杂草多,把农户的田种坏了。而且他们都是请劳动力来干活,很多时候忙不过来,请劳动力做工的工钱很多,要120元/天。为了节约成本,安农农业科技有限公司手下的代管户往往不愿意多雇佣人工,在请人方面感到很为难,所以经常把农户租给他们的田种坏。这次安农农业科技有限公司来流转耕地,农户顾虑很多,不愿意流转给安农农业科技有限公司。除了这个顾虑之外,安农农业科技有限公司给农户支付的租金只有200元/亩,也是农户不愿意流转的一个重要原因。

尽管安农农业科技有限公司2013年在湖镇杨林村的耕地流转以失败告终,但是安农农业科技有限公司在平晚县已经流转了3万亩左右的耕地,主要分布在台、金兰、岘、演、江等乡镇。那么安农农业科技有限公司流转耕地的策略是怎样的呢?安农农业科技有限公司目前主要是依靠政府推动项目示范片的行政力量来获取耕地。尽管安农农业科技有限公司在一些乡镇农技服务中心的业务员也承担公司所布置的耕地流转任务,但是因为依靠安农农业科技有限公司的业务员去流转土地的速度与效率实在是太慢、太低,调查发现,很多业务员到村庄里去流转耕地,往往被村民"骂走"。但如果是由政府的行政力量来推动,由政府向农户施压,那么流转耕地的速度和质量就会大大提高,不但可以得到成片的耕地,而且基本上是在大马路边,方便机械操作,也方便安农农业科技有限公司打造各种"形象工程"。

通过行政力量,在村干部的协助下,地方政府加快了耕地流转的步伐。乡镇政府将流转过来的耕地分配给种粮大户或者是安农农业科技有限公司种植双季稻,由他们来完成县、乡政府的农业生产规划与农业项目的实施,且政府还给这些大户进行全方位的补贴。大户的形式也好,安农农业科技有限公司的形式也好,在获取初始的耕地方面,地方政府(主要是乡村组织)所起的作用是决定性的。

(三) 引进大户承包项目示范片

安农农业科技有限公司没有流转成功杨林村的土地,乡镇政府为了让杨林村能够多种双季稻,要求村书记和该乡镇的一个种粮大户王水斌联系,打算将杨林村的280亩耕地流转给王水斌。村干部在流转耕地问题上的积极性前文已经分析了,即村干部无论是对于安农农业科技有限公司来流转耕地,还是对于像王水斌这样的大户流转耕地,都有很大的积极性。

王水斌也想扩大面积,也想承包项目示范片,争取县里的项目补贴。另外,因为他自己本身就是专业的种粮大户,有自己的机械,可以进行包括犁田、插秧、收割等一条龙式的机械耕作,能获得成片耕地的话,对于他扩大经营规模、增加利润、提高机械的使用率都是很有好处的。所以在2013年初,安农农业科技有限公司来流转耕地的时候,王水斌和安农农业科技有限公司之间有竞争,安农农业科技有限公司每亩地出200多元的租金,他出300元/亩,因为王水斌比安农农业科技有限公司的租金高出近100元,大部分群众后来把田流转给王水斌,流转的时间是3年。开始的时候也有些村民不愿意,还是靠村干部做了大量的工作。

案例 5-9　彭桥生的故事

上文在分析 2012 年农户不愿意集中育秧的时候谈到了彭桥生的故事。

因为彭桥生最后还是没有育秧,乡村干部给他找了巴结秧苗,每亩产量只有 200~300 斤,彭桥生意见极大,要求村书记赔偿,后来村里也拿不出什么来赔付他,就这样在无奈中,2013 年村干部把他的 10 多亩田流转出来给了王水斌。本来他还是不愿意流转,村书记说,你既然不愿意插双季稻,就必须把田流转出来。彭桥生在村干部的压力下,加上连续 4 年种双季稻的折腾,已经不堪忍受,尤其是 2012 年种的双季稻得不偿失,村里又不愿意赔偿,还影响自己外出务工赚钱,村里又坚决不允许种一季稻,迫于无奈,最终在 2013 年把自己手上的 10 多亩田流转给了王水斌。

村干部和他反反复复做了多次沟通工作,后来他自己考虑清楚,还是配合了村干部的工作。他是这样想的,自己种双季稻,如果全部都请工,每亩地也只能赚 500~600 元,流转出来每亩地也可以赚 300 元的租金,自己什么也不用干,不用操心,不用承担风险,每亩地也就是少了 200 多块钱,这 200 多块钱也起不到什么实质性的作用,到外面打工一天就赚回来了,所以就干脆流转出去了。

可以说整个耕地流转的过程是一个非常艰难的过程。开始时,很多农户无论如何也不愿意流转,但是因为种双季稻是县、乡政府的刚性任务,不种不行,在政府的强压下,年复一年,农户最终奈何不了乡村干部的压力和攻势,也奈何不了一年一年的折腾,身心俱疲,就这样在无奈之下把原本作为自己重要生计来源的耕地流转出来,其中的委屈是显而易见的。

对于王水斌来杨林村流转耕地、承包示范片,村书记大力支持,而且很乐意帮他解决问题、调解纠纷,原因在于,王水斌来这里承包示范片,大大降低了村干部办示范片的工作任务量。

村书记觉得,大户来村里流转耕地、承包示范片,是给自己减轻工作压力,有义务给他调解纠纷、解决问题。2013 年村书记给他调解了多次纠纷,但是从来没有和他说过报酬的事情。因为要不是他流转耕地,就不可能完成那么多面积的双季稻任务,项目示范片的任务完成不了,上级会找他问责,还要罚款,扣转移支付费。王水斌来这里流转耕地、承包示范片,村书记的工作范围就小多了,只需要和王水斌打交道就行了,而不需要再去和散户做工作。

散户模式下的政府失灵,不但体现在产粮大县项目示范片的运作上,而且在农业保险、农技推广等诸多农业项目的实施上,甚至包括粮食直补的实施上,都有所体现。面对分散的农户,地方政府很头疼,因而由政府来推动耕地流转、培育与扶持经营主体就成为一种必然。限于篇幅,这里不展开。

第三节　政府推动耕地流转的高潮

以县为主的农业治理模式要打造各种示范片,要使农业项目落地,要推行农业生产规划,很显然,要完成这些事情都需要与耕地打交道,而与分散的农户对接几乎不可能,因而就只能把农民的耕地流转过来,制造一些大户,建立政府与大户、企业之间的对接模式。进而,在"以县为主"的农业治理模式当中,地方政府对于流转土地,发展规模经营具有极大的兴趣,而且因为县政府全面控制了财权以及国家及省政府输入的大量涉农项目,这些项目资金是地方政府推动耕地流转、干预农业经济的治理资源。下面来看一份材料,看看地方政府是如何推动耕地流转的,推动耕地流转的过程中体现出怎样的行为逻辑。

材料5-10　平晚县关于开展推进农村土地流转试点工作实施方案

二〇一三年八月三十日

为进一步规范农村土地承包经营权流转,促进土地适度规模经营,加快发展现代农业和社会主义新农村建设,根据《中华人民共和国农村土地承包法》、农业农村部《农村土地承包经营权流转管理办法》等有关法律法规,结合我县实际,特制订如下工作方案。

(一)工作目标

1.健全土地流转服务体系

将渡、演、洪、江、湖镇、台、大安等七个乡镇作为全县粮食生产核心区,核心区要按照连线成片的规划要求,将沿线相关村共计6万亩耕地划定为全县双季稻生产中心园区。园区内的乡镇按照"龙头企业＋基地＋农户"的发展模式,依托安农农业科技有限公司大力发展粮食生产尤其是优质稻基地的建设,充分发挥能人、大户的带动作用,以规模化经营带动标准化生产,推进订单农业的发展①。

2.建立土地流转价格指导机制

根据不同产业、不同片区制定全县各地土地流转的最低指导价目录(即流转基准价),耕地流转基准价按谷物50～150千克/亩,山地流转基准价(不含林产价值)为50～100元/亩。

3.培育农业新型经营主体

通过多种形式流转土地承包经营权,促进土地生产要素适度规模经营,为积极培育发展种养大户、家庭农场主、农民合作社等新型农业经营主体创造条件。同时,通过"一流转五服务"体系建设为新型农业经营主体的生产、经营、发展提供人才、资金、技术等一系列服务。在加快发展的同时,扶持农业新型经营主体做强做大。

(二)工作措施

1.加强组织领导

成立平晚县农村土地流转工作领导小组,由主管农业的县委副书记任组长,主管农业的副县长,县人大、政协相关领导为副组长,农办、农业、国土、农开、农机、发改、水利、农经等单位为成员,负责全县农村土地流转

---

① 资本化越来越变本加厉了。笔者在想,为什么政府现在越来越热衷于干预农业生产?尤其是地方政府为何越来越热衷于推动土地流转?这背后有一个重要的原因,就是在以县为主的农业治理模式下,地方政府掌握了大量的国家农业项目资金,这些项目要落地,就需要政府主动参与引导,才能实现其目标。

工作的组织协调和指导管理，领导小组办公室设在县农经局，由农经局局长兼任办公室主任，负责处理日常事务。各乡镇也要成立相应的领导机构，强化工作措施，抓好抓实本辖区内的土地流转工作，确保完成目标任务。领导小组各成员单位及各相关部门要依据各自职能，研究制定支持土地流转各项优惠政策，积极推进农村土地流转工作，加快现代农业发展步伐。县委县政府将土地流转目标纳入乡镇政府绩效管理，强化监督考核，确保完成土地流转目标任务，推动农业现代化水平不断提升①。

2. 强化宣传发动

随着生产力水平的不断提高，时代对农业生产的规模化、集约化、产业化发展的要求也越来越强烈，而我县的农业生产方式已不适应市场经济发展的需要。农村劳动力大量外出务工经商，耕地季节性抛荒现象在边远乡村越来越突出，田由谁来种、怎么种是摆在各级基层组织面前的一个突出问题。各乡镇、各有关部门一定要把土地流转作为当前和今后农村工作的重中之重②，抓好群众宣传教育和思想引导工作，提高农民群众对土地流转工作的认识，充分调动乡、村、组干部工作的积极性和广大群众的参与热情，有计划、有秩序、有目标地开展土地流转工作。

3. 加大资金扶持力度

"十二五"期间，县级财政每年安排专项资金用于全县农村土地流转

---

① 这个是市里的考核目标之一，所以县里也在制定农村土地流转的规划。至于这个规划能够在多大的程度上执行，其具体的执行过程是怎样的，执行逻辑又是怎样的，需要笔者根据经验材料来进行说明。但是已有的台、大安、洪、演等镇的土地流转实践以及安农农业科技有限公司已经进行和正在进行的土地流转实践可以说明，规划的具体执行过程是比较复杂的，涉及村庄社会的问题。政府的考核与规划的运作面临着复杂的市场与乡土社会的环境。

如果以双季稻的生产规划来说明市场因素对规划的执行所产生的约束作用，那么可以土地流转规划为例，来说明乡土社会的特质对于规划的执行所产生的牵制作用。

比如农民的乡土观念、土地观念，耕地的调整、土地流转、村组集体的权力、农民的家乡观念，耕地流转之后的"无事找事"问题，耕地的保障性问题以及规划执行中村干部的权力等，都是乡土社会中的影响因素。竹山村的干部比较弱，没有能力制服村民，而均彼村的书记则很强势，能够把土地流转过来，这说明村干部的权力网络非常重要，前文提及的村民和村书记的激励博弈很能说明耕地流转的问题。

② 土地流转作为当前和今后工作的重中之重，决定了在中国农业转型的过程中，地方政府注定会发挥关键性的作用，尤其是在要素的配置方面。

补贴。对流转耕地面积在50亩以上的用于双季稻生产的种粮大户,县财政要继续实行给予50元/亩的耕地流转补贴①。

4. 加大项目支持力度

对全县双季稻生产核心区的农田基础设施要实行统一规划,做实分步实施方案。县政府整合国土耕地整理、农业开发、小农水建设和粮食产能工程等涉农政策项目,做到统一工程建设标准,逐年分段开发,联合考核验收,以提升农业耕作条件和粮食生产能力。与此同时,各部门还要结合自身优势,加大示范办点力度,增强园区生产经营活力:农业农村局、安农农业科技有限公司联合开展绿色食品基地建设;科技局、安农农业科技有限公司联合开展全国科技农业示范园区建设;农经局、安农农业科技有限公司联合开展农村土地承包确权颁证试点,以推动土地整村整组成建制流转②。

5. 加大土地流转办点力度

今年县政府将渡、台、江、石市、湖镇、洪、大安等7个乡镇纳入全县土地流转办点乡镇,从农业、农经、农机等单位抽调工作人员组成7个工作指导组驻点乡村,开展为期3个月的土地流转督促指导。健全包宣传发动、工作协调、合同签订、任务落实的"四包"责任制,强化督察调度力度,适度提高土地流转工作在"三农"工作中的考核分值,增强乡村对土地流转工作的责任感和主动性③。

上述耕地流转办法有几个特征。一是耕地流转的主要地点在7个双季稻生产示范片区,也就是全县产粮大县的7个重点示范片区。很显然,在这些重点乡镇流转耕地、培育大户,有利于"以县为主"的农业治理模式

---

① 这就是县里的大户补贴政策。
② 所有的这些关键问题都需要安农农业科技有限公司来协助相关的政府部门加以完成。
③ 这也是政府的规划,其执行的过程、逻辑也是非常有意思的,这是在市级政府的目标管理考核之下所推动的。这样继续下去,中国的适度规模经营将会很快形成,农业转型加速,农业的资本化加速,这个结果将不可思议。龙头企业将在这个过程中大赚特赚,而农民则仅仅能得到一点微薄的流转费和务工费。农业资本化的主要收益落到资本和大户手里,绝大多数的农民在这个过程中得到的收益很少。这就是资本化的政治经济后果,加剧了农民的无产化,农村的去农民化。

的实施,降低地方政府治理农业过程当中与农民的交易成本,因为分散的农户"缺抓手",不好管理,而一旦将其耕地流转过来,政府要实施其农业发展规划,要安排农业项目的落地,就只需要和少数几个大户、企业打交道,政府控制不了分散的农户,而吸纳几十个大户还是游刃有余的。二是这份方案中谈到:县政府要整合国土耕地整理、农业开发、小农水建设和粮食产能工程等涉农政策项目,做到统一工程建设标准,逐年分段开发,联合考核验收,以提升农业耕作条件和粮食生产能力。与此同时,各部门还要结合自身优势,加大示范办点力度,增强园区生产经营活力:农业农村局、安农农业科技有限公司联合开展绿色食品基地建设;科技局、安农农业科技有限公司联合开展全国科技农业示范园区建设;农经局、安农农业科技有限公司联合开展农村土地承包确权颁证试点,以推动土地整村整组成建制流转。很显然,推动耕地流转是与国土整治、农田水利建设等项目相配套的。笔者调查发现,在实施了国土整治的村庄,政府要整村流转耕地要比没有实施国土整治项目的情况下方便得多,因为实施了国土整治项目之后,耕田的边界被打乱了,政府便于将愿意流转耕地的外出户、缺乏劳力户以及愿意流转的农户的耕地集中起来,而不愿意流转耕地的农户的耕地也可以集中在一片,这样就大大推进了耕地的流转。在没有实施国土整治的情况下,愿意流转和不愿意流转耕地的农户的耕田相互交织在一起,难以形成连片经营,在这样的情况下,要实施规模经营,降低成本是很难的。大量的插花田既不利于机械耕作,而且耕作制度经常不统一,有的农户只愿意种一季稻,而大户为了争取政府的补贴就必须种双季稻,这样农户与大户之间经常会发生用水、机械化作业方面的矛盾。

第四节 制造大户降低交易成本的机制归纳

结合上文分析,可以发现县、乡、村三级都有推动项目示范区内耕地流转的动力。

首先,县政府对于制造大户有积极性是因为大户可以协助地方政府扩大播种面积,增加双季稻面积,有利于实现县级政府的项目规划,进而增强其入围全国产粮大县和超级产粮大县的竞争实力,也有利于其迎接国家及省政府的项目考核验收。

其次,乡镇政府对于制造大户有积极性。乡镇的各级领导都承担有推广项目示范片区内的双季稻生产任务,正科级的干部为 400 亩,副科级的干部为 200 亩,耕地流转—制造大户有利于将农民不愿意种双季稻的耕地流转出来种植双季稻,将不好种、产量低、水源不好的地方种上双季稻,便于上级的核查,便于乡镇的管理。

再次,村干部对于在村庄层面制造大户也有积极性,在村级发展双季稻并完成项目任务,有助于降低村干部的压力。项目示范片的任务最终是落到村干部头上的,面对众多分散的农户,他们一户户去做工作相当困难,难处多、意见大,一旦出了问题农户就要找村干部。"当初又不是我愿意种双季稻,是你们要我种的,有问题村干部必须解决",这使得村干部的压力极大,而一旦通过做工作和强迫的方式将村民的土地流转到大户手上,由大户种植双季稻,村干部完成项目的压力就极大地降低了,剩下的工作就是和几个大户协调的事情,便于管理。因而村干部对于大户种植双季稻、完成项目任务具有积极性。如无论是安农农业科技有限公司在杨林村流转耕地,还是王水斌在该村流转耕地,村干部都有极大的积极性。

县、乡、村三级组织对于制造大户的积极性背后,是一个政府面对分散的农户因为交易成本过高而导致的政府失灵的问题,产生这一问题的根源是项目在乡村运作的过程中无法与分散的小农户对接。"制造大户"降低交易费用的机制主要表现在以下几个方面。

第一层机制就是制造大户之后,打交道的对象减少,进而促使项目示范区内各个农户的双季稻面积的测量、生产过程的监控、生产进度的统一协调、耕作方式的统一、项目资金的拨付等治理成本都大幅度降低。表 5-3 清晰地呈现出交易对象减少这一问题。表 5-3 最有趣的地方在于:为什么"制造大户"可以降低治理成本,即降低与散户的交易费用?

表 5-3 10 个乡镇项目示范片内的大户所涉及的散户数量（2013 年）

乡　镇	示范区内大户的数量/个	大户流转土地涉及小组数量/个	大户流转别人水田涉及户数	本乡镇大户流转水田面积/亩	本乡镇大户种植双季晚稻面积/亩
板市镇	6	17	243	942.8	868.59
大安乡	11	42	404	2129.06	348.96
关市乡	4	10	78	159.54	195.3
界牌镇	2	5	61	198.67	181.37
井头镇	8	34	612	1450.81	1059.27
湖镇	14	42	297	1287.6	1287.6
杉桥镇	2	3	32	109.6	115.7
台镇	4	4	61	328.58	312.6
渡镇	12	72	1215	5027.392	2820.8
岘镇	3	6	132	464.64	347.05
总计	66	235	3135	12098.692	7537.24

从全县的角度来讲，在所列举的 10 个乡镇当中，大户流转的耕地为 12098 亩，涉及的农户数量为 3135 户，这 3135 户的耕地流转给 66 个大户耕作，很显然，这中间是交易对象的剧减。县农业农村局的技术服务队如果要与这 3135 个散户打交道的话，几乎是不可能的，但是如果将这 3135 个农户的耕地流转给 66 个种粮大户，那么农业农村局与这 66 个大户进行对接则游刃有余。

从乡镇的角度来讲，如果乡镇政府要办示范片的话，每个乡镇要是与散户打交道，要散户种植双季稻，涉及的户数少则几十户，多则上千户（比如渡镇）。项目示范区的面积越大，涉及农户的数量越大，但是如果是通过大户去发展示范片的话，治理的对象数量会大幅度下降。最典型的是渡镇，项目示范片内由大户种植的面积是 5027 亩，涉及的农户是 1215 户，涉及的小组数量有 72 个。显然，如果镇政府给这 1215 户去做工作，动员他们种双季稻，跟踪他们的生产经营情况，让他们的生产节奏和项目的考核验收保持一致，甚至是填报信息、发放补贴，这都是极为困难的事情,需要调动大量的人力和物力,成本极高,而且这些散户中要是冒出几个"钉子户",对工作的影响更大。但是如果镇政府通过发展大户的方式来完成示范片的双季稻种植,只需要12个大户就解决了,一切问题都只需要直接和这12个大户对接。不但乡镇政府可以和这12个大户对接,甚至县农业农村局都可以随时通过开会或者发短信的方式与这些大户进行对接,打交道的对象大大减少,项目的组织成本大幅度降低,乡镇干部对粮食生产的干预和调控能力大幅度增强。

而且大户耕作整齐规划,有利于大户步调与政府保持一致,也有利于地方政府按照项目考核的要求在项目资金的约束下"保质"、按时应对项目考核验收。

第二层机制是,因为将耕地流转给了大户,那么政府在与散户打交道的过程中可能遇到"钉子户"的机会几乎为零。当政府面临数量众多的散户的时候,出现"不配合的'钉子户'"的机会是很大的,"钉子户"的一个特征就是抓住政府在推行项目示范片过程中的弱点进行要价,狮子大开口,并引起其他散户效尤,进而大大提升项目的实施成本。将耕地流转给散户之后,发生这些事情的概率几乎为零,政府与大户对接的谈判成本很低。

同时散户存在严重分化,家计模式多元,往往与政府的政策目标难以达成一致。有些散户因为耕地面积小,对政府的补贴政策不敏感(比如说种一亩双季稻补贴150元,或者购买100元的种植业保险返回20%等),但是大户因为面积大,对单位面积利益流量的小幅度增加都极为敏感,并具有积极性。

表5-4显示的是渡镇大户流转的面积中散户的面积分布情况,从中可以看出,在全镇1215个散户中,面积在5亩以下的占比为73.4%,在4亩以下的占比为58.5%。正是因为这些散户面积少,地方政府的双季稻项目补贴在每亩耕地上的数量也比较少,双季稻补贴大致为200元/亩(包括种子等物资在内)。比如说一个农户有2亩田在项目示范区内,政府给他补贴400元,要求这两亩田种双季稻。很显然,他只需要打2天工就可以有这个收入,而种双季稻不知道会浪费他多少时间,因而对这点补

贴缺乏兴趣。但是大户就完全不是这个概念,渡镇的大户刘准在示范区内有 2000 亩左右的耕地,一亩田补贴 20 块钱,或者政府提供的技术服务能够让他一亩田多产 20 斤稻谷,对他而言都是很大的好处。

表 5-4 渡镇大户流转的面积中散户的面积分布情况

面积/亩	户数/个	有效百分比/(%)	累计百分比/(%)
1 亩以下	94	7.7	7.7
1.1～2	219	18.0	25.8
2.1～3	206	17.0	42.7
3.1～4	196	16.1	58.8
4.1～5	177	14.6	73.4
5.1～6	122	10.0	83.5
6.1～7	95	7.8	91.3
7.1～8	54	4.4	95.7
8.1～9	11	0.9	96.6
9.1～10	14	1.2	97.8
10.1～11	27	2.2	100.0
合计	1215	100.0	—

另外就是政府通过"双季稻生产示范片"这个项目基地提供的各种项目服务,与大户的对接都很便利。县农业农村局成立的技术服务队派驻在每个乡镇的服务队员可以与大户建立技术协作关系,而对于散户,这些农技项目服务队员下乡之后,"两眼一抹黑""麻雀满天飞",找谁都不清楚。最为关键的是,兼业型的散户和老人农业对农技服务根本就没有兴趣,这给农业技术服务相关的项目任务和目标的落实带来了挑战。正是因为散户对政府的政策补贴消极抵抗,而大户对政府的补贴积极配合,造成这两者之间治理成本的差异也是巨大的。

第六章 项目运作与工商资本进入种植业

企业究竟是如何运作项目的呢？他们运作项目示范片的逻辑是什么？他们为什么要运作农业项目示范片？他们与政府的关系是什么？其行动逻辑怎样体现在项目示范片的实施过程中？这反映了当前国家农业治理怎样的演变趋势？

第六章 项目运作与工商资本进入种植业

折晓叶在分析县域政府治理模式的新变化时指出,当前县域正在推出"行政一政治一公司"三位一体、统合治理的运作模式,即借助于"项目平台",通过行政审批权获得对土地等核心资源的垄断权力,通过县域政治动员发挥主导力量,通过公司制承担经济发展主体的角色,县域政府的权力、意志、绩效三者空前地互为推动,产生出新的活力。当然,折晓叶主要是在分析城市化中的项目经营现象[①],笔者在调研粮食生产问题时也发现了类似的问题,即地方政治、行政、公司三者借助项目平台融为一体,互为推进。本章主要从企业的角度来谈谈企业在平晚县的粮食生产规划以及项目运作过程中扮演的角色及其行动逻辑。

在本书第五章研究农业经营主体重构的时候,笔者分析指出,乡村干部为了降低运作项目示范片时与散户打交道的成本,而具有极大的积极性去推动耕地流转,重构项目示范片内的农业经营主体。在重构的农业经营主体中,大户和企业是两个重要的主体,越来越多的项目示范片由大户和企业来承包。这样,项目示范片承包给大户和企业之后,乡村干部就只需要做一些对接大户和企业的协调性工作,而不需要再年复一年地去动员散户。如此乡村干部实施项目治理的成本就大大降低,对粮食生产的协调和调控能力就大大增强了。

对于大户与企业流转耕地的过程,第五章已经分析过了。那么企业究竟是如何运作项目的呢?他们运作项目示范片的逻辑是什么?他们为什么要运作农业项目示范片?他们与政府的关系是什么?其行动逻辑怎样体现在项目示范片的实施过程中?这反映了当前国家农业治理怎样的演变趋势?本章将会对这些问题进行回答,并分析企业承包项目示范片及其运作过程,试图对企业承包项目示范片的一般逻辑进行归纳。

在平晚县,自2009年以来,承包项目示范片的一个重要的主体是当地的一家农业企业——安农农业科技有限公司。该企业原来是农资经销企业,后来通过改组,开始大量涉足该县农业项目的运作,下文有对该公司详细的简介。

---

① 折晓叶.县域政府治理模式的新变化[J].中国社会科学,2014(1).

安农农业科技有限公司成立于2009年,公司董事长刘总是省人大代表①,原来主要在平晚县做农资生意,在试图拓展业务领域时,得到某些体制内的"高人指点",于是决定带领企业进入粮食种植领域,成立安农农业科技有限公司。成立后的公司先是与县里的粮食收购企业角山米业建立战略合作关系,这样就相当于具备了提供产前农资以及产后流通与收购等环节的经营能力,能够自主地控制产前和产后环节。从2009年开始,安农农业科技有限公司就开始通过大面积流转耕地进入产中环节,通过建立"公司+基地+农户"的模式,安农农业科技有限公司大量介入该县的双季稻生产以及产粮大县等项目示范片的实施过程中。从县政府层面反映的情况来看,从2009年开始,安农农业科技有限公司为县里产粮大县等重要项目的运作发挥了关键性作用,正是因为这样,安农农业科技有限公司日益得到县委县政府的扶持和重视,成为该县诸多农业项目的承包者和项目业主。正是依托于大量农业项目运作,安农农业科技有限公司逐渐发展壮大起来。下面笔者主要围绕该企业在运作农业项目示范片过程中的基本逻辑进行解读,然后分析项目运作与该公司资本积累之间的关系。

第一节　企业承包项目示范片及其运作逻辑

企业为什么要承包产粮大县的项目示范片?

材料 6-1　访谈湖镇农技站站长

安农农业科技有限公司来搞双季稻生产项目示范片,并不是真心实意想种田,主要是想通过参与双季稻生产项目示范片来争取国家的支持,种田不是目的,而是形式。安农农业科技有限公司是在忽悠政府,也是在忽悠农民。

---

① 安农农业科技有限公司的成立是县供销社系统改制的结果。其领导层的很多人原来在农业经营体制改革之前就是农口系统的,这些人与地方政府之间有着千丝万缕的利益关系。也就是说,地方的市场,特别是企业主体,在很大的程度上是原来的政府部门改制的结果,是原来政府职能部门的再造。这就是地方资本的鲜明特色,在地方资本与政府之间,就存在这种地方性的"权力—利益网络"。

这个公司主要是想做点事情给领导看的,证明自己给地方政府的双季稻生产减轻了压力。平晚县搞双季稻生产,公司承担了这么多的压力,减轻了领导肩上粮食生产的压力,进而好跟领导谈价钱。这个公司现在已经被评为省级龙头企业以及粮食收购先进企业,打造好各种"形象",好在领导面前争取资金。实际上种田也只是以公司的名义在种,公司并没有真正去种田,而是另外专门请代管户帮公司种田,以公司的名义流转耕地,然后承包给农户种。安农农业科技有限公司流转了耕地之后,交给代管户在项目示范片种双季稻,和农户签了合同去哄领导。这就是在忽悠政府,他们公司的队伍很大,全靠国家的支持来运作,来项目示范片种田是种给领导看的,证明自己为国家的粮食安全做了好多事情,证明自己的农业生产技术多么先进,证明自己怎样增加了农民的收入。

公司天天在那里向农户吹,按照公司的理念种田多轻松、多赚钱,但是实际操作起来根本就没有他们说的那么简单。说的是一套,做的又是另外一套,说的好像年年都会赚钱,但是实际上给公司耕作的代管户年年都在亏本。一年换一批代管户,代管户赚不到钱,搞了一年就不愿意干了,安农农业科技有限公司在本地的声誉很差。

结合在平晚县的调研,笔者认为这位农技站站长对安农农业科技有限公司进入粮食生产环节的动机分析是很到位的。安农农业科技有限公司进入粮食生产环节本质上就是一种"作秀",公司经营农业,在全县号称流转了8万亩耕地,实际上仅3万亩左右,主要分布在县里的产粮大县项目示范片区。流转了这些耕地之后,安农农业科技有限公司就通过这些承包的项目示范片不断地制造各种"形象",迎合各种各样的政策,制造各种各样的适应政策形势和舆论形势的工程,打造各种"概念";通过所制造的形象工程及打造的"概念",来迎合各级领导到地方考核时想看到和希望看到的东西,将这些作为公司自我宣传的"亮点",也作为地方政府显示政绩的"亮点"。打造了这些"形象"之后,通过媒体宣传不断进行自我包装,通过各种会议和各种平台进行宣传,不断扩大公司的影响,先后有农业农村部、省政府农业农村厅以及外地各级政府官员来公司参观,而且地方政府在迎接各级领导考核的时候,也不断以安农农业科技有限公司为"亮点"来体现地方政府的政绩,于是安农农业科技有限公司和地方政府这样紧密地结合在一起，希望通过制造这些"形象"，打造各种各样的"概念"来打开上级领导的"心扉"，顺应舆论和政策的趋势，进而争取各方面的农业扶持项目和政策，这是安农农业科技有限公司进行项目示范片运作的核心动机，"醉翁之意不在酒"。而地方政府在扶持安农农业科技有限公司的时候，也不断地在政绩考核过程中赢得上级政府的认可。

那么安农农业科技有限公司在运作项目示范片的时候，究竟在打造一些什么"形象工程"？在迎合一些什么样的"概念"呢？大体而言，包括以下几方面。

一是保证国家粮食安全。最近几年，国家对粮食生产日益重视，把粮食生产当成"治国安农"的头等大事来抓。安农农业科技有限公司在运作项目示范片时，就紧紧扣住这个能够拨动各级领导心弦的"概念"。比如在其所承包的项目示范区主要种植双季稻，种双季稻每年能多产出300~400斤粮食，如果面积很大，就能增加很多粮食，粮食增加了，当然国家的粮食安全就更加有保障了。安农农业科技有限公司在地方产粮大县项目工程的扶持下，也承包双季稻生产示范片。这样，保证粮食安全就是安农农业科技有限公司经常炒作的概念之一，凡是农业农村部、省农业农村厅各级领导下来考察，安农农业科技有限公司都会炒作这个概念。当地方政府带着领导到这些双季稻生产项目示范片去考核参观，看到绿油油的大片大片的双季稻，当然是觉得由衷的安心。这个公司既然为国家的粮食安全作出了这么巨大的贡献，那当然要有政策和项目的重点扶持了。可以说，宣扬公司种双季稻，增加了国家的粮食产量，绝对是安农农业科技有限公司进行自我包装和自我宣扬的核心内容之一。

二是号称解决"三农"问题，解决"谁来种田的问题"，说到底还是粮食安全的问题。现在媒体和各级政府都在担心，农村人口老龄化，农业劳动力"青黄不接"，"谁来种田"是个大问题。安农农业科技有限公司也在宣扬这个事情，而且还要证明：公司有能力来解决这个问题。现在不是没人来种田吗？安农农业科技有限公司通过炒作自己的套餐模式，以"让农民种田更加轻松""让没有种过田的年轻人也能轻松种田，还能赚大钱"的方式来进行宣传。公司因为既有产前的农药、化肥、种子服务，也有产中的犁田、插秧、收割等机械服务,还有产后的运输、收购、仓储等服务,这些一方面是通过公司组织的合作社来进行运作,另一方面是和一些粮食代储企业进行合作。这样从表面上看,似乎安农农业科技有限公司确实是让种田更轻松了①,让从来没有种过田的人也能种 500~1000 亩田,安农农业科技有限公司可以塑造 21 世纪的新型家庭农场主。

三是打造各种迎合舆论和政策精神的"形象"。什么绿色农业、生态农业、两型社会、农业科技、农民就业、农民增收等,都是安农农业科技有限公司要重点制造的形象。

以所谓的"两型社会"为例,根据笔者的调研,公司在岘镇搞了一块 200 多亩的绿色农产品基地,在台镇的 480 多亩示范区内搞了 120 多亩的绿色农产品基地,另外在其他两个乡镇还有 2 小片基地,在这几个绿色农产品基地范围内,推行稻田鸭、诱蛾灯、寄生蜂、性诱剂防虫除草和绿色有机肥等。

首先不说范围十分有限却被公司用来"拉大旗,作虎皮",在这几个地方搞绿色农产品基地,有很多十分搞笑的事情。先说绿色有机肥,在台镇代管户易小兵的项目示范片有 120 亩绿色农产品基地,使用绿色有机肥料。2013 年使用的是"石灰"改良土壤,公司事先说要运十几吨石灰到示范片,问题是,一直等到田都已经犁好了,秧苗都插下去了,公司才把"有机肥"运过来。因为田是大型拖拉机犁的,泥脚很深,人工下水田去撒石灰,尴尬的情况可想而知,易小兵说:"风一吹,石灰全部飘到头上和眼睛里去了。"请当地人撒石灰的时候,没有人愿意撒,"给多少钱都不会撒"。易小兵说,在犁田之前,田里好走、方便撒石灰的时候不运过来,不该撒的时候再运过来。结果易小兵他们撒了几亩田,实在是撒不下去就没有撒了。十几吨石灰,在笔者到示范片调研的时候还堆放在那里。这个事情发生之后,公司很恼火,还说"易小兵是最不听话的代管户"。

再说说通过诱蛾灯杀虫的事情。笔者去台镇调研时发现,在安农农

---

① 因为通过安农农业科技有限公司提供主要生产环节的机械化服务,种田户就只剩下田间管理了,而且安农农业科技有限公司还为生产环节提供流动资金的贷款,这样听上去好像是种田更轻松了。

业科技有限公司的2大项目示范片内都安装了诱蛾灯,在开阔的示范片十分显眼,这绝对是领导下乡来视察时的"亮点",不用打农药,食品多安全啊!就通过这些诱蛾灯轻松地把虫子给消灭了。但问题是,听说台镇示范片的很多诱蛾灯在亮了几个晚上之后,就不亮了,什么原因呢?诱蛾灯里面的太阳能蓄电池过了几个晚上就被人给偷走了,这种东西放在野外,公司派谁去天天监督?结果费了好大力气安装的诱蛾灯根本就没有发挥太多的作用,纯粹是一个摆设。笔者专门看了一下,很多诱蛾灯下的袋子里没有装几只虫子,就是在几百亩所谓的绿色农产品基地上,做了几个摆设,就能扯上"两型社会",由此观之,"两型社会"不过是该公司运作的一个"概念"罢了。

凡是国家政策,尤其是中央一号文件以及其他的重量级政策,都是安农农业科技有限公司必须重点琢磨和解读的文件,琢磨这些政策文件背后的意旨,然后马上准备,通过由公司已经掌握的"项目示范片"或者已经积累的资本,来打造形象工程,接应国家的各种优惠政策和农业项目。比如,县农业农村局局长说,在2012年,全县只有安农农业科技有限公司读懂了中央一号文件,因为安农农业科技有限公司通过解读文件,开始着手为申请"测土配方施肥"项目做准备,开始宣传公司在农业科技、绿色防控、生态农业等方面的优势。通过一系列的运作,最终安农农业科技有限公司和地方政府联合申请了当年的"测土配方施肥"项目,这个项目让安农农业科技有限公司当年赚得钵满盆满。因为项目下来之后,安农农业科技有限公司成为项目的指定配肥企业,而且是以抬高的价格销售。听农技站站长讲,安农农业科技有限公司将一些企业卖不出去的肥料以低价格买回来进行混合,配成五颜六色的所谓测土配方肥,但实际上都是一些劣质肥料,后来出了很多问题,农户还到县政府闹事上访[①]。因为安农农业科技有限公司并没有生产复合肥的技术能力,但是测土配方施肥项目真的是很赚钱,所以安农农业科技有限公司想方设法也要自己搞。

---

① 在销售环节安农农业科技有限公司也是大赚其利,普通的复合肥售价为120元/包,测土配方施肥项目因为每包肥料有20元的项目补贴,搞项目补贴是为了调动农户购买测土配方施肥的积极性,但是安农农业科技有限公司却把价格定到140元,这样20元的补贴券相当于是废纸,起不到降低肥料价格的作用,甚至有项目补贴之后肥料的价格还更高。

我们通过了解该公司利用项目示范片的实施,可以知道其究竟在打造和宣传一些什么"概念"。该公司在争取测土配方施肥项目的时候,在当时的农业农村部领导和副省长来安农农业科技有限公司考察的时候进行了工作汇报。在这次汇报中,安农农业科技有限公司重点强调了公司在解决"谁来种田"、增加农民收入、提高复种指数、增加粮食产量、保证国家粮食安全等问题上的贡献。另外,在打造"生态农业""绿色农业""农业技术进步"等概念方面可谓是煞费苦心,这份报告最终落脚到:目前公司已流转的水田70%以上急需实行土壤改良、提升土壤有机质,特别是要改善排、灌条件和修建机耕路等。土壤改良是一项长期复杂的工作,农田的基础设施建设投入大,公司与农户签订的土地流转经营合同一般只有5年,因此需要国家为公司在高产标准良田建设和改造中、低产田方面专门立项。安农农业科技有限公司已经流转的号称8万亩、用来保证国家粮食安全的耕地,急需要实行土壤改良、提升土壤有机质,言下之意就是需要"测土配方施肥"的支持。安农农业科技有限公司以自己就是一个种田者的身份,来向农业农村部和省里的领导争取测土配方施肥项目。在这份汇报材料中,项目示范片基地发挥着多重作用,安农农业科技有限公司还制造了多种"概念",用来打动上级领导,如粮食安全、技术进步、谁来种田、生态农业等。多种"概念"联合运作,这正是安农农业科技有限公司运作的核心策略。

另外,各种各样的会议、媒体都是安农农业科技有限公司着力进行自我形象宣传的重要平台,省、市、县的各级农业部门也重点打造安农形象,协助该公司进行自我宣传。

安农农业科技有限公司承包项目示范片主要是趁县政府实施产粮大县工程的东风,依托于政府实施产粮大县项目示范片的力量,在产粮大县项目示范片的划定区域内流转耕地[①]。公司通过流转耕地建立基地之后,就协助地方政府实施产粮大县项目示范片。正是因为有了公司的基地,为后续大量的其他各种农业项目的实施和落地提供了十分便利的条件。

---

① 因为凭借公司的力量到农村去流转耕地,往往耕地会比较分散,而且流转难度极高。

正是由于安农农业科技有限公司这样为了迎接国家的各种项目补贴,而不断地打造各种形象工程,忽悠国家,同时也忽悠农户,"宣传的是一套,实际上做的又完全是另外一套",最终闹得民怨沸腾,几乎所有的农户都在说"什么安农安农,就是一个地地道道的败家子"!

下面来看看安农农业科技有限公司在项目示范片内究竟是如何运作的。

第二节 企业运作项目示范实践过程中的生产关系

从2009年开始,安农农业科技有限公司在政府的支持下流转耕地,公司流转的耕地主要在产粮大县的项目示范片,分布在台、江、金兰、岘等乡镇。因为只有流转的耕地都来源于项目示范片,安农农业科技有限公司的运作才能与地方政府的项目运作联系起来,才能通过项目运作增加收益。另外,只有借助政府实施项目示范片,才能流转到大片耕地,凭借安农农业科技有限公司自己到农村去流转耕地,不但成本高昂,而且难度很大。

安农农业科技有限公司将这些耕地流转到手之后,并不直接经营农业生产环节,而是把这些项目示范片内的耕地发包给来公司打工的代管户,每户面积一般在200~1000亩。下面先分析项目实施过程中的生产关系。

在承包产粮大县项目示范片的过程中,安农农业科技有限公司与代管户之间的关系可以概括为以下几点。首先,耕地的经营权是安农农业科技有限公司通过政府流转过来的。其次,安农农业科技有限公司控制了产前的农药、种子、化肥的供给,并提供产中的机耕、机插、机收等套餐服务,以及产后的粮食收购,而产中的打药、施肥、除草、看水、背谷等环节由代管户负责。再次,生产过程中所需要的主要流动资金由安农农业科技有限公司向代管户垫付,比如早稻的套餐服务,包括供给农药、种子、化肥以及提供机耕、机插、机收等服务,一共是530元/亩,然后200元/亩的租金也由安农农业科技有限公司垫付。最后,产中代管户需要的流动资金，按照200元/亩向代管户贷款，所有这些公司给代管户垫付的资金，在公司收购代管户收割的谷物时除去，剩下的就是代管户的收益和利润。很显然，这种模式看上去很好，公司似乎把种田该解决的问题都解决了，为代管户耕作排忧解难。但是，这只是问题的一方面，掩盖在这种关系背后的是公司与代管户之间的不平等关系，代管户在经营过程中自主性的缺失，以及代管户无法与国家项目补贴政策相对接的事实。

下面笔者以台镇李定芳、刘四毛、易小兵等代管户这几年的实践为例来说明此事。在实践过程中，安农农业科技有限公司的这种项目示范片的运作模式主要利润为公司所吸收，而且这种实践模式风险大、粮食产量低，并不利于国家粮食产量的提高[①]。而且在公司、代管户、政府这三者之间存在着诸多矛盾。

2009年，安农农业科技有限公司开始在台镇的九市、长青、荣福、爱民等几个村承包项目示范基地，同时在东湖、演、群英等几个村也建立了项目基地。这些村首先是作为县里产粮大县项目示范工程的核心示范区，同时也承担了一系列其他重要的农业项目的实施，比如说集中育秧、绿色防控、测土配方施肥、省里的稻-稻-油项目以及作为2013年的国家农业科技示范园项目的重要基地。

先说台镇东湖村的项目示范基地。该基地在2009年开始运作，安农农业科技有限公司在2009年开始进入农业生产领域进行运作的时候，希望以工厂化的模式来进行经营，即生产经营、田间管理等全部由公司来负责，公司在需要的时候雇佣劳动力。这个项目示范基地面积大约是500亩，由公司统一经营的这种模式被实践证明根本就行不通。当年不但劳动力的费用高昂，而且粮食产量极低，最关键的是公司没有利润，这种模式在2009年搞了一年之后，第二年就被放弃了。

材料6-2　2009年安农农业科技有限公司的经营模式

湖南安农农业科技有限公司与平晚县台镇7个村、55个村民小组、575户农户签订了规范的流转合同，流转耕地3050亩，推行"稻-稻-油"生

---

① 但十分有利于县、乡政府强化对粮食生产的管理。

产模式，从事夏秋季双季水稻生产，冬春季油菜生产。土地流转后实行规模经营，公司租赁属地的6个村、37个村民小组、370户农户承包地共2200亩，每亩支付租金330元（包括粮补资金），租赁期5年，由公司直接生产、自主经营、自负盈亏。

公司对直接租赁经营的2200亩耕地主要采取层层承包、分级负责、绩效挂钩、统筹协调、分工合作的方式。一方面要"统"，公司负责及时提供农业生产技术指导、机械育秧插秧、病虫害专业化防治、测土配方施肥等科学种田技能及培训，按时、按量供应肥料、农药、种子、除草剂等生产资料，按计划完成机械化耕田、插秧、收割、烘晒等工作，负责农田灌溉的水费和电费，协调解决在生产过程中遇到的突发事件及重大问题，负责对整个生产过程的全面指导、检查与考核等。另一方面要"分"，公司把属地的6个村分为6个作业组，聘请支部书记担任作业组组长，主要职责是负责属地矛盾纠纷调处、管理耕作手、管理水电等，报酬按1.5元/百斤稻谷计工资报酬。每个作业组下面按每承包100亩分为若干个耕作小组，由耕作手具体负责机械化作业以外的农活，并与公司签订详细规范的耕作合同，明确双方的权利义务、职责范围，公司按15元/百斤稻谷付给耕作手工资及管理费。另外，按产量计提奖金，如双季稻亩产量超过1600斤，超出部分按10元/百斤稻谷计提奖给耕作手。

公司原本希望借助于聘请村干部或者有威望的村民小组长来帮助进行田间管理、雇佣工人、施撒肥料、喷洒药水等，但这种模式产生了无穷无尽的代理人问题，无法对村干部或者村民小组长进行激励。

一是村干部不一定负责任，不一定是公司的贴心人。比如帮公司请人插秧、除草等，因为耕地是村民流转给村干部的，当时流转耕地的时候，村民、公司与村干部之间有协议，在雇工的时候要优先雇用本村人，所以几乎所有被流转耕地的村民都认为，自己有权利到公司干活赚钱，村干部有时候也面临这种压力。请了张三就一定要请李四，有时候就只有多多益善，本来只需要5个人，结果很多村民不请自来，来了10来个人，在田里"磨洋工"，但是工资照算。因为不是村干部支付工资，多记几个工也是无所谓的事情，正因为如此，人工成本成为无底洞。

二是对耕作手的监管以及农资使用等方面的问题。公司要请本村人施肥、打药等,开始时,农药、化肥都是由公司运往村干部或者小组长家里,结果这些村干部或小组长就把这些农药卖掉,自己拿钱,而不是撒到田里,结果严重影响了产量。尽管公司也规定每100斤产量给监管的村干部支付10块钱,这样好像产量越高,村干部获得的奖励就越大,但是村干部或者小组长并不这样想,田里每亩只产400斤,自己能拿到40块钱,产800斤,也只有80块钱,但要是把这些农药、化肥偷偷地变现,收益要来得快得多,也多得多。

另外,村干部帮公司请的干活的村民,有的"磨洋工",还有的在施肥或者打农药的时候把农药和化肥拿回自己家。偶尔公司来了一两个监管的,他们就像模像样地干几下。比如在插秧时,田边上的可能插得很密,符合要求,一旦到了田中间就很稀了,这样能加快插秧的速度,从而增加插秧的面积,因为工钱是按照面积算的。再比如打农药的时候,有时候配了一桶药水,没有喷洒到田里,直接倒在田里。尽管公司采取了措施来克服这些问题,但总是"道高一尺,魔高一丈"。

在这两个方面,公司对村干部和耕作手的激励都存在严重问题,于是这种模式到了2010年就基本上被放弃了,后来开始改为向代管户承包模式。

代管户承包模式是安农农业科技有限公司运作项目示范片的主要方式,其主要的问题有两个:一是在经营的过程中,因为耕地是公司从政府手上流转过来的,代管户要从公司手上拿到这些耕地就必须接受由公司提供的套餐服务,这在本质上是代管户与公司之间的一种不平等协议;二是与政府对接项目等优惠政策的主要是企业,代管户作为真正的种田人只有干活的份,各种项目补贴主要是公司在拿。

(1)公司与代管户之间的不平等关系。2010—2012年在东湖村,安农农业科技有限公司里原来的一个运输司机李定方作为代管户在东湖村承包了500亩田。李定方是安农农业科技有限公司经常在外面宣传的正面形象,是公司宣传"让种田更轻松"的典型。李定方经营的500亩田虽然由公司提供套餐,他只负责田间管理、施肥、打药等杂工,但连续干了3

年，就亏本了3年，2013年只好卷铺盖回老家①。笔者曾多次和李定方交谈，有两个很深刻的印象：一是经营这么大的面积，只可能采取粗放型的经营，田里的草一年比一年多，产量上不去；二是代管户没钱赚，利润主要被公司赚走了。

因为代管户是从公司手上承包的耕地，代管户必须使用公司的"套餐服务"。以双季稻为例，早晚稻一季的套餐包括由公司负责机械犁田、插秧、机械收割，另外由公司提供农药、化肥、种子，这几项成本就是553元/亩，公司从套餐费用中最少要赚走100元/亩。因为公司原来是做农资生意的，农药、化肥之类的农资公司都可以进行生产，通过不平等条约卖给项目示范片内的代管户，公司要从中赚走一部分利润。

李定方等代管户将这种套餐模式比喻为"公司与代管户之间的不平等条约"。作为种粮大户，即便家里有犁田机，也不能使用，只能使用公司农机合作社所提供的机械服务，所以安农农业科技有限公司的代管户易小兵向笔者反映说，自己家里的犁田机在那里空着，要用公司的犁田服务，犁田这个环节的利润就被公司赚走了。

(2)落在项目示范片内的各种项目补贴主要被公司赚走了，项目运作主要由公司对接，代管户只有干活的份。下面以两个项目的运作为例。

一是集中育秧的项目实施。集中育秧项目是产粮大县综合项目工程的重要组成部分，县里进行种子补贴，同时还有每亩秧田330元的项目补贴，但是安农农业科技有限公司不但把这些项目的补贴作为公司的收益，而且还要向代管户收取60元的种子费用，算在公司的套餐里面。代管户易小兵知道这个事情之后说，"要和公司没完，国家的政策这么好，公司还要对我们下手"。

---

① 李定方干不下去了还有一个原因，因为他是外地人，开始的时候也希望主动融入当地的村庄，通过赶人情等办法拉近和当地村民的关系，但是后来发现，根本就无法融入当地的村庄，村民很排外。有个很有意思的例子就是，收割稻谷的时候，李定方的收割机在前面收割，村民就在后面"拾稻子"，和收割机抢收稻子，甚至有些村民还故意到收割机里直接把谷子装走。李定方发脾气和村民说这些事情，村民则说："你吃什么冷猪肉啊，这稻子又不是你家的，是安农农业科技有限公司的！"村民认为稻子是安农农业科技有限公司的，就可以从中占点便宜。

二是农业保险项目的实施。安农农业科技有限公司从 2009 年进入农业生产环节之后,每年都要享受县里的农业保险项目补贴。该政策实施的大致内容以早稻为例,公司每亩缴纳 4 元,国家和省里每亩配套 12 元左右,相当于每亩的保费是 16 元左右。地方政府为了能够更多地套取国家的保险费用补贴,最大限度地发动农户购买农业保险,但是农户因为面积小,对保险没有需求,不愿意购买,于是政府就发动村干部、大户和企业大规模购买农业保险。在一般的年份,有灾和无灾的赔付是一样的,那就是返回缴纳保费的 20%,买的越多,返回的越多。但是,在农业保险的运作过程中,购买保险的是安农农业科技有限公司,而不是代管户,也就是说,代管户并不能享受这种返还,进行对接的主要是公司。所以易小兵的项目示范片受灾之后,保险公司和农业农村局、安农农业科技有限公司到现场去测量受灾面积,易小兵等人根本不被告知受灾面积有多少,似乎这损失和他没有什么太大的关系。

第三节 企业化种植模式的困境

企业进入种植业领域所存在的劳动监督问题已经是老生常谈了,这里试图在劳动监督的困境之外说明科层化的种田模式无法适应种植业,同时企业进入种植业环节也会面临层出不穷的社会成本问题。

一、复杂的科层化的农业管理模式导致的一系列问题

安农农业科技有限公司设想用科层化的企业运作模式来管理农业,把农业生产的环境做成工业的模块,做成可以分离的模块,进而把种植业变成公司的"第一车间"。下面以 2013 年安农农业科技有限公司几个失败的案例来说明企业运作模式的困境。

(1)安农农业科技有限公司实施集中育秧项目的失败。要落实产粮大县的实施规划,最关键的是要提高复种指数,增加播种面积,必须尽可能地种双季稻。平晚县为了迎接上级检查,从 2009 年开始,以在交通要道两边"办双季稻生产示范片"的方式来打造"产粮大县迎检验收的核心

圈"工程,因而如何在所规划的示范片内落实双季稻是问题的关键。要落实双季稻,早稻育秧又是问题的关键,因为现在农户都希望种一季稻,只要早稻育秧落实了,早稻插下去了,农户就一般会插晚稻,晚稻的面积落实难度就要小一些。现在的问题是,由于早稻育秧很麻烦,一般在3月份左右就要开始,那个时候气温还比较低,水较冷,育秧还要用薄膜等,极为麻烦,农户一般不愿意育秧。最终这个麻烦事就只能是落实早稻面积的政府去完成。从2012年开始,湖南省开始有集中育秧的项目,这个项目就正好被平晚县整合进产粮大县这个"重中之重"的工程当中,增加了产粮大县项目运作的动员资源。

当时承担集中育秧项目主要任务的是安农农业科技有限公司。整个台镇2013年的项目示范片打算实行机械插秧,由安农农业科技有限公司负责集中育秧,同时使用插秧机进行机械插秧,并由县里的集中育秧项目对安农农业科技有限公司进行补贴。在2013年的集中育秧项目上,县政府和农业农村局对安农农业科技有限公司寄予了厚望,但是后来实践的结果却令人大跌眼镜,哭笑不得。集中育秧项目和机插秧失败之后,县里的领导对安农农业科技有限公司的老总大发雷霆:"我看你们安农农业科技有限公司就是一团扶不上墙的烂泥,要钱给钱,要机械给机械,项目资金几个亿几个亿的拨,还是出这种结果!"由于集中育秧项目对于产粮大县综合迎检工程的实施至关重要,县里领导当场表态:今年早稻,安农农业科技有限公司就是亏本,也要把早稻给插下去!后来安农农业科技有限公司在全县以及外县到处买早稻秧苗,雇人把早稻插下去,给其下属的代管户提供早稻育秧和插秧的套餐服务,但是却把成本和风险转嫁到代管户身上。下面先通过材料了解一下,2013年该公司的集中育秧项目是如何失败的。

整个台镇一共有50个集中育秧大棚,由10个人照看。以易小兵所在的集中育秧示范点为例,这个集中育秧示范点有十几个育秧大棚,由集中育秧项目资金提供大棚建设的费用,一个大棚花费2万元左右,10个大棚就是20万元左右的资金投入,另外集中育秧的种子也由项目资金提供。

为机械插秧而准备的秧苗一般是用营养土或者塘泥育秧,但是因为安农农业科技有限公司的需求量大,没有办法去找塘泥,后来就打算用营养土育秧。在营养土的成本分摊方面公司内部出现了矛盾,平晚县分公司不愿意承担这个成本,后来由总公司承担营养土的成本,并由总公司下属的育秧工厂提供营养土。

但是因为安农农业科技有限公司下属的育秧工厂和分公司的集中育秧项目的实施之间存在利益冲突,育秧工厂在提供营养土的时候做了一些手脚。因为如果分公司的集中育秧项目成功,那么以后在安农农业科技有限公司的项目示范片内,向育秧工厂购买秧苗的就少了,所以育秧工厂不希望分公司的这个项目实施成功,于是在向分公司提供营养土的时候,提供的是烧锅炉剩下的煤灰,而不是真正的营养土。反正是由育秧工厂给照看育秧大棚的代管户直接供给营养土,当时分公司的经理也没有怎么在乎这些事情,因为分公司的经理平时很少下去查看育秧大棚的情况,有问题就叫代管户给分公司打电话。

由于煤灰不能作为营养土育秧,结果导致项目失败。原因在于,煤灰的保水能力太差,而且煤灰不能像营养土或者塘泥那样,在秧苗长出来之后能够结成一整块,可以放到插秧机上进行机械插秧。开始的时候由易小兵等代管户照看秧苗,负责喷水,问题不大。到了准备插秧的前3天,公司打电话下来要求停止喷水,准备插秧,让育秧盘里的泥土结板,硬起来好放在插秧机上。停水第2天,秧苗就开始枯萎,因为严重缺水,代管户打电话到公司,公司没有把事情当回事,认为肯定没有问题,等公司下来查看的时候发现已经晚了,有30%左右的秧苗已经枯死。而且秧苗高高低低,严重影响现场查看的效果,更为重要的是不能放在插秧机上,因为是煤灰育秧,一放在插秧机上秧盘就散了,只有营养土才能通过秧苗的根系连接在一起,结成一整块,煤灰都是散沙,肯定不行。

公司老总及分公司经理在面对这种情况时,有点哑巴吃黄连,有苦说不出,当时现场围绕为什么会出现这种问题展开了一场争论。育秧工厂的人认为是太阳太大的原因,导致蒸发太大;有人说是水的问题,说代管户用的是黄泥水,没有用井水,水没有排毒,毒性很大等,按照一些集中育秧的教材上的理论说了很多理由。公司老总都被搞糊涂了,弄不清楚到底是什么原因导致的问题。后来公司老总认为就是水的问题,代管户天天在现场照看,便认为是营养土的问题,遭到一些公司人员的驳斥,还要求代管户承担责任等。

明眼人一看就知道是营养土的问题,但是没有谁愿意得罪人,安农农业科技有限公司是个典型的家族企业,很多员工都是亲戚朋友,人情关系太重,没有谁愿意得罪人,最后就只有公司老总倒霉。

(2)德阳公司将工厂管理的经验用到种植业,虽投资巨大,但结果惨败。作为平晚县招商引资的一个2亿元的大型项目,德阳公司在岘镇的运作铩羽而归,最终公司CEO被解职,影响效果极坏,"成为平晚县政府说不出的痛"。这说明资本下乡从事种植业面临着社会成本的问题。

2013年笔者到燕子村调研,了解公司在当地的具体运作模式、管理模式及利润分配模式,得出的一个基本结论就是,公司CEO把管理工厂的一套管理理念套用到农业上,用科层制的模式,试图在乡土社会从事农业的种养,把台湾的农业发展模式引入平晚县,实践证明这种实践模式是极为不靠谱的。

材料6-3 德阳公司管理模式

公司离种植水稻的地方有50千米,老板不可能天天开车到田间去监督,为了保证田能管理下去,公司请了当地一个退休的农技站站长负责监督和打农药等田间工作,另外请了4个小组长帮忙记工、请工,管理1500亩水稻田。但问题是,农技站站长只要钱,管理根本就不负责,难以建立有效的委托—代理关系。而组长在记工的时候多报工时,请的干活的人"磨洋工",1天可以干完的活要干3天,结果极大地增加了开支。

德阳公司请了4个村干部帮忙协调请人、记工等工作,负责监督村民的生产活动,给村干部一个月1500元的工资,请了几十个农户帮忙管理。结果因为对农户及村干部都没有激励措施,种的田产量极低,村干部根本就不愿意去监督农户,即便村干部说了,也没有人愿意听。在村庄治理权弱化的背景下,请村组干部去做协调工作,能否镇得住农户存在很大的疑问。

在燕子村调研的时候,笔者发现德阳公司的 CEO 实行一套科层化的管理模式来解决农业问题。但是通过科层制组织起来的企业运作模式在遭遇乡土社会尤其是农业的监督问题时,困难重重,进而在 1 年的时间之内就失败了。本书将其归纳为企业进入乡土社会时的"社会成本问题",很多资本下乡经营农业,但最终都退出了,一般看来是因为市场风险和利润低而退出,但是实际上经过笔者的研究发现,企业退出最为根本的原因是社会成本最终提高了管理—协调的成本,使得企业难以为继。

二、企业进入粮食种植业面临着层出不穷的社会成本问题

所谓的社会成本问题,是说企业作为一个外生性的经营主体,进入乡土社会的时候,面临着乡土社会对经营活动所带来的一系列制约,正是这些层出不穷的制约无尽地提高了企业经营的运作成本,这些成本主要包括耕地、水利、劳动力以及农田公共设施等方面,往往以企业和村民之间的纠纷形式表现出来。

水利原本是高度嵌入在小农村社当中的,水权和地权高度结合在一起,水权具有依附性,依附于地权[①]。但是企业在包田种的时候,一方面,经常在水利方面和村民发生纠纷,这表现在一些土地没有完全流转出去,还有一些散户在种,在散户和企业争水的时候,企业极为被动,农户可以充分利用地方性知识来对付企业。比如说,企业要用水塘的水,农户就说企业没有承担水塘管理的责任和义务,要用水的话就必须维修水塘,"用水就必须要管水"。但是作为一个合同期只有短短几年的企业来讲,维修这些水塘肯定是不划算的。

材料 6-4 大户用水的制约

蒋水清 2013 年在演镇百花村流转了 180 多亩田,挂在安农农业科技有限公司的名下。因为 2013 年大旱,完全干死的水稻占到了 60%,剩下的 40% 严重减产,大致只有一半的产量。之所以损失这么严重,一个原

---

① 详见林辉煌论水权的依附性。

因就是水的问题。天气干旱是一方面的原因,另一方面,因为蒋水清是从外地的乡镇来的,天旱的时候他要水,农户也要水。水库的水因为渠道坏了,水路太长来不了水;水塘的水,天旱的时候农户不让放,农户说:"水塘的水,你要放水就要管水,用这些水塘里的水就必须尽义务,把塘挖好,这些水塘这些年淤塞很严重,你要用水必须把水塘先挖好,没有履行义务就不能放水。水多、不影响农户种田的时候你可以放水,但是天旱的时候必须优先农户放水。农户的需求满足之后,外来的大户才能放水。"

另外,蒋水清请的放水的人也没有责任感,毕竟"太平水好放,但是天干出毒人"。他请的这些本村放水的人谁会为了他一个外来人而去得罪本地人呢?

所以散户的田都保下来了,但是这些大户的田里的水稻都干死了。

另一方面,一些水库、水塘的承包人借机要价,安农农业科技有限公司一承包田,当地几个水塘的承包价格立马飞速上涨。安农农业科技有限公司在台镇九市村包田时,该村的田原来主要是用该村一个骨干塘的水,在安农农业科技有限公司没有来之前,这个骨干塘的承包价格是500元/年左右,安农农业科技有限公司来包田之后,承包价一下子涨到每年3000多元。租金为什么会上涨?就是因为安农农业科技有限公司来水塘放水时需要给承包户交钱,承包户可以卡企业的脖子,狮子大开口。原来农户灌溉不要钱,安农农业科技有限公司来了之后,放一个小时的水最低要收10元钱。2013年大旱,安农农业科技有限公司的代管户想从水库放水,放一个小时的价格涨到30元,代管户没有办法,只好放弃找水库要水。

劳动力成本也是制约企业经营的一个重要方面。劳动力成本不是说企业请工的监督问题,这里重点要说的是,因为企业和村庄内部的农户之间有耕地流转的协议,这个协议往往把耕地流转和优先雇佣本村的劳动力给结合起来,村民借助耕地流转协议以及耕地承包权,在劳动力的雇佣方面向企业施压,这种施压表现在很多方面。

如果把企业与农户的耕地流转看作是一个合约的话,那么在土地流转方面,企业与农户之间形成了"连带式"的合约,这个合约不是独立的土地流转合约,而是在公司和农户之间有着"连带式"的责任。比如田不能种坏了,不能长草,村民可以时时在村庄监督。再比如有雇佣的优先权,村民认为耕地是自己流转给企业的,企业在家门口干活,农民没事干就找企业要活干,即"没事找事干"。这个现象在台九市安农农业科技有限公司那里表现得最为明显:村民找公司要活干的理由是,田的承包权是自己的,签订合同时有协议,田里不能长草,公司要负责把田管好;村民见到田里长草和稗子了,就要公司请自己干活,否则以后田归还的时候不好种。企业没有办法,只好请他们干活。

另外,民事纠纷也会带来一定的成本。企业的种植行为嵌入在村庄社会里,和村民之间存在层出不穷的纠纷。一方面农户养的鸡鸭会吃公司的稻谷或者谷种,公司赶也不是,不赶也不是。2013年,六三公司在大安乡枫坪村包田种,禾种撒到田里不久,就被鸡给收拾一空,从益阳来的种田户小岳很是气愤,和村民闹起了矛盾。当时村支书经过矛盾的现场,看看之后就走了,小岳觉得村书记都不管,那自己就只有来硬的,再次撒谷种的时候,在谷种里面拌了农药,结果把一个农户的十几只鸡全部毒死了,引起轩然大波,后来派出所来调解,调解的结果是小岳按照市场价对农户进行赔偿。另一方面,农户认为田的承包权是自己的,自己只是把田包给了企业,但是田埂上他们还是可以种庄稼的,比如种玉米、大豆、蔬菜等,公司要是打农药打到这些庄稼上了,就要企业赔偿,六三公司的代管户说:"反正是什么东西都要你赔偿。"

因为企业是一个外来者,村民就可以不按照村庄的规则和他们打交道,而是按照纯粹的市场化甚至是歧视性的方法来与这些外来的企业打交道,"无孔不入""层出不穷"地提高企业运作的成本。

总结这两个公司失败的教训,有几个共同之处,那就是公司化经营难以适应种植业。粮食种植业不适合公司化的经营,面临的共同困境有以下几点。

一是公司很难在当地找到维护公司利益的代理人。资本进入农村,需要将商品关系社会化,安农农业科技有限公司在耕作户中间选小组长之类的人帮代管户照管,但是在施肥、打农药时,经常有耕作户偷工减料。

像这种问题几乎同时在安农农业科技有限公司、德阳公司以及六三合作社出现，使得这些企业在初步涉入农业种植业时败得一塌糊涂。安农农业科技有限公司被迫改变经营模式，试图充分利用家庭经营的优势，而德阳公司的 CEO 在 1500 亩的土地上亏了几百万元，在制鞋工业上颇为成功的台湾 CEO 败得一塌糊涂，还被撤职，同时对经营农业灰心丧气。

二是作为外生性的经营主体，还面临社会成本问题。企业作为一种外生型的力量，进入乡土社会时，不可避免地面临缺乏地方性知识的问题，因而需要寻找代理人来解决水利、请工方面的问题和协调矛盾，但是这往往又会导致代理人问题的产生。请工、用水、用电、鸡鸭损坏禾苗等问题，如何保护在田埂上的农业种植作物，水塘、收割的稻谷如何保护，农户"无事找事"要活干，田里不能长草，不能把田种坏了，要优先雇用本地人，但是要高工资等一系列问题，实际上可以看作是公司与小农村社之间的交易成本问题，一个解决纠纷的通常办法是，依赖于乡村干部，而这是要花代价的。

第四节　项目运作与资本积累

县政府为什么要将公司纳入其粮食生产规划当中来？为什么要扶持安农农业科技有限公司？为什么又能将安农农业科技有限公司纳入其粮食生产规划当中来？本书第五章的分析已经说明了，政府通过将项目示范区内的耕地流转过来，承包给安农农业科技有限公司耕作，与散户模式相比，可以大大降低交易成本，进而可以增强政府对粮食生产的调控能力。本章将进一步说明公司与政府究竟是怎样密切关联起来的。

在农业项目运作的过程中，连接政府与农业企业的一个重要机制就是当前的政绩考核体系。现在地方政府一方面需要通过项目扶持这些企业进入农业来制造政绩，打造亮点，打造各种各样的项目示范片；另一方面也需要通过农业项目来推动农业产业化，招商引资，推动地方经济发展。

一、地方政府通过项目扶持企业的制度根源

这里主要从政绩考核的角度分析地方政府为什么要推动资本下乡,要为企业运作农业项目保驾护航。在当前的省—市—县的政绩考核体系中,扶持龙头企业、推动农业现代化和产业化等都已经是地方政绩考核体系中的重要内容,正是这个政绩考核的体系推动农业企业进入农业生产环节。

2011年,省委巡视第五组下平晚县视察,做出"平晚县农业产业化程度不高,农业基础薄弱"的批示,地方政府深感压力,"坐卧不安",处心积虑地打造各种农业产业化龙头企业给领导看,以体现地方政绩。材料6-5是2012年县农办对这一指示做出的回应,从这份材料中可以发现,安农农业科技有限公司是地方政府向上级汇报政绩的一大亮点,被反复提及。

材料6-5　关于省委巡视第五组反馈的

"农业产业化程度不高、农业基础设施薄弱"意见

的整改工作有关情况汇报(节选)

县农办

(2012年8月)

按照省委巡视第五组2011年巡视我县反馈的"农业产业化程度不高,农业基础设施薄弱"意见,建议"进一步重视农业的基础地位,促进农业大县向农业强县转变",我办接到反馈意见后,及时将情况向县农业产业化领导小组汇报,成立县农业产业化整改工作领导小组。领导小组多次召开了专题会议认真研究,制订了整改工作方案,决心逐步整改落实到位,确保全县农田基础设施不断改善,确保农业产业化程度日益提高,确保农业大县向农业强县逐步转变。现将一年来整改工作有关情况汇报如下。

一、粮食生产稳步发展

全县认真贯彻国家、省市发展粮食生产的文件精神,加大财政投入,

千方百计提高双季稻覆盖面积,确保全国粮食生产先进县位子不动摇。今年完成水稻种植146.4万亩,比上年增加10.2万亩,增长7.5%。

二、农业产业化程度不断提升

一是经营大户辐射能力增强。目前全县流转耕地50.32万亩,占总耕地的56.16%,全县30亩以上的种粮大户发展到8654户,其中安农农业科技有限公司流转土地3.5万亩,提供农技服务面积5万亩,创办了4个工厂化育秧大棚,成功经验在国家、省市得到重点推介。二是农民专业合作组织覆盖面扩宽。一年来,全县新增专业合作组织42个,目前全县现有农民专业合作组织166家,成员1.5万人,带动农户4.99万户,覆盖农户20%。桃园果品、安农农机等合作社进入省部级项目笼子,凯洁精米、勋升烟叶等合作社被评为市级示范社。三是农业企业带动效应增加。一年来,全县新增投资500万元以上的农产品加工企业11家,县级以上农业龙头企业发展到113家,其中省级5家,市级26家。"天天见"荣获"中国驰名商标",实现了我县国家级名牌"零"的突破。四是规模农业不断扩面。县委县政府鼓励发展规模经营,形成产业集群,不断促进农业产业向规模化、集约化、科技化、专业化发展。

三、农业发展后劲不断增强

一是水利建设基础不断夯实。二是营林生态不断改善。三是农机综合生产能力不断提高。

一年来,全县按照省委巡视第五组领导的要求,农业产业化整改工作取得了一定成效。但是,发展现代农业、完善农业基础设施不是一朝一夕的事情,是一项长久的工程。我们将继续按照省委的要求,进一步完善方案,加大措施,不断提高农业产业化程度,不断完善农业基础设施建设,以更加优异的业绩来回报省委巡视组对我县农业农村工作的关心和厚爱。

省政府的领导不但做出这些"农业产业化程度不够"的批示,示意县级政府推动耕地流转、扶持企业进入农业生产环节,而且在市级政府每个年度的政绩考核指标中明确,农业农村工作方面、扶持资本进入农业的情况、流转耕地的情况等都是考核的重点。下面来看看2009年的政绩考核指标。

材料6-6　关于开展2009年度农业农村与新农村建设目标管理核查工作的通知

各县市区农办：

根据中共平晚市委、平晚市人民政府《关于2009年度县市区重点工作目标管理绩效考核的意见》精神，市农办拟于最近组织市农业农村局、市水利局、市畜牧水产局、市农经处，对12个县市区农业农村工作与新农村建设年度工作进行考核。现就有关事项通知如下。

(1) 农产品加工企业。核查新开工建设和新竣工投产固定资产投资额300万元以上的农产品加工企业相关情况。要求县市新竣工5个，城区2个(南岳1个)；县市新开工6个，城区3个(南岳2个)。检查收集提供企业年度投资报表、工商注册、税务登记复印件。由市农办负责检查。

(2) 基地建设。核查新建的水果、干果、蔬菜、高档优质稻和特色农产品基地情况。要求县市新建1个连片5000亩以上的高档优质稻基地，2个500亩以上的水果基地，1个500亩以上的其他特色农产品基地，5个500亩以上的蔬菜基地，由市农业农村局负责检查；要求5个区新建1个100亩以上的水果或干果基地，由市农办负责检查①。

(3) 良种繁育。

(4) 生猪或家禽养殖小区。

(5) 水管体制改革。

(6) 土地流转试点。考核县市区土地流转试点完成情况②和乡镇服务中心(站)成立情况(每个县市区抽查2个乡镇)。要求县市完成1个500亩以上的土地流转试点，区完成1个300亩以上的土地流转试点③；

---

① 地方政府只有和资本与大户合作才有可能完成这些任务。
② 在平晚县表现为2009年安农农业科技有限公司成立。
③ 这些都是资本进入粮食生产领域流转土地的好时机。关于土地流转的推动，以后似乎每年都有考核任务。

县市区成立土地流转服务中心,乡镇成立土地流转服务站。由市农经处负责检查。

(7)专业合作组织建设。考核专业合作组织发展个数和财政扶持资金到位情况。要求衡山、衡东新发展10个,其他县市13个,南岳2个,其他区3个;县市扶持2个,区扶持1个,财政对每个扶持5万元[①]。由市农经处负责检查。

(8)乡村清洁工程。

中共平晚市委农村工作部

平晚市人民政府农村工作办公室

2009年12月14日

从2009年开始,土地流转就成为市级政府对县级政府考核的内容,一直到2013年都是这样,所以这几年秋收完毕后,县级政府就趁着冬种的契机,开始宣传和推动耕地流转,培育大户和企业进入种植业环节。市级政府要搞这样的政绩考核要求,那么县级政府对于引进和扶持农业领域的资本,就必定是无所不用其极,如银行贷款、项目资金扶持等。正是在这种考核的压力下,很多资质一般的农民企业家也被地方政府给扶持上去了。当然,县级政府还提供各种优惠条件大力招引外来资本。

理解目标管理考核的内容有助于理解县级政府的土地流转、大户发展和资本下乡的逻辑。市级政府的规划对农业生产的确具有指导作用,尽管市级政府并没有投资,但是给地方政府提供了考核的压力,地方政府必须通过行政手段去完成这些任务。这是一种指导性、协调性的规划方案,对于地方政府的资源配置产生了约束作用。市级政府对县级政府施加了一种考核压力,市级政府制定了规划,通过政绩考核的方式激励县级政府去完成这些规划的任务,各县级政府之间在完成任务的过程中存在锦标赛式[②]的县域竞争。这些考核的内容基本上就是市级政府规划的内

---

① 县里对于合作社究竟扶持哪些对象也是有所考虑的,比如在平晚县,刘准就成为平晚县的扶持对象。当然也少不了对安农农业科技有限公司的3个合作社的扶持。

② 周飞舟.锦标赛体制[J].社会学研究,2009(3):54-77.

容,县级政府有压力去完成这些任务。

正是因为自从十七届三中全会以来,政府推动耕地流转和扶持资本下乡已经成为一种"政治正确"和政绩考核体系的重要指标,现在地方政府都在通过与企业联合,争取各种各样的农业项目来扶持地方"龙头企业",进行包装和宣传。

二、项目运作与资本积累

安农农业科技有限公司在 2009 年注册,当时的注册资金为 300 万元,资产总额为 1500 万元左右。当地的干部群众当时就认为,安农农业科技有限公司不过是一个"皮包公司",没有什么资金实力,不过是个"空壳",靠国家的补贴和项目资金运作。但是在短短的四五年时间内,安农农业科技有限公司凭借公司老总的省人大代表身份,通过各种公关手段申请到各种国家及省大型农业项目,以及在县承担产粮大县项目、产油大县等国家大型项目,迅速发展壮大。自 2009 年以来,安农农业科技有限公司先后在产粮大县项目、集中育秧项目、稻-稻-油项目、一促四防项目、绿色生态基地等项目上都发挥着关键性作用。地方政府则依托于安农农业科技有限公司以及这些项目的运作来打造政绩工程,打造亮点工程。可以说,安农农业科技有限公司的发展壮大主要依靠的是国家项目资金的扶持,当地有干部说:"没有国家的扶持,安农农业科技有限公司将会马上关门。"

安农农业科技有限公司从 2009 年成立以来,一方面为县政府产粮大县等项目的实施作出贡献,在地方政府的农业项目实施与承包的过程中占据日益重要的地位[①],并与县政府以及农口各部门之间建立了紧密的利益关联;另一方面,公司老总也利用其省人大代表的身份以及各方面关系的运作,不断争取各种类型农业项目的承包权。最近几年公司承包的

[①] 比如本书第四章所谈到的,栏垅乡 2012 年开始实施项目示范片,推广双季稻,农户不愿意耕作,政府许诺帮忙解决犁田、育秧、插秧、收割等主要生产环节的问题,当时就是请安农农业科技有限公司来提供套餐服务的,但后来提供了服务之后,农户不买账。当时安农农业科技有限公司就是县农业农村局出面请到栏垅乡去的。当时农户不买账,安农农业科技有限公司 4.5 万元的服务费用收不回来,很显然,公司不会做这种亏本的生意,这些账最后肯定会算到政府的头上,并成为公司和政府谈判的砝码。

项目越来越大,在这个项目承包与实施的过程中,资本迅速扩张,延伸到粮油生产、加工、流通、农资生产与经销等各环节。

2013年笔者下平晚县调研时,安农农业科技有限公司以及县政府农口系统上上下下都在忙乎的一个事情就是国家农业科技园项目的实施,因为在2013年,平晚县申请的这个项目终于得到国家的批复了。调研期间,笔者结合《农业科技园项目的实施方案》,对一些相关的重点问题进行了访谈,尤其是对这个方案中所涉及的企业以及项目落实地点所在的村庄等项目实施过程中的利益主体进行了重点调查。下面结合对该县农业生产实际情况的了解,对该项目进行一番解读。

成为国家农业科技园建设项目的实施单位,对于安农农业科技有限公司的资本积累以及增加公司的收益率而言,无疑意义重大,因为这个项目的资金高达9.6亿。该项目的实施将大大推进该公司的资本积累速度。

(1)地方政府从整体上扶持项目示范园区的建设,并向各个部门的项目资金提出"打包"要求。国家农业科技园项目申请下来之后,县政府要"增加财政资金支持力度。为加大对重点园区的资金扶持,县财政从2014年起,每年安排100万元以上的资金用于补助和扶持重点园区建设"。作为一个财政穷县,哪里能够每年安排100万元的配套资金用于补助和扶持重点园区建设呢?只有一个可能,那就是从其他的项目当中挪用资金过来,将国家农业科技园项目与其他的项目进行打包,使得不同的项目之间相互支付"配套资金",要"强化部门项目整合,重点整合农业、林业、水利、畜牧水产、国土、农开、发改、移民、民政、住建等部门的项目资金,要求项目资金总量的30%以上重点优先考虑和安排到园区核心区,保证核心区的资金集中投入,扶大扶强"。

(2)企业运作项目时资本短缺,地方政府则为其加大融资力度。2013年项目计划完成投资额度是1亿元,但是因为安农农业科技有限公司配套资金严重不足,到2013年10月份的时候,项目实施的进度远远赶不上计划速度,由于该项目的实施涉及地方政府的政绩考核,在10月份县政府的一个项目调度会议上,主要领导强调,要千方百计扶持企业完成项目进度,表示要"一切以项目建设为重,一切为工程进展让路,一切替项目业主着想,为项目建设单位排忧解难,解决问题,确保项目工程建设顺利推进"。

材料 6-7　在全县重点项目建设调度暨县域经济形势分析会上的讲话

县委副书记(2013 年 10 月)

一、基本情况

今年,全县有农业重点项目 34 个,计划年度总投资 11.84 亿元。截至目前,共完成投资 8.81 亿元,占年度任务的 74.4%。其中县级以上重点项目 4 个,年度投资任务 4.55 亿元,目前完成投资 3.42 亿元,完成年度计划的 75.2%,国家农业科技园投资任务 1 亿元,已完成 7500 万元;年度计划投资 7.29 亿元,现实际完成 5.39 亿元,占年度目标任务的 73.9%。34 个农业重点项目中,完成年度目标任务 75% 以上的 21 个,其中已完工 12 个;完成年度目标任务 50% 以下的 8 个,其中尚未开工的 4 个,4 个未开工项目均为国省投资项目。

二、存在的问题

(1)进度不快。年度有效工作期不足 2 个月,项目建设进度仅为 83.52%,进展较慢,下阶段建设压力较大。

(2)账实有差距。前阶段,为确保项目进度在全县处前列,台账进度基本按年初所排工期申报,其中国家农业科技园项目的台账申报进度与实际建设进度差距较大,下阶段,要把工程实际建设进度抢上来,确保全年度账实相符,确保考核顺利通过,难度较大,任务较重。县重点项目平晚县国家农业科技园的年度建设任务为 1 亿元,上报进度 7500 万元,但在 9 月份督察调研中发现,项目业主安农农业科技有限公司反映今年实际新增投入不到 2000 万元,实际投入缺口较大,完成年度目标任务有难度。

三、工作打算

(1)死盯硬督抢进度。将会同涉农各单位,继续死盯硬督,促使项目业主抓紧最后两个月工期,加快建设进度,确保省市农业重点项目完成全年建设任务。

(2)千方百计优服务。进一步加大对尚未完工的山苍子和农业科技园2个项目的帮扶力度。一切以项目建设为重,一切为工程进展让路,一切替项目业主着想,为项目建设单位排忧解难,解决问题,确保工程建设顺利推进。

对县重点项目平晚县国家农业科技园,要把握县"一流转五服务"试点工作契机,帮助其核心区渡、台两个乡镇加快土地流转,发展特色产业。

计划于10月下旬召开现场办公会议,督促发改、农业、林业、水利、国土、交通、农开、移民等单位给予项目对接扶持,帮助企业完善基础设施,做大种植规模,做强龙头企业。

(3)查漏补缺迎考核。时近年底,考核在即。我们将针对薄弱环节,进一步查漏补缺。在年度考核中,力争把虚功做巧做实,把实效全面展现,确保省市农业重点项目通过考核。

上面的材料显示,2013年,安农农业科技有限公司作为业主的国家农业科技园项目,计划投资1亿元,公司千方百计筹资到了2000万元,离项目的计划投资差距巨大,地方政府要保证项目的顺利完成,只能借助地方金融机构以及打包其他项目来为该项目的顺利实施"保驾护航"。

国家农业科技园项目成功实施之后,公司究竟能从中获取多少利润,不得而知,因为涉及公司争取项目过程中的各种"公关费用",但很显然,公司不可能不从中谋取巨大利润。在这个谋取利润的过程中,地方政府发挥了巨大扶持作用。

安农农业科技有限公司通过运作这些农业项目,得到了地方政府的大力支持,是地方政府扶持的重点龙头企业。正是凭着地方政府在项目、银行贷款等方面全方位的支持,安农农业科技有限公司现在在双季稻生产、粮食流通、油棉加工等方面都已经开始占据垄断地位。正是凭着国家的项目扶持,通过项目向其输血,安农农业科技有限公司已经成为平晚县分享农业GDP的关键企业。

三、国家农业科技园项目与产粮大县项目在实施上的关系

如果我们对 2013 年开始实施的这个农业科技园项目的实施方案进行分析的话,会发现该项目的实施地点就是产粮大县项目(即 2013 年粮食生产实施方案)当中的两个示范片所在的地点,两个示范片分别是渡镇万亩双季稻生产示范片和台镇双季稻万亩示范片,而且村庄都是高度一致。因为产粮大县项目在这两个镇的实施已经有 5 年了,通过产粮大县的专项资金,已经对这两个乡镇的这 13 个村做了大量的前期投资。这 13 个村都是原来政府推广双季稻的示范村,原本基础设施建设就已经相当不错,也已经开始了大量的土地流转。更重要的是,政府在这 13 个村已经培植起来了一批种粮大户,而且安农农业科技有限公司在这里流转土地的时间也已经比较长了。因而要实现这个项目书里所说的那些建设目的,是比较容易的,可以说,国家农业科技园项目虽然还没有实施,但根据笔者的现场观察,农业科技园项目书当中所谈的那些实施目标基本上是现成的,所以国家农业科技园项目只是再多加一个名目而已,这样农业科技园的项目资金就嵌套在产粮大县项目的实施内容当中了。用产粮大县项目的实施成果就可以应付国家农业科技园项目所列举的实施目标。现在重新谈这些内容,无非是大大节省公司进行项目实施的成本,而这些节省的成本都会被转为公司的利润。

项目所在地已经具有比较好的干部基础。建设项目为什么总是重复出现在示范区所在的村?是因为这些村的村干部能力比较强,具有所谓的群众基础,具有接应项目的能力。这些村通过长期的实践,形成了比较稳定有力的权力组织网络,所以资源往往重复性地投在这些村庄。而且这些村庄原本具有比较好的基础,现在进行项目建设时,有些是重复建设,这样也能降低投资,从而扩大收益。

项目的实施仍然是以示范区的形式进行,办点的逻辑与其说是为了推广示范做准备,还不如说是为方便检查做准备。

年复一年的项目建设就是由这样已经形成的既得利益群体,地方政府—资本—大户—村干部之间的权力—利益之网进行运作,减少了交易

成本，同时也内卷了利益。从产粮大县的项目到冬种冬修的项目，再到国家农业科技园项目等，这些项目资源高度重复地在示范区内运作。

纯粹根据产粮大县奖励资金当中所安排的专门用于发展农业生产方面的资金来运营项目是远远不够的。国家农业科技园项目的实施增加了产粮大县项目实施的治理资源，这样，平晚县入围产粮大县项目的竞争力就增强了。

可以说，国家农业科技园项目的实施依托的主要对象是安农农业科技有限公司这样的企业，这个项目的实施方案也充分地体现着大户和安农农业科技有限公司的利益。因为这些项目的实施地点就是产粮大县示范区所在的地点，产粮大县项目的实施和农业科技园项目的实施高度整合在一起。上面谈到，产粮大县项目需要自筹600多万元资金，再向中央申请3000多万元的资金。显然，地方政府，包括安农农业科技有限公司等这些主体根本就没有能力出配套资金，所谓的配套资金主要是来自于产粮大县等项目在前期实施的投资。因而是产粮大县项目和农业科技园项目相互嵌套在一起，县政府和安农农业科技有限公司、种粮大户的利益也捆绑在一起。

在项目运作过程中，国家农业科技园项目是政府通过项目进行公共投资的内容。这些项目主要是由国家投资，县政府运作，企业是业主。这是资本与地方政府之间的一层主要关系。当然，本书关心的主要是农业企业与项目之间的关系。还有一些工程建设方面的企业与项目之间的关系，比如工程等，但这不是本研究的重点。

在项目运作过程中，各方的利益主体不一。和印度的"绿色革命"一样，这个由公共投资所驱动的资本化过程，其利益并不是均衡地分配到农户头上的，也不是均匀地分布到所有村庄的。在同一个村庄中，真正得到好处的是那些有资源禀赋的农民，比如大户和资本。普通的农户不但得不到好处，反而要为这个过程作出牺牲。

2013年，国家农业科技示范园项目刚批下来不久，县委县政府就在台镇和渡镇两个项目实施的重点地区，也是产粮大县核心示范区之内，进一步流转耕地，要将国家农业科技示范园项目示范区内的耕地实行

100%的流转。表6-1为平晚县国家农业科技园区土地流转任务。

表6-1 国家农业科技园区土地流转任务责任一览表　　　　单位：亩

乡镇	村名	土地流转			
		总面积	规划面积	已流转面积	待流转面积
渡镇	青木村	1170	800	780	20
	梅花村	1367	1200	950	250
	斗岭村	1100	800	510	290
	爱吾村	986	750	—	750
	通古村	660	660	340	320
台镇	龙福村	897	650	544.15	105.85
	长青村	1305	1305	817.7	487.3
	九市村	1612	1612	443	1169
	台九村	1600	1600	180	1420
	文星村	1270	1270	50	1220
	爱民村	913	280	148	132
	台村	700	500	144	356
	演村	1032	400	33.16	366.84
	东湖村	1200	850	570	280
合计	—	15812	12677	5510.01	7167

笔者在这里不想去批判这种耕地流转的弊端，只需要读者去理解调研期间收集的一组数据，这在本书的第四章中也有呈现。

材料6-8　耕地流转对农业人口的影响

2013年上半年，笔者在平晚县3个乡镇系统调查时发现，3个村民小组共有79户，农业人口为313人，人均水田面积为0.665亩。目前尚有一定劳动能力者为197人，占总人口的62.9%，其中尚涉及种植的（绝大部分属兼营）劳力为59人，占总劳力29.9%。在涉及种植的劳力中，40岁以下3人，占5.1%；41～50岁16人，占27.1%；51～60岁12人，占20.3%；61～70岁20人，占33.9%；70岁以上8人，占13.6%。在农业总人口平均的每人 10498.2 元年纯收入中,种植业纯收入人口平均 685.9 元,占人口平均总纯收入 10498.2 元的 6.53%;经商纯收入人口平均 2044 元,占人口平均纯收入的 19.47%;办厂加工纯收入人口平均 51 元,占人口平均纯收入的 0.49%;打工纯收入人口平均 6466 元,占人口平均纯收入的 61.59%;做手艺纯收入人口平均 380.2 元,占人口平均纯收入的 3.62%;存款利息和国家补贴、福利纯收入 606.1 元,占人口平均纯收入的 5.77%;其他纯收入 265 元,占人口平均纯收入的 2.53%。

当前从事农业生产的都是上了年纪的老年人,40～60 岁的占了 47.4%,而 60 岁以上的占了 47.5%。很显然,当前农村的耕地主要是生存性、保障性的,保障这些老年劳动力的基本生存。3 个小组总共才有 208 亩土地,如果全部被安农农业科技有限公司流转的话,剩下来的 59 人的生计怎么办?这些在家从事种植的老年人,原本就是经过市场筛选的,没有就业竞争力,不可能像有些人主张"资本下乡,发展规模经营"所要求的那样,要这些老年劳动力弃耕到市场上去"安心专心谋发达"。安农农业科技有限公司如果为了在 14 个村实施农业科技示范园区项目而流转这 14 个村全部的耕地,在家无法外出务工的老年人将何去何从?安农农业科技有限公司能天天请这些老年人干活吗?不可能。一般上了 60 岁,或年纪大了一点,安农农业科技有限公司就不会请他们干活了,主要是担心他们在干活时可能晕倒在田里以及会有其他的麻烦。笔者在岘镇调研的时候就遇到过类似的案例,有个老年人 70 多岁,身子骨还不错,把耕地流转给了安农农业科技有限公司,自己为其打工,干了一年干得很带劲,但第二年就被公司辞退了。

第五节 对国家无止境的政策需求和项目需求

2013 年,农业农村部有关领导到平晚县调研工商资本进入种植业的情况,趁此机会,安农农业科技有限公司在刚刚争取到 9 个亿的农业科技示范园项目之后,又向农业农村部领导提出如材料 6-9 的需求。

材料6-9　进一步搞好流转土地经营与经营服务方式创新面临的困难和问题

面临的问题有如下几点。

1. 政策扶持力度不够。科技创新型的非抵押贷款很少，非农人口不能享受种粮大户补助。

2. 由于公司开始在土地流转这方面没有经验，在家的农户把排灌条件差、土质差及不好耕种的低产田流转给公司，高产田自己耕种，流转的土地不成片，插花田多。目前公司已流转的水田70％以上是急需实行土壤改良、提升土壤有机质，特别是要改善排灌条件和修建机耕路的水田。土壤改良是一项长期复杂的工作，田间的基础设施建设又是一项投资特别大的工作，而公司与农户签订的土地流转经营时间一般只有5年，因此需要国家为公司在高产标准良田建设和改造中、低产田方面专门立项，给企业参与田间基础设施建设的政策性支持，出台支持土地流转的相关政策等。

3. 优先支持搞土地流转和进军农业生产领域开展全方位农业生产综合服务创新的企业融资。建议研究出台下列有关政策。

(1) 关于财政扶持和金融信贷方面的政策。新型农民经营主体首先需要的政策扶持是希望各级政府加大资金扶持力度，增加项目资金数量。其次是要求银信部门给予贷款支持，如银信部门对合作社采取"先授信后贷款"的方法，由于合作社是新生的农村经济组织，无固定资产作抵押，很难贷到款。国家对新型农业经营主体进行科技立项后再给予国家担保的政策性贷款是最好的解决办法。

(2) 关于农业配套设施方面的政策。随着合作社和农业龙头企业的规模扩大，日常业务管理，召开会议，产品分级包装、储运，设备安放等方面的业务越来越频繁，对管理用地和运输交通工具需求强烈，需要政策支持。新型农业经营主体对标准农田、道路、水利、工棚、厂房等基础设施需求强烈，需要政策扶持完善。国土部门优先优价考虑并支持解决新型农业经营主体用地问题。建议上级出台相关文件，给县级政府充分的自主权,按照"资金不变、渠道不乱、各司其职、各负其责"的原则,自主整合农业开发、土地整理、水利建设和商品粮基地等项目资金,加大对粮食主产区基础设施的投入,逐步改善粮食生产条件,确保粮食高产稳产,进一步提高新型农业经营主体种粮积极性。农机、农业、水利、农经、财政、国土等部门加强沟通协调,积极帮助农机专业合作社协调各种矛盾,解决农田机耕道建设、水利基础设施建设、农田整理等问题,优化发展环境。

(3)关于土地流转方面的政策。新型农业经营主体对土地流转的政策需求强烈。尽管土地流转的规模越来越大、范围越来越广、形式越来越多样,但是土地流转的纠纷仍普遍存在,尤其是土地流转难以集中成片是导致新型农业经营主体难成"气候"的最大问题。国家出台"土地所有权不变基础上的土地再分配"政策是最好的解决办法,即以行政村为单位统一规划,需要种田的农户在集中成片的区域得到相应面积的土地自行耕作,愿意流转出来的土地集中连片到一块,流转给新型农业经营主体,村里再统一付给其租金。

(4)关于农产品税收优惠和政府服务方面的政策。政府要鼓励农产品生产,稳定物价,需要实施农产品税收优惠政策;新型农业经营主体处于起步阶段,很多人正在创业,其生产、销售和服务需要减免税收的政策支持,需要优质高效的政府服务。

(5)国家出台政策,扶持创办"农业生产转型综合实验示范区"或开展农业生产转型工作的新型农业经营主体。分田单干几十年后的今天,有田不想种的农户和想多种些田多创收但又不具备条件的农户越来越多,也就是目前新形势下农业生产(种植业)急需转型但又面临重重阻力和困难而不能顺利和成功转型。根据我国南方丘岗山林地区目前农村形势,若国家不迅速研究并尽快出台政策扶持开展农业生产转型工作的新型农业经营主体而确保农业生产(种植业)顺利、成功转型的话,农业生产将不能健康持续发展甚至倒退。为此建议:2013年开始先行扶持一批创办"农业生产(种植业)转型综合实验示范区"的新型农业经营主体。

第六节　政府引进、扶持企业的意外后果

县政府与散户打交道的治理成本太高,为降低调控粮食生产过程中与散户打交道时的交易成本,而将资本引入粮食生产过程中。表面上看是政府通过引进企业减少了调控粮食生产过程中的谈判对象,从而方便了粮食生产项目规划的运作,方便了迎接上级的考核验收,方便了政府打造亮点工程,但是却带来了意外后果,即政府也在这个过程中自找了麻烦。

材料6-10　对农经局领导的访谈

农经局某领导:现在很多农业企业都有大量的政府项目资金的扶持,一旦做大就牛得很了。某个企业在过去几年得到政府项目的大力扶持,该企业今年在两会上又跟县委书记反映要加大支持力度,甩给领导六七条意见,希望政府加大项目的扶持力度,包括农机、种子、合作社、粮食烘干等全方位的项目扶持。县委领导现在都有点怕他,打电话好声好气地恳请他不要那么急着跟书记提意见,有项目会支持的。

问:那么政府领导为什么会怕他们呢?政府领导为什么会满足他们的这些要求?他们究竟是靠什么力量来"绑架"你们的?

答:政府需要他们出政绩,报纸要用他们博眼球,他们这些企业能制造亮点,能打造亮点工程,大规模、高租金,据说还有高效益,动辄流转成千上万亩土地。这些企业做出来的项目工程都是政绩考核的内容,现代农业、新农村建设、农民增收等一切好处都可以往上面扯,对于当地政府及农业部门都是政绩。

这些亮点工程被打造出来之后,既可以作为政府的政绩,也为企业赢得了大量的项目资金和利润,亏损的是农民和国家。在这个过程中,粮食产量并没有得到实质性的增加。正是因为现在把耕地流转、扶持农业资本下乡、打造各种类型的农业生产基地、招商引资、推动农业产业化等作为对政府政绩考核的指标,这些企业在绑架和"要挟"地方政府方面才有恃无恐。

这些企业,现在一旦有点创造政绩的苗头,地方业务部门首先开始进行调研、报道、包装,其中很多亮点很大程度上就是笔杆子写出来的。用政绩考核来推动耕地流转,再配合农业项目对这些进入生产环节的企业进行扶持。然后媒体跟进,政府推广。宣传是很重要,这是树形象的必经环节,有了这些之后,申请项目似乎就是理所当然的了。而且,很多宣传基本上都是严重歪曲事实的,都是看上去很美,再往后就是"大力支持""精心培育"了。政府在干这些事情的时候基本上是关注各种经济指标,选择性地上报、宣传,因为是政府竖起来的典型,不好让它垮掉。

现在这个形势影响太大了,国家的农业项目就变成推动农业资本化的核心动力,挡都挡不住,对于企业及地方政府来讲,都是有利可图的事情。

一旦安农农业科技有限公司被地方政府扶持起来、宣传出去了,作为一个"典型",无论它是一个怎样的"阿斗",地方政府都得继续把它扶持下去。2013年的早稻集中育秧项目失败后,尽管县里的领导大发雷霆,说"安农农业科技有限公司就是一团扶不上墙的烂泥,要钱几个亿几个亿的拨,要机械给机械,还想要怎样"。但即便如此,国家已经向其投入了大量的资金,安农农业科技有限公司号称有"安农兴邦"的作用,不但能把几万亩的良田交到其手上,手下还雇用了那么多的代管户,每年还会给农户支付租金,这个"阿斗"怎么能倒呢?地方政府现在也很无奈。

第七章 大户补贴的运作逻辑与租地农场的兴起

当前中国的农业治理体系需要重新调整,宏观政策以及政策实施方式调整容易,最关键的是治理对象的问题。散户依然是农业经营主体中的大多数,需要将散户组织起来,形成能够与财政支农政策相对接的经营主体,进而增加政策对农业的调控能力。

协助政府实施粮食生产项目示范片的另外一个主体是种粮大户①。与企业纯粹是"打造形象""套取项目补贴""非真心实意种田"不同,大户承包项目示范片的目的就是要种好田,是"实打实"的种田,收益主要从田里来,当然也会有项目的一些补贴,那么大户运作项目示范片时的行动逻辑是什么?大户与政府之间是什么关系?大户承包项目示范片的社会经济结果是什么?

前文分析指出,地方政府要完成产粮大县的检查验收工程,需要办各种各样的双季稻生产示范片,要动员分散的小户太难,因为示范片的实施是按照"事本主义"原则来运作的,必须在特定时间、特定空间、特定资金等限制下完成任务,若耽误了时间,会影响上级的考核验收,不在县级政府所指定的范围内种植双季稻也不行。因此,地方政府与分散的小农户打交道的治理成本就极高。

在这样的背景下,对于地方政府而言,最好的办法就是把示范片所在区域的耕地流转过来,然后把这些耕地发包给大户耕作,大户在耕作制度、种植作物、种植时间、种植方式等方面按照政府的要求实施,达到要求并检查验收之后,由政府给大户发放各种项目补贴,比如双季稻生产大户的补贴、集中育秧的补贴等。

当然,地方政府与这些大户之间的交易远远不只是一个项目、一个工程的利益平衡,而是捆绑式的利益平衡。前文的分析谈到,农业项目在实际的执行过程中,往往被地方政府打包进入特定村庄。实际上,这些项目被打包之后,往往与大户、资本直接对接,大户因为获得了地方政府多个方面的项目补贴,因而往往可以在地方政府的行政压力下完成一些仅仅从市场机制看来非经济理性的行为,比如种植双季稻,在现有的粮食生产成本-收益的模式下,显然是会亏本的。但是这些种粮大户以及资本却愿意去完成这些事情,这纯粹从经济理性的角度是解释不通的,而需要揭示大户与地方政府之间全面性的利益关系,进而也可以从中理解县乡政府引导大户、控制示范区内的粮食生产的基本逻辑。下面我们结合经验材料对这些问题进行说明。

---

① 平晚县要在双季稻生产示范片区动员农户种植双季稻,是从2009年开始的,大户的形成也是从2009年开始的,2008年及以前全县基本上没有什么大户。

第一节　项目任务全面向大户发包

县政府制定双季稻生产项目示范区，给每个乡镇分配双季稻指标任务，并将这些任务纳入目标管理责任制考核当中，给乡镇形成行政压力。乡镇必须要制定双季稻生产规划，保证县里所划定的核心区内必须种植双季稻①。但是和分散小户打交道②成本太高，而且难以成片，必定有大量的插花田存在，这会严重影响县里迎接上级的考核。因而对于乡镇而言，最好的办法就是把县里所规划的核心区范围内的耕地从农户手上流转过来，给大户种植双季稻，将项目示范片承包给大户。

而且，县农业农村局在规划粮食生产考核验收工程的时候，在项目资金中也对种粮大户做出补贴的规定。

材料 7-1　县农业农村局对种粮大户的补贴

2009 年对种粮大户的补贴：①对种植双季稻面积在 100 亩以上的大户奖励 2000 元；②对种植 200 亩以上的大户奖励 4000 元；③对种植 300 亩以上的大户奖励 6000 元。

2010 年对种粮大户的补贴：①对种植双季稻面积在 100 亩以上的大户奖励 2000 元；②对种植 200 亩以上的大户奖励 4000 元；③对种植 300 亩以上的大户奖励 6000 元；④对种植 400 亩以上的大户奖励 8000 元；⑤对种植 500 亩以上的大户奖励 10000 元。

2011 年对种粮大户的奖励：①对早稻实种面积在 100 亩以上的大户奖励 1000 元；②对种植 200～300 亩的大户奖励 3000 元；③对种植 300～

---

① 县里的双季稻发展规划很有意思，不但要给乡镇指定双季稻的面积是多少，而且要指定是在哪些村庄里种植，要划定一个双季稻生产示范片区，全县的各个双季稻生产示范片区沿着国道、省道分布，打造出一个"迎检核心圈"。很显然，县里的这种规划是和农业生产作为一种市场行为存在严重冲突的，是严重违反市场机制的。

② 要专门花费一节写农户为什么不愿意种植双季稻，另外还要花一节来写政府动员散户种植双季稻有多麻烦。

400亩的大户奖励5000元;④对种植500亩以上的大户奖励10000元。奖励程序为建立台账、自行申报、查实考核。

从2012年开始不再奖励大户,而是以项目补贴的形式进行扶持。对县定双季稻生产示范区种植双季早稻50亩以上的大户(经农经局注册备案、土地流转手续健全)每亩奖励150元(50元土地流转补贴、100元奖励双季稻)。就是说按照双季稻的面积来进行补贴,必须是50亩以上的双季稻大户,每亩补贴150元,这也是建立了一种量化的补贴模式。所以从2012年开始,双季稻面积的测量就成为农业农村局粮食生产工作当中的重点。农业农村局开始着眼于建立一套更加严密的奖励体系,双季稻生产台账的质量更高了,对各个乡镇、村、种粮大户的双季稻面积进行严格的测量。另外,对集中育秧实行补贴。对县规划区域内实行地膜覆盖的早稻秧田连片3亩以上的(可插大田25亩以上的),按项目要求据实结算。对插秧机实行累加补贴,对全县2013年新购置的插秧机每台累加补贴5000元。

在项目示范片内,耕地发包和项目任务与项目资金向大户的全面发包是项目示范片运作的两个关键问题。项目示范区内的耕地向大户发包的问题在本书第五章已经分析了,下面我们主要围绕面向大户的项目补贴和耕地流转两个问题进一步深入讨论。

第二节 项目补贴的运作逻辑及其影响

前文的分析谈到,在项目示范片区内政府需要对大户进行项目补贴,调查发现,这个过程极为有意思,很值得我们深入思考,而且具有极强的现实意义。这是因为,从2013年开始,中央的一号文件要求以后新增的农业补贴要向家庭农场和种粮大户倾斜,现在的问题是,一旦政府的农业补贴向这些经营主体倾斜,会产生怎样的政策效应呢?其内在的实践机制是怎样的呢?对农业生产经营主体会产生怎样的影响?这种政策激励又会如何搅动乡村社会?乡村组织的权力在其中可能会发挥怎样的影响?笔者认为,平晚县从2009年到2013年连续5年在项目示范区内对大户进行项目补贴(大户补贴),能给予我们诸多有关如何完善大户补贴激励机制及其潜在影响的启示,并理解其内在的运作逻辑。

一、项目示范区内大户补贴的分布情况

表7-1~表7-3呈现了2009—2012年间项目示范区内大户补贴的分布情况,从中我们可以粗略地看出以下问题。

一是2009—2011年的大户补贴是以项目示范区内的双季稻面积为基础,将大户分成不同的等级奖补,而从2012年开始,情况出现了一些变化,开始根据实际的双季稻考核面积来进行。项目补贴方式的这种变化极大地增加了补贴的额度,2009年对大户的项目补贴总共才84000元,2011年只有128000元,而2012年则高达4299023元,在项目补贴上出现了剧增[①]。补贴方式的这种变化,实际上对于安农农业科技有限公司及刘准这样的超级大户是最有利的。2011年安农农业科技有限公司种植面积达2970亩,项目补贴才10000元,而2012年种植17867亩,项目补贴高达2680140元,面积扩大了5倍,但是补贴扩大了260多倍。

二是两种补贴方式各自都存在问题。2009—2011年,因为对种田大户的标准提得过高,要求100亩以上才能有奖补,所以2009年种粮大户的数量申报基本上都是假的,而且几乎没有农户可以达到这个标准。正是因为这样,这种补贴的设计模式缺乏可操作性,最终仅仅是农业农村局的办点人员指定哪些人是可以享受补贴的种粮大户,这些人一般都是村干部。而2012年开始严格按照项目示范区内的播种面积进行补贴,但在操作上依然存在一定的问题,就是无法解决拼凑大户的现象。这就是对政策变通、对标准变通的结果。

---

① 2009年全县土地经营面积100亩以上的有19户,奖励2000元/户,小计38000元;土地经营面积200亩以上的有5户,奖励4000元,小计20000元;土地经营面积300亩以上的有1户,奖励6000元;土地经营面积500亩以上的有2户,奖励20000元,共计84000元。2011年对全县土地经营面积500亩以上的农户补贴10000元,土地经营面积200~500亩补贴4000元,100~200亩补贴2000元。土地经营面积500亩以上的有5户,奖励50000元,土地经营面积200亩以上的有3户,奖励12000元,土地经营面积100亩以上的有33户,奖励66000元。2012年的项目大户补贴高达4299023元。

表 7-1 2009 年项目示范区内大户补贴分布情况

乡镇名	村名	户主名	承包水田面积/亩	实插晚稻面积/亩	项目补贴/元
江镇	东风村	屈维友	235.21	235.21	4000
渡镇	群星村	彭小春	290	290	4000
	群星村	颜志刚	116	116	2000
	天星村	颜玉林	105	105	2000
	天星村	万友春	103	103	2000
	农科村	刘贤亮	116	109.4	2000
	咸育村	伍英国	106.57	106.57	2000
	英南村	李灿华	118	118	2000
	英南村	李楚元	121	121	2000
	英陂村	万小伍	105	105	2000
	英陂村	王振安	110	110	2000
	正大村	罗宏会	111.1	111.1	2000
	航渡村	何国平	121	121	2000
	盘龙村	陈 华	342.8	318	6000
台镇	东升村	许正初	107.68	102	2000
石市镇	石狮村	曾春桂	237	207	4000
岣嵝乡	松柏村	黄文新	103	103	2000
湖镇	茶园村	唐佐运	108	108	2000
	鼓峰村	王延会	123	123	2000
	三合村	王柏生	106.7	106.7	2000
洪镇	映山村	易积社	167	167	2000
	太平村	蒋水清	245	245	4000
	余田村	易积倦	149	149	2000
	阳泉村	曾品生	114.5	114.5	2000
潮江镇	永乐村	王小林	576	527	10000
金兰镇	金兰村	黄秋林	238	238	4000
安农农业科技有限公司	台镇、渡镇、金兰镇	—	3050	2970	10000

表 7-2　2011 年全县项目示范区内大户项目补贴汇总表

乡镇名	村名	户主名	承包水田面积/亩	实插晚稻面积/亩	奖励金额/元
渡镇	梅花村	刘　准	1540	650	10000
演镇	罗关村	李朝辉	576	550	10000
库宗乡	玩市村	蒋应初	610	610	10000
金兰镇	高田村	黄　令	662	545	10000
安农农业科技有限公司	—	—	3050	2970	10000
潮江镇	潮江村	王文林	536	215	4000
演镇	红河村	曾宪宏	215	215	4000
库宗乡	金华村	蒋大解	250	200	4000
樟木乡	衡岳村	胡华贵	127	103.5	2000
潮江镇	大道村	何锡德	214	125.9	2000
渡镇	—	彭小春	290	190	2000
渡镇	—	颜志刚	116	116	2000
渡镇	—	颜玉林	105	105	2000
渡镇	—	万友春	103	103	2000
渡镇	—	刘贤亮	116	109.4	2000
渡镇	—	李灿华	168	168	2000
渡镇	—	李楚元	140	121	2000
渡镇	—	颜加春	135	105	2000
渡镇	—	颜会平	143	143	2000
渡镇	—	罗宏会	111.1	111.1	2000
渡镇	—	刘永恒	145	145	2000
演镇	大川村	仇纯志	140	140	2000
台镇	台九村	肖武生	107.68	102	2000
库宗乡	栾木村	李教明	153	153	2000
库宗乡	古井村	李启生	122	122	2000
石市镇	石狮村	曾春桂	527	105	2000
石市镇	龙田村	曾祥东	145	110	2000

续表

乡镇名	村名	户主名	承包水田面积/亩	实插晚稻面积/亩	奖励金额/元
江镇	马山村	凌政友	110	110	2000
	赤石村	唐柏生	115	102	2000
	唐福村	罗细金	231	102	2000
湖镇	檀山村	王运桂	108	108	2000
	中湖村	王大元	103	103	2000
	中湖村	王远雪	101	101	2000
	中渡村	王水生	110	110	2000
大安乡	水寺村	龙永安	259	112	2000
	育塘村	曾启成	128	102.7	2000
溪江镇	友谊村	周立友	109	109	2000
洪镇	清江村	王子足	211	120	2000
	高炉村	肖智良	118	118	2000
	阳泉村	曾品生	123	114.5	2000
金兰镇	金兰村	黄秋林	110	110	2000

表7-3 2012年项目示范区内的大户补贴

乡镇	姓名	水田面积/亩	双季早稻面积/亩	补贴金额/元	乡镇	姓名	水田面积/亩	双季早稻面积/亩	补贴金额/元
演镇	颜云龙	759.9	444.96	66744	板市镇	李柏福	125.5	113	16950
	欧香娥	176.2	158.22	23733		刘荣礼	56	50.04	7506
	刘泽生	215	97.18	14577		王方义	102.6	92.34	13851
	陈位兵	358	138.71	20806		李淑云	68.2	61.38	9207
	仇纯志	220.4	122.83	18425		李玉	157.6	141.8	21270
	胡耀林	90	51.66	7749		袁小平	58.89	53	7950
	陈和平	121	94	14100	小计	6户	568.79	511.56	76734
	戴发国	130	86.9	13035	曲兰镇	朱玉生	61.8	55.3	8295
	欧阳同友	270.9	133.42	20013		朱志敏	85.2	65	9750
小计	9户	2341.4	1327.88	199182	小计	2户	147	120.3	18045

续表

乡镇	姓名	水田面积/亩	双季早稻面积/亩	补贴金额/元	乡镇	姓名	水田面积/亩	双季早稻面积/亩	补贴金额/元
渡镇	罗宏会	—	71.33	10700	集兵镇	许菊秋	178	159.5	23925
	杨小龙	—	246.55	36983	小计	1户	178	159.5	23925
	杨添喜	—	82.7	12405	大安乡	陈亚平	—	577.73	86660
	刘准	—	1167.6	175140		吴怀林	—	61.2	9180
	杨文东	—	51.3	7695		龙冬云	—	41.26	6189
	杨莲花	—	50.47	7571		龙志立	—	50	7500
	刘翠清	—	68.7	10305		吕孝友	—	61.81	9272
	杨如云	—	51.6	7740		戴魁明	—	183.93	27590
	刘卫星	—	56.7	8505		李明初	—	51.67	7750
	肖小君	—	112.8	16920	小计	7户	0	1027.6	154141
	刘贤亮	—	57.5	8625	石市镇	曾春桂	313.38	127.48	19122
小计	11户	0	2017.25	302589		邓成春	76	50.1	7515
金兰镇	周中牛	77.23	68.24	10236		方云祥	87	53.8	8070
	黄令	140	132.6	19890		屈宏伟	369.41	369.41	55412
	周钦轩	150	80	12000	小计	4户	845.79	600.79	90119
	肖银林	85.3	72.97	10945	井头镇	龙云	1100.228	589.2	88380
	周连荣	163.6	144.1	21615		刘援朝	—	66.7	10005
	肖自生	52.15	50.5	7575		魏诗柏	—	61	9150
	佘吉初	77.98	59.07	8861		李灿连	—	50	7500
	黄贤玉	90.9	90.9	13635	小计	4户	1100.228	766.9	115035
	黄秋林	83.5	83.5	12525	岘镇	肖仕高	321	76	11400
	蒋仕良	67.4	52	7800	小计	1户	321	76	11400
	李永久	55.1	51.8	7770	栏垅乡	唐夏春	64	64	9600
	李传永	78.9	64.9	9735		刘贤生	53	50	7500
	黄荣	140.28	126	18900		唐国生	71	71	10650
	方小春	50.8	50.8	7620	小计	3户	188	185	27750
小计	14户	1313.14	1127.38	169107	安农农业科技有限公司①	—	19950	17867	2680140

① 其面积主要分布在岘镇、金兰镇、江镇、演镇、台镇、渡镇等乡镇,这些乡镇都是在项目示范片的范围之内。

第七章　大户补贴的运作逻辑与租地农场的兴起

续表

乡镇	姓名	水田面积/亩	双季早稻面积/亩	补贴金额/元	乡镇	姓名	水田面积/亩	双季早稻面积/亩	补贴金额/元
湖镇	王金柱	—	80	12000	溪江镇	华丁六	125.6	113	16950
	王国友	—	51.5	7725		周立友	116.6	108.1	16215
	王大元	—	50.7	7605		陈步前	73.8	66.7	10000
	王定芳	—	50.9	7635	小计	3 户	316	287.8	43165
	唐友生	—	53.1	7965	樟木乡	胡华贵	138	52.8	7920
	唐社元	—	52	7800	峒崾乡	杨小青	135.3	51	7650
	颜小阳	—	56	8400		刘作红	131.8	65	9750
	王爱春	—	52.1	7815	小计	2 户	267.1	116	17400
	王延谷	—	51.4	7710	长安镇	廖洪业	105.9	53.2	7980
	杨佑元	—	52	7800	界牌镇	周和平	80	63.33	9500
	梁光书	—	61.8	9270	江镇	傅宜甫	183.3	159.1	23865
	王水斌	—	104.6	15690		刘小平	59.11	51.3	7695
	梁光益	—	52	7800		蒋才粮	102.17	53	7950
	张茂云	—	55	8250		祝水平	164	140	21000
	王志诚	—	51	7650		汤征水	124.55	70	10500
小计	15 户	0	874.1	131115		林丰达	65.5	58.7	8805
库宗乡	蒋应初	165.4	129.23	19384	小计	6 户	698.63	532.1	79815
	彭幸福	—	142.9	21435	台镇	黄宏初	105.9	50.5	7575
	刘忠运	—	104.4	15660		许立平	114	51.3	7695
	王元华	—	67.34	10101		凌亚秋	116.7	51.6	7740
	李和平	—	113	16950		成健民	65	50.5	7575
	戴新生	300.19	206.04	30906		廖代余	167.8	95.6	14340
小计	6 户	465.59	762.91	114436	小计	5 户	569.4	299.5	44925

二、项目补贴的分配

在本章,笔者试图说明:县农业农村局如何通过改变大户补贴的分配模式,来动员那些真正种植双季稻的大户,进而调动他们的积极性,并赢得这些大户的支持。

如何争取项目补贴？项目补贴如何分配？按照怎样的逻辑分配？这是项目组织运作过程中一些极为有趣的问题。既包括乡镇层面如何争取更多的项目补贴，也包括村庄、大户甚至是散户如何争取更多的项目补贴。

首先是项目补贴的分配方式，即项目补贴通过怎样的途径来进行分配。研究这个问题给笔者的启示意义在于，项目补贴究竟按照怎样的标准进行分配比较好？由谁来主导项目补贴的分配更为合理？

2009—2011年对示范区内的项目补贴代表了一种补贴模式，如果要简要地对这种模式进行分析的话，就是以农业农村局为主导，通过很高的门槛（号称只补贴项目示范区内经营面积达100亩以上的双季稻生产大户）分等级进行补贴。但由于一般的散户很难达到100亩以上的双季稻，所以最终变成了补贴村干部，村干部通过拼凑的方式将散户种植的双季稻集中到自己名下。由于2009—2011年是以县农业农村局为主导来进行示范片工作，农业农村局的办点人员需要村干部的支持，这也为村干部制造"假大户"提供了空间。这个时候的大户主要是"村干部申报—农业农村局认定"的模式，这是一种非量化的项目补贴模式，对种粮大户分4个档次①，每个档次进行相应的补贴。当时农业农村局对大户进行奖励，主要是由村干部向上级申报就可以了，而不需要测量面积。在信息不对称的情况下，很多原本没有怎么种地，只是负责协调农业农村局工作的村干部将自己报成了双季稻生产大户，获得项目补贴。当时监督机制和检查机制存在漏洞，为一些村干部以及关系户套取项目补贴提供了空间，以至于到了2010年，人们发现，大户的奖励补贴政策已经失去了其存在的意义，故这种项目补贴模式走到2011年就瓦解了。其原因在于，真正的示范片区内帮助政府种植双季稻的农户没有得到项目补贴，因而他们第二年就缺乏积极性，或者当政府来动员他们种植双季稻时不予配合。正

---

① 2012年之前，项目领导小组规定，只补贴项目区内双季稻生产规模在100亩以上的大户，经营面积达100~200亩每户补贴2000元，经营面积达200~300亩每户补贴4000元，经营面积达300~400亩每户补贴6000元，经营面积达500亩以上每户补贴10000元。

是因为这种项目补贴模式存在内在矛盾，最终在2012年年初终结，项目的补贴模式变成2012年之后监督更为严密、进行量化补贴的激励模式，但依然还存在一些问题。

而2012—2013年的实践则代表了另外一种补贴模式。从2012年开始，项目领导小组规定，对于示范区内的大户补贴降低门槛，按照耕种面积补贴种植面积达50亩以上的双季稻生产大户，每亩补贴150元，实行量化补贴，而且要到示范区内通过GPS面积测量仪测量大户的播种面积。项目对大户的补贴按照如下的办法进行。

首先由乡镇（主要是农技站）自己测量各个大户的面积，然后向农业农村局上报50亩以上的项目区内大户的面积。农业农村局根据乡镇汇报的大户面积下来核查，为了防止乡镇的机会主义行为，同时节省测量面积的信息成本，县农业农村局规定，如果乡镇干部在上报大户面积时造假（比如夸大双季稻生产面积，或者说拼凑大户），一经发现，对该乡镇所有的大户项目补贴实行"一票否决"，县农业农村局的这种规定对于节省核实大户信息的成本有很大作用，但是依然难以阻止村干部在其中的机会主义行为。

主要的问题在于，从2012年之后，项目示范区的工作业务主要由乡镇主导，所以农业农村局的项目指导小组工作人员平时不在乡镇，对于项目示范区内农户种植双季稻的情况不是很了解，因而在测量面积的时候只能依靠村干部作为引导，汇报大户有多少面积，分布在哪里，面积测量的时候，大户、中户、散户并不在场，因而即便是村干部谎称或者有拼凑大户的行为，农业农村局测量面积的人员也不一定能够发现，所以这依然为村干部的机会主义行为提供了一定的空间。从实际情况来讲，项目指导小组的人员不可能完全搞清楚基本情况，因为示范区内的田块极多，哪块田是谁在耕作，田主是谁，某个上报的大户究竟包括哪几片田，村干部给测量人员指示的某块田是否就是上报的大户所耕作等信息实在太复杂，不可能把所有的农户叫过来一块一块地核对，然后进行汇总。

在这个过程中，村干部唯一可能露出马脚的有两种情形。一是在测量面积的时候,正好有农户在田边耕作,如果村干部谎报,知情的农户从正义的角度出发,可能会揭发村干部的行为①。二是项目指导人员在测量面积之后,进行明察暗访,询问当地村民村干部所汇报的大户今年种了多少面积,但这要遇到那些愿意讲或者说在项目补贴中利益受损的农户。笔者在调研时发现村干部对于这些意外情况早已经做了应对,和村民打过招呼,若访谈一般的村民,村民对于农户究竟在示范区内种了多少双季稻是"讳莫如深",基本上不愿意谈论这些敏感话题。如果是问大户,他一定会说自己在示范区内的双季稻面积在50亩以上,笔者在湖镇访谈了6个大户,在示范区内播种面积的问题上,没有一个大户反映的有关播种面积的信息是真实的。像笔者如此深入的调查都需要花费极多的时间和精力,想尽办法才能掌握到真实信息,何况是要在几天之内测量全县26个乡镇项目的指导人员呢?

其次,项目补贴的对象是谁?是大户还是小户?尽管县农业农村局在项目示范片区制定了统一的项目补贴模式,但是不同的乡镇由于面临的压力不同,有些乡镇还另外调动项目资源,对一些散户进行补贴,增强其对农业的粮食生产决策的调控能力。

材料 7-2　对散户补贴产生的影响

与台、湖、渡、演等乡镇的"大户补贴模式"不同,石市乡的太清村对于散户也存在补贴,结果在大户与散户之间形成了有趣的博弈。

2012年,方云祥在示范区内有80多亩耕地,每亩补贴110元。同时散户也有100元/亩的项目补贴,结果第二年很多农户把田收回去自己种,自己得补贴。方云祥因为在流转农户的耕地时没有签订合同,田是别人给他的,第二年他捞到了150元/亩的补贴,同时散户也得到了100元/亩的补贴。这种激励模式产生了两种效应:一是双季稻种植面积大量增加,在2012年的基础上,太清村的双季稻面积增加了100多亩;二是产

---

① 笔者在访谈的时候听太清村的农户反映,农业农村局项目指导人员在测量某块田的面积时,正好有一个农户走过来,说这是我的田,不是大户的田,请不要在这里测量。露出马脚后,该村当年示范区内的大户就被一票否决,该村的所有大户在2013年都没有获得项目中的大户补贴。

生了大户效应,拼大户的现象产生。据说2012年全村一共拼出了4个大户,但是最终考核一个通过的也没有,县农业农村局因为发现了假大户而对全村"一票否决"。

2012年的悲剧在于,方云祥在上述两种效应的影响下,失去了项目补贴。

最后是项目补贴在乡镇之间的分配。以大户补贴为例,每个乡镇究竟补贴几个大户?这件事情在农业农村局那里难以平衡,几乎所有的乡镇都想为本乡镇多争取一些大户补贴的指标。从2012年开始,获得大户补贴的门槛是50亩以上的双季稻,如果能够在项目示范区内真正达到50亩以上的双季稻的话,那么毋庸置疑是会得到项目补贴的,但是现实中能够达到这个标准的双季稻种植大户又是比较少的。这样有些乡镇的项目示范区面积少,但是因为村干部和乡镇干部的能力强,将农户的耕地流转过来就可以形成多个大户,进而获得项目补贴,虽然项目示范区面积小,但获得的大户补贴并不少。另外一些乡镇虽然项目示范区面积大,但是散户、中户比较多①,真正的大户反而比较少,因此按照标准能够进入项目补贴门槛的反倒不多。显然,这对于那些项目示范区面积大的乡镇而言,是不公平的。因而那些示范区面积大,但是中户多的乡镇有抑制不住的"拼凑"大户的冲动。对于这些乡镇,比如说湖镇,县农业农村局能够在一定程度上容忍村干部"拼凑"大户的行为,但前提是信息必须保密,不能因为"拼凑大户"的信息被泄露之后而产生有人上访等事件。

接着,在项目补贴的分配过程中,权力发挥着怎样的作用?比如在获取项目补贴的过程中,乡村组织的权力发挥着怎样的作用?根据我们的调查资料,权力在项目补贴的分配过程中发挥作用的模式,主要有以下几种情况。

一是权力的运作与项目补贴的获取。在调研的过程中,笔者发现,县农业农村局、乡镇权力似乎在项目补贴的分配上都体现出一定的"自利

---

① 比如说湖镇由于耕地质量好,农户不愿意将耕地流转出来,愿意自己种植双季稻,所以示范区内的中户比较多。

性",这个过程比较微妙,一般难以调研清楚。也就是说,希望获得项目补贴的大户如果给乡镇主管项目的干部一定的好处,或者到县农业农村局"粮油站"进行一定的运作,就可以将项目示范区内的面积夸大一些,或者说原本不够补贴门槛的就可以进入。

材料 7-3　项目补贴的"自利性"

洪镇的肖四龙向笔者反映,他因为和村干部闹矛盾,村干部千方百计设卡不让他获得项目补贴。肖四龙到县农业农村局、县农办甚至县长办公室上访,后来找到粮油站站长,粮油站站长基本上就是县农业农村局主管产粮大县项目的常务行政人员,粮油站站长向他透露说:"缴纳一定的协调费,可以给你办一个大户补贴。"笔者不清楚这样的事情究竟有多大的代表性,待进一步观察。

2013 年联盟村的项目示范片很诡异,联盟村的 2 个大户在 2012 年获得了项目补贴,2013 年快到早稻育秧的时候,镇里主管农业的副镇长专门找过 2 个大户,说今年的大户补贴更高。但是后来等到镇里真正开动员会议,确定 2013 年项目示范区内的种粮大户时,副镇长并没有通知 2 个大户去开会,也就是说没有达成政府与大户在项目示范区内的合作问题,该村在 2013 年的项目示范区也被取消了。笔者后来去拜访 2 个大户,他们说,"我不要这个钱,我也不送这个礼","我就不种双季稻,你干部什么也捞不到","你没有东西给他们,他们也没有东西给你"。笔者这才恍然大悟:从 2012 年开始,项目的补贴和过去不一样了,原来的大户补贴是由乡镇政府在县里开会之后,领取项目补贴资金给大户,现在是从县财政直接转账到大户的账上。原来的乡镇干部在补贴上操作的空间很大,而现在项目补贴直接转账到直补卡上,乡镇干部操作的空间小了。但是这并不意味着乡镇干部就没有办法。现在的互动模式可能是,大户先向相关的主管领导缴纳一笔好处费,然后乡镇来"培养"大户,将其申报为大户,也就是相当于变相地从项目的大户补贴当中扣除一部分给经手的领导。王爱春说:"你要先交钱给领导,然后领导再来培养大户。"只是后来王爱春没有接受这一套做法,主管农业的副镇长在早稻动员时向他暗示,但是他没有"配合","我不种双季稻,你乡镇干部也得不到什么好处"。

第七章 大户补贴的运作逻辑与租地农场的兴起

肖四龙、王爱春等人所反映的项目补贴的逻辑,使笔者想起有关生猪补贴的问题,逻辑与此类似。平晚县是"全国生猪生产大县"奖励政策的对象,每年有大量的生猪项目补贴,一般是补贴大户。但是,在生猪大户补贴的申报过程中,权力在其中参与分成,那些获得生猪大户补贴的养殖户要给主管部门支付不菲的"回馈",否则难以享受生猪大户补贴。王爱春等人的遭遇说明,在项目补贴甚至是以后国家专门安排财政资金对大户进行补贴时,如何能够克服大户申报过程中的这些"潜规则",这是政策设计中一个值得琢磨的问题。

二是村干部利用手中的权力谋取项目补贴,引发村民的不满而导致村民上访。2009—2011年的项目补贴模式基本上是在补贴村干部,因为当时主要是村干部在协调农业农村局办点人员参与双季稻项目示范点的建设,这样一来,农业农村局办点人员调动村干部的积极性就尤为重要。而且,这个时候对大户的补贴门槛是种植达到100亩以上的双季稻,现实中能够达到这个标准的农户很少,主要的示范片内还是村干部动员散户在种植双季稻①,所以这个阶段的项目补贴主要是补贴村干部。在2009—2011年项目补贴的名单上,绝大部分都是村干部②。前面的分析谈到,这种项目补贴模式不利于调动示范区内真正种植双季稻的农户的积极性,因为村干部往往不种田,或者说种少数几亩田,但是示范区内所有散户种植的双季稻都算在村干部的头上。头一年村民在不知情的情况下往往没什么意见,但是等到第二年,这样的消息慢慢传开之后,不配合的村民越来越多,要求提供示范区的项目补贴,否则不种植双季稻。所以从2012年开始,鉴于现实的这种困境,农业农村局改变了项目补贴的方式,要求按照面积补贴50亩以上的双季稻生产大户,希望把项目补贴落实到大户头上,真正调动示范区内种植双季稻的积极性。但是这种利益格局的变动改变了项目组织中原有的利益结构,会引发一系列问题。

---

① 散户出于人情和面子而配合村干部,加上还有种子等项目补贴,同时目前的农业机械化水平比较高,只要村干部愿意在这方面去张罗一下,尽管会偶尔存在一些插花田,同时也会有一些"钉子户"不愿意配合,但总体上问题不是太大。

② 除了刘准、曾春桂等少数几个专业大户之外。

材料 7-4　项目补贴分配过程中产生的问题

平晚县 2009—2011 年产粮大县示范区包括了洪镇的道山村,因为道山村在关键的交通干线上,因而被纳入项目的示范区范围内。按照县里的规划,这个村沿渣洪线两边的耕地都必须种植双季稻,并由县农业农村局给予项目补贴,包括早稻种子补贴和对大户的补贴。由于这期间的大户补贴往往最终变成了对村干部的补贴,那些真正种植双季稻的农户意见很大。散户的这种不满最终导致了他们在项目(插早稻)动员时不愿意配合村干部的工作,结果就形成了很多插花田(在示范区内种植一季稻)。村干部去说服这些散户的成本也越来越高,散户不愿意种双季稻,但是这些重要交通干线周边的田地按照县里的项目规划必须要种植双季稻,而且项目任务已经分配给洪镇了,乡镇领导给村干部施压,村干部就只能想办法。这样村干部为了完成项目任务就联合小组长,让村民将示范区内的耕地流转出来给大户种。2013 年,道山村等几个小组共 80 来亩耕地在村干部的推动下被流转给了农机大户肖四龙。

村干部为了解决散户不愿意种植双季稻的问题而引进了大户,接下来就是项目补贴如何分配的问题。因为这个问题,村干部和大户肖四龙之间产生了矛盾。在散户种植的时候,小户可以被村干部拼成大户,最终针对大户的项目补贴可以算在村书记的头上。但是真正的大户形成以后,现在的项目补贴归谁呢?显然,按照县里的项目规划,应该是补贴给大户肖四龙的,但是这挤占了村书记原有的利益空间。按照常理,如果肖四龙和村书记能达成某种程度上的妥协,150 元/亩的项目补贴一人得一部分的话,这个事情也好说。但现在的问题是,肖四龙似乎并不愿意和村干部达成这种妥协,这惹怒了村书记,结果从 2012 年开始围绕项目补贴的事情两个人的矛盾不断升级。

首先是在 2012 年,村书记不愿意承认且并不向乡镇申报肖四龙是种田大户,甚至造谣说他没有达到补贴的标准。农业农村局派人下来测量面积的时候,因为是村干部在引导,所以村干部在这其中发挥的空间就很大,最终 2012 年肖四龙没有得到项目的大户补贴。肖四龙对于村干部的这种做法不满,为了争取项目补贴,从 2012 年晚稻收割以后他就一直不断地往县农业农村局、县农办甚至是县委办去上访,反映村干部和洪镇在项目补贴上的胡作非为。县里怕肖四龙继续往市里或省里上访,为了息事宁人,就答应从另外的项目补贴中开口子给肖四龙一定的补偿。于是从2013年的集中育秧项目中,给肖四龙补贴价值2万多元的2个早稻育秧大棚。这样县农业农村局相当于增加了一个集中育秧大户,也算是摆平了事情。

这样肖四龙通过上访争取了一定的好处,而且在形式上造就了自己是种粮大户的事实,尤其是得到了县农业农村局的2个育秧大棚支持,这引起了村书记的眼红,同时也极为不满。2013年的一个晚上,村书记指示小组长将肖四龙的一个育秧大棚给毁掉了,借口是肖四龙在流转的耕地上搞育秧大棚没有征求村民小组的同意。当时正是早稻育秧的时候,面对村书记指示小组长毁掉大棚的事情,肖四龙继续上访,最终县里给洪镇施压,镇委书记和主管农业的副镇长受到县里的批评,并要求镇里做好对肖四龙的育秧大棚被破坏一事的赔偿工作,村书记受到镇里形式上的批评,被要求赔偿肖四龙3000元,但是他一直不愿意支付。

一波未了,一波又起。村书记在第一个回合中因为肖四龙上访吃了亏,但他并不服气,于是想办法进一步破坏肖四龙的大户计划。2013年8月份左右,村书记联合小组长,要求将2012年流转给肖四龙的耕地由村民小组收回来,不再继续给肖四龙经营,这就相当于釜底抽薪。但是肖四龙在此之前和农户签订了10年的耕地流转合同,故此事不了了之。肖四龙和村书记之间围绕示范区的项目补贴上的争夺进一步结果如何,需要后续调查才能知道。

这个案例说明,在项目示范区内,接应项目补贴的初始力量是村干部,而且村干部试图利用其所占据的有利的结构性位置保持自己在项目运作过程中的优势地位,但是也面临着散户的不满。为了完成上级的项目任务而"制造大户",但制造大户之后,又遭遇大户与村干部在项目补贴上的博弈。这其中的启示在于,2009—2011年间的项目补贴模式因为村干部的牟利行为难以维系,从而过渡到2012年的大户补贴模式。县农业农村局试图调动示范区内种粮大户真正的积极性,并建立一套数量化的测量模式。但是因为这种通过面积测量来进行项目补贴的模式，依然需要村干部在其中发挥引导作用，大户的面积申报以及面积测量都需要依托于村干部，因为农业农村局的项目指导人员不可能自己下来测量面积，也不能依靠大户自己提供的数据信息，更不可能到村庄一户一户地确认，这其中的信息成本太大，因而还是只能继续依靠村干部提供大户的种植面积，并由村干部带领农业农村局的项目指导人员下田测量，正是村干部在这些环节所占据的主动性，为村干部的自利行为提供了空间。

三、项目补贴的再分配

笔者试图在本章说明乡镇如何通过发挥大户补贴的优势，增强其对粮食生产的调控和动员能力。

2012年，县农业农村局有关项目的补贴有一套规定，那就是给在项目示范区内双季稻面积达到50亩以上的大户每亩补贴150元。但是实际上这些项目补贴到达乡镇之后，又被乡村两级进行了再分配，乡镇进行再分配的逻辑是要增加其办示范片的动员能力。比如说一个大户得到7500元的项目补贴，可能给大户的只有2500元左右，剩下的5000元一部分成为乡镇的利润，另一部分被乡镇干部用于去补贴那些在示范片区面积在20~50亩之间的中户，每户象征性地补贴300元。因为这些中户也为项目示范区作出了贡献，如果只补贴50亩以上的农户（甚至有些还是假大户），那么这些种植20~50亩的中户可能意见很大，在接下来的一年不会配合乡镇干部的项目实施工作。

材料7-5 湖镇茶园村项目补贴的分配逻辑

2012—2013年，茶园村大户补贴的运作方式极为有趣，该村的案例有助于我们理解在项目示范区内的项目补贴分配过程中，乡村干部与种粮大户之间的具体关系。湖镇平原是平晚县的粮仓，这个平原耕地肥沃、平坦，水源方便，是产粮大县示范片项目的核心地带，主要包括檀山村、茶园村、中湖村、荫堂村、洋溪村、鼓凤村、杨林村、龟石村8个村。正是因为湖镇平原的耕地肥沃、耕作方便，而且产量较高，所以外出务工的农户相对就比较少，在家以务农为业的农户不在少数，而且农户极不愿意将耕地流转出去。2012年,西厢米业的老总找过湖镇主管农业的副镇长,试图到该镇流转耕地,副镇长明白,要流转耕地实际上是非常难的,因为湖镇平原几乎没有荒地,所有的耕地都有人耕作,而且那些外出务工农户的田流转给在家耕作的农户,这样形成了40多户耕作20~50亩耕地的中户。

在农户普遍只有20~50亩的双季稻,而很难达到项目补贴的标准(示范区内50亩以上的双季稻)时,乡镇、村干部、大户就想了很多办法,其中主要的办法就是让这些耕作20~50亩的中户之间进行"打联手"。"打联手"究竟是如何完成的呢?显然,在组合大户、申报大户的过程中,村干部发挥着关键性的作用。调查发现,小组长及具有小组长背景的中户如果有一定耕地面积的话,最有可能和其他农户"打联手"。而那些非关系户则难以进入"打联手"的范围,比如说茶园村的刘根源、李国生,洋溪村的王敏等。那些成功"打联手"的大户能够得到150元/亩的项目补贴,而没有进入"打联手"范围的中户,则只能得到10元/亩的项目补贴。这种通过"打联手"拼成大户的方式为乡镇干部、村干部在项目补贴再分配的过程中提供了可操作空间。

镇政府在对150元/亩的项目补贴资金进行再分配的过程中,增加了下一年项目动员中对这些中户的支持力度。显然,乡镇干部在对项目的大户补贴进行再分配的过程中,深谙这些中户的心理:这些项目补贴来源于国家,目前似乎没有哪个中户认为这150元/亩的大户补贴都归自己。正是因为这样,政府在再分配这些项目补贴时有了可操作空间。而且大户也很明白:大户补贴能申报下来,是大户、村干部、乡镇干部三者合作的结果,正是因为很少有中户能够达到在示范区内种植50亩双季稻面积的标准,能够单独地进入项目补贴的门槛,因而大户们明白,大户补贴能够争取下来,不纯粹是自己的功劳。也正因此,在政府进行大户补贴的再分配时,他们很少能够"硬起来"——因为村干部随时可以在明年不把他们纳入"打联手"的范围内。如果与政府不采取合作的方式的话,明年政府和村干部可以让他们单独申请,如果达不到50亩双季稻面积,就只能享受10元/亩的补贴。现在项目补贴中既得利益者之间的博弈关系如下所示。

博弈关系中的两个前提:一是由于结构性约束,单个大户在项目示范区内很少能够达到50亩以上的双季稻面积,因而单户申请很难成功;二是如果面积在20~50亩,总共只能享受到300元的项目补贴,相当于每亩补贴10元。如果在乡村干部的扶持下愿意与乡村干部合作,两户20~50亩的农户联合能达到50亩以上双季稻面积的话,就可以享受县农业农村局150元/亩的补贴。这样镇里要去一半,大户最终能得到75元/亩的补贴。这样博弈的结果如表7-4所示。

表7-4 大户与乡镇政府的博弈

大户的选择	大户的收益	乡镇政府的收益
大户和政府合作	享受75元/亩的项目补贴	政府分享75元/亩的补贴,按照10元/亩对耕作面积达20~50亩的中户进行补贴,增强项目的动员作用
大户不合作	10元/亩的项目补贴	政府也不能得到补贴

大户在难以单独成为示范区内50亩以上的双季稻生产大户时,和政府的合作尽管没有得到项目规定的150元/亩的补贴,但是75元/亩的项目补贴已经远远高于10元/亩的补贴了。因而从大户的角度来看,基本上也能够形成一种平衡,从调查的情况来看,基本上也是这样。联盟村的王爱春、王延谷等人基本上也能接受这种分配秩序,笔者专门问过王爱春和王延谷,他们说眼睁睁地看着从自己的直补账户上取出来的项目补贴资金(他们形容是"厚厚的一叠"),要被乡镇干部拿去一半,心里有点犯嘀咕,但是也只能默认了。

关于项目补贴在村庄内部农户之间的分配,村干部在再分配项目补贴中的角色,茶园村有一个很有意思的案例。前面谈到,在2012年和2013年两个年份,湖镇的项目补贴主要是村民小组长和组内的种粮大户之间"打联手",甚至有村干部和农户"打联手"的,他们获得了项目补贴,而一般的耕作面积在20~50亩的农户则没有进入,故意见比较大。

材料7-6 村干部在再分配项目补贴中的角色

2012年,茶园村一共有5个中户得到了项目补贴(经过乡镇的分成之后,实际为75元/亩),但是实际上进入"打联手"范围内的只有4个中户,即王定芳、唐友生、王国生、唐均平。王延国虽没有进入"打联手"的范围,但是后来在年底分配项目补贴的时候,村主任把5个中户叫到一块,商量如何办,后来大家同意5个人按照各自的面积来重新分配这笔项目补贴,这充分说明了村干部在协调和统筹时的权力。村干部的这个协调之所以能够成功,取决于大户对项目补贴的看法,取决于大户和村干部的关系。这5个得到项目补贴的中户都是小组长,他们能够被纳入项目的补贴当中取决于村干部的运作,因而大家对村干部的这种再分配当时没有谁提出意见。这个案例中的关系如下所示。

(1)单独的中户难以达到大户补贴的门槛。

(2)需要村干部通过"打联手"的方式来组合大户。

(3)大户与村干部的关系很重要,进入"打联手"范围内的大多是小组长,能否享受到项目补贴,仰仗于村干部的照顾。当然这些有小组长身份的中户在平时也需要配合和支持村干部的项目运作,比如说需要这些小组长去动员项目示范区内的散户,要么自己种植双季稻,要么将耕地流转出来给大户种植。在这些事情上,小组长因为在村组这个熟人社会的范围内具有一定的威望,是村干部进行项目运作的有力助手,所以村干部在项目的补贴分配上对他们会有更多的照顾。

(4)因为项目补贴是通过"打联手"的方式获得,这些中户对于村干部的再配置行为也能够理解。

茶园村的这种做法使得那些具有村民小组长背景的中户能够得到项目补贴(接近75元/亩),而一般的耕作面积在20～50亩的农户不能得到项目补贴,因此意见比较大。刘根源和李国生就是这方面的例子,这两户因为没有被纳入"打联手"的范围之内,所以就只能享受10元/亩的补贴,心理上有些不平衡,故村干部在2013年去动员的时候,他们意见比较大。刘根源的老婆甚至扬言,明年一定要在项目示范区内弄几块插花田(种植一季稻)给乡镇干部看看。

茶园村的案例给人的启示在于:产粮大县项目要真正增强其推动粮食生产的动力,需要通过项目补贴来推动项目示范区内经营主体的种粮积极性,而为了增强农户的这种积极性,项目补贴如何在村组内部进行再分配,却是大有讲究的,而不是严格按照县里的规定实施项目补助。

四、没有得到项目补贴的农户的抗争行为

同样是种田,为什么项目示范区内的农户可以得到项目补贴,而项目示范区之外的农户得不到项目补贴?同样是在项目示范区内,为什么50亩以上的大户可以得到150元/亩的项目补贴,而50亩以下的则只能得到10元/亩的项目补贴?对于县里产粮大县项目示范区内的这种项目补贴的非平衡性,有很多农户不理解,政府也没有办法向农户解释,甚至连哪些农户得到了项目补贴都不敢公开,因而有些农户走上了上访之路。产粮大县这种补贴类的农业项目运作过程中的农民上访问题与抗争行为值得认真关注。限于篇幅,在此不展开。

同时县里也意识到项目补贴的敏感性,因而在项目补贴的发放上,实行封闭化运作,即减少信息公开的内容。

五、项目补贴分配的敏感性

材料7-7 农业农村局关于发放项目补贴经费的有关要点

充分认识本次项目补贴发放问题的复杂性,严肃认真地核实好本次项目补贴发放的对象与金额。本次大户项目补贴资金涉及面较广,涉及人员和金额较多。补贴资金发放后,没有得到本项本次扶持的规划区内一般种粮农户和规划区外的种粮大户难免会产生一些不满,甚至出现一些过激行为。因此,用于扶持双季稻种植大户的补助必须完全落实到规划区内真正的双季稻种粮大户。请各乡镇根据初核的大户信息进行严肃认真的复核,并以少于初核面积的复核结果作为本次发放项目补贴资金的依据。若因核实工作不实不力,工作方式方法不当,种粮大户得到扶持后有意或无意炫耀、煽动等原因而引发各种矛盾纠纷,甚至引发省、市进行责任追究,未认真做好相关工作的有关人员要承担相应责任。其中,"着火点"的相关工作人员要承担主要责任。注意好干部自身的言行举动,讲究工作方式方法,杜绝不该得到补助的人员得到补助和避免炫耀、张扬、煽动等问题是预防"起火"的关键。

关于干部办点经费问题。搞好干部办点经费内部平衡,严防干部内部产生矛盾而自找麻烦。

第三节　项目补贴的地租效应与农民分化效应

　　本节主要分析大户的项目补贴对租金上涨、耕地集中的推动效应。从本次调研的情况来看,系统性地研究大户补贴对租金上涨、规模经营与耕地流转是一个极为有意义的问题。可以发现,项目对大户进行补贴,具有明显的租金上涨效应和耕地集中效应。通过这样两种自发性的效应,增强了项目补贴对粮食生产的调控能力。

一、大户补贴的租金上涨效应

　　耕地的租金是如何被抬高的?这原本是一个极为复杂的问题,因为现实生活中影响耕地租金的因素太多,周诚对这个问题做过系统的归纳[①]。本书在这里试图抽象掉现实中各种复杂的因素,只考虑中部纯农

---

　　① 在平晚县调研时笔者发现,在土地流转的过程中,地租的水平千变万化,对这错综复杂的现象进行分析和归纳后,可以看到影响地租水平的一些因素,除了一般认为的耕地质量、水源条件之外,还存在以下影响耕地租金的因素。一是在家劳动力的情况。在栏垅乡,笔者发现各个村土地流转的价格都是不一样的,这个现象值得考察,为什么各个村会有不一样的价格呢?比如说在笔者所调查的寺松村,当时土地流转的价格是 300 元/亩,新明村的价格是 120 元/亩,而均彼村的价格是多少?笔者估计可能和各个村庄当时农业劳动力的流动情况有关:那些劳动力流动比较彻底的村庄,耕地流转的价格可能会相对要低一些;而那些劳动力在家比较多的村庄,可能要价会更高一些。当然这个问题要待进一步调研。二是种植模式不一样,土地流转的价格也不一样。同样的田,原来流转给村干部种烟叶时的价格和现在种植双季稻的价格也是不一样的。寺松村的书记反映,原来种烟叶流转费用要 300 元/亩,在去年不再种烟叶的时候,就把土地返回给村民了,谁的田谁负责。笔者问他为什么不愿意继续流转到自己的手上种水稻?他说支付不起那样高的地租。还有一部分的农户,因为常年在外务工,没有办法在家种田,村干部以此为要挟,要他们种植双季稻,这些在外打工的农户当然没有能力种植双季稻,因而就将原来流转给村干部种烟叶的田免费流转给村干部种植双季稻。在新民村,刘书记所反映的这样的农户有 3 户。这个例子说明同样一块土地上,种植模式发生了变化(从原来的经济作物到粮食作物)之后,地租水平也发生了相应的变化。当然,新民村的这个例子还说明:谈判的能力是土地流转过程中耕地要素价格形成的一个原因。同样的一些水田,在种植模式发生变化之后,地租水平也相应地发生变化。如果是以整个栏垅乡的 8 个原来种植烟叶的村庄为分析对象,看看原来的地租水平,再看看种植模式发生变化之后的地租水平的变化,这个问题确实值得深入分析。这要从烟叶种植的过程中看土地流转背后的地租水平,进而讨论地租水平的变化及其影响因素。三是土地流转的模式或许是影响地租水平最为重要的一个变量了。如果把因为政府及项目工程而推动的耕地流转归纳为政府主导型的耕地流转模式的话,那么农户之间的耕地流转则可以归纳为自发性的耕地流转。政府行政力量推动的耕地流转价格往往要明显高于自发性的耕地流转价格。

业型地区专门用于生产粮食的耕地的租金的影响因素。通过调查,笔者发现,在农业税费改革之后,本县的产粮大县项目补贴、项目示范区的建设与租金上涨存在密切关系。具体而言,存在以下三个方面的传导机制。

一是补贴被转化为租金。政府专门针对大户的项目补贴增加了耕地上的利润之后,想种田的农户增加,出现了对耕地的竞租行为,地租被抬高。农业经济学将这个过程归纳为"原本用于调动农民种粮积极性的农业补贴被资本化为耕地租金"(约翰逊·盖尔纳)。在中国的农业转型过程中,我们发现这个问题也同样存在,这是因为当前的耕地产权制度规定耕地承包经营权长期不变,作为集体成员,那些非农户、非种植户也有承包经营权,因而在耕地的补贴上涨、收益增加的时候,他们有潜在的上涨租金的权利。在目前这种承包经营权的安排下,国家以后针对调动农民种粮积极性、针对种植专业户的补贴政策意图很有可能会落空,因为补贴很有可能会转变为田主的租金。

二是改变了田主与种田户之间的谈判地位。在有大户补贴之后,一些试图扩大耕地面积的农户在与田主非亲属或者非朋友关系的情况下,也试图扩大经营面积,在这种情形下,往往是种田户去找田主。这与原来自发耕地流转时的语境不同,自发性的耕地流转,往往是田主找种田户帮其代耕,以免自己的耕地抛荒,这样往往是低租金。现在,因为田主试图突破原本嵌入在亲缘—血缘关系中、自发性的耕地流转行为,而试图进行一种市场化的耕地经营权的交易,种田户只有支付更高的租金,才有可能将耕地从原来自发性的、嵌入性的耕地流转模式中吸纳出来。

三是政府的项目政策推动。政府划定某个村庄作为项目示范片,规定项目示范片内必须要完成某种类型的项目任务,而政府的这种意志与农民的意志存在冲突,需要在农户不愿意的情况下流转耕地,因而也抬高了租金。在这样的背景下所进行的耕地流转,其租金都要高于自发性的耕地流转模式下的租金水平。

上述三层机制实际上是密切关联的,这种"支付租金—集中耕地—扩大经营规模"的流转模式形成之后,大户在政府项目的支持下愿意支付更高的租金,而对原有的自发性、低租金、嵌入血缘、亲缘关系中的耕地流转模式构成冲击，进而形成一种"政府补贴—高租金—市场化"的租地模式，越来越多的耕地因为更高的租金而被吸纳到这种市场化的租地模式当中。而且，这种市场化、要素化的租地模式具有扩散效应，即会向非政府项目示范区之外渗透，而有可能从整体上抬高租金水平。

通过调查发现，在示范片区内和不在示范片区内的耕地，地租形成明显的差异，即示范区内的租金普遍在200～300元，而非示范区内的自发性的耕地流转一般不需要租金，即使要租金的话，也是在100元以内。

从全县的情况来看，存在这个分布现象：在有项目补贴的示范区内，双季稻生产大户比较多，复种指数高，租金水平高，耕地流转主要由政府推动；而在示范区之外，大户比较少，种植双季稻的大户基本没有，耕地流转主要以自发性为主，基本上不要租金或者租金水平很低。

之所以会这样，其中的机制在于，政府要在示范区内办双季稻示范点，就必须连片地将示范区内的耕地全部流转，只有这样才能有示范效果，才能"大连片，田挨田，丘连丘，没有插花田"，才不会影响项目考核验收时的考核效果，而这必然会打破原来自发的耕地流转秩序，导致地租上涨。因为在示范区内，尽管有些农户愿意将耕地流转出去，但是总有些农户愿意自己继续耕作，或者说不愿意种植双季稻，政府为了避免"插花田"，就必须付出租金，才有可能弥补这些农户的损失。因此，政府要推动大户到示范区内种植双季稻，就需要对与政府搞项目合作的大户进行项目补贴，然后由大户向农户支付租金。

这其中一个很有意思的事情是，在示范区内原本也有很多自发性的耕地流转，也有很多农户外出务工（或因为丧失劳动力），因无法耕作而将耕地流转出去，他们原本流转耕地出去是不要租金的，现在因为政府需要连片流转，需要向那些不愿意流转耕地的农户支付租金的同时，必须"一视同仁"地对所有示范片区内的农户都支付租金，包括向那些原来不需要租金而愿意将耕地流转出去的农户。

二、大户补贴的耕地集中效应

通过对示范区内外农户的比较，可以发现大户补贴具有耕地集中效应,也就是说大户补贴、耕地租金、土地流转、耕地规模扩张这几者之间存在逻辑关系。其中的机制是:存在大户补贴,因而愿意支付地租,从而进一步扩大规模;得不到大户补贴,则不愿支付地租,只希望免费获得亲戚朋友的耕地,因为支付租金不划算。在这种自发性的耕地流转模式下,耕地规模往往扩大到一定的程度就很难继续扩大了,因为其经营的规模局限于农户的人情圈。

湖镇王志胜的案例能够很好地说明这个问题。从 2008 年开始,通过自发性的耕地流转,王志胜的经营规模一直在 30～70 亩,这期间他基本上不需要支付耕地流转费用。由于 2012 年可以按照面积获得大户补贴①,王志胜开始扩大规模,从 150 元/亩的大户补贴中抽出 100 元来支付租金,他的这一举动在该村的土地流转模式上产生了立竿见影的效果,很快就打破了原来自发性的耕地流转模式:原来很多农户将耕地流转给亲戚朋友、邻居耕作,是为了田不抛荒,一般不收取租金,现在王志胜突然开出 100 元/亩的租金,很多农户就将土地从那些不愿意出租金的农户手中收回来,然后流转给王志胜②,这样王志胜的耕地规模从 2012 年的 80 亩左右一跃升至 2013 年的 200 亩左右。而其堂弟王水斌的耕地规模则更是从 20 多亩上涨到 400 多亩。也就是说,大户补贴催生了租地经营模式,打破了原来零租金的土地流转模式,即大户补贴推动了租地经营模式的兴起。这样,大户补贴、租金上涨、耕地流转和集中这三者之间就建立了相关机制。也就是说,项目补贴通过提高租金的形式,可以改变原来耕地要素市场的结构,进而推动耕地流转,这就是大户补贴的耕地集中效应。

实际上,安农农业科技有限公司、渡镇刘准、湖镇颜小阳的实践模式都是这样,政府给他们提供大户补贴,使得他们愿意支付租金,他们通过支付租金,让原来免费流转的耕地集中到他们手上。

---

① 2012 年大户补贴往往变成了村干部奖励,因为大户补贴的门槛太高,要求种植 100 亩以上的双季稻,一般的农户达不到这个水平,这个时候,村干部往往把示范片区内的散户拼凑起来,拼成一个大户,然后由村干部获得县农业农村局的大户补贴。

② 100 元/亩的租金加上粮食直补,一亩地就是 200 多元的收入,什么也不用干,5 亩地就可以收入 1000 多元。

大户补贴具有租金上涨效应和耕地集中效应,如果国家未来的农业政策加大对大户补贴的话,可能会同时产生这样两种效应。

当然,我们有必要从经验中进一步认识这两种效应产生的复杂机制。一是项目补贴资本化为地租的问题。二是租金水平因为竞租而不断被抬高的问题。三是引发不公平问题,即耕地向大户集中,补贴增强了大户的竞争实力,而使得缺乏竞争力的中农破产(没有得到项目补贴,不愿意支付租金)。四是我们的农业政策真的要走这样一条"扶大不扶小,扶强不扶弱"的道路吗?这是一条推动耕地流转、规模经营、降低成本的道路,对于中国的农业转型究竟意味着什么是需要慎重思考的。五是从长期来看,扶持大户的政策对于一个正处在动态变化过程中的农业经济体会产生怎样的潜在效应?六是规模集中到怎样的程度是合适的,这也是需要思考的,不可能越大越好。七是租金在补贴的诱导下上涨,对粮食生产的成本上涨具有潜在影响,我们也需要认真思考。

通过比较,2013 年有大户补贴的农户和没有大户补贴的农户的租金水平存在明显差异,前者的租金水平高于后者。没有租金大户补贴的农户承受租金的意愿比较低,除了极个别的农户(如龙爱国),一般没有享受大户项目补贴的农户不愿意支付租金,或者只愿意支付极低的租金水平,比如说刘根源、李国生、刘西云、颜东生、肖四龙、凌东国等,要从他们比较微薄的利润中砍掉 100 元来支付租金,这对于他们而言是净损失。而有大户补贴的农户,租金成本因为有补贴垫底,就可以承受。正是因为这样,大户补贴增强了他们的竞争力,有助于他们打败其他不愿意支付租金的农户而集中耕地。安农农业科技有限公司、刘准、王水兵、王志盛等就是靠大户补贴的支持来集中耕地的。

从长期的演化来看,是出租金的大户兼并不愿意支付租金的农户。而且从整体上来看,有大户补贴农户的经营规模大于没有大户补贴农户的经营规模。比如说王爱春 2013 年为了对抗安农农业科技有限公司,忍痛支付了 200 元/亩的租金,但他们反映,这也只是权宜之计,因为没有政府补贴,他们这一行为就显得十分不理性。这是一场和安农农业科技有限公司之间的耕地争夺战,他们处于极为不利的地位。他们明确地说,这种局面只能支撑一年,第二年就支撑不下去了,如果安农农业科技有限公司第二年卷土重来,他们恐怕会被淹没在资本集中耕地的浪潮中。如此类似的例子不仅仅发生在王爱春与安农农业科技有限公司之间,还包括蒋少根与安农农业科技有限公司之间,龙爱国与安农农业科技有限公司之间,以及左年生与该村原来的大户之间。

从短期来看,愿意支付租金的农户和不愿意支付租金的农户情况差不多,享受补贴的大户支付了租金,不享受补贴的大户没有支付租金,如果为了竞争的需要,他们也要支付租金的话,那么就会陷入极为不利的竞争态势,这是难以长期维持的,正如王爱春和安农农业科技有限公司之间的故事那样。从竞争力的层面来看,享受补贴的大户因为支付租金而明显具有竞争力,那些不愿意支付租金的农户,主要是以自己的人情、亲戚、血缘关系来维系土地的经营权占有格局,但是在租金逐渐上涨的情况下,这种局面恐怕难以长期维系。因而,自发性的耕地流转市场最终会被耕地要素市场所替代。

三、耕地流转的类型与租金水平

如果把政府因项目工程而推动的耕地流转归纳为政府主导型的耕地流转模式的话,那么农户之间的耕地流转则可以归纳为自发性的耕地流转。

自发的土地流转费用非常低,但往往发生在亲戚、朋友之间,规模比较小,而且比较分散,因而很难形成连片、成规模的集中经营。这种土地流转模式会在自发土地流转过程中形成一个利益结构,这个利益结构是高度嵌入在亲属网络和血缘、地缘关系之中的。而且这个利益结构经常与试图突破这种自发流转秩序的外来力量之间存在张力和冲突。笔者所调查的栏垅乡寺松村,在前两年有外来资本试图流转200多亩地搞鱼塘的时候,遭到两刘组村民的集体反对,最终这个事情不了了之。类似的案例还发生在安农农业科技有限公司流转土地的过程中。安农农业科技有限公司在不断地扩大其流转土地的面积,但是在一些中农比较多,同时具有一致行动能力的村庄推行土地流转就很难。这个时候,中农的利益结构和资本之间是一种竞争关系。当然在安农农业科技有限公司看来,这种利益结构难以长期存在,因为这种利益结构是基于老年的农业劳动力所形成的,随着这个利益网络结构的瓦解,最终土地还是会流转到公司或者家庭农场的手中。这个过程是伴随着农业劳动力外流和农业劳动力老化的过程完成的。这种模式往往不用付租金,在外打工的家庭或者无法继续耕作的家庭往往将土地流转给在家的农户照看,保证耕地的质量,相当于是替其保管土地,在他们回到农村的时候随时可以继续耕种。所以这往往是一种非正式的关系中所建立起来的,基于人情与关系的土地流转模式①。因而自发的土地流转往往和贺雪峰所讲的中农模式是相对应的,这是一种自发的土地流转秩序,是乡土社会的一种自然秩序,和城乡二元结构下乡村人口的流动与返迁的过程是相契合的。在贺雪峰看来,这种秩序能够使土地要素和劳动力要素在城乡之间的自由流动中实现一种动态的平衡和要素的优化配置,只是这种秩序和资本追求规模经营和效率以及地方政府推动粮食产量的增加之间存在冲突。

正是因为土地的自发流转规模有限,土地集中的过程非常漫长,土地资源的流动和配置也是低成本的。如果要突破这个有限的规模,就必须打破土地自发流转的秩序和中农所形成的利益网络。要打破这个利益结构,唯一的办法就是支付土地租金,进而推动耕地要素市场的变革,形成耕地要素的影子价格。目前突破自发土地流转的模式主要是政府的力量在推动。

在平晚县,这个问题最为集中地表现在推动双季稻的示范片方面。这种模式的基本特征是,最终种植双季稻的往往是村组干部,他们同样要支付比较高的租金,而农户往往是不愿意流转出来的,之所以流转一般是来自于村干部的压力。在均彼村,村干部和农户做土地流转的工作时非常有趣。在目前的形势下,种植双季稻一方面不划算,基本上是要亏本;另一方面,目前的水利条件往往难以满足双季稻的灌溉需求,而且很多家庭的劳动力也不充足,村民普遍愿意种植一季稻。但是村干部在做工作

---

① 这种自发的土地流转,因为太过于正常和普遍,经常被我们视而不见。只有当这种土地流转的模式被打破之后,这种土地流转模式所形成的秩序以及其对应的利益结构才会彰显出来。

的时候,往往和村民说:你要么自己种植双季稻,如果你不愿意种的话,你就把田给我种。这种土地流转方式是村干部在县、乡两级地方政府的支持下,通过村组治理的框架达成的,同时需要向村民支付租金。

在政府项目的推动下,安农农业科技有限公司这样的企业也开始下乡流转耕地。作为一种外来力量,要流转土地,唯一的办法就是向农户支付租金。安农农业科技有限公司下乡流转的土地规模之所以能快速扩大,是因为村庄内部有些农户整家外出,或者因为劳动力的老化没有办法进一步种田,这些农户的土地原来是免费给在家的农户耕作的。现在安农农业科技有限公司愿意下乡流转土地并支付租金,这些在外务工的村民就可以增加一笔收入,因而他们是愿意流转土地的。资本下乡流转土地,之所以能够成功确实是因为村庄内部存在接应的力量。安农农业科技有限公司流转土地想要真正成功,需要突破原来的中农秩序及其利益结构,即在家种田的农户往往对于资本下乡持反对态度,因为这直接影响了他们的生计,特别是一些在市场上没有劳动力竞争优势的农户,原来回流农村就是希望通过耕作自家以及流转亲戚朋友的土地保持基本的生计,现在公司来流转土地,他们当然是不愿意的。要想土地流转成功,就必须征得这些人的同意,正是因为在家的农户要价,便产生了一个明显高于土地自发流转时期的地租水平。当资本给这些在家的以及外出务工的农户支付地租时,原来自发土地流转的秩序就被突破了,资本获得了远较自发流转时更大的土地规模。当然这个过程是通过支付租金的形式实现的。

由政府推动的土地流转,在目前我们所见到的岘、渡、栏垅、演、江、洪、湖镇、大安、石市、台等乡镇的几个双季稻示范片区都普遍存在。这种土地流转模式也打破了原来由农户自发流转所形成的秩序。

四、非均衡的项目补贴与农民分化

在政府对大户进行项目补贴—租金上涨—耕地规模经营的过程中,农民开始走向因项目补贴而带来的快速分化。首先来看租金上涨的过程及包含的利益变化,如表7-5所示。

表 7-5　在示范片区内通过项目补贴进行耕地流转的相关利益主体

相关利益主体	事　件	利益相关情况
政府	政府要在其所划定的示范区内通过办点完成项目任务，迎接上级考核验收，需要连片流转耕地，进行项目补贴	项目运作的主体，政府要求推动耕地流转来运作项目
关键性事件	示范片区内的租金上涨	
与政府合作项目的大户	得到政府的项目补贴，政府的各项补贴加起来与租金水平相差不大，而且得到了大片连片的耕地，扩大了经营规模，便于机械化耕作，以降低耕作成本	项目运作的获益者
原来流进耕地的农户（中农）	原来可以免费得到亲戚朋友的耕地，现在租金水平抬高了，耕地被政府支持的大户竞租过去，尽管自己的耕地租金上涨了，但是从总体上来讲是得不偿失的	利益受损者
原来流出耕地的农户	原来只能请亲戚朋友代耕，不需要地租，现在租金水平上涨，可以得到额外的租金	项目运作的获益者

材料 7-8　项目补贴对大户的影响

　　湖镇檀山村是双季稻生产示范片区。2012 年之前，示范片区内的项目补贴不与双季稻的播种面积挂钩，由于是农业农村局在下面办点，由农业农村局来主导，因而补贴的对象主要是乡村干部，这种模糊化的项目补贴模式没有量化的操作标准。但是从 2012 年开始，县里的粮食生产方案规定，关于示范片区内的双季稻，对于耕地面积达到 50 亩以上的大户实行项目补贴，50 亩以下的不补贴，并按照面积对双季稻生产大户进行补贴。这极大地调动了原来的一些种粮大户的积极性。檀山村的会计和书记合作，将该村在示范片区的耕地面积流转过来，种植双季稻，结果在

2013年该村的耕地租金从原来的100元/亩以下上涨到200元/亩。

项目补贴产生了中农瓦解效应。大户补贴直接提升了企业和大户在耕地流转市场上的竞争力，那些没有得到补贴的中农和散户，要么没有实力支付租金，要么出租金，但其利润空间遭遇困境。这样，因为双季稻生产示范片区的项目补贴，增加了大户和资本的竞争力，使耕地倾向于集中，在项目的运作过程中，那些没有竞争优势的中农和散户被大户与资本吞并和瓦解[1]。

这种针对大户和企业的项目补贴政策，实际上是一种"歧视性"政策。但如果对示范片区的散户一视同仁，也进行补贴的话，其结果就是散户"惜地"，那些中农也愿意支付租金保持一定的耕地占有量，为了争取补贴而不会将手中所掌握的耕地流转出来。即便是那些已经将耕地流转出去的农户，也会将耕地收回去。也就是说，如果不实行歧视性补贴政策的话，耕地就没办法集中，政府要运作项目就只能继续和散户打交道，可能会激发散户耕作的积极性。

项目示范区内需要流转土地，接下来就涉及政府的项目补贴，资本(安农农业科技有限公司)、大户等主体联合起来，通过调动乡村组织的积极性，流转小户的耕地，集中耕地、流转土地、抬高地租、分化小农、瓦解中农。

在这个过程中，耕地要素市场被激活。笔者在平晚县调研时发现，耕地要素市场的激活存在如下机制：地方政府划定双季稻生产示范片之后，需要在示范片内流转耕地、培养大户，对大户进行项目补贴，大户有了政府的项目补贴之后，能够支付得起地租，这是激活平晚县耕地要素市场的初始动力[2]。

---

[1] 这正是联盟村的王延谷和王爱春、燕子村的龙爱国、大光村的蒋邵根等农户所遭遇的困境。2012年，王延谷和王爱春为了和安农农业科技有限公司竞争，愿意和该公司一样支付200元/亩的租金，结果在2013年，高租金就让两人苦不堪言，他们迫切地希望在2014年改变这种局势，不再支付租金，但问题是，租金一旦涨上去了，要降下来就比较困难。

[2] 在大规模运作超级产粮大县、产油大县等项目之前，平晚县的地租水平是比较低的；大部分地区的耕地流转是自发性的流转，是亲友之间的代种模式，贺雪峰等学者将其归纳为中农模式。

在这个过程中,项目运作各方之间的关系一环扣一环。政府通过产粮大县项目对大户进行补贴,大户在乡村组织的协调下流转农民的耕地,大户补贴降低了大户耕作的成本,增加了其收益率,增加了大户的竞争性。继而达成耕地流转、集中,大户开始种植双季稻,便打破了原来嵌入性、自发性的耕地流转模式,耕地流转从原来自发性、低租金的流转模式进入高租金、由行政推动的耕地流转模式。最终形成耕地要素市场,导致租金上涨,租金上涨之后不可逆,只要政府继续运作项目,只要农业项目要继续落地,就需要流转耕地。政府通过项目对耕作户进行补贴,地租就难以下降,形成了耕地流转的预期价格,导致零地租的时代一去不复返。而且这种激活效应具有扩散性,在地租上涨的情况下,其他的耕地要素价格也跟着上涨。表 7-6 说明了耕地流转事件中的项目组织与利益相关者。

表 7-6 耕地流转事件中的项目组织与利益相关者

利益相关者	事件起因
县农业农村局	县农业农村局将重要交通干线可视范围内的土地划为双季稻生产示范片区,并对示范片区内进行项目补贴,示范片区外则没有项目补贴,而且只对 50 亩以上的双季稻生产大户进行补贴,散户没有补贴
乡镇	要完成县里规划的示范片区内的双季稻生产任务,和散户打交道太麻烦,偏好大户、引进企业,进而通过发动村干部流转耕地,制造大户
安农农业科技有限公司	得到政府的项目补贴,增强了其竞争力,项目补贴完全可以冲抵掉因为集中流转耕地而产生的租金
关键性事件	项目示范片区内租金上涨
内生性种田能手	面对资本在政府项目扶持下的竞争,要么奋起反抗,代价是支付高租金,要么缴械投降,被资金消灭或者吸纳

续表

利益相关者	事件起因
中农	原来通过代耕的方式流转亲戚朋友的耕地,耕种面积能达到几十亩,且不要租金,利润率比较高,种田能够维持生计。现在事件出现之后,原来免费流转的耕地流出,被集中到那些在政府的支持下愿意支付租金的企业和大户手上,这些中农不愿意支付租金,因而只能眼睁睁地看着耕地被流转出去,而只能种植自家的几亩耕地,难以维系生计。进而,这些中农要么变成小规模的生计农业,要么外出务工,中农被瓦解
老人农业	示范片区内的老人农业被吞并,变成无业的农村居民

在 2012 年以前,王志胜在荫堂村流转土地都是不要租金的,但是从 2012 年开始有大户的项目补贴之后,荫堂村的地租一下子涨起来了。2012 年王志胜和村主任王水斌两个人(王志胜的堂兄弟)通过"打联手"的方式拼凑了一个大户,达到 50 亩以上的双季稻补贴标准,每亩地除了种子补贴等之外,还包括 150 元/亩的大户补贴,所以从 2013 年开始,王志胜以 100 元/亩支付租金的形式,集中了大量原来不要地租的耕地(这些耕地一般是亲友之间自发性流转的,基本上不要租金),经营规模从 2012 年的 70 亩增加到 2013 年的 200 多亩,而王水斌则从 2012 年的 20 多亩增加到 400 多亩。

在这个过程中,原来很多不需要地租的亲戚、朋友之间的自发性耕地流转模式被打破,因为那些外出务工的农户自己不能种田,平时把田流转给亲戚朋友种,主要是为了田不抛荒,粮食直补归田主,而田则交给种田户耕作,一般不要租金,或者只需要给田主缴纳税费等。这种耕地流转模式往往是按照血缘、人情关系等来进行的,具有很强的嵌入性。但是现在有人愿意出高租金来流转耕地,那么那些外出务工或者不方便耕作的农户便更愿意将耕地有偿性地流转给大户。这样原来自发性的耕地流转模式被打破,形成了耕地要素市场,那些原来通过自发流转耕地的中农因为不愿意支付租金而难以再集中到耕地,面临瓦解。如果不愿意"缴械投降"的话,就需要像安农农业科技有限公司和大户那样支付地租,如此收益率就会下降。联盟村的故事反映了这点。

材料 7-9　项目补贴对中农的瓦解效应

2013 年安农农业科技有限公司到联盟村以 200 元/亩的价格流转耕地,遭到了两个大户的抵抗,但是抵抗的结果是地租被抬高,原来不要租金的自发性的耕地流转模式被打破。联盟村在 2012 年是湖镇的双季稻生产示范片区①,2012 年的时候该村有两个双季稻生产大户,即王延谷和王爱春,2012 年因为和湖镇政府合作,这两户负责耕作该村 150 亩左右的双季稻,按照政府支付 150 元/亩的大户补贴,两户分别得到 7500 元左右的大户补贴。显然,两户在 2012 年尝到了双季稻生产示范片项目的甜头。而且 150 多亩的双季稻规模比较大,基本上不要地租,自己又有犁田机、收割机等主要机械,利润不至于外流,这样既可以赚到机械的利润,还在家里就解决了劳动力的就业问题,收入也不菲。显然,如果安农农业科技有限公司来该村流转耕地,这两户是最大的利益受害者。所以当安农农业科技有限公司来该村愿意以 200 元/亩的租金流转耕地时,这两户奋起反抗,私下家家户户做工作,说自己也愿意出 200 元/亩的租金来流转,而且还向村民讲道理,说安农农业科技有限公司耕作模式粗放,只会把田种坏,而自己则是精耕细作,对耕地有好处。当安农农业科技有限公司和本村人所支付的租金价格一样时,村民肯定愿意将耕地流转给王延谷和王爱春两个本地户。这样两人总算是保住了手中的耕地,但代价是要支付 200 元/亩的租金。不幸的是,2013 年这两个大户没有享受到大户补贴,但仍需要向村民支付 200 元/亩的地租,因而 2013 年笔者到这两户

---

①　按照县农业农村局的规划,尽管联盟村有部分田在主干道旁边,但大部分田离主干道有一定的距离,2012 年湖镇为了完成县里"乡镇要办千亩示范片"的任务,而将该村也纳入全县的双季稻生产示范片区,这相当于是用县里的资源来完成乡镇的任务,有点打擦边球的味道。这样在 2012 年的时候便得到了双季稻生产示范区的项目补贴,但是 2013 年快春耕的时候,县里主管农业的副县长下到湖镇落实早稻生产规划面积和视察,发现湖镇这种做法之后,认为这个村不能被纳入全县双季稻生产示范片区的项目补贴范围之内,于是湖镇被迫取消了该村的双季稻生产规划。这个事情发生在安农农业科技有限公司在该村流转耕地之后,因为该公司原本以为 2013 年该村会继续被纳入双季稻生产示范片区,能够继续得到项目补贴,所以在 2012 年的冬天,有兴趣到该村流转耕地。结果耕地没有流转成功,因为王延谷和王爱春的抗争,地租从原来的 0 元上升到 200 元/亩。因为 2013 年该村不再享受大户补贴,也就是说,在 2013 年因为安农农业科技有限公司来竞租而抬高的地租成本,只能由王延谷和王爱春这两个大户承担。

家里去访谈的时候,他们苦不堪言,对安农农业科技有限公司的怨气极大。

　　大光村的农户蒋邵根最近多年通过流转亲友的耕地,一直以种田为生,是本村的种田能手,他又一次主动找上门来,向笔者反映,说安农农业科技有限公司是"害群之马"。蒋邵根原来在村里流转耕地基本上不要租金,自从安农农业科技有限公司在大光村的示范片区开始流转耕地后,租金一下子就涨起来了,现在蒋邵根也被迫开始支付200元/亩的租金。

　　燕子村是平晚县的绿色农产品基地,安农农业科技有限公司试图在燕子村流转耕地。开始的时候,采取的策略是希望该村的种田能手龙爱国能按照安农农业科技有限公司的套餐模式,给安农农业科技有限公司"打工",进而将龙爱国手上的耕地纳入公司的控制下。龙爱国一算账,认为根本就不划算,所以就不愿意和安农农业科技有限公司合作。公司三番五次地做工作,龙爱国就是不答应。后来公司改变策略,试图来燕子村挖龙爱国的墙脚,通过支付230元/亩的租金,来竞租龙爱国手上的耕地,结果龙爱国因为没有得到政府的项目补贴,抵挡不住安农农业科技有限公司的竞争压力,因而手上120多亩耕地被安农农业科技有限公司抢走。龙爱国现在支付的租金是100元/亩,如果涨到230元/亩,基本上就没有什么利润,还不如不种。但是安农农业科技有限公司的这种挑衅惹火了龙爱国,龙爱国在该村的家族势力比较大,眼皮子底下的120亩耕地被安农农业科技有限公司抢走之后,他在村里扬言,谁也不能给安农农业科技有限公司做代管户,不能给安农农业科技有限公司看水,否则就和他没完。结果安农农业科技有限公司在该村找人看水,找了很长时间也没有找到。在2013年快插一季稻的时候笔者下去调研,这块100多亩的耕地还荒在那里。后来,安农农业科技有限公司专门从外地请来一个看水的,但是效果似乎极差。

　　双季稻生产示范片区的项目补贴增加了大户和企业的竞争力。而且大户和企业在这种项目补贴的激励下,愿意流转更多的耕地,进一步推动耕地流转。这其中的机制在于:政府按照面积来对示范区内的大户进行补贴,导致大户有扩大耕地面积的冲动,面积扩大之后补贴增加,从而导致耕地进一步集中。

简而言之,因为在产粮大县项目下的双季稻生产示范片区内,对大户和企业进行项目补贴,增强了大户和企业的竞争力,迅速打破了原来无租金的亲戚朋友之间的"代种模式"和中农模式,耕地从不愿意支付租金的中农手上向愿意支付租金的大户和企业集中(是因为得到了政府的项目补贴,项目补贴大致可以冲抵租金),那些原来依靠无偿方式流转亲戚朋友耕地的中农的生产模式瓦解。而大户和企业则在这个过程中增强了竞争性和扩张性,加快了资本积累。

这样,通过大户补贴产生了"租金上涨效应"和"耕地集中效应",耕地被越来越多地集中到大户和企业的手上,而大户和企业正好是与政府调控粮食生产对接的理想经营主体,有利于增强县、乡两级政府对粮食生产的控制能力和调控能力。这正是项目补贴在增强政府社会控制能力方面的"自发效应",不需要政府去推动耕地流转,而会自发性地将耕地流转到大户和企业的手中。如果按照这种趋势发展下去的话,在大户补贴的刺激下,耕地将会越来越多地被集中到大户和企业的手中。

第四节　专业大户模式面临的硬约束

平晚县通过地方政府扶持和补贴政策发展大户的历程已经有 5 年了,在这 5 年间,平晚县见证了大户经营模式所存在的明显的硬约束。除了前文所分析的产前和产后的市场风险之外,生产环节也面临着约束。简而言之,主要表现在以下几方面:一是大户在水利方面存在硬约束;二是大户风险大,在目前还无法找到一种有效的化解农业风险的办法;三是很多大户往往是在外村种田,本村的田不够,作为一种外生性的大户,和企业一样,存在层出不穷的"社会成本问题"。

在分析问题之前,先指明一点,笔者在这里说的大户不是乡村干部式的业余性大户,而是"种植业大户＋农机大户"这种模式的专业性大户。乡村干部式的业余性大户在平晚县也不乏其人,在这里先略微做分析。

乡村干部式的业余性大户一般是拿田"耍把戏",目的就是套取项目补贴,这方面最典型的例子是大安乡的陈亚平。水寺村 14 个村民小组一共有 1200 多亩耕田,从 2012 年开始,马路两边的 600 多亩耕地被流转给大安乡农技站站长陈亚平。因为乡政府强调这 14 个小组在交通干线周边的耕地上必须种植双季稻,农户在家没有劳动力,过去靠村干部及散户的模式折腾了六七年,终于维系不下去了,所以就被迫流转出来给乡政府种双季稻。2012 年,陈亚平以 200 元/亩的租金将这些田流转过来,但他种了一年就没再种了,这是什么原因呢?

材料 7-10　大安乡陈亚平的案例

大安乡农技站站长陈亚平在 2012 年承包了 577 亩示范片内的耕地,当年仅项目大户补贴一项就是 86660 元,从这个角度来看,他似乎是赚钱了。但问题是,他的这 577 亩田种得实在是太烂了。他在示范片内聘请了几个小组长帮他照看,他自己一年到村里才去了三次,第一次是去落实早稻面积,第二次是带收割机去收稻谷,同时向村民支付租金。其中有一个开收割机的司机向笔者透露,有一片十几亩的田才收了 1000 多斤稻谷。村民反映说,陈亚平种田仅仅是为了套取补贴,只要把田种下去了,就算是完成了任务,至于田里的产出怎样,他不是太关心,能够不亏本就行,甚至连农药都懒得请人打。不过从总体上讲,他肯定是亏本的,因为一亩田一季的投入包括租金 200 元、肥料 200 元,农药 80 元,机耕、机收、机插等 300 元左右,也就是说种一亩田起码也得近 800 元的投入,两季的投入不少于 1500 元,田里如果没有产出,县里所有的项目补贴也冲抵不了这些成本。

所以 2012 年陈亚平算是狼狈不堪,落荒而逃。2013 年,大安乡引进外来的企业种田,把原来陈亚平包的 577 亩田流转给六三公司,六三公司专门聘请了 3 个益阳的大户在这里种田。益阳的种田大户因为是外省请的种田户,天然地存在和本地村民的社会融合问题,也就存在无穷无尽的社会成本问题。面对水利争端、车子被偷、撒播的谷种被鸡鸭吃掉等问题,他们是一点办法也没有,因而难以持续。而且其种植的模式和政府在项目示范区内的规定不相符合,他们要撒播,种植一季稻,以降低成本,增加收益率，而政府为了完成项目任务要求只能种植双季稻，而且最好是人工插秧或者机插，不能搞撒播影响考核验收时的视觉效果。而这都意味着要提高成本，益阳的种田大户有意见，政府也不满意，正因为这样，大安乡政府决定下一年将这些田收回，不再给六三公司耕作。

一、专业大户面临水利方面的硬约束

目前乡村的水利设施正在弱化，这给农业经营主体的转型，尤其是种植业转型带来了巨大的挑战。主要的表现就是大水利无法和小水利对接。对于一家一户的小规模经营而言，小水利陷入瘫痪之后，他们可以通过用水泵抽水、打井灌溉等单家独户的方式来解决问题。而面临干旱和缺水，大户动辄300～400亩的耕地，根本没有这样的能力来解决问题。只要大水利瘫痪，那么大户几乎只能眼睁睁地看着禾苗干死。为什么用水泵抽水的方式无法解决大户的用水问题呢？因为大户的面积大，用小水泵抽水，一天能灌溉1～2亩田就不错了，对于几百亩的耕地，小规模抽水是无济于事的。正因为如此，东湖村的刘中华在2013年种400多亩田，其中干死了50多亩，300多亩严重减产，为了挽回损失，他唯一的办法就是找政府要赔偿。

就这样，大户经营在水利环节集中了经营的风险。而在中国农村水利设施不断老化、水利项目投资又没有起到实效的情况下，水利成了大户经营的硬约束。在大水利瘫痪的背景下，原来小户经营一系列的自救办法，在大户身上根本就派不上用场，即便是小户颗粒无收，其损失也是小面积的。而大户的损失，动辄几十上百亩的绝收，一亩成本1100元的话，绝收100亩损失就是11万元。2013年大安乡的小岳绝收400多亩，投资70多万元，收成20多万元，亏本50多万元。一次血本无归，对于他们这样的农民而言，奋斗多少年都难以挽回！

二、缺乏风险化解机制

大户集中了收益，集中了资本，集中了耕地，也集中了风险。目前在平晚县出现了镉大米事件以及越南大米事件，已经并将继续使更多的大户深受影响。600~700亩就是六七十万元的的投入,仅仅一季的风险,就足以使这些大户破产。平晚县在发展大户的同时,没有建立一套冲抵包括自然风险和市场风险在内的风险控制机制,以至于一旦遇到风险,就会损失惨重。

材料7-11 大户经营的风险

2013年因为严重干旱,彻底把大户经营的风险暴露在世人面前。笔者访谈了多个乡镇的大户,2013年赚钱的少,更多大户损失惨重。笔者在该地调研的7—9月份,大户陷入灭顶之灾的故事天天都在上演。

小岳是从益阳那边过来的种田大户,2013年在大安乡承包了600多亩耕地,种了200亩早稻,400亩一季稻,因为干旱是从6月份开始的,200亩早稻没有干死,但是灌浆受到严重影响,导致减产,大致只有平时一半的产量。这200亩早稻收割之后,因为没有水就无法插晚稻,所以相当于晚稻颗粒无收。尽管晚稻他没有投入成本,但是因为要向农户支付地租,所以晚稻还是白白地亏损了一季的租金。早晚稻的损失还是其次的,关键是400亩一季稻全部干死,颗粒无收。而且到了7月份干旱严重的时候,一季稻的农药、种子、化肥、机械等都已经投入进去了,损失无法挽回。2013年他总共投入70万元左右,田里的收成不到20万元,剩下的50万元白白打了水漂。为了种这600亩田,他通过联合5户借了20万元的贷款,农药、种子、化肥等这些农资都是赊购的,这两笔钱到了收割的季节都是要支付的,而小岳把家底都已经垫进去了,访谈时压力极大。

更为糟糕的是,因为时间紧张的原因,2013年他没有买农业保险。

演镇的颜云龙原来种了几百亩田,因为2011年多下了几天雨,大量的谷子发霉而亏损严重,150吨稻谷晒在马路上时,一大半被大雨给冲走了。2012年开始把耕地给欧阳同友耕作,欧阳同友在2013年也损失惨重,种了300多亩双季稻,早稻因为旱灾减产,晚稻则因为缺水没有种。

在本书第六章分析企业的那一章谈到了台镇的刘中华,他很有能耐,但是面临2013年的大旱,早稻产量每亩只有300~400斤,还有大片的一季稻绝收。

2013年大户在旱灾面前亏损惨重的情况,远远不止笔者亲自调研的这几户,通过在几个乡镇收集资料,整理成表7-7。表中显示,无论是因为旱灾损失在50%以上的,还是作物绝收的,都不在少数。因为时间有限,笔者无法完全统计全县的情况,这里还只是部分乡镇的情况。

表7-7 2013年旱灾时大户的损失情况

乡镇	户主姓名	耕种面积/亩	旱灾损失50%以上面积/亩			作物绝收面积/亩	
			中稻	晚稻	小计	中稻	晚稻
渡镇	蒋加良	89.572	39	12	51	16	—
渡镇	罗宏会	55.4	18	7	25	7	—
渡镇	杨小龙	581.39	60	20	80	38	—
渡镇	杨天喜	129.55	16	10	26	18	—
渡镇	杨文东	87.8	14	—	14	—	—
渡镇	刘翠青	71.4	13	—	13	—	—
渡镇	杨如云	189.12	26	—	26	—	—
渡镇	刘准	2911.85	238	185	423	128	—
渡镇	颜卫杰	584	45	18	63	35	—
渡镇	冯平安	112.98	28	—	28	—	—
渡镇	冯和平	73.36	18	—	18	—	—
渡镇	杨巧英	210.39	29	—	29	—	—
湖镇	王水斌	456.5	12	56	68	—	—
湖镇	王志盛	170.85	6	34	40	—	—
湖镇	王金柱	80.2	—	25	25	—	—
湖镇	王大义	50.5	—	—	0	—	—
湖镇	王又生	53.6	—	33	33	—	—
湖镇	王中生	51	—	—	0	—	—
湖镇	王延生	56	—	—	0	—	—
湖镇	颜小阳	65	—	28	28	—	—
湖镇	唐会民	51.5	—	26	26	—	—
湖镇	王国友	52.5	—	22	22	—	—

续表

乡镇	户主姓名	耕种面积/亩	旱灾损失50%以上面积/亩			作物绝收面积/亩	
			中稻	晚稻	小计	中稻	晚稻
湖镇	周文良	50	—	—	0	—	—
湖镇	王定芳	50	—	21	21	—	—
湖镇	王延国	50	—	20	20	—	—
湖镇	王细生	50	—	36	36	—	—
湖镇	王延谷	75	26	—	26	18	—
湖镇	王爱春	85	33	—	33	26	—
界牌	胡义来	100.07	6.3	—	6.3	—	11
界牌	莫景易	98.6	—	—	—	—	3
长安乡	廖洪业	409.68	—	—	—	139.8	—
长安乡	王安平	396.4	—	—	—	59.8	—
台镇	刘志根	55	15	—	15	—	—
台镇	彭高生	64	20	—	20	—	—
台镇	左年生	130	30	—	30	100	—
台镇	黄冬玉	50	30	—	30	17	—
台镇	屈政良	100	50	—	50	38	—
台镇	曾运良	110	45	—	45	32	—
台镇	蒋邵根	150	50	—	50	100	—
台镇	邓华北	38	24	—	24	6	—
台镇	邓加林	39	28	—	28	7	—
台镇	刘义国	56	6	—	6	14	—
岘镇	肖仕高	247.34	82.54	—	82.54	—	—
岘镇	胡运辉	104.7	34.2	—	34.2	—	—
井头镇	陈文敏	830.8	—	—	0	—	396,晚稻没插
井头镇	欧阳顺昌	65	—	—	0	—	14
关市镇	胡志清	80.26	6.5	—	6.5	3.2	37.49

续表

乡镇	户主姓名	耕种面积/亩	旱灾损失50%以上面积/亩			作物绝收面积/亩	
			中稻	晚稻	小计	中稻	晚稻
关市镇	张宏品	50.8	—	—	0	—	1
关市镇	范中桥	51.33	—	—	0	—	1.8
关市镇	唐秋元	52.7	—	—	0	—	2.8
演镇	蒋水清	180	—	—	72	108	—
演镇	欧阳同友	300	—	—	200	—	晚稻没插
大安乡	小岳	600	—	—	200	400	400亩一季稻全部干死
石市乡	曾春桂	300	—	—	100	—	晚稻100多亩没插

不是这些大户没有能耐,而是大户在面临自然风险和市场风险时,真的是毫无招架之力。大户经营的最大问题就是风险太大,如果是风调雨顺,大户经营有钱赚,但是在整个生产—流通的诸多环节上,只要有一个环节出了风险,就会给大户带来灭顶之灾。对于一个人口大国而言,小概率性的粮食生产风险足以给我们带来毁灭性的灾难,我们的农业生产体系,必须要有一种稳健的粮食供给机制。显然,目前一些地区的大户经营模式正在以大量的事实告诉我们,大户经营难以克服市场风险,更难以克服自然风险。

第五节 大户损失惨重,地方有关政府部门脱不了干系

大户是地方有关政府部门通过行政力量推动的方式扶持起来的,经营出了大风险,他们往往第一反应就是找地方有关政府部门。地方有关政府部门为了安抚这些大户,也不能让他们"伤筋动骨",否则明年谁帮他们种双季稻呢?于是地方有关政府部门就从多种渠道调动资源对大户进行补偿。先看看安农农业科技有限公司在台镇的一个代管户的案例。

材料 7-12　安农农业科技有限公司案例

安农农业科技有限公司从 2009 年就开始在台镇东湖、演、群英等几个村承包项目示范片，这三个村的项目示范片总共有 500 多亩的面积。因为这个项目示范片在全县的产粮大县项目中是重点片区，从 2009 年以来就一直是省部级的项目示范片。安农农业科技有限公司在这三个村承包项目示范片，最初也是台镇在推动耕地流转，引进安农农业科技有限公司在台镇承包项目示范片的。因为安农农业科技有限公司在这里承包项目示范片，也是在为台镇政府完成县里的项目任务作贡献，所以从总体上来讲，台镇政府对安农农业科技有限公司一直是比较支持的。但是从 2013 年起，事情开始发生变化。

安农农业科技有限公司在台镇东湖等村承包的 500 来亩项目示范片的用水主要来源于演塘。演塘是一个面积 30 亩左右的大型水塘，所有权归属于东湖村和演村，而演塘主要是从蒸水河的河坝来水，河坝主要属于县水利局管理，但是同时也受台镇指导。从 2009 年以来，项目区的耕地灌溉一直比较顺利。

2013 年，台镇最大的地方老板刘国立从省畜牧水产局引进了一个养殖项目。刘国立原本是搞房地产的，财大气粗，是台镇地地道道的"地头蛇"，同时和省里一些领导还私交甚好。2013 年，刘国立确定可以申请省畜牧水产局的养殖项目之后，开始搞项目的前期开发，承包了演塘，投资 120 万元修建水塘，并在演塘附近承包了演村的 50 来亩耕地，用以挖水塘搞养殖。但由于安农农业科技有限公司在 2009 年承包了演村、东湖村等地的大片耕地搞项目示范片，这影响了刘国立进一步扩大经营规模，因为刘国立也希望承包这两个村的耕地。而且安农农业科技有限公司在这两个村的承包期限是 5 年，2013 年之后就只剩下一年的承包期限了，所以刘国立希望在 2014 年把安农农业科技有限公司业已承包的耕地争夺过来。安农农业科技有限公司现在的租金是 200 元/亩，刘国立打算出 320 元/亩的租金，和安农农业科技有限公司竞争。不但如此，刘国立还在安农农业科技有限公司的用水灌溉问题上寸步不让，故意为难。

2013 年 5 月份，刘国立把演村的耕地开挖成水塘时，毁掉了从蒸水河到演塘输水的干渠,使得蒸水河的水无法上到演塘,但是演塘下面 1000 多亩的耕地要从蒸水河引水,经过演塘才能到耕田里。这 1000 多亩耕地当中也包括安农农业科技有限公司的 500 多亩项目示范片。而且,在 4 月份雨水多的季节,蒸水河大量向演塘输水,刘国立因为要开挖水塘,把水放掉了,因而 2013 年演塘基本上没有怎么蓄水。不巧的是,2013 年,平晚县从 5 月 3 日就开始干旱,一直干旱到 8 月份,这期间滴雨未下,而且气温高、蒸发量大,旱情告急。

刘国立在承包演塘之后,不但在演塘该蓄水的时候没有蓄水,而且还把从蒸水河引水的主干渠给挖断了,严重影响了安农农业科技有限公司的双季稻生产示范片。于是,两大地方资本围绕着两个项目在实施上的冲突就开始上演了。

6 月 10 日左右早稻开始灌浆,安农农业科技有限公司在东湖村的代管户刘中华开始向刘国立要水,刘国立不但不给水,还说谁要是强行放水的话,还要请小混混打人。而且有趣的是,这个时候演塘还有一定的水,刘国立愿意给当地的散户放水,就是不给刘中华放水,认为刘中华是外地人,"不给你放水你也没辙","能够拿得住你"。鉴于这种情况,刘中华没有办法,只好向安农农业科技有限公司求救,安农农业科技有限公司跟台镇政府联系,台镇领导说,这种事情,镇里也没有办法,镇政府拿不下刘国立。

刘国立一方面是因为财大气粗,另一方面是因为该项目是由省里审批下来的,可以拿虎皮做大旗,压根就没有把镇政府放在眼里,有一事为证。2013 年年初,刘国立的项目开始实施的时候,镇里和拦河坝管理处就有人向刘国立暗示过,刘国立以后的项目实施要开挖十几个大水塘,其需水量近乎一个小Ⅱ型水库,需要从河坝里提取如此规模的用水量,肯定要给河坝一定的好处费,但是刘国立并没有买账。后来河坝管理处扬言:要让刘国立的项目破产和实施不下去。但是刘国立根本就没有把河坝当一回事,"不让从泵站放水,到时候花 100 万元买抽水电泵从蒸水河抽水也行,毕竟项目资金有 1000 多万元"。不但如此,刘国立在修塘毁掉蒸水河到演塘的主干渠的时候,也没有和乡镇打过任何招呼。正是由于刘国立的这种背景和强硬态度,镇政府在安农农业科技有限公司求助之后,说出"镇政府拿不下他,你们往上告吧"的话。

到6月23日左右,因为刘国立一直坚持不给刘中华放水,这个时候刘中华的早稻已经开始受到损失,早稻灌浆受到严重影响,初步估算损失在20万元左右。这个时候,刘中华发现,再向演塘要水已经没有太大的意义,损失的风险由谁承担开始成为他关心的问题。

显然,刘中华不可能直接要刘国立赔偿损失,他既没有那个能耐,也没有那个资格。但是他开始要县农业农村局和镇政府承担责任,因为出现演塘和今年早稻干旱的事情是政府的失职。一方面他要给政府缴纳每亩28元的税费,有权利得到灌溉用水;另一方面,在项目示范片内种植双季稻是县里的项目,作为安农农业科技有限公司的代管户,项目实施过程中的这种损失不能仅仅由公司的代管户承担,所以刘中华在镇里"无能为力"的时候,开始向县农业农村局反映情况,要县农业农村局对有关他早稻损失的情况做一个明确而公开的答复。

笔者就此访谈了刘中华,他说:"我到县农业农村局,县农业农村局的领导说:'你先准备抗旱。'他要我安心把抗旱的事情做好。'你们反映的这些事情,农业农村局都知道。'所谓先准备抗旱,就是准备晚稻育秧,确保晚稻能够通过省里的项目考核验收。县里给我答复是答复了,但是没有公开的答复,到时候能不能实现是个疑问,这有点像'大人哄小孩'。我要的是一个公开的答复,我损失了几十万元,县里补贴多少,要有一个明确的答复。因为这是别人给我造成的损失,要政府出面调解,政府不出来调解,要政府赔偿损失,因为政府没有及时处理好,没有和我协调解决问题。"

6月9日刘中华和公司经理一起去找台镇政府,6月23日找县农业农村局。

刘中华就这样一口咬定,早稻的损失是因为政府失职而导致的,要求政府赔偿项目示范片的损失。刘中华的这种做法,表面上是说要农业农村局和乡镇赔偿损失,实际的含义是,因为当时旱灾的影响已经比较大,按照往年的惯例,省里以及上级政府会安排一些抗旱救灾资金,刘中华正是抓住了这点,向农业农村局施压,希望到时候在发放救灾资金的时候,能够对其所在的项目示范片进行多一点的照顾。安农农业科技有限公司的经理已经向他暗示:"这种事情要到政府部门多跑跑,多走走。"

对于因为刘国立的霸道行为所引发的安农农业科技有限公司在台镇东湖村项目示范片内 200 亩左右的晚稻因为水源被切断无法实施的问题,县政府、县农业农村局通过和公司协调,决定由县农业农村局安排一部分项目资金,改种旱作物大豆和玉米,收成归刘中华。这样,通过改种旱作物,能够应付省里对晚稻的考核验收,同时成本由县农业农村局承担,收成归安农农业科技有限公司的代管户。

第六节 小　　结

上文的案例分析说明,大户的规模经营不仅仅是土地流转那么简单,而是需要有一个系统化的配套经营系统,包括公共品的支持系统,没有相应的公共设施,发展大户经营则会面临一系列的硬约束。目前大户经营面临一系列硬约束,缺乏支撑大户经营的农业政策、粮食价格、农业补贴、公共品供给、土地制度、用工制度以及农资市场结构的支撑系统,使得目前的大户经营挑战不断,特别是存在着难以克服的社会成本问题。这对大户的可持续发展、壮大是极为不利的。在大户发展的系统性环境没有建立之前,仅仅通过耕地流转及大户的孤军深入,必然会出现诸多问题。

大户经营在理念上、理论上有很多优势,正是因为这样,听上去大户经营很美,能够与政府对接,能够与政策对接,受到国家和地方政府的热捧,但现实是,散户交易成本高,故扶持大户,而大户的风险与尴尬则由政府埋单。

大量惨痛的代价告诉我们,在目前的阶段,大户经营的条件完全不够成熟,不宜推广大规模的经营,大户亏不起,政府也扶持不起。这启示我们,当前中国的农业治理体系需要重新调整,宏观政策以及政策实施方式调整容易,最关键的是治理对象的问题,散户治理成本高,难道我们就一定只能选择大户吗?

还是回到温铁军的命题,温铁军曾经说,小农的剩余很少,所以难以和政府直接对接,因而必须把散户组织起来,否则要从散户那里提取剩余,不但交易成本极高,而且因为这些散户的剩余少,政府要提取这原本很少的剩余的话,是得不偿失的(交易成本使然)。同样的道理,因为散户的规模小,在对接农业优惠政策的时候,一个家庭所能够享受到的政策扶持也必定是微不足道的。比如说粮食直补对于散户不多不少,似乎没有谁太去关注自己到底应该得多少粮食直补的问题。再比如说本地的农业保险,一亩田返回20%的赔偿,交100元一年的收益为20元,交1000元也只有200元,还要跑来跑去,费的功夫都不止这个钱,所以没有哪个农户对买农业保险感兴趣。这就决定了散户和财政支农政策对接的时候,散户的积极性往往不高,同时还面临着因为散户数量众多,而导致政府交易成本高的问题。所以从政府的角度讲,交易费用太高;从散户的角度讲,收益的数额很少,起不到激励的作用。正是因为政府和散户双方都存在一个"二难困境",地方政府在落实农业政策的时候,对散户基本上保持着"尤恐避之不及"的态度,散户因为难以和政策对接,逐渐成为被政策遗忘的对象。

现在的问题是,散户依然是农业经营主体中的大多数,政府不可能为了能与农业经营主体对接(降低交易费用)制造大户,而遗忘了农业治理对象的大多数散户,要能与这大多数的散户对接,就需要将这些散户组织起来,形成能够与财政支农政策相对接的经营主体,进而增加政府对农业的调控能力。

第八章 总结与讨论

　　农业经济的市场化改革导致农业领域政府的治理边界不断收缩，这要求政府的治理方式实现全新的调整，即从原来的总体性支配模式转化到能与市场主体更加灵活、有效地沟通与交易的治理模式。

第一节 主 要 结 论

本书从粮食安全的公共性、粮食生产的正外部性出发,以一个全国商品粮基地县的分析为例,对国家调控粮食生产的财政政策、政策执行中的代理人监控制度(项目制)以及国家代理人对粮食生产的调控行为进行了分析,发现在当前调控粮食生产、保证国家粮食安全方面,国家能力的实现依然存在很大困境。

这表现在代理人监控的目标没有有效实现,因为代理人通过在交通干线两旁打造"考核迎检核心圈",这个制造的现场有效应对了农业农村部以及省里的考核验收,通过重点扶持那些作为测量单位面积产量的样本村,来应对现场的考核。县里向上级汇报的双季稻生产面积与实际种植的双季稻面积之间差异巨大。县里向上级汇报的双季稻生产面积都在90%以上,而实际上的双季稻面积不到40%。代理人监控目标没有有效实现,确实是因为粮食生产的情况难以全面考核,全县有90万亩耕地,代表国家下来考核的人在十分有限的考核时间之内无法对这90万亩的情况进行全面了解,而只能大致了解交通干线两旁的基本情况,这为代理人的迎检策略提供了空间。

而社会控制目标(增加粮食产量、保证粮食安全)同样也存在严重问题。代理人因为只注重打造核心圈内的示范片,对于示范片之外的粮食生产则毫无兴趣,也不愿意去关心,进而导致国家财政支农资金被重复性地甚至是浪费性地投入在示范片。而示范片之外,农民的公共服务需求无人感兴趣,也无人愿意回应,成为被县乡所"遗忘的大多数"。农田水利系统瘫痪,"望天收"的情况逐步成为趋势。全县粮食生产的整体形势在国家的大力财政投入下不仅没有得到改善,反而在恶化,因为项目示范片搞得再好,也不过是十分有限的几十个村庄。即便种植双季稻在一定程度上提高了粮食产量,但是与大多数村庄的粮食生产能力的下降相比,总体性的粮食生产能力不是在提高,而是在下降。也就是说,国家实现粮食安全的目标落空。

根据本书的分析,形成这种困局的原因主要有以下几个方面,而且都与农业治理转型有关系。

一是由农业治理转型本身的路径依赖所形成的。现有的农业治理体系是在延续农业税费改革的基础之上建立的,农业税费改革的逻辑是在国家无法实现对间接治理模式下的县乡代理人进行有效的监控,进而产生以农民负担为表现形式的"三农治理危机"。在这样的背景下,国家当机立断,决定取消农业税费,精简乡村治理结构,规范乡村治理行为,取消其强制性权力,这些都直接导致了乡村组织的治理功能极度弱化,而无法再作为有效动员农民、连接国家与农民关系的有力节点。在这样的背景下,国家在商品粮基地县启动粮食生产的调控政策,需要再次通过县乡代理人去调控粮食生产,推广双季稻,增加复种指数与播种面积,进而提高国家粮食产量。由于这些基层代理人已经失去了与分散农民打交道的能力,失去了自主性解决乡村公共品的能力,同时也失去了抑制抛荒的能力,进而使得大多数村庄的粮食综合生产能力难以有效提高。尤其是其中的农田水利系统瘫痪,这不可能全部依靠国家投资,因为国家不可能有那么大的投资能力,而只能是国家引导、依靠乡村组织发动和组织群众的力量去解决,但是在村组治理能力弱化的情况下,村组干部即使是面临县乡"严格抑制抛荒"的行政压力,也只能"望荒田而兴叹"! 简而言之,农业治理转型因为取消了乡村组织集体化的治理能力,乡村组内不再有组织集体行动、内部化地供给公共品、抑制抛荒的组织能力,从而使得粮食生产的整体形势恶化,有效灌溉面积萎缩,推广双季稻、增加复种指数困难重重,进而出现即便是在全国商品粮基地县、全国粮食生产先进县,也有"平原80%的早稻相对抛荒,山区30%的农田绝对抛荒"的现象!

二是在农业治理转型的过程中,新的治理模式在代理人监控与社会控制两个维度上存在着内在冲突,即国家代理人监控机制本身会约束代理人调控粮食生产的自主能力,因为调控粮食生产的财政资金来源于国家,国家出于对代理人的"不放心",进而对财政资金的使用方式进行了严格的规范和监控,同时对财政资金的使用绩效进行现场考核,并建立相应的竞争与激励机制。这种为了追求政策实践中国家自主性的制度设计,使得代理人失去了粮食调控的自主能力,结果是代理人对粮食生产的调控行为就以迎合国家的考核验收为指向。但这种做法在政策意义上并不没有与中央保持一致,而只是在形式上与国家旨意保持一致,实质上已经远离了原来的政策目标。因为代理人所制定的粮食生产规划不是因地制宜、真抓实干地推动粮食增产的行为,而是打造迎检考核的形象工程。从农民的角度来讲就是瞎指挥——该种双季稻的地方不种,不该种双季稻的地方偏偏要种①;该扶持和支持的环节不扶持,不需要扶持的地方却偏偏要插手②。正是因为这种由代理人监控而导致的代理人自主性缺失,刻意迎合考核验收,而使得代理人的粮食生产调控行为变成了争取财政奖补的"把戏"。

三是在农业治理转型的过程中,政府与市场的边界发生动态变化,市场边界的全面扩张使得政府的粮食生产行为陷入"市场的围困之中",也使得代理人的粮食生产调控行为只能局限在有限的几个示范片。随着农业经济的全面市场化,在政府/市场边界发生快速动态变化的形势下,地方政府试图以专项或项目资金作为其治理的资源,进而激励和诱导市场主体的经济行为的能力极为有限。这是因为市场主体在农业经济全面市场化之后,秉承市场机制配置资源的经济逻辑,在地方政府的诱导与市场机制的运作之间存在激烈的冲突,并通过两种形式表现出来:要么是经济主体背离地方政府的治理规划,坚持经济利益优先,放弃地方政府可能给予的经济激励;要么是在市场机制的冲击下,经济主体执行政府农业生产规划的风险加大。而诱导这一经济行为的地方政府有着不可推卸的承担和化解这些风险的责任,进而需要想方设法对这些经济主体进行补偿。这时候,各种各样的治理资源(包括农业项目、非农业项目、农业保险、大户补贴、农机补贴、水利设施、旱灾救助款、银行贷款等,甚至是人大代表、劳动模范等的名额)都被派上用场。然而地方政府的治理资源毕竟是有限的,而市场机制所带来的风险却不可确定和无法控制,甚至有时候还是无限的和不可预料的,进而使得地方政府的调控能力十分有限。

在调控能力十分有限的约束下,在应对国家的检查和考核时,只能采

---

① 比如平原地区的马路两边,水源方便的良田不种双季稻,而是在严重缺水的高速公路边,甚至是在崇山峻岭所夹的常年光照不足的天水田种双季稻。

② 比如本书第三章所分析的,眼看着早稻就要灌浆、收成在即的时候遭遇干旱,县农业农村局不去"救火",反而把钱烧在得不偿失的秋粮改种上。

取重点突击、大搞过关工程、马路政策、办示范片等策略性的方式以应对国家及省政府的检查。但这种应对策略也经常露出马脚,上级考核不断变化策略,尽管有时候"指鹿为马"也能侥幸应付检查,但是面对上级不断完善的绩效考核体系,地方政府也只能不断增加示范片,将过关工程进一步推广。但是即便大幅度推广,实际粮食产量与他们向上级汇报的粮食增产指标之间依然存在巨大的差距。

正是在地方政府将农业治理资源集中于项目的过关工程,那些无需动员和应对上级检查的村庄就成为地方政府治理农业过程中被忽略的角落,农业生产条件日趋恶化。比如说要增加地方政府在超级产粮大县考核中的竞争力,就需要发展双季稻,推行"稻—稻—油"的种植模式,"压单扩双",以体现复种指数的上升和粮食产量的增加,进而提高在商品粮、粮食总产量以及播种面积这三个考核指标上的竞争力,这是能否实现入围全国前100名超级产粮大县、全国产油大县[①]的关键。但是由于种植双季稻在经济上是非常不划算的,农户从2000年以来普遍改双季稻为一季稻,不愿意种双季稻,对地方政府存在极大的抵触情绪,地方政府只有对农户进行补贴和奖励,才有可能调动农户按照地方政府的意图去行动。而地方政府的财力和资源有限,只能"突出重点",集中力量抓"过关工程",因为上级的督察力度有限,只可能在重点公路两旁进行视察。那么地方政府的治理重点就是在县域内省道、国道两旁都要种上双季稻,重点公路的可视范围便成为他们抓粮食生产的重点,进而农业项目资源、补助等都集中于这些村庄和农户。这些村庄不断被输入项目和各种补贴,资源输入累积效应极强,农业生产条件不断改善,甚至出现资源的过度投入。而广大不在重点公路两旁的一季稻生产区,以及上级检查时派不上用场的村庄,则不在地方政府的关心范围内,成年累月之后,这些村庄的农业生产条件日趋恶化。尽管在向上级汇报面积与产量时,他们也被计算成为"双季稻"区,但是实际上,这些不在检查范围和地方政府规划范围内的耕地,因为水利系统、机耕道等常年缺乏投入,而出现系统性崩溃,进

---

① 这些奖励项目少则有几千万元的资金,加上配套倾斜的其他农业项目,则往往数以亿计。在笔者调查的一个南方全国产粮先进县,国家配套的农业项目和奖励资金大致等同于其他方面的地方财政收入。因而对于地方政府而言,这意味着巨大的利益流量,而且成为增加其地方财政收入的主要渠道。

而连一季稻都无法有效耕作。因此,在地方政府拼命抓双季稻生产、办示范片的同时,地方的粮食播种面积并没有增加,反而在逐年下降。示范区、重点线等规划区内增加的双季稻复种面积可能还赶不上因为抛荒、季节性抛荒而减少的耕地面积。这样粮食生产的基础环境从总体上来讲,并不是在改善和强化,而是在日趋恶化。

在那些地方政府重点关心的领域,比如双季稻生产领域,因为动员散户的成本太高、太麻烦、缺抓手,于是地方政府千方百计地将农民的土地流转出来给大户、企业耕作,这样就推动了规模化,降低了政府与市场主体的交易成本。同时地方政府对大户进行补贴与扶持的一系列诱导与激励政策拉动了企业和大户、合作社等经济主体在农业生产的投资行为,并实现了农业生产的快速机械化、规模化、专业化,同时也实现了农业生产环节的全面资本化。但那些小散户,甚至是中农,则在政府、企业和大户的进攻下成为被瓦解的对象,同时被推向了强制商品化、无产化和去农化的进程。农业的产出迅速被少部分大户和企业分割。在这个过程中,工商资本向生产环节以及小农生产领域全面渗透。在工商资本的包围下,散户的生产模式仅仅变成"稻谷＋稻草",生产环节的利润也全面外流,而大户则因为有利润内置的能力而增强了竞争力。在地方政府加快推动耕地流转和集中的环境下,农业经济主体正在发生快速分化。农民分化的过程正是发生在农业治理转型这个大背景下的。

第二节　农业治理转型的三层机制分析

农业治理转型是本书的核心逻辑。笔者以一个产粮大县最近5年粮食生产的历程为分析对象,对农业治理转型的机制进行了归纳。大体而言,税费改革以来的农业治理转型包括以下三个层面的机制,笔者将其概括为三大"机制"。

一、组织费用机制

如果将农业治理体系的构成进行概括的话,那么这个体系应该是由国家、基层、农民组成的三位一体。在农业税费时代,这个治理体系主要是由基层组织代替国家对农业进行治理,也就是说国家对农民的治理是一种间接治理,乡村组织是农业治理的主体,农业治理的组织费用来源于乡村组织向农民收取的农业税费。"三提五统"一方面既作为组织费用维系乡村组织的运转,另一方面农业税又作为地方财政,支撑县级政府的运转。这个时候,因为组织费用来源于农民,乡村组织主要是为农民服务的组织。如果我们将"三提五统"以及农业税费理解为基层政府以及乡村组织治理农业的组织费用的话,那么正是通过这种组织费用建立了乡村组织与农民之间的制度性关联,乡村组织则利用这种组织费用对农业进行"集体化"的治理。

农业税费改革彻底取消了原来用于治理农业的组织费用,农业治理的组织费用开始不再来自于农民,而是来自于国家,这导致了农业治理的财政基础发生了革命性变化,进而导致整个农业治理体系发生变革。因为组织费用不再来源于农民,这就取消了乡村组织与农民之间的制度性关联。由于农业治理的组织费用来源于国家,从国家输入到县级政府,再到乡村组织,在这个过程中形成"以县为主"的农业治理模式,因为组织费用来源于国家,那么县、乡、村三级组织的运转开始以国家的意志为指向,而回应农民的需求则是其次的。

农业税费改革以前,在农业治理的问题上,在"国家""县、乡、村组织""农民"这三者的关系中,农民与县、乡、村组织之间的关系是第一位的,国家与农民的关系是间接的。县、乡、村组织治理农业的组织费用来源于农民,可以说县、乡、村组织是农民的"自组织",是收取农业税费为农民服务的组织。

农业税费改革之后,在农业治理的问题上,"国家""县、乡、村组织""农民"三者之间的关系是:国家与县、乡、村组织之间的关系是第一位的,而县、乡、村组织与农民之间是脱嵌性的关系。县、乡、村组织治理农业的组织费用来源于国家,首先要按照国家的意志治理农业,要完成国家所规划的粮食生产任务,接受国家在农业项目上的考核验收,而回应分散农户的需求则是其次的。

正是通过组织费用机制,我们才可以解释"以县为主"的农业治理模式。在这种农业治理模式下,乡村组织被县的农业治理规划所吸纳。在本书中,产粮大县综合项目工程中的项目经费有相当一部分就是作为县政府调动乡村组织发展粮食生产积极性的组织费用。因为组织费用由县政府控制(包括乡村干部的基本工资),所以县政府就能够在项目运作的过程中吸纳乡村组织,比如说将乡镇政府吸纳到产粮大县项目运作的过程中来,将村干部纳入到项目的实施过程中。

县政府现在不但可以对乡镇政府进行政绩考核,而且可以将乡镇干部的工作津贴、年终评奖等与他们完成项目任务的情况挂钩。同时可以将村干部的工资以及村级转移支付纳入项目任务的完成过程中来,优先完成项目任务的村干部所在村庄的村级转移支付可以上浮5%,同时"一事一议"等国家奖补资金优先安排,而不能按照县里规划完成项目任务的村级转移支付则下浮5%。

正是因为组织费用来源于国家,县级政府首先要面临的问题是国家对地方粮食生产完成情况的考核,所以就要把所有农业方面的财政资源投入项目示范片的运作过程中去,要优先保证能够完成国家的粮食生产考核验收,而不是回应散户在农业生产上的需求。这一点笔者也在本书中论证过,正是因为这样,所以在2013年旱灾如此严重的情况下,县级政府将主要的财政资源投入项目示范片的秋粮改种上,而不是投入到丰收在即的面临旱灾减产威胁的早稻上,没有帮助农民解决水利灌溉这样的"救火"需求。

可以说,组织费用机制解释了县、乡、村三级组织在农业税费改革以来农业治理问题上的基本逻辑。

从县政府及其职能部门的角度来讲,为什么说县级政府治理农业是秉承着政绩的逻辑?是打造"形象工程"的逻辑?因为产粮大县奖励资金来源于国家,国家是粮食生产任务的委托方,县级政府及其部分职能部门是代理方,县级政府需要接受国家的考核验收,只有在考核验收过程中能拿出"无可挑剔"的粮食生产现场(双季稻种植面积),才能增加县级政府入围"全国粮食生产先进县"的机会,才有可能获得产粮大县奖补资金,这就决定了县级政府在配置涉农项目以及财政资金的时候,首先要将资源优化配置到打造"产粮大县考核验收"工程当中去,以迎合国家的考核验收为县级政府治理农业的根本指向。

从乡村组织的角度来讲,就可以解释他们既不愿意也没有能力回应散户农业生产需求的原因。因为农业税费改革以后,乡镇财政"空壳化",乡镇机构的运转严重依赖于来自国家的、被控制在县财政的国家转移支付。同时项目经费作为乡镇机构的一种变相的"财政收入",乡镇组织有极大的积极性去争取,在这个争取县里的项目经费的过程中,乡村组织被项目运作所吸纳,主要的行政资源被投入到项目的运作过程中去了,而没有太多心思来回应散户分散、多元化的农业生产方面的需求。同时乡镇财政的空壳化,在"乡财县管"的财政管理体制下,乡镇变成"有财无政",治理农业的自主性消失,这就决定了他们无力回应散户的农业生产需求。

本书所分析的产粮大县奖励资金,从本质上来讲,一部分就是国家向产粮大县所在的地方政府所支付的用于发展农业、保证国家粮食安全的组织费用,这部分费用具有"财力型转移支付"的特征。所有作为产粮大县的财力型开支,维系县、乡行政组织的基本运转,用于支付农业生产中所需要的各种费用,实际上主要是组织费用。在2009—2013年的粮食生产实施方案中,我们可以看到,每年县财政所安排的粮食生产费用就有相当一部分是用于县、乡、村干部在发展粮食生产过程中的奖励和补贴。这部分资金变成了县、乡、村组织用于发展粮食生产的组织费用的一部分,要服务于国家保证粮食安全的战略目的,要承接国家的粮食生产考核验收,而不再直接回应分散的农民的农业公共服务需求,因为组织费用不是来源于农民。尽管从国家代理人的角度来讲,县、乡、村应该继续服务散户的农业生产需求,但是毕竟这种职责相对于完成粮食生产的项目任务而言是间接的,而完成国家粮食生产的考核任务是第一位的,回应农民需求则是其次的。

另一部分则是项目的补贴费用,即用这部分资金去补贴农民,补贴粮食生产的经营主体,弥合政府与农民在市场经济背景下的张力,将农民纳入政府粮食生产的规划当中来。这涉及本书将要分析的第二个基本机制,即交易费用机制。

二、交易费用机制

农业税费改革以及乡村机构改革导致原本能够回应分散小农户需求的乡村组织的结构被破坏,治理功能弱化。县、乡政府试图建立与分散小农户直接对接的模式,但是这种模式面临着交易费用过高而难以有效治理的问题,粮食直补政策、产粮大县奖补政策以及农业项目的实践等都说明了这个问题。

温铁军讲,无论是政府还是市场,当这些外来制度面对高度分散的小农经济时,都有交易费用过高而难以有效治理的问题,因此才需要重建以村社自治为主的农村管理体制。正是这个问题没有被正确认识,也没有来得及讨论解决办法,在农业税费改革之后,乡村组织的治理功能在为了缓解以农民负担为主要表现形式的"治理危机"时也一并被弱化,导致在"国家—基层—农民"这个治理体系中,作为连接国家与农民节点的乡村组织的治理功能被取消。乡村组织作为节点维系国家与农民之间的制度性关联被取消之后,中国的"三农"问题才面临"市场失灵+政府失灵"的双重困境。在政府失灵的背景下,粮食主产区的地方政府,为了完成保证国家粮食安全的"政治任务",便只有重构农业经营主体,"制造大户",引资下乡经营种植业,进而在行政力量的主导下推动种植业的快速转型,而养殖业转型已经基本上完成①。地方政府一方面扶持大户和企业来完成粮食生产的政治任务,政府扶持大户和企业打败小农户,流转他们的耕地之后,破坏了那些以种粮为生的小农户以及中农的生计,加速了农业的资本化②及农民的去农化进程。另一方面,政府不愿也没有能力回应散户的农业生产需求,散户则成为财政支农资金分配过程中被忽视的对象,成为"被遗忘的大多数"。

三、政府的治理边界机制

自分田到户以来,农业改革可以被归纳为政府治理农业的边界在逐

---

① 以本县的生猪养殖为例,现在基本上已经是工商资本经营的规模化的养殖,散户养殖已经微不足道。

② 黄宗智.中国农业资本化的动力:公司,国家,还是农户?[J].中国乡村研究,2013.

步收缩,市场边界在不断扩张。农业税费改革以后,政府能够直接干预的农业生产要素的领域越来越少。在这样的背景下,由于粮食依然是国家必须保证的基本社会公共品,进而如何在让市场机制配置农业要素的基本前提下,将农业经济主体的生产经营活动纳入政府的粮食生产规划当中来,是一个关键的问题。在农业税费改革之后,沟通政府与农业经济主体之间的制度框架就是农业领域的"项目制",由政府对农业经济主体进行项目补贴,比如本书所分析的双季稻生产补贴,进而弥合政府意志与农业经济主体追求经济利润的张力。

农业经济的市场化改革过程实际上就是一个市场边界不断扩大的过程,农业领域政府的治理边界不断收缩。在这个国家治理转型的过程中,随着市场边界扩大,各种农业生产要素逐步市场化,在已经市场化的领域,政府不能直接干预。政府与市场边界的动态变化"倒逼"政府治理模式的转型。如果说市场边界的扩张,政府边界的收缩代表了政府治理农业转型的一个基本面的话(可以归结为治理对象的转型),那么这个治理对象层面的变化就要求政府的治理方式实现全新的调整,即从原来的总体性支配模式转化到能与市场主体更加灵活、有效地沟通与交易的治理模式。正是这个农业领域全面市场化的过程减少了政府治理农业的领域与空间,而农业又作为国民经济的基础行业和战略性产业,保证粮食生产的稳定和提供充足的粮食是政府的基本职责,因而政府若试图将其战略意图贯彻于农业经济运行过程当中,通过行政计划和指令干预农业经济主体的经济行为已经不可能。而保证粮食生产的问题,实现国家的农业发展规划,依然是政府的基本职责,因而国家通过"项目制"这种制度机制去弥合国家责任目标与市场经济主体经济目标之间的张力就具有必然性。正如赵鼎兴等人所指出的那样,这导致了一种政府治理的绩效合法性与技术理性[1]。

上面我们概括了当前农业治理转型的发生机制。若概括起来讲,就是自农业税费改革以来,农业治理体系发生了巨大转型,这个转型的过程,我们认为可以通过三个机制进行分析:一是组织费用机制,二是交易

---

[1] 渠敬东.项目制:一种新的国家治理体制[J].中国社会科学,2012(5).

成本机制,三是政府的治理边界机制。组织费用机制决定了税费改革之后,形成"以县为主"的农业治理模式,即农业治理的主体,这明显不同于税费改革之前以乡村组织为主体的农业治理模式。而交易成本机制则重构了农业治理的对象,地方政府热衷于发展大户、企业、合作社等新兴经营主体,进而降低与市场经济主体进行交易时的治理成本,解决了散户模式下治理成本"无限大"的困局。而治理边界原理使得税费改革之后实行"项目化"的农业治理模式,而税费改革之前则是"集体化"的农业治理模式。具体情况如表 8-1 所示。

表 8-1 农业治理转型的三大机制分析

时期	治理主体组织费用机制	治理对象交易费用机制	治理模式治理边界机制
税费改革之前	组织费用来源于农民,依托于乡村组织进行收取,乡村组织既是汲取农业税费的主体,也是向农户提供农业公共服务的组织,汲取的功能与服务的功能融为一体	在集体化时代,通过三级所有、队为基础的治理模式解决了国家与散户进行交易的问题,通过乡村组织,尤其是村社组织降低了治理散户的治理成本。而在 20 世纪 90 年代末期,因为提取农业税费逐渐面临散户的交易成本问题,且导致乡村治理内卷化以及以农民负担为表现形式的治理危机。实际上,散户作为一个治理对象,在农业税费时代的末期,已经因为存在高昂的治理成本而导致农业治理的危机	税费改革前的农业治理模式是集体化的治理,通过收取"三提五统"、共同生产费用,以及筹工筹劳等集体化的模式进行治理。乡村组织在农业税费时代依然具有一定的强制管理能力,耕地能够调整,同时国家在农业生产要素的诸多领域依然发挥着直接的治理功能

续表

时期	治理主体组织费用机制	治理对象交易费用机制	治理模式治理边界机制
税费改革之后	组织费用原理决定了农业税费改革之后形成"以县为主"的农业治理模式。农业治理的组织费用来源于国家，终端是县，县级政府及其职能部门既是接应国家农业治理组织费用的主体，也是通过地方财政预算，指定粮食生产规划的主体	在取消农业税费，实行"农业反哺"的时代，散户成为国家财政支农最大的制度性障碍。我们所观察到的产粮大县为了完成粮食生产的政治任务，为了降低农业治理的交易成本，具有极大的积极性重构农业经济的微观主体，制造大户与引导工商企业进入种植业领域	农业税费改革以及进一步的市场化改革，农业经济的微观主体完全市场化，农民被高度卷入市场经济当中，作为一个追求利润的经济主体，项目制成为一种沟通政府与农民的制度模式。国家或者地方政府通过对农民进行直接补贴，地方政府给农民进行项目补贴，将其纳入地方政府完成粮食生产政治任务的规划当中来

如果对农业税费改革前后的农业治理体系进行更为具体的比较，可以更为方便地理解农业治理转型的发生过程和具体内涵。农业治理转型的表现形式和具体的内容如表 8-2 所示。

表 8-2　农业治理转型：税费改革前后农业治理逻辑的对比

对比项目	税费改革前	税费改革后
治理的主体	以乡村组织为主	以县的职能部门（农业农村局）为主
行动逻辑	以解决农业生产的问题为指向，为解决实际问题的逻辑	政绩的逻辑，优先做出示范片，做出亮点，而不回应农业生产的实际需求

续表

对比项目	税费改革前	税费改革后
财政关系:公共事务治理的财政来源	来源于农民,来源于"三提五统"以及各种摊派、费用	主要来源于国家,专项资金输入的末梢是县,以农业专项资金的形式输入
农业治理的节点	乡、村、组	县农业职能部门
农民的谈判能力	强,有表达公共服务需求的自主性	弱,不用再向农民收取税费,农民失去了谈判砝码
政府与农民的关系	通过收取税费、提供公共服务,乡村与农民存在制度性关联	政府与农民的关系全面脱嵌
政权性质	嵌入式的,基层政权全面嵌入乡土社会	悬浮型政权
基层政权的自主性	强	弱
县对乡的控制	弱,只要能收取税费,县对乡不做过多干预	强,现在是县全面控制了乡的财力,乡镇要全面听命于县,乡镇财政空壳化,职能虚化
县乡之间的主动权	主动权在乡镇,乡镇是"土皇帝"	主动权在县,尤其是各职能部门,县是"财神爷"
公共服务的提供模式	弥散性、应急性、灵活性、综合性	以项目运作为依托,集中性、专业化、专门性
提供公共服务的原则	以农民的需求为主	以政府的需求和偏好为主,基本不考虑农民的需求
公共服务的形式	解决农业生产的实际需求	打造了很多示范工程和政绩、亮点
县乡村关系	乡村关系是重心	乡村关系被县全面吸纳
政府职能	全能型控制	服务型、科层化的政府

续表

对比项目	税费改革前	税费改革后
与小农的对接能力	强,乡村组作为"块块",是一个综合性的职能机构,负责全面管理与回应小农生产的全方位的需求	弱,农业农村局作为"条条",基本上没有能力与小农对接,而只能与资本和大户对接,所以制造大户、引资下乡就成为寻找"抓手"的必然
农业生产的基本组织	小农村社,村组是重心	大户、资本联合以及农业合作社
运作逻辑	农业税费与公共服务的平衡	市场的逻辑
治理理念	为农民服务	为资本和大户服务
国家与农民关系	国家农业政策对农民进行全面覆盖,强度连接	国家政策越来越倾向于服务大户与资本,小农户成为政策忘却、抛弃的对象,诸多农业利好政策与小农户无关
政府与市场的关系	税费改革之前,政府代替市场,政府职能逐步退出,但是还保留了诸多政府职能	税费改革之后,政府全面退出,正在寻找一种如何与市场主体进行对接的治理模式,项目制成为这种治理模式的一个集中代表
农民与市场的关系	不完全市场化	从劳动力到耕地,到农业生产的各要素,全面市场化

如果和税费改革以前以乡村组织为主体的农业治理模式做一个比较的话,可能就会发现,当前中国的这种通过中央政府出财政专项资金,"以县为主"(农业农村局作为其职能部门)的农业公共品供给、农产品产量控制、试图制造大户并与大户对接的模式,不同于原来依靠乡村组织与小农相对接的模式,原来的治理模式是强调乡村组织的"综合治理",是一种嵌

入乡土社会与小农实际需求的治理模式。而现在的农业治理模式,是按照项目制的专业分工、专款专用、事本主义的逻辑,政府特定的专项项目就解决特定的问题,在笔者的想象中,这是模仿了美国等国家的现代农业治理模式。本书把这种从原来面向小农的、以乡村组织为主体的农业治理模式转变到现在"以县为主"、财政来源于中央、以农业项目运作为主要形式的农业治理模式,概括为农业治理的现代转型。表8-2对农业治理转型前后的农业治理体系进行了概括。这种农业治理模式的现代转型也相应地会推动农业经营主体由现在的小农户经营向大户、企业经营转变的路径。

第三节 粮食生产规划为什么没有实现预期目标

政府的规划对于中国的经济运行究竟意味着什么？黄宗智、韩博天、麦尔敦、胡鞍钢等人在《开放时代》杂志上,通过一组专门文章分析了政府规划在中国经济发展中的重要作用[1]。他们认为在当前中国经济发展的过程中,依然有政府精密的规划在起作用。但是规划的作用究竟如何？巴里·诺顿对韩博天等人的研究提出了质疑,那就是2003年以后规划的增多是否提高了中国整体经济的灵活性和高度？政府所制定的规划对于经济发展来讲,究竟意味着什么？对于这些问题,巴里·诺顿只是提出了质疑,他认为,基于韩博天等人的研究,他并没有被说服,相反,他对他们所提供的关于环保方面的案例提出了质疑。

黄宗智认为,到了今天,要理解中国政府规划的含义,到底做了什么样的和什么程度的干预,新的计划到底有多大的影响和作用,对这些问题都要放到经验的语境中去回答。我们需要更多地聚焦于不同的、特定经

---

[1] 韩博天,奥利佛·麦尔敦,石磊.规划:中国政策过程的核心机制[J].开放时代,2013(6).
黄宗智.《中国的经济计划体系、过程和机制:中西方学者对话(六)》导言[J].开放时代,2013(6).
巴里·诺顿,杨帆.经济发展计划体系在中国的回归:论韩博天、麦尔敦和胡鞍钢的研究[J].开放时代,2013(6).
胡鞍钢.中国独特的五年计划转型[J].开放时代,2013(6).

济领域的实际运作,对政策规划的执行过程进行全景式的理解和全方位的透视,才可能更为扎实地掌握当前的经济到底是怎样运行的,才有可能真正把握政策的规划对于中国经济究竟意味着什么。而且,不同的政府规划对经济发展过程所起到的作用可能是不同的,因为不同政策规划的执行过程会有所不同。所以,要试图以全方位的视角来回答这个问题,必须对不同类型、不同领域政策规划的执行过程和实践后果有比较深入的了解,然后在这个基础上做出归纳和判断。

从回应这个问题的角度,本书试图从一个全国粮食生产先进县的具体运作过程出发,来分析当前国家在农业领域的一系列规划的执行情况,以及这种规划实践的绩效。通过分析一个全国商品粮基地县的产粮大县奖补以及超级产粮大县奖补政策实践的经验过程,试图透视国家的粮食生产规划,在粮食生产这个战略领域当中所发挥作用的过程、机制、后果,以及所面临的挑战。

就商品粮基地县的实践经验来讲,国家的粮食生产规划真的使得粮食安全更有保证吗?真的使得粮食生产更加稳定吗?规划对于当前中国的粮食生产究竟意味着什么?我们看到的现实情况是,产粮大县的粮食生产规划在一定程度上,在其规划的项目示范区内促进了粮食生产,但是这些规划的实践和执行过程基本上是"马路政策",因而起到的作用是十分有限的。由于受市场的影响,这些示范片并没有推广和示范的作用,因为其本身就违背了市场原则,农户只能根据市场激励去行动,一旦没有地方政府的双季稻生产补贴,他们是断然不可能去种植"增产粮食不增加收益的双季稻"。政府的项目示范片没有推广和示范的意义,这就是我们目前所感受到的,政府的规划对于粮食生产的真正影响。

因为从一开始,地方政府的规划制定和执行就是做给上级领导看的(因为规划的执行与成效与项目的考核验收以及干部的政绩考核直接相关),所以他们是按照政治激励的逻辑而不是按照市场运作的逻辑。这意味着,很多农业规划的执行在经济上是严重不划算的,虽然没有经济上的激励,但是由于存在政治上的激励,所以违背市场经济激励的规划措施也可以做出来,因为地方政府的规划设计和投资计划首先就是指向政绩考核,而不是指向经济绩效。

于是,一方面出现了双季稻规划过程中完全违背经济规律的情况;另一方面,种双季稻严重不符合农民的利益,但是却通过政府的"财政奖补"大面积规划,使得有限的财政资源没有用在刀刃上,没有用在有效的方式上,进而使政府的激励能够调动粮食增产的积极性十分有限(如果能够以更加合理的方式来规划和动员,那么应该可以调动更大范围内农民种田的积极性,保持农业生产更为良性的发展)。但是实际的执行过程并不是这样。地方政府没有选择那些看上去可能比较分散,但是能够使得农业生产系统更加良性运行的模式(比如大力维修水利设施,保证中型水库更有利于农民的运行方式),而是按照"形象工程"的方式,一方面能够迎接上级的检查,另一方面能够低成本地迎接上级的检查,这时候他们不愿意更多地投入,而是希望把大量的资金留下来,作为地方政府的收益。他们是希望用少部分的资金就能实现应付上级项目检查的任务。

因而,地方政府并不是在那些最有利于种双季稻的地方种植双季稻,而往往是在马路两边种植,但马路两边恰恰有很多地方并不利于种双季稻,比如水利条件不好等,但是为了实现形象工程,这些不适合种双季稻的地方也被规划为双季稻的种植区。这样就产生了对实际情况的扭曲。

另外还有市场的扭曲。种双季稻并不一定就是增产粮食的唯一做法,如果能够让农民得益,能够把一季稻的种植环境大幅度改善,抑制那些抛荒田,照样可以提高粮食播种面积和粮食产量。但是这样做并不利于地方政府增加收益,所以他们没有采取这样的做法。

所以我们看到,在这个规划的执行过程中,平晚县粮食生产的实际情况在项目和上级政府的规划下,并没有得到改善,而是在日益恶化。

这样就产生了两个问题。一个是地方政府在规划执行的过程中,站在官僚集团利益的基础上会制造很多扭曲,以实现他们的目的,这样一方面能够以最低成本迎接上级的检查,另一方面能最大限度地从项目中获取经济上的利益。这两个逻辑决定了地方政府必定会制作劣质的形象工程,不切合实际生产条件来制作一些生产规划,而仅仅是为了迎接上级检查,还用一些补贴来弥补农民和乡村的损失。如果从博弈的角度来看,这几乎就是一个双输的格局：国家投入了大量项目资金，但是粮食生产的形势没有好转，农民也并没有从中得到实际好处。地方的官僚集团在这个过程中算计着经济上的利益和政治上的政绩，他们成为了政策规划与执行过程中真正的受益者。为什么会出现这个博弈的结果？这与规划的运作逻辑有关，即通过干部的考核体制来动员经济主体参与生产过程。另外，与中央采取项目化的代理人监控机制有关。

另外一个问题是关于这个规划执行过程的。地方政府在执行规划时与市场之间的关系，以及市场激励和政府规划的运作，是两种完全不同的逻辑。市场的逻辑是经济激励的逻辑，规划的逻辑则是政绩激励的逻辑。在规划的逻辑和市场的逻辑存在冲突时，地方政府不惜以扭曲的方式来实现政绩激励的逻辑（即给大户补贴，不惜牺牲农民的利益）。这种做法在小面积范围内是可以实现的（通过政府的补贴来实现），但是在大面积范围内绝对不可能实现，所以就只能在一定的范围内"办点，办示范片"。面临着市场这层约束，按照"政绩激励逻辑"来执行规划的范围就十分有限。这就是市场给规划所带来的约束和限制。而且市场的边界在不断扩大，给规划执行所带来的限制也越来越大，最终按照"政绩激励逻辑"来运行的政策规划有可能是执行不通的。这就是在市场边界不断扩张的过程中，"政府规划"的作用将会越来越小的原因之所在。所以这里涉及一个政府与市场之间边界关系的理论模型，即市场的力量越来越强，而政府已经成为"被市场所围困"的政府，以至于在它最终想要实现政府的很多调节的目标时，变得极为艰难。

既然现有的粮食生产规划没有达到预期目标，那么如何完善现有的农业治理体系，进而优化政策实践的绩效呢？本研究认为，当前财政支农面临的最大制度性障碍就是分散的农户所带来的"无限大"的治理成本，使得农业没有办法治理，而引进大户和企业的方式可以降低政府与市场主体的交易成本，但是政府的行政推动往往会加剧农民的"去农化""无产化"，破坏农民生计，导致农民在农业生产中的主体性丧失，农业GDP成为少数大户和企业分割的对象，这与从整体上解决"三农"问题的思路是相冲突的。

一个关键性问题是,如何降低政府与分散农户打交道的治理成本。要回答这个问题,需要我们再次正视乡村组织,或者重新思考日韩等国家的综合农协。乡村组织在计划经济以及农业税费时代,就是一个降低国家与分散农户打交道成本的节点性组织,温铁军、贺雪峰等人已经对此做过充分的论证。贺雪峰认为,乡村组织之所以在20世纪末期出现治理性危机,主要源于需要乡村组织向农民收取农业税费,这种动员性民主因为面临"钉子户"的问题,而最终陷入"乡村治理内卷化"的怪圈。即越收不上来农业税费,就越需要基层政权加大对村干部收取农业税费的激励,导致农民的负担加重;负担越重,农民越是拒交农业税费,由此形成恶性循环。但是在后农业税费时代,即在国家反哺农业的时代,原来需要农民承担的维系乡村组织的费用,现在可以由国家承担,国家对农业的补贴可以不直接发放到农户个人,也不是直接发给企业,而是可以支付给将农民组织起来的农民,这个时候通过综合农协或乡村组织将农民组织起来进行农业合作经营,利润内置,就能够大大降低国家与农民对接的交易费用,将乡村组织或综合农协纳入国家农业治理的整体性规划当中来。这样,一方面可以低成本地实现农业治理;另一方面则可以保存农民在农业生产中的主体性,避免去农化、无产化的危机。

如果能够有效地组织农民和发动群众的力量,那么农业治理转型中制约国家基础性权力的最大挑战——因乡村组织治理功能弱化而导致的无法有效调控农业生产的问题,就被克服了。至于宏观层面因财政支农资金的运作模式、组织方式而导致的代理人自主性降低的问题,这涉及整个财政支农体系的调整,由于知识有限,本书在此只能先提出问题。

附 录

附录 A 财政部关于印发 2005 年中央财政对产粮大县奖励办法的通知

财建〔2005〕153 号

各省、自治区、直辖市财政厅(局):

中央财政对产粮大县奖励政策是党中央、国务院为逐步缓解产粮大县财政困难,进一步调动地方政府重农抓粮的积极性,采取的一项重大政策措施。为了确保这项政策的贯彻落实,根据《中共中央、国务院关于进一步加强农村工作、提高农业综合生产能力若干政策的意见》(中发〔2005〕1 号)及《财政部关于印发〈关于切实缓解县乡财政困难的意见〉的通知》(财预〔2005〕5 号)有关规定,我们制定了《中央财政对产粮大县奖励办法》,现印发给你们。请根据此办法,结合本省、自治区、直辖市实际情况,尽快制定贯彻落实的具体办法,采取切实措施,确保政策落实到位。各省、自治区、直辖市制定的具体办法,须报财政部备案。

附件:中央财政对产粮大县奖励办法

财政部

二○○五年四月八日

为了缓解产粮大县财政困难,调动地方政府抓好粮食生产的积极性,保护好国家粮食安全的基础,根据《中共中央、国务院关于进一步加强农村工作、提高农业综合生产能力若干政策的意见》(中发〔2005〕1 号)及《财政部关于印发〈关于切实缓解县乡财政困难的意见〉的通知》(财预〔2005〕5 号)有关规定,从 2005 年起,中央财政对产粮大县进行奖励,特制定本办法。

一、奖励原则

中央财政对产粮大县(含县级市、区,下同)的奖励,坚持"测算到县、拨付到县"的原则。

二、奖励因素及权重

确定粮食商品量、粮食产量、粮食播种面积作为奖励因素,三个因素所占权重分别为50%、25%、25%。

三、测算数据来源

(一)测算数据主要以分县分年的统计年鉴为准。

(二)分县的粮食产量、粮食播种面积按5年(1998—2002年)的数据进行算术平均计算。

(三)粮食商品量按粮食产量扣除农民"三留粮"(口粮、饲料粮、种子用粮)计算,其中口粮依据《中国统计年鉴》中的各县所在省的2003年农村人均口粮消费量,饲料及种子用粮按南方人均350斤、北方人均450斤计算。

四、奖励入围条件

(一)以县为单位,1998年至2002年5年平均粮食产量大于4亿斤,且粮食商品量大于1000万斤。

(二)对达不到上述条件,但对区域内的粮食安全起着重要作用,对粮食供求产生重大影响的县,由省级财政部门牵头,会同省级农业等部门提出意见,经省级人民政府批准,并报财政部认可后,也可纳入奖励范围。

五、奖励系数

以省(自治区、直辖市)为单位划分不同地区类别,中央财政实行不同的奖励系数。

一类地区,包括浙江省、广东省,奖励系数为0.2;

二类地区,包括辽宁省、江苏省、福建省、山东省,奖励系数为0.5;

三类地区,包括扣除一、二类地区以外的省份(但不包括北京、天津、上海市),奖励系数为1。

对上述第二、三类地区的省份中,既是产粮大县又是中央财政认定的财政困难县的,中央财政增加奖励系数:二类地区增加0.125,三类地区增加0.25。

六、奖励资金分配、拨付及用途

(一)根据奖励入围条件选定产粮大县后,按奖励因素及各自所占权重和奖励系数计算,将奖励资金直接分配到产粮大县,并对奖励入围情况予以公布。

(二)奖励资金由中央财政拨付到省级财政。省级财政在收到奖励资金后,必须在两周内拨付到县级财政,不得截留挪用。

(三)奖励资金作为财力性转移支付,由县财政统筹安排,合理使用,不得违规购买、更新小汽车,不得新建办公楼、培训中心,不得搞劳民伤财、不切实际的"政绩工程""形象工程"等。

七、奖励资金的管理与监督

(一)奖励入围的县原则上一定三年不变,但实行动态监测,有下列情况之一的,中止奖励资格:一是监测结果显示不符合产粮大县条件的;二是弄虚作假,冒领补助的。

(二)省级财政要结合本省实际,制定对奖励资金具体的落实意见,加强奖励资金管理,保证奖励资金及时、如数、直接拨付到产粮大县。

(三)对产粮大县奖励资金的使用情况,各省、自治区、直辖市要健全监督机制,加强监督力度。

(四)由省级财政部门牵头,会同省级农业等部门建立对产粮大县的动态监测制度,对分县的粮食生产等基础数据实行动态管理,跟踪基础数据的变化。

（五）中央财政对地方上报的基础数据资料和奖励资金拨付情况进行监督检查。一经查实有违规行为，中央财政将扣减奖励资金；情节严重的，取消其享受奖励政策的资格。

（六）本办法自发文之日起执行，由财政部负责解释。

附录 B 2013 年平晚县粮食生产实施方案

为认真贯彻落实党的十八大精神，坚持以科学发展观为指导，按照"保供增收惠民生、改革创新添活力"的要求，以稳定提高粮食生产能力为重点，以推进农业经营体制机制创新为动力，全力稳定发展粮食生产，千方百计促进农民收入较快增长，誓保全国粮食生产先进县位子不动摇。结合全县实际，制定 2013 年粮食生产实施方案。

一、工作目标

新扩双季稻 10 万亩，玉米 2 万亩以上，确保全县粮食播种面积 167 万亩以上，粮食产量稳定在 69 万吨以上。水稻集中育秧大田面积突破 28 万亩，力争机插秧突破 15 万亩，其中早稻集中育秧不少于 25 万亩（机插秧不少于 10 万亩）。扎实推进做优做强湘米产业工程，在 10 个乡镇建设高档优质稻标准化生产基地 20 万亩。

二、工作措施

（一）加强组织领导。一是成立粮食生产领导小组。由县委书记任政委，县长任组长，县四家分管领导任副组长（县政府分管副县长任常务副组长），县委办、县政府办、县农办、县财政局、县农业农村局、县统计局、县水利局、县农机局、县农经局等单位主要负责人为成员。领导小组下设办公室，由县农业农村局局长兼任办公室主任，负责全县粮食生产的指导、协调、督察、督办。联系乡镇的县级领导对所联系乡镇的粮食生产负总责。各乡镇也要相应成立机构，实行乡镇书记挂帅、乡镇长主抓、分管副职具体抓、包村干部联手抓的层层落实制，把发展粮食生产的责任落实到位，为完成全县粮食生产目标任务提供坚强组织保障。二是派出指导小组。对潭衡西、衡邵高速示范线和渡台绿色农产品基地部分关键村,派出粮食生产指导小组,由分管农业副县长负总责、带队,从县直机关单位抽调农村工作经验丰富的人员任成员,进驻示范线指导帮扶粮食生产工作。三是成立技术服务小组。全县成立26个技术服务小组,由农业农村局党组成员牵头,抽调专业技术人员,进驻办点乡镇,进行技术服务,帮助解决农民生产中的技术难点问题,确保粮食高产。

(二)提升示范水平。全县要按照"攻主线、打亮点、抓面上"的工作思路,全力打造双季稻生产亮点。一是办好示范线(示范片)。2013年,全县办点示范突出107国道,省道315线、210线、1814线,西界线、渣洪线、衡邵高速、潭衡西高速等8条主线,延长至通乡连线公路,办好渡片、台片、江片、湖镇片、演库宗片、金兰片、石市片、板市杉桥片、井头关市片、洪大安片、樟木集兵片等11个万亩双季稻高产示范片,每个示范片都要有1个不少于500亩的超高产方,单产比所在示范片高15%以上。综合各乡镇重点示范线(示范片)线路长短、村数多少、面积大小等因素,乡镇副科实职以上干部要分类办点:其中一类乡镇(湖镇、渡、台、江、金兰、石市、集兵、洪、演、板市)的乡镇党委书记、乡镇长、人大主席、政协联络工委主任所在示范区,连片办点面积不少于500亩,其他副科实职以上干部连片办点面积不少于300亩,每个点不超过2个村;二类乡镇(库宗桥、曲兰、大安、井头、关市、樟木、溪江、岣嵝)的乡镇党委书记、乡镇长、人大主席、政协联络工委主任所在示范区,连片办点面积不少于300亩,其他副科实职以上干部连片办点面积不少于100亩,每个点不超过1个村;三类乡镇(岘、界牌、金溪、栏垅、杉桥、潮江、樟树、长安)的乡镇党委书记、乡镇长、人大主席、政协联络工委主任所在示范区,连片办点面积不少于200亩,其他副科实职以上干部连片办点面积不少于100亩,每个点不超过1个村。二是建设绿色农产品示范基地。着力打造渡镇青木、梅花、陡岭和台镇九市、台九、横兴、台、庆民、爱民、长青、龙福核心绿色农产品示范基地,实行机插秧集中育秧、配方施肥、绿色防控、诱蛾灯杀虫全覆盖,将良种、良制、良法、良机进行"无缝"融合,组装成区域性、标准化的增产技术模式,为全省创造经验和典型。三是实行台账管理。全县对县乡村三级办点示范区域,建立工作台账,量化责任考核,层层落实责任。县里建立县级领导包乡镇包片,乡镇党政一把手、人大主席、政协联络工委主任、分管领导包责任村的粮食生产工作台账、县派工作队员进驻关键村工作台账和县双季稻示范区双季稻种植大户管理台账,乡镇建立乡镇干部包村包组联户责任台账,县乡村办点不得重叠。同时,县、乡、村三级要分别建立集中育秧示范台账,标明育秧主体、育秧面积、育秧方式、供秧对象、供秧面积,并注明联系人和联系方式。

（三）增加资金投入。县财政安排双季稻生产性补贴 1600 万元。一是对部级高产创建示范片核心区实行生产性补贴。对渡、台、江、湖镇、演库宗、金兰、石市、板市等 8 个部级万亩示范片核心示范区采取集中育秧、免费供应双季稻种子及配套物资,由政府采购,统一发放。二是对示范区双季稻生产实行以奖代补。一是补贴乡镇。县定 8 条主干道路沿线示范区、11 个万亩示范片及全县 26 个乡镇通乡连线公路沿线示范区,经县粮食生产领导小组考核验收,完成计划面积的给予生产性补贴,由乡镇统筹使用,主要用于补贴种植农户、奖励种粮大户及改善农田基础设施等,并依据集中育秧、板田翻耕、大田移栽等时段任务完成情况分段拨付。二是奖励种粮大户。对县定双季稻生产示范区种植双季早稻 50 亩以上的大户（经农经局注册备案、土地流转手续健全）,每亩奖励 150 元（50 元土地流转补贴、100 元奖励双季稻）。三是对集中育秧实行补贴。对县规划区域内实行地膜覆盖的早稻秧田连片 3 亩以上的（可插大田 25 亩以上的）,按项目要求据实结算。四是对插秧机实行累加补贴。对全县 2013 年新购置插秧机每台累加补贴 5000 元。五是奖励乡（镇）、乡（镇）村干部和对粮食生产作出突出贡献的人员。对示范区按双季稻实际种植面积每亩 10 元的标准奖励,其中 5 元奖励乡镇包村干部,5 元奖励村干部。对乡镇四大头及其他副科实职以上干部实行单独考核;表彰粮食生产先进乡镇;对粮食生产任务完成最好、贡献最大的乡镇,奖 2 万元,对三个不同类型乡镇考核排名前 2 名的乡镇,各奖 1 万元;奖励粮食生产突出贡献人员 100 名（奖励县乡相关涉粮部门、乡镇农技站、关键村县派驻村干部）,奖金 10 万元。六是安排一定的办点和考核工作经费。安排双季稻生产办点、农机示范推广、土地流转和督察考核验收等工作经费 50 万元。

（四）严格督察考核。强化乡镇重粮抓粮的责任,明确乡镇是发展粮食生产的工作主体。一是严格目标管理。在县里对乡镇的年度目标管理200分制考核中,将乡镇粮食生产考核分值统一提高到30分。二是严格考核问责。进一步落实市委衡办发〔2011〕1号文件,对双季稻生产工作落实好的乡镇和对粮食生产作出突出贡献的人员给予表彰,对完不成目标任务的乡镇将按照市委文件规定的"一票否决,末位淘汰"制实行责任追究。对未完成办点任务、考核排名后3名的乡镇党政党委书记、乡镇长、人大主席、政协联络工委主任,提交常委会研究,调整工作岗位;对其他未完成办点任务、考核排名后10名的乡镇副科实职以上干部在年度考核中一律评为不称职;粮食生产关键村后盾单位视同乡镇副科实职以上干部同等考核(每个单位扶持资金不少于1万元),对未完成目标任务、考核排名最后1名的单位党政主要负责人和办点驻点干部年度考核中均评为不称职。三是强化督察调度。县粮食生产领导小组办公室要会同县委、县政府督察室,对双季稻生产的各个生产环节进行集中督察,扬先策后,对工作不力的乡镇进行通报批评,对生产关键环节欠账较多的乡镇,县委、县政府主要领导要约谈乡镇党政主要负责人,追查原因,并及时召开调度会议,促进工作平衡开展。四是严格津贴奖惩。乡镇干部的3—5月份和农技干部的3—8月份津补贴50%与双季稻生产办点工作挂钩,按完成工作任务的比例计发津补贴;将县派工作队员、农技干部的下乡补助与工作绩效挂钩,严格按测产验收结果分类发放,并以此作为年底考核评优评先的重要依据。

参 考 文 献

[1] 包刚升."国家治理"新思路[J].南风窗,2013(24):20-21.

[2] 陈家建.项目制与基层政府动员——对社会管理项目化运作的社会学考察[J].中国社会科学,2013(2):64-79.

[3] 陈桂棣,春桃.中国农民调查[M].北京:人民文学出版社,2004.

[4] 陈那波,黄冬娅.社会转型与国家建设:已有文献及新的研究方向[J].北京社会科学,2013(4):74-80.

[5] 陈锋.机会主义政治——北镇的治理实践与分利秩序[D].武汉:华中科技大学,2013.

[6] 邓正来.国家与社会:中国市民社会研究[M].北京:北京大学出版社,2008.

[7] 邓正来,亚历山大 J C.国家与市民社会:一种社会理论的研究路径[M].北京:中央编译出版社,1999.

[8] 杜志雄,陈文胜,等.粮食安全国家责任与地方目标的博弈[M].北京:中国社会科学出版社,2013.

[9] 董磊明.从"覆盖"到"嵌入":国家与乡村1949—2011[J].战略与管理,2014(3/4).

[10] 董磊明.强大的常规性权力何以必要——论村庄政治中的基层组织体系[J].人民论坛·学术前沿,2012(10):27-37.

[11] 黄冬娅.转变中的工商所:1949年后国家基础权力的演变及其逻辑[M].北京:中央编译出版社,2009.

[12] 黄冬娅.比较政治学视野中的国家基础权力发展及其逻辑[M]//谭安奎.中大政治学评论:第3辑.北京:中央编译出版社,2008.

[13] 黄冬娅.国家基础权力研究述评:基于财政分析的视角[J].中山大学学报(社会科学版),2010,50(4):166-171.

[14] 黄冬娅.财政供给与国家政权建设——广州市基层市场管理机构研

究(1949—1978)[J].公共行政评论,2008,1(2):38-64.

[15] 黄冬娅.国家基础权力与市场监管的逻辑——以广州市A工商所为案例的研究[Z].未刊稿.

[16] 纪程."国家政权建设"与中国乡村政治变迁[J].深圳大学学报(人文社会科学版),2006,23(1):75-80.

[17] 迈克尔·曼.社会权力的来源:第二卷(上)[M].陈海宏,等,译.上海:上海人民出版社,2015.

[18] 单伟,章奇,刘明兴.市场化改革与中国乡村控制的变迁[M]//吴毅.乡村中国评论(第1辑).桂林:广西师范大学出版社,2006.

[19] 田先红.治理基层中国——桥镇信访博弈的叙事[M].北京:社会科学文献出版社,2012.

[20] 田先红.乡村治理转型与基层信访治理困境[J].古今农业,2011(3):11-20.

[21] 田先红.息访之道:国家转型期的桥镇信访治理研究,1995—2009[D].武汉:华中科技大学,2010.

[22] 田先红,王德福.乡村农技服务:在改革中沉沦——从肉价上涨谈起[J].中国农业大学学报(社会科学版),2008(1):178-180.

[23] 贾斯特·法兰德,杰克·帕金森.国家的性质和政府在农业发展中的角色[M]//何增科,周凡.农业的政治经济分析.重庆:重庆出版社,2008.

[24] 郁建兴,高翔.农业农村发展中的政府与市场、社会:一个分析框架[J].中国社会科学,2009(6):89-103.

[25] 渠敬东,周飞舟,应星.从总体支配到技术治理——基于中国30年改革经验的社会学分析[J].中国社会科学,2009(6):104-127.

[26] 吕德文."拿钱的办事员"和"集体化"的消解——税费改革后的乡村治理状况[J].华中科技大学学报(社会科学版),2010,24(6):91-99.

[27] 吕德文.中心工作与国家政策执行——基于F县农村税费改革过程的分析[J].中国行政管理,2012(6):35-39.

[28] 吕德文.制度性关联的消解及其对乡村社会的影响[J].西南石油大

学学报(社会科学版),2009,2(4):45-49.

[29] 温铁军."政府失灵"+"市场失灵":双重困境下的"三农"问题[J].读书,2001(10):22-29.

[30] 温铁军.WTO与财政支农[R].在北京市财政局召开的财政支农研讨会上的发言.

[31] 温铁军."三农"问题与制度变迁[M].上海:生活·读书·新知三联书店,2003.

[32] 温铁军.中国农村基本经济制度研究[M].北京:中国经济出版社,2000.

[33] 贺雪峰.乡村的前途:新农村建设与中国道路[M].济南:山东人民出版社,2007.

[34] 贺雪峰,罗兴佐.论农村公共物品供给中的均衡[J].经济学家,2006(1):62-69.

[35] 贺雪峰.论农村基层组织的结构与功能[J].天津行政学院学报,2010,12(6):45-61.

[36] 贺雪峰.论乡村治理内卷化——以河南省K镇调查为例[J].开放时代,2011(2):86-101.

[37] 贺雪峰.小农立场[M].北京:中国政法大学出版社,2013.

[38] 贺雪峰.组织起来:取消农业税后农村基层组织建设研究[M].济南:山东人民出版社,2012.

[39] 韩鹏云.乡村研究视阈中的国家与社会关系理论:脉络检视与范式反思[J].天津行政学院学报,2012,14(6):35-41.

[40] 瞿同祖.清代地方政府[M].北京:法律出版社,2003.

[41] 渠敬东.项目制:一种新的国家治理体制[J].中国社会科学,2012(5).

[42] 荣敬本,崔之元,何增科,等.从压力型体制向民主合作体制的转变:县乡两级政治体制改革[M].北京:中央编译出版社,1998.

[43] 周雪光,练宏.中国政府的治理模式:一个"控制权"理论[J].社会学研究,2012(5):69-93.

[44] 顾莉丽,郭庆海.中国粮食主产区的演变与发展研究[J].农业经济问题,2011,18(8):4-9.

[45] 许跃辉,郝敬胜,张青.产粮大县面临的问题与地方政府决策的困局——基于安徽经验[J].学术界,2010(11):196-203.

[46] 王巨禄.关于重点支持产粮大县率先实现城乡一体化发展的思考与建议[J].农业经济与管理,2010(1):5-8.

[47] 汪希成,徐芳.我国粮食生产的区域变化特征与政策建议[J].财经科学,2012(4):80-88.

[48] 杨孝海.化解产粮大县财政困境问题的思考[J].陕西农业科学,2009,55(4):170-173.

[49] 亢霞.我国产粮大县奖励资金存在的主要问题及有关政策建议——来自黑龙江省巴彦县、虎林市和海伦市的调研[J].农业财政与财务,2012(9):23-25.

[50] 欧阳静.运作于压力型科层制与乡土社会之间的乡镇政权——以桔镇为研究对象[J].社会,2009,29(5):39-63.

[51] 韩博天,奥利佛·麦尔敦,石磊.规划:中国政策过程的核心机制[J].开放时代,2013(6).

[52] 黄宗智.《中国的经济计划体系、过程和机制:中西方学者对话(六)》导言[J].开放时代,2013(6).

[53] 巴里·诺顿,杨帆.经济发展计划体系在中国的回归:论韩博天、麦尔敦和胡鞍钢的研究[J].开放时代,2013(6).

[54] 胡鞍钢.中国独特的五年计划转型[J].开放时代,2013(6).

[55] 郑卫东."国家与社会"框架下的中国乡村研究综述[J].中国农村观察,2005(2).

[56] 杜赞奇.文化、权力与国家:1900—1942年的华北农村[M].刘东,王福明,译.南京:江苏人民出版社,1996.

[57] 安东尼·吉登斯.民族—国家与暴力[M].胡宗泽,赵力涛,译.上海:生活·读书·新知三联书店,1998.

[58] 黄宗智.经验与理论[M].北京:中国人民大学出版社,2007.

[59] 黄宗智.集权的简约治理——中国以准官员和纠纷解决为主的半正式基层行政[J].开放时代,2008(2):10-29.

[60] 李姿姿.国家与社会互动理论研究述评[J].学术界,2008(1):270-277.

[61] 孙立平,郭于华."软硬兼施":正式权力非正式运作的过程分析——华北B镇收粮的个案研究[M]//清华大学社会学系.清华社会学评论(特辑).厦门:鹭江出版社,2000:21-46.

[62] 强世功."法律不入之地"的民事调解[M]//张静.国家与社会.杭州:浙江人民出版社,1998.

[63] 应星.大河移民上访的故事[M].上海:生活·读书·新知三联书店,2001.

[64] 熊万盛."国家与社会"框架在乡村政治研究中的适应性——综述和评价[J].华东理工大学学报(社会科学版),2003(3):55-59.

[65] 王绍光,胡鞍钢.中国国家能力分析报告[M].沈阳:辽宁人民出版社,1993.

[66] 折晓叶.县域政府治理模式的新变化[J].中国社会科学,2014(1).

[67] 吴理财.20世纪村政的兴衰及村民自治与国家重建[R/OL].http://www.snzg.cn/article/show.php?itemid-555/page-1.html.

[68] 吴毅.小镇喧嚣:一个乡镇政治运作的演绎与阐释[M].上海:生活·读书·新知三联书店,2007.

[69] 吴毅.治道的变革——也谈中国乡村社会的政权建设[J].探索与争鸣,2008,1(9):46-49.

[70] 周飞舟.从汲取型政权到"悬浮型"政权——税费改革对国家与农民关系之影响[J].社会学研究,2006(3).

[71] 周飞舟.分税制十年:制度及其影响[J].中国社会科学,2006(6).

[72] 周飞舟.锦标赛体制[J].社会学研究,2009(3):54-77.

[73] 周黎安.转型中的地方政府:官员激励与治理[M].上海:上海人民出版社,2008.

[74] 张静. 基层政权：乡村制度诸问题[M]. 上海：上海人民出版社,2007.
[75] EVANS P B. Bringing the state back in[M]. Cambridge：Cambridge University Press,1988,40(2)：107-108.
[76] MANN M. The Autonomous Power of the State：Its Origins Mechanisms and Results[J]. European Journal of Sociology,1984,25(2).